Das neue Lexikon der populären Irrtümer

Walter Krämer
Götz Trenkler
Denis Krämer

Das neue Lexikon der populären Irrtümer

555 weitere Vorurteile,
Mißverständnisse und Denkfehler
von Advent bis Zyniker

Eichborn.

Die Deutsche Bibliothek – CIP-Einheitsaufnahme

Krämer, Walter:
Das neue Lexikon der populären Irrtümer : 555 weitere Vorurteile, Mißverständnisse und Denkfehler von Advent bis Zyniker / Walter Krämer; Götz Trenkler. – Frankfurt am Main : Eichborn, 1998
ISBN 3-8218-0587-0

Lektorat: Matthias Bischoff, Caroline Gutberlet
Satz: Fuldaer Verlagsanstalt, Fulda
Druck und Bindung: Werner Söderström OY, Finnland
ISBN 3-8218-0587-0

Verlagsverzeichnis schickt gern:
Eichborn Verlag
Kaiserstraße 66
60329 Frankfurt am Main
http://www.eichborn.de

»Irrtum verläßt uns nie; doch ziehet ein höher Bedürfnis
immer den strebenden Geist leise zur Wahrheit hinan.«
Goethe

Vorwort

Bekanntlich gibt es weit mehr Möglichkeiten, sich zu irren, als im Recht zu bleiben. Und kaum war die Druckerschwärze unseres »Lexikons der Populären Irrtümer« getrocknet, begannen schon die ersten Briefe einzutreffen: »He, da haben Sie was übersehen ...«

Hier sind also all die Irrtümer, denen wir selber bis vor kurzem angehangen oder die wir für den ersten Band zu spät gefunden haben, oder über die wir bisher, d. h. bis uns unsere Leser mit der Nase draufgestoßen haben, nie gezwungen waren nachzudenken – wie gehabt querbeet aus Politik und Wirtschaft, Mode, Kunst, Geschichte, Medizin und Technik, ohne Ansicht der Bedeutung, allein nach dem Kriterium gewertet, ob Schein und Sein zu einem Sachverhalt zusammenpassen, ob man sich zu einem Thema hinreichend häufig irrt oder nicht. Auch diesmal sind die einzelnen Stichwörter strikt alphabetisch aufgelistet, mit oft brutalen Konsequenzen (Denk ich an Deutschland vor Deodorant, Guernica vor Gulaschsuppe). Wie im ersten Band finden sich Trivialitäten (haben die alten Gallier Wildschweine gegessen?) neben »dicken Brocken« wie etwa dem Irrtum, daß unsere »kostenlose« Hochschulbildung eine soziale Ausgleichswirkung hätte (sie ist im Gegenteil ein Instrument der Ausbeutung der Unterklasse durch die Oberklasse), es finden sich Lügen und Legenden zu Attila und Aschenputtel, zu Glühbirne und Global Warming, zu Karies und Kaspar Hauser, Nationalhymnen und Nasenbluten, Schweinefleisch und Schwarzarbeitern, zu Walnuß, Waldsterben und Weihnachtsbäumen nur Zentimeter auseinander, wie das Alphabet es eben will.

Viele dieser Irrtümer sind weniger wegen eines möglichen Aha-Effektes von Interesse – Chinesen tragen keine Zöpfe, Eskimos haben gar nicht so viele Wörter für Schnee, Delphine sind keine Fische, Freddy Quinn kommt nicht aus Hamburg; das muß man nicht in jedem Fall zum Glücklichwerden wissen –, sie beleuchten vielmehr dadurch, *daß* sie allen Gegenargumenten trotzend scheinbar ewig weiterleben, quasi indirekt ganz andere Defekte der Gesellschaft (warum z. B. erscheint es uns aufgeklärten Mitteleuropäern überhaupt bemerkenswert, daß auch Eskimos sich auszudrücken wissen?). Sie sind Ventile für uneingestandene Vorurteile, verborgene Leidenschaften und politisch inkorrekte Glaubenssätze, sie stützen liebgewonnene, aber falsche Theorien, sie helfen uns in vielfacher Hinsicht besser durch das Leben, so daß unsere Irrtumsbücher über den Gebrauch als Klo- und Bettlektüre hinaus dem einen oder anderen Leser einen Anstoß geben könnten, einmal über die Geburt und Resistenz von Irrtümern als solchen nachzudenken.

Wie schon im ersten Band vertrauen wir bei der Unterscheidung von Irrtum und Wahrheit den etablierten Wissenschaften, auch wenn diese die Wahrheit anerkanntermaßen nicht gepachtet haben. Weitere Hilfe verdanken wir verwandten Irrtums-Büchern, von denen wir größtenteils bisher nicht wußten, daß sie existieren; in einer kleinen kommentierten Bibliographie am Ende stellen wir diese Quellen für unsere geneigte Leserschaft nochmals kompakt zusammen. Offenbar hat sich hier ein Zeitgeist in Druckerschwärze ergossen, dem vielleicht auch unser erster Band seinen Anklang beim Publikum verdankt, der grundsätzlich dem Zweifel den Vorrang vor dem Glauben gibt, anders können wir uns das unabhängige Sprießen solcher Bücher in Amerika und England, Australien und den Niederlanden, Italien und Frankreich nicht erklären.

Weiteren Dank schulden wir Frank Scherer, Lars Tschiersch und Osman Sankoh für monatelange unermüdliche Recherchen sowie vielen Freunden und Kollegen, die zu zahlreich sind, sie hier alle aufzuzählen, für ihre Hilfe bei der Quellensuche, nicht zu vergessen all den Lesern unseres ersten Bandes, die uns so eifrig mit weiteren Stichwörtern bereichert haben. Stellvertretend für alle nennen wir hier nur Alfredo Grünberg, er hält wohl den Rekord (alle anderen werden, sofern wir noch die Namen wissen, bei den Stichwörtern selbst genannt, die sie für uns beigetragen haben; wer sich zu Unrecht dort nicht wiederfindet, bitte melden; wir werden den Mangel in der nächsten Auflage beheben).

Für die Korrektheit unserer Thesen haften wir natürlich selber; wir haben alle Stichwörter nochmals überprüft bzw. überprüfen lassen, durch eigene Recherchen (Drehen sich Sonnenblumen nach der Sonne? Nein, wie wir selber sehen konnten, blicken sie morgens, mittags und abends in die gleiche Richtung) oder durch Appelle an etablierte Fachbücher und Lexika, so daß wir hoffen, daß uns Zuschriften wie die von Hans Riedwyl zum Stichwort »Lloyd's« im ersten Band nicht allzuoft erreichen: Wir hatten, auf die Encyclopaedia Britannica vertrauend, behauptet, Lloyd's biete keine Versicherungen für das Leben an, und in der Post war folgende Police:

DEBIT NOTE

CHAS. F. HORNCASTLE & CO. LTD.

Directors: H. E. SCOTT, E. J. NOBBS, K. SCOTT

Insurance Brokers and Pension Scheme Consultants

COOPERS HALL, DEVONSHIRE SQUARE
LONDON, E.C.2
AND AT LLOYD'S

H. Riedwil Esq.

Telephone: BISHOPSGATE 2318/9 Telegrams, Cables: KASTLEHOE LONDON

No. 96715

Dear Sir ~~or Madam~~,

In accordance with your instructions we have effected cover and the policy or renewal receipt will follow in due course.

Yours faithfully,
CHAS. F. HORNCASTLE & CO. LTD.

INSURERS	RISK	INTEREST	PERIOD	SUM INSURED
Lloyds.	Personal Accident	Death only - £500. To cover a single journey from United Kingdom - Berne.	4. 11. 60 - 6. 11. 60	£500

Premium	£	-	: 5 :	-
Policy & Stamp.			1	0
	£	-	6	-

Ansonsten nehmen wir nicht in Anspruch, der Wahrheit letzten Grund zu kennen, sind aber guten Mutes, mit diesem Lexikon nicht mehr neue Irrtümer in die Welt zu setzen, als alte aufzuklären.

Dortmund und Göttingen
Walter Krämer, Denis Krämer und Götz Trenkler

A

»Man erkennt den Irrtum daran,
daß alle Welt ihn teilt.«
Jean Giraudoux

Aborigines
Aborigines gibt es nur in Australien

»Aborigine« ist das lateinische »ab origine« (= vom Anfang an). Damit meint man seit antiken Zeiten die Ureinwohner eines Landes, schon die alten Italiener (außer den Römern selber) mußten sich von den Römern so bezeichnen lassen.

Advent
Die Adventszeit umfaßt die letzten vier Wochen vor Weihnachten

Die von den frühen Christen als Zeit der Buße und des Fastens und als Vorbereitung auf das Weihnachtsfest gesehene Adventszeit währte anders als heute je nach Land und Leuten von zwei bis sieben Wochen. Erst Papst Gregor der Große (590–604) bestimmte eine für alle Christen einheitliche Vier-Wochen-Frist (plus die Tage vom letzten Advent bis Heiligabend, wenn Heiligabend selbst kein Sonntag ist); diese Frist wurde auf dem Konzil von Aachen 825 auch offiziell für Deutschland gültig.

Lit.: Hartmut Schickert: Der kleine wissenschaftliche Adventsbegleiter, München 1997.

Adventskranz
Der Adventskranz ist ein alter deutscher Weihnachtszeit-Begleiter (s.a. »Weihnachtsbaum«)

Der Adventskranz ist keine 150 Jahre alt; er wurde erst Mitte des 19. Jahrhunderts von dem Pädagogen Johann Hinrich Wichern in das deutsche Brauchtum eingeführt. Wichern hielt in seiner Einrichtung für jugendliche Straftäter Adventsandachten ab, wegen der frühen Dämmerung bei Kerzenlicht. Jedoch ließ er nicht alle Kerzen auf einmal brennen, er begann mit einer Kerze am ersten Abend, zwei Kerzen am zweiten Abend und so weiter. Die Kerzen für die Sonntage waren dabei groß und weiß, die für die Wochentage klein und rot. Zum Aufstecken der Kerzen hing ein Holzreifen von der Decke des Versammlungsraumes, in den Anfangsjahren unbekränzt, seit 1860, dem offiziellen Geburtsjahr des Adventskranzes, mit Tannengrün geschmückt.

Etwa zur gleichen Zeit und unabhängig von Wichern hatte auch ein Pastor in Pommern damit begonnen, in seinen sonntäglichen Adventsandachten jeweils eine weitere Kerze anzuzünden, anfangs auf einem Weihnachtsbaum, später auf einem Kranz, und diese Sitte wurde schnell und flächendeckend auch von anderen übernommen. Die Symbolkraft dieses Kranzes – der Baum und das Grün als das Symbol des Lebens, der Kreis als das Zeichen der Ewigkeit, der Auferstehung und des Lebens, die Kerzen als der Hinweis auf das Licht, das in der Weihnachtsnacht die Welt erleuchten wird –, einer dermaßen geballten Ladung Tiefsinn konnte das Gemüt der Deutschen unmöglich lange widerstehen.

Lit.: H. Kirchhoff: Christliches Brauchtum im Jahreskreis, München 1990; »Ein junger Brauch ist der Adventskranz«, Westdeutsche Allgemeine Zeitung, 27. 11. 1995; Stichwort vorgeschlagen von Michael Schmidt.

Alkohol
Ein Liter Alkohol und ein Liter Wasser ergeben zwei Liter eines alkoholischen Getränks

Wenn man einen Liter reinen Alkohol mit einem Liter reinem Wasser mischt, erhält man nur 1,93 Liter eines alkoholischen Getränks: Die Moleküle des Wassers und des Alkohols rücken wegen sogenannter »Wasserstoffbrückenbindungen« enger zusammen und brauchen deshalb weniger Platz als in getrennter Form.

Lit.: Robert L. Wolke: Woher weiß die Seife, was der Schmutz ist? Kluge Antworten auf alltägliche Fragen, München 1998.

Anarchie
Anarchie bedeutet Unfrieden und Durcheinander

Anarchismus hatte ursprünglich mit Chaos, »Anarchie« und Durcheinander nichts zu tun. Die ersten Anarchisten wollten die Menschen zu einem gewalt- und herrschaftslosen Miteinander führen; dazu forderten sie eine schrankenlose Freiheit des einzelnen, absolute Vereinigungsfreiheit, unbeschränktes Privateigentum usw., also Dinge, die heute dem eher liberalen Credo zugerechnet werden. Die zahlreichen anarchistischen Attentate Ende des 19. Jahrhunderts (die Ermordung der Kaiserin Sissi oder des russischen Zaren Alexander) zielten daher auch weniger darauf ab, die Herrschaft selbst zu übernehmen, als darauf, Herrschaft als solche aus dem Weg zu räumen.

Lit.: Stichwort »Anarchismus« in der Brockhaus Enzyklopädie, Wiesbaden 1990.

Antarktis
In der Antarktis wachsen keine Blumen

Ganz so unwirtlich, wie viele glauben, ist die Antarktis nun auch wieder nicht; auf der Antarktisinsel Jenny z. B. blüht die Nelke »colobanthus crassofolius«.

Lit.: »7 Irrtümer über Blumen«, Fernsehwoche 38/1997; Stichwort vorgeschlagen von Judith Sievers.

Antikommunismus
Thomas Mann sagte: »Antikommunismus ist die Grundtorheit unseres Jahrhunderts«

Diese von früher von der SED und heute von der PDS immer wieder ausgegrabene Bemerkung Thomas Manns aus einer 1944 in Chile erschienenen Exilzeitung lautet im vollen Wortlaut so: »Sie sehen, daß ich in dem Sozialismus, in dem die Idee der Gleichheit die der Freiheit vollkommen überwiegt, nicht das menschliche Ideal erblicke, und ich glaube, ich bin vor dem Verdacht geschützt, ein Vorkämpfer des Kommunismus zu sein. Trotzdem kann ich nicht umhin, in dem Schrecken der bürgerlichen Welt vor dem Wort Kommunismus, diesem Schrecken, von dem der Faschismus so lange gelebt hat, etwas Abergläubisches und Kindisches zu sehen, die Grundtorheit unserer Epoche.« Mit anderen Worten: Thomas Mann kritisierte nur, was die Faschisten mit dem Antikommunismus machten. Aber den Kommunismus selber als erstrebenswert zu schildern, wäre ihm niemals in den Sinn gekommen.

Lit.: Josef Nyary: »Vom Umgang mit Roten und Rothäuten«, Welt am Sonntag, 15. 2. 1998; Stichwort vorgeschlagen von Alfredo Grünberg.

Apfel

Jemanden »veräppeln« hat etwas mit Äpfeln zu tun (s.a. »Dufte«, »Guter Rutsch« und »Nassauer«)

»Veräppeln« hat mit Äpfeln nichts zu tun; es kommt aus dem Jiddischen (der im Mittelalter entstandenen Mischung aus Mittel- und Oberdeutsch mit semitischen und slawischen Sprachelementen) und hat seine Wurzel wohl in »eppel« (= nichts). Veräppeln hieße demgemäß vernichten (auch eine alternative jiddische Wurzel in dem Wort »ewil« = Dummkopf wird von Sprachforschern nicht ausgeschlossen).

Lit.: Kurt Krüger-Lorenzen: Deutsche Redensarten – und was dahinter steckt, Wiesbaden 1960; Bernd-Lutz Lange: Dämmerschoppen, Köln 1997 (besonders das Kapitel »Sprachdenkmäler«).

Apfelbaum

Luther hat gesagt: »Und wenn ich wüßte, daß morgen die Welt unterginge, würde ich heute noch ein Apfelbäumchen pflanzen«

Dieses Kleinod aus der Zitatenkiste des politisch korrekten deutschen Bildungsspießers stammt nicht von Martin Luther. Wer es wirklich in die Welt gesetzt hat, weiß man zwar auch nicht so genau (prominente Alternativkandidaten sind Eduard Mörike, Friedrich Rückert oder verschiedene schwäbische Pietisten des frühen 19. Jahrhunderts), aber eines steht doch fest: In keiner einzigen schriftlich oder mündlich überlieferten Äußerung von Martin Luther war je von diesem Baumpflanz-Wunsch die Rede.

Lit.: Martin Schloemann: Luthers Apfelbäumchen?, München 1994; Eckhard Henscheid, Gerhard Henschel und Brigitte Kronauer: Kulturgeschichte der Mißverständnisse, Stuttgart 1997 (besonders der Abschnitt »Jedermanns Apfelbäumchen«).

Apfelsinen
Apfelsinen und Zitronen enthalten von allen Früchten das meiste Vitamin C

Apfelsinen und Zitronen sind zwar fünf- bis zehnmal Vitamin-C-haltiger als des Teutonen liebste Früchte Äpfel oder Birnen, aber das hohe C bei Obst gebührt den Kiwis und Johannisbeeren; pro Gewichtseinheit enthalten sie rund doppelt bzw. dreimal soviel Vitamin C wie Apfelsinen und Zitronen (und wenn wir auch noch Sanddornbeeren oder Hagebutten zum Vergleich erlauben, stehen selbst die Schwarzen Johannisbeeren sehr bescheiden da). Die folgende Tabelle zeigt die genauen Zahlen:

	Vitamingehalt ausgewählter Früchte (roh, in mg pro 100 g)
Birnen	5
Aprikosen	10
Pfirsiche	10
Bananen	11
Äpfel	12
Avocados	13
Ananas	20
Heidelbeeren	22
Apfelsinen	50
Zitronen	53
Erdbeeren	62
Ebereschenfrucht	98
Kiwis	100
Schwarze Johannisbeeren	189
Sanddornbeeren	450
Hagebutten	1250

Lit.: I. Elmadfa u. a.: Die große GU Nährwerttabelle, Neuausgabe 1992/93, ohne Ort und Jahr; Stichwort vorgeschlagen von Michaela Wieben.

Arche Noah
Die Arche Noah landete auf dem Berge Ararat

Vermutlich ist das in der Bibel erwähnte »Gebirge Ararat« *nicht* der heute als »Ararat« bekannte Berg in Armenien. Erst lange nach der Entstehung der Bibel haben westliche Europäer der höchsten Spitze des armenischen Berglandes den Namen »Ararat« gegeben, dort wollen sie auf »schiffsförmige Reste«, wenn nicht gar auf Holzbalken der Arche selbst gestoßen sein.

Die Bibel selbst schweigt sich zum Ort des Geschehens aus: »Am siebzehnten Tage des siebten Monats setzte die Arche im Gebirge Ararat auf«, ist in der Genesis zu lesen, aber die Lage des Gebirges wird nirgendwo erwähnt, und andere Religionen sehen das Gebirge denn auch woanders. Z. B. vermuten die Muslime, in deren Überlieferungen ebenfalls die Arche Noah und die Sintflut vorkommt, diesen Berg in Saudi-Arabien.

Lit.: Die Bibel – Einheitsübersetzung, Stuttgart 1980; Stichwort vorgeschlagen von Emanuel Pfeil.

Armbrust
Eine Armbrust hat etwas mit Arm oder Brust zu tun

Das Wort »Armbrust« ist eine sogenannte »volksetymologische« Umdeutung und Eindeutschung fremdländischer Wörter: Fremde Laute, die in ihrer Herkunftssprache etwas ganz anderes meinen, werden in dieser volksetymologischen Eindeutschung zu Wörtern unserer eigenen Sprache (andere Beispiele sind die schon in Band 1 erwähnte Hängematte, oder die Osterluzei, eine Pflanze, die im Juni blüht und ihren Namen nicht von Ostern, sondern von dem mittellateinischen »aristolocia« hat). Die Armbrust ist aus dem lateinischen »arcoballista« (= Bogenschleuder) über das altfranzösische »arbaleste« in die deutsche Sprache gekommen, dabei ganz offenbar auf ein Bedürfnis stoßend, diesen seltsamen Silben irgendeinen Sinn zu geben. Der »Arm« kam wohl deshalb herein, weil diese Waffe anders als andere Wurf- und Schleudermaschinen in der Hand zu halten war. Über die »Brust« dagegen streiten noch immer die Gelehrten: Vermutlich kommt sie von dem mittelhochdeutschen »berust/berost« (= Ausrüstung, Bewaffnung).

Lit.: Jost Trier: Wege der Etymologie, Berlin 1982; Stichwort vorgeschlagen von Hans Schwarz.

Aschenputtel
Aschenputtel hatte einen Schuh aus Glas

Bekanntlich hatte Aschenputtel auf dem Heimweg vom Ball des Prinzen ihren Schuh verloren, einen Schuh aus Glas (zumindest in der angelsächsischen Version, der auch Walt Disney in seiner Zeichentrickverfilmung folgt; in der Grimmschen Fassung ist der Schuh aus Gold). Diesen Schuh, vom Königssohn gefunden, müssen dann die bösen Schwestern anprobieren; er paßt ihnen nicht, er hat nur Platz für Aschenputtels Mini-Füßchen, und so finden der Prinz und Aschenputtel trotz aller Hindernisse schließlich dennoch zueinander.

In Wahrheit ist der Glasschuh schließlich das Kind eines Übertragungsfehlers: In den ersten französischen Fassungen des Märchens trug Cinderella nur Pantoffeln aus »vair« (= Pelz), das hat ein Weitererzähler falsch verstanden und machte daraus »verre« (= Glas).

Lit.: zahlreiche Seiten zum Thema »Cinderella« im Internet, etwa: http://indy4.fdl.cc.mn.us//isk/stories/cinder2.html.

Asterix und Obelix
Asterix und Obelix aßen gerne Wildschweine und handelten mit Hinkelsteinen

Nicht alle Details in der bekannten Comic-Serie sind historisch korrekt. Daß die alten Gallier keine Gürtel, sondern Hosenträger trugen, haben wir schon in Band 1 gesagt. Inzwischen haben Historiker darauf hingewiesen, daß sie auch keine Wildschweine aßen und keine Hinkelsteine zugehauen haben: Wildschweine galten bei den Galliern als heilig; eines davon zu essen, wäre dem Schlachten einer Kuh in Indien gleichgekommen, und die zahlreichen heute in der Bretagne herumliegenden Hinkelsteine alias Menhire haben schon lange vor den Kelten dort gelegen.

Lit.: R. van Royen und S. van der Vegt: Asterix – die ganze Wahrheit, München 1997; »Wildschweine waren heilig«, Der Spiegel 11/1998.

Atlas
Atlas muß die Erdkugel tragen

Mythologisch inkorrekt: Atlas mit Erdball auf den Schultern

Die bekannten Darstellungen mit Atlas als Träger der Erdkugel, wie sie etwa Mercator (1595) auf der Frontseite seiner Kartensammlungen benutzt, sind mythologisch inkorrekt. Nach der griechischen Überlieferung muß Atlas als Strafe für seine Auflehnung gegen Zeus nicht die Erdkugel, sondern das Himmelsgewölbe tragen (dabei helfen ihm zwei Säulen jenseits des Horizonts im Meer, wovon das Atlasgebirge im Norden Afrikas seinen Namen hat).

Lit.: Encyclopaedia Britannica, 15. Auflage, Chicago 1994.

Atmung
Menschen atmen großteils durch die Haut

»Die Haut konnte nicht mehr atmen«, sagte James Bond; deshalb mußte seine Kollegin sterben. Denn Goldfinger alias Gerd Fröbe hatte Bonds Verbündete von Kopf bis Fuß vergoldet – Exitus.

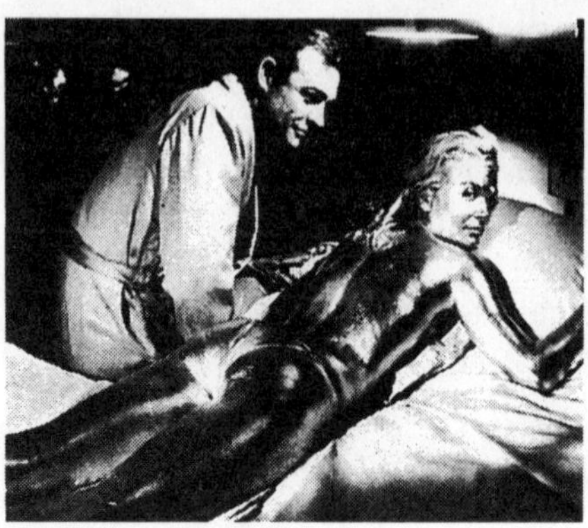

Nur eine Kinoleiche

Zum Glück drohen diese Gefahren, durch Überziehen mit luftundurchlässigen Substanzen umzukommen, nur im Kino. Anders als Würmer oder Schwämme atmen Menschen fast ausschließlich durch Mund und Nase, nur ein einziges Prozent des Sauerstoffs, den wir für unsere Atmung brauchen, erreicht uns durch die Haut. Damit ist zumindest atemtechnisch das Morden per Vergolden ausgeschlossen (weitere Gefahren drohen durch Überhitzung mangels Schwitzen, aber daran stirbt man nicht).

Lit.: Christoph Drösser: »Stimmt's?«, Die Zeit, 8. 8. 1997.

Attila
Der Hunne Attila war von furchterregender Gestalt (s.a. »Napoleon«)

Der wahre Attila war anders als der Attila der Comics und der Kinos eher klein und schmächtig: ein häßlicher, rotbärtiger Zwerg

Der gewaltige Attila war eigentlich ein Zwerg

mit viel zu großem Kopf, »like the little, red-bearded characters out of the Bugs Bunny cartoons« (G. Donald).

Seinen Ruf als Hüne hat Attila wohl dem Nibelungenlied zu verdanken. »Wie vor tausend Jahren die Hunnen unter ihrem König Etzel sich einen Namen gemacht haben, der sie noch jetzt in Überlieferung und Märchen gewaltig erscheinen läßt«, rief Wilhelm II. in seiner berüchtigten »Hunnenrede« dem deutschen Expeditionskorps gegen den Boxeraufstand in China zu, »so möge der Name Deutscher in China auf tausend Jahre durch Euch in einer Weise bestätigt werden, daß niemals wieder ein Chinese es wagt, einen Deutschen auch nur scheel anzusehen.«

Eigentlich wären diese markigen Worte daher ein Appell gewesen, in China mit schmächtigen rotbärtigen Zwergen aufzutreten.

Lit.: Chronik des 20. Jahrhunderts, Dortmund 1988.

Auftrieb
Flugzeugflügel erzeugen den nötigen Auftrieb durch ihre gewölbte Oberseite

So kann man in Schulbüchern oft lesen: Die Luft, die sich an der Vorderkante des Flugzeugflügels teilt, muß sich an der Hinterkante wieder treffen, wegen der Wölbung des Flügels strömt die Luft an dessen Oberseite schneller, sie erzeugt so den Auftrieb, der das Flugzeug daran hindert, der Einladung der Schwerkraft nach unten nachzukommen. »Der Auftrieb wird vor allem durch den ›Sog‹ von oben hervorgerufen«, wie es in einem Physiklehrbuch für deutsche Schulen heißt.

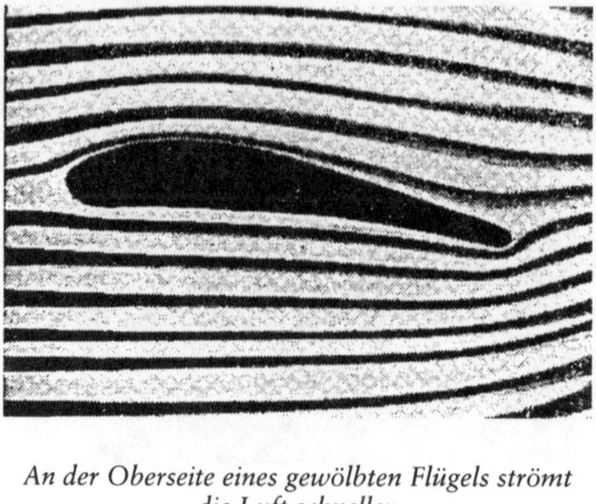

An der Oberseite eines gewölbten Flügels strömt die Luft schneller

Spätestens beim Anblick eines mit dem Rücken nach unten fliegenden Flugzeugs muß man aber an dieser Erklärung zweifeln – dergleichen Kunststücke dürften dann nicht möglich sein.

Und in der Tat ist der »Sog von oben« für das Fliegen reichlich unerheblich; Flugzeuge halten sich durch die schräge Stellung, den sogenannten »Anstellwinkel«, nicht durch die Wölbung ihrer Flügel in der Luft. Je nach Geschwindigkeit des Flugzeugs drücken diese schräg gestellten Flügel die Luft mehr oder weniger stark nach unten und damit das Flugzeug nach oben (es sei denn, daß man den Anstellwinkel übertreibt – dann »sackt das Flugzeug durch«).

Lit.: O. von Höfling (Hrsg.): Lexikon der Schulphysik, Köln 1970.

Auge um Auge
Das alte Testament fordert »Auge um Auge, Zahn um Zahn«

Diese immer wieder zur Rechtfertigung aller möglichen Rachegelüste herangezogene Bibelstelle ist falsch übersetzt. Eine korrekte Übersetzung wäre: »Der Schädiger muß dem Geschädigten etwas geben, das an die Stelle des Gliedes oder Organs tritt, das nicht mehr seine volle Funktion erfüllen kann« (Lapide). Diese Entschädigung wird von einem Richter festgesetzt, mit Rache hat das nichts zu tun. Das Wort »um« in »Auge um Auge« heißt »an Stelle von«, und in diesem Sinn, d. h. Wiedergutmachung entsprechend dem zugefügten Schaden, wird und wurde diese Bibelstelle von den Juden stets verstanden.

Lit.: Pinchas Lapide: Ist die Bibel richtig übersetzt?, Gütersloh 1989.

August der Starke
August der Starke konnte Hufeisen verbiegen

August der Starke konnte vieles, aber keine Hufeisen verbiegen. Zunächst einmal ist das in der Rüstkammer zu Dresden ausgestellte Hufeisen, das August der Starke laut einer Urkunde des Kunstkämmerers Tobias Beutel »... mit Dero Eigenen Händen am 15. Februar 1711 im 41. Jahr Ihres Alters, voneinander gebrochen«, eben nicht verbogen, sondern durchgebrochen. Und zweitens war das Eisen auch noch präpariert. Nach neueren Analysen durch Hans-Joachim

Eckstein von der Bergakademie Freiberg ist an der Innenkante der Bruchfläche eine von plastischer Deformation herrührende Abplattung erkennbar, die von einer möglichen, vor dem Kraftakt angebrachten Kerbe stammen könnte, und auch der ungewöhnlich hohe Phosphorgehalt des Eisens spricht für Manipulation: Während Hufeisen aus historischen Stallfunden maximal 0,45% Phosphor enthalten, liegt der Phosphorgehalt beim Hufeisen August des Starken weit über 1%. Derart extreme Phosphoranteile vermindern aber die ertragbare Nennspannung und führen zu einer Bildung von sogenanntem »Grobkorn«, das das Durchbrechen erleichtert. Rechnet man dann noch die Kälte jenes 15. Februar hinzu, an dem die Heldentat stattfand, welche der Sprödigkeit des Eisens nochmals nachgeholfen hatte, so schrumpfen die übermenschlichen Kräfte des starken August wieder auf Menschenmaß zurück.

Lit.: Die Rüstkammer zu Dresden. Führer durch die Ausstellung im Semperbau, München 1995; Hans-Joachim Eckstein: »Ergebnis der Untersuchung des Hufeisens aus dem Historischen Museum Dresden«, unveröffentlichtes Manuskript, Freiberg 1988.

Ausländer
Ausländer sind nicht mehr und nicht weniger kriminell als Deutsche

Das kommt darauf an. Zählt man allein die Straftaten pro 100.000 deutsche bzw. ausländische Bewohner unseres Landes, so sind Ausländer weit krimineller. Jeder zehnte Tatverdächtige bei Vergewaltigung und Mord ist heute ein Asylbewerber, und viele Ausländer, vor allem aus Ost- und Südosteuropa, reisen nur für ihre kriminellen Taten überhaupt nach Deutschland ein. Die folgende Tabelle des Statistischen Bundesamtes gibt für 1996 den Prozentsatz aller Ausländer an den von deutschen Gerichten insgesamt verurteilten Straftätern für ausgewählte Tatbestände an:

	Verurteilte Ausländer insgesamt	In Prozent aller Straftäter
Vergewaltigung	335	27,1%
Mord und Totschlag	270	33,2%
Sexueller Mißbrauch von Kindern	291	14,3%
Leichte und schwere Körperverletzung	10.693	28,9%
Diebstahl und Unterschlagung	48.862	29,4%
Raub und Erpressung	3.659	39,1%
Betrug	10.460	18,2%
Straftaten insgesamt	207.315	27,1%

Wenn man also berücksichtigt, daß ausländische Mitbürger inklusive aller Asylbewerber, Touristen und Soldaten weniger als 10% der Gesamtbevölkerung ausmachen, ist ihre höhere Brutto-Kriminalitätsanfälligkeit von niemandem zu bestreiten.

Dieser Vorsprung bleibt auch dann bestehen, wenn man zwischen Tatverdächtigen und Verurteilten unterscheidet (die obige Tabelle zählt nur die Straftäter, die rechtsgültig verurteilt worden sind) oder all die Straftaten wie etwa Vergehen gegen das Asylverfahrensgesetz ausschließt, die nur von Ausländern begangen werden können, oder wenn man berücksichtigt, daß Ausländer vermehrt in kriminalitätsanfälligen großen Städten wohnen und sich nach Alter, Einkommen, Geschlecht und Ehestatus vermehrt in solchen Bevölkerungsgruppen aufhalten, in denen auch die Eingeborenen vermehrt zu kriminellen Taten neigen: Wie sich durch statistische Regressionsanalysen zeigen läßt, liegt die Kriminellenquote bei den Ausländern auch dann noch über der der Deutschen; in einer Studie von Horst Entorf (1998) etwa steigt die Zahl der amtlich erfaßten Straftaten unter sonst gleichen Umständen bei einer einprozentigen Erhöhung des Ausländeranteils um 0,21%.

Lit.: Bundeskriminalamt: Polizeiliche Kriminalstatistik, Wiesbaden (verschiedene Jahre); »Streitfall Ausländerkriminalität«, Focus 6/1994; Horst Entorf: »Kriminalität und Ökonomie«, Zeitschrift für Wirtschafts- und Sozialwissenschaften 116, 1996, S. 417–450; derselbe: »Socioeconomic and demographic factors of crime in Germany«, unveröffentlichtes Manuskript, Mannheim 1998; www.statistik-bund.de/basis/de/rechts05.htm.

Austern
Austern sind etwas für reiche Leute (s.a. »Kaviar«)

Mitte des 19. Jahrhunderts waren Austern in England so gewöhnlich, daß Charles Dickens seinen Helden Sam Weller in den »Pickwick Papers« sagen lassen konnte: »Armut und Austern sieht man nur zusammen«.

> »Das verstehe ich nicht, Sam«, sagte Mr. Pickwick.
> »Was ich meine«, sagte Sam, »ist: je ärmer eine Gegend, desto größer ist die Nachfrage nach Austern. Gucken Sie sich nur mal um – eine Austernbude für jedes halbe Dutzend Häuser, die Straße ist voll davon. Gottverdammich, es ist doch so, wer gar nichts mehr zu essen hat, rennt aus dem Haus und stopft sich voll mit Austern.«
> »Stimmt«, sagte Mr. Weller Senior, »und mit Lachs ist es genau das gleiche.«

Als Dickens diese Zeilen Mitte des 19. Jahrhunderts schrieb, aßen die Engländer 500 Millionen Austern jährlich, genauso viel wie die Franzosen. Wegen der zunehmenden Verschmutzung der Küstengewässer im Verein mit einer nachlassenden Nachfrage kam die englische Austernfischerei dann aber zum Erliegen; als die Nachfrage wieder anstieg, fehlte das Angebot, und so wurden Austern dann tatsächlich eine Speise vor allem für die reichen Leute.

Lit.: Charles Dickens: Pickwick Papers (obiges Zitat ist von uns aus der bei Collins in London 1953 erschienenen Ausgabe, S. 309, übersetzt); R. Neild: The English, the French, and the Oyster, London 1996.

Autofahren 1
Autofahren ist die gefährlichste Art der Fortbewegung

Wahr ist: die Wahrscheinlichkeit, bei einer Autoreise umzukommen, ist weit größer als beim Fliegen oder bei Fahrten mit Bahn oder Bus. Aber noch gefährlicher ist das Reisen mit der Kutsche: »Der Ausflug mit Kutsche oder Reitpferd endet jedes Jahr für rund 2000 Menschen im Krankenhaus« *(Borkener Zeitung)*, mindestens 20 Menschen kommen dabei Jahr für Jahr ums Leben. Damit ist die Kutsche weit vor Auto, Bahn und Flugzeug das pro Passagierkilometer gefährlichste Verkehrsmittel der Welt.

Lit.: »Kutschfahrt mit Risiko«, Borkener Zeitung, 8. 3. 1997; Stichwort vorgeschlagen von Jens Sylvester.

Autofahren 2
Bezüglich Autofahren zeigen Frauen und Männer keine Unterschiede

Diese Hypothese ist politisch korrekt, aber faktisch falsch. Denn nach neueren verkehrspsychologischen Erkenntnissen fahren Frauen anders, und nicht immer besser, als die Männer. Sie verschätzen sich leichter bei Entfernungen, haben deshalb im Vergleich zu Männern größere Probleme beim Einparken, oder biegen, falls erforderlich, zu früh oder zu spät in Nebenstraßen ab. Und auch ihr Zögern bei kritischen Vorfahrtssituationen macht diese oft noch kritischer als sie ohnehin schon sind.

Keine Unterschiede fanden die Forscher dagegen beim Kampf um Parkplätze (hier reagieren Frauen wie Männer gleichermaßen rabiat auf Konkurrenten) oder beim Lenken PS-starker Kraftfahrzeuge: Hier drücken Frauen wie Männer gleichermaßen auf die Gaspedale.

Lit.: »Zaudern und Zockeln«, Der Spiegel 22/1997; Frank McKenna: Driving behaviour of men and women, London 1998.

Autos 1
Autos haben die Umwelt seit jeher vor allem durch Abgase und Lärm belästigt (s.a. »Fahrverbot 2«)

Der vor hundert Jahren mit Abstand häufigste Grund zu Klagen über Autos war der Staub. »Der Arbeiter auf dem Heimwege, das Kind auf dem Gange zur Schule, der erholungsbedürftige Wanderer, alle leiden darunter.« Der durch Autos aufgewirbelte Staub wurde als dermaßen lästig empfunden, daß man Gesetze vorschlug, wonach Autofahrer beim Sichten von Fußgängern zwecks Staubvermeidung das Fahren einzustellen hätten ...

Die »geradezu fürchterliche Staubplage, die das Auto geschaffen und die natürlich besonders auf den nicht gepflasterten Straßen an den schwach genommen 200 trockenen Jahrestagen in die ekelhafteste Erscheinung tritt« (aus einem Beschwerdebrief von 1910), erregte Anfang des Jahrhunderts viele Bürger weit stärker als heute der Lärm und der Gestank. »Es besteht kein Zweifel, daß die Abneigung gegen das Automobil, die sich überall geltend macht und der Ausbreitung des Motorverkehrs entgegenwirkt, in allererster Linie auf die Staubbelastung zurückzuführen ist« (Münchner Neueste Nachrichten). »Die Schnelligkeit der Motorfahrzeuge [damals maximal 20 km/h; WK] würde weniger Zorn erregen (...) wenn nur der Staub nicht wäre.«

Früher Automobilist, eine Dame und einen Dackel einstaubend (gezeichnet 1896 von H. Toulouse-Lautrec

Lit.: Münchener Neueste Nachrichten, 7. 3. 1910; Zeitschrift »Rauch und Staub« von 1910/11; F.-J. Brüggemeier und M. Toyka-Seid: Industrie-Natur: Lesebuch zur Geschichte der Umwelt im 19. Jahrhundert, Frankfurt a. M. 1995.

Autos 2
Erst mit den Autos fing das Chaos in den Städten an

Die größte Umweltplage in den Städten des 19. Jahrhunderts waren die Pferde und der Pferdemist; gegen den Gestank und das Gedränge auf manchen Straßen des 19. Jahrhunderts sind moderne Großstadt-Boulevards idyllische Parfümgeschäfte.

Eine noch größere Plage als die lebenden Pferde waren allerdings die toten: Um die Jahrhundertwende verendeten auf New Yorker Straßen jährlich 15.000 Pferde, in Chicago 12.000; die Kadaver blieben oft tagelang dort liegen, wo sie hingefallen waren.

Lit.: B. Bryson: Made in America, London 1995; Stichwort vorgeschlagen von Dietrich Groh.

Autos 3
Man darf sein Auto auf öffentlichen Straßen nur mit gültigen Kennzeichen bewegen

Dieser Irrtum hat viele Autofahrer schon viel Geld gekostet (Taxi zum An- und Abmelden des Autos, weil das eigene Auto mit ungültigem Nummernschild in der Garage stand). »Fahrten zur Abstempelung der Kennzeichen und Rückfahrten nach Entfernen des Stempels dürfen mit ungestempeltem Kennzeichen ausgeführt werden«, stellt § 23 der Straßenverkehrszulassungsordnung lapidar fest. Allerdings sollte man dabei möglichst keine privaten Umwege fahren; auch Einkaufen oder die Kinder an der Schule absetzen ist eigentlich verboten – die Fahrt darf nur dem einen Zweck des Abstempelns des Nummernschildes dienen.

Lit.: H. Jagusch und P. Hentschel: Straßenverkehrsrecht, München 1997; Stichwort vorgeschlagen von Sascha Waßmann.

B

»Nichts wird so fest geglaubt wie das,
was wir am wenigsten wissen.«
Montaigne

Babyboom
Neun Monate nach dem großen New Yorker Stromausfall gab es einen Babyboom

»Führt der Weg zu neuen Kunden für uns nur über Stromausfälle?« fragten die VEW in großformatigen Anzeigen im *Spiegel* und in der *FAZ*. »Die Geschichte ist bekannt: 1977 war das sommerliche New York eine Nacht lang ohne Strom. Neun Monate später dann der große Baby-Boom und damit viele potentielle Neukunden.«

Antwort: Der Weg zu neuen Kunden führt weder über Stromausfälle noch über Annoncen so wie diese. »Offensichtlich erregt es die Phantasie so mancher Leute, sich vorzustellen, daß ihre Zeitgenossen, wenn durch unvorhergesehene Ereignisse von ihren normalen Tagesgeschäften abgehalten, zwangsläufig dem Sexualverkehr obliegen«, schreibt ein Demograph, der einmal den bevölkerungspolitischen Folgen solcher Stromausfälle nachgegangen ist. Denn weder nach dem Stromausfall von 1977 noch nach dem weit dramatischeren von 1965, sind hier Besonderheiten nachzuweisen.

Am 9. November 1965 kurz nach fünf Uhr nachmittags fiel im gesamten Nordosten der USA die Stromversorgung aus: Ein Kurzschluß nahe des Niagara-Kraftwerks und dadurch binnen Sekunden ausgelöste zahlreiche weitere Kurzschlüsse im Leitungsnetz legten fast alle Kraftwerke in dieser Gegend lahm, rund 30 Millionen elektrizitätsverwöhnte Amerikaner in und um New York sind bis zu 13 Stunden ohne Licht und Strom. Aber offensichtlich haben sie diese Dunkelheit zu anderem genutzt, als was die VEW vermuten. Denn neun Monate später, im August 1966, lagen die Geburten in Stadt und Staat New York zwar geringfügig über denen des Juli und September, aber das ist in allen Jahren so, mit oder ohne Stromausfall, und auch die absoluten Geburtenzahlen des August 1966 weichen nicht von den »normalen« Zahlen ab. Die folgende Tabelle zeigt, wie viele Kinder in der Stadt New York vom 29. Juni bis 15. August des Jahres geboren wurden (der Zeitraum, der für die am 9. November des Vorjahres gezeugten Kinder in Frage kommt, und zwar für jedes Jahr von 1961 bis 1966). Wie wir sehen, hat sich von Ende Juni bis Mitte August des Jahres 1966 nichts Besonderes ereignet (für diejenigen, die glauben, daß von Empfängnis bis Geburt exakt neun Monate verstreichen, ist auch noch die Geburtenzahl des 9. August mit angegeben):

Geburten in New York vom 29. Juni bis 16. August

	Insgesamt	Anteil an den Geburten des jeweiligen Jahres	Geburten am 9. August
1961	23471	13,9%	475
1962	22883	13,9%	497
1963	23324	13,9%	431
1964	23030	13,9%	406
1965	22491	14,1%	468
1966	21364	13,9%	431

Lit.: Martin Tolchin: »Births up nine months after blackout«, New York Times, 10. 8. 1966; J. Richard Udry: »The effect of the great blackout of 1965 on births in New York City«, Demography 7, 1970, S. 325–327; »The great northeast blackout of 1965«, über die Internet-Adresse. Stichwort beigetragen von H. van Maanen.

Backfisch
Backfisch kommt von Backen

Ein Backfisch ist ein Fisch, der, weil zu klein und mager, ins Wasser zurückgeworfen wird (»back« = zurück). Deshalb wurden vor der modernen Englisch-Welle junge Mädchen häufig »Backfische« genannt.

Lit.: Kurt Krüger-Lorenzen: Deutsche Redensarten – und was dahinter steckt, Wiesbaden 1960.

Badewanne
Der Dreckrand an der Badewanne kommt von unserem Dreck

Der ärgerliche Dreckrand, der oft nach einem Wannenbad die Badewanne kränzt, hat mit unserer körperlichen Reinlichkeit nicht unbedingt zu tun; er wäre auch dann vorhanden, wenn wir ohne jeden Schmutz am Körper in das Badewasser steigen würden. Voraussetzung ist Seife und »hartes«, mineralstoffreiches Badewasser. Dann verbinden sich die Seifenmoleküle mit den Mineralien zu unlöslichen, wachsartigen weißen Klumpen, die auch dann den bekannten Ring am Rand der Wanne bilden würden, wenn wir selber völlig sauber wären.

Lit.: Robert L. Wolke: Woher weiß die Seife, was der Schmutz ist? Kluge Antworten auf alltägliche Fragen, München 1998.

Banken
Das Bankgewerbe ist eine vom Aussterben bedrohte Industrie

So lautet eine moderne, von Finanzwirtschaftlern heftig diskutierte These: Weil immer mehr Geldgeber ihre Mittel ohne den Umweg über die Banken direkt den Firmen gäben, die Geld bräuchten, würden Banken überflüssig. Der Weg des Geldes von den letztendlichen Gläubigern zu den letztendlichen Schuldnern ginge immer öfter an den Banken vorbei (Firmen geben Aktien aus oder leihen sich die benötigten Mittel an der Börse), so daß die traditionelle Mittlerfunktion der Banken obsolet zu werden drohe.

Sieht man sich die Finanzverflechtungen moderner Volkswirtschaften aber näher an, kann von einem Verschwinden der Banken keine Rede sein: Die gesamten Verbindlichkeiten des Nichtbankensektors gegenüber Banken und anderen Finanzintermediären (Versicherungen, Bausparkassen usw.) und spiegelbildlich auch die gesamten Forderungen der Unternehmen und Haushalte gegen Banken und Versicherungen sind heute mit 60 bis 70 Prozent, gemessen an allen ausstehenden Forderungen und Verbindlichkeiten in der Volkswirtschaft, nicht kleiner als vor zehn oder zwanzig Jahren. Von einigen Ausnahmeländern wie Frankreich abgesehen, wo die Banken wegen notorischer Ineffizienz zunehmend umgangen werden, kann von einer sog. »disintermediation«, einem Ausschalten des Finanzsektors bei dem Verknüpfen von Gläubigern und Schuldnern, keine Rede sein. Die Fäden mögen heute vielleicht anders aussehen und heißen wie zu Zeiten des alten Rothschild (etwa Fondsbeteiligungen statt Sparbücher und Sichteinlagen), aber genauso wie früher sitzen die Banken wie die Spinne in der Mitte.

Lit.: Reinhard H. Schmidt, Andreas Hackethal und Marcel Tyrell: »Disintermediation and the role of banks in Europe: an international comparison«, Vortrag auf dem Symposium »The design of financial systems and markets«, Amsterdam 1998.

Baseball

Die »World Series« der amerikanischen Baseball-Liga heißt so, weil sie als Weltmeisterschaft gewertet wird

Viele Beobachter der USA sehen in dem Namen »World Series« für die Endrunde der lokalen Baseballmeisterschaften ein weiteres Zeichen für den bekannten US-amerikanischen Chauvinismus und Autismus. Aber diesmal tun sie den Amerikanern Unrecht – die »World Series« hat ihren Namen von einem der ersten Finanziers dieser Veranstaltung, der Zeitung *New York World*.

Lit.: B. Arp: »World champions«, Leserbrief im Economist, 16. 11. 1996.

Bauhaus

Das Bauhaus war eine international einflußreiche Architektenschule

Die als »Bauhaus« bekannte »Schule für gestaltendes Handwerk, Architektur und bildende Künste«, 1919 von Walter Gropius in Weimar gegründet, 1925 nach Dessau umgezogen und 1933 aufgelöst, ist vor allem eine Medienblase; die architektonischen und erst recht die politischen Leistungen ihrer Hauptfiguren Gropius und Mies van der Rohe gelten unter Fachleuten als weniger bedeutend.

Nach Paul Betts ist die große öffentliche Anerkennung für die Bauhaus-Architekten in erster Linie ein Produkt des Kalten Krieges: Es galt, die Deutschen fest im Westen zu verankern, es mußte auf Teufel komm raus ein Bindeglied zwischen Deutschland und Amerika geschaffen werden. Und dafür schien das Bauhaus gut geeignet:

Seine Gründer waren vor den Nazis nach Amerika geflohen und damit beiderseits des Ozeans als Botschafter des guten Willens akzeptabel – eine Art kleinster gemeinsamer Nenner, auf den sich beide Seiten gern verständigten. Dafür war man gern bereit, die zahlreichen Schwachstellen der Bauhaus-Leute – ihre »unerträgliche Phraseologie«, ihr »Versagen im Technischen« (Schwarz), die »offensichtliche Hybris ihrer herausragenden Figuren« (Betts) – taktvoll schweigend zu erdulden.

Anders als die Politik und die Medien haben die internationalen Architekturexperten das Bauhaus und die Bauhaus-Ideologie schon lange vor dem Ende des Kalten Krieges als »niederdrückend«, »unmenschlich« und »kalt« (Betts) empfunden.

Lit.: R. Schwarz: »Bilde Künstler, rede nicht«, Baukunst und Werk, Januar 1953; Tom Wolfe: From Bauhaus to our house, New York 1981; P. Betts: »Die Bauhaus-Legende. Amerikanisch-Deutsches Joint Venture des Kalten Krieges«, in: A. Lüdtke u. a. (Hrsg.): Amerikanisierung: Traum und Alptraum im Deutschland des 20. Jahrhunderts, Stuttgart 1996, S. 270–290.

Beamte
Beamte müssen nichts für ihre Renten und Pensionen zahlen

Deutsche Beamte genießen viele unverdiente Privilegien (warum z. B. müssen Hochschullehrer Beamte und unkündbar sein?), aber die angeblich kostenlose Alterssicherung gehört nicht dazu.

Diese Versorgung ist nämlich alles andere als kostenlos. Das wird jeder Hochschullehrer merken, wenn er oder sie einmal ein Angebot auf eine Professur im Ausland hat; dann muß er sich von seinem Dienstherrn nämlich sagen lassen: »Was wollen Sie denn, das Gehalt in X ist überhaupt nicht höher als bei uns in Deutschland, inklusive unserer Beiträge zu Ihrer Altersversorgung verdienen Sie hier genausoviel wie da.« Mit anderen Worten, bei dem Verhandeln von Gehältern wird ganz selbstverständlich der Staatsbeitrag zur Altersversorgung als Teil des Einkommens des Staatsdieners betrachtet.

Daß dann der Staat als der Arbeitgeber der Beamten diese Gelder, statt sie wie andere Arbeitgeber an die Rentenversicherung zu überweisen, erst einmal anderweitig ausgibt, sollte man nicht den Beamten in die Schuhe schieben.

Beitragsfreie Mitversicherung
Die beitragsfreie Mitversicherung ist ein Instrument der Familienlastenausgleichs-Politik

Die deutschen Krankenversicherungen geben pro Jahr mehr als 50 Milliarden Mark für Patienten aus, die keinen Pfennig Beitrag zahlen: die Kinder, Frauen oder Männer von zahlenden Mitgliedern, die selber kein eigenes Einkommen haben und deshalb ohne Beitrag mitversichert sind.

Viele Kritiker unseres Sozialsystems sehen dadurch die Gesetzliche Krankenversicherung mißbraucht: Wenn man schon kinderreichen Familien oder Ehen mit nur einem Geldverdiener helfen wolle, dann bitte doch direkt und ohne die Krankenversicherung vor den Karren dieses durchaus ehrenwerten Zieles zu spannen. Nach einem Vorschlag des Sachverständigenrates für die Konzertierte Aktion im Gesundheitswesen z. B. sollten beitragsfrei mitversicherte Ehepartner von »regulären« Mitgliedern künftig einen »Sonderbeitrag« zahlen.

In Wahrheit hat die beitragsfreie Mitversicherung von Familienangehörigen für sich allein genommen mit Lastenausgleich nichts zu tun. Denn diese Menschen würden auch ohne diese familiäre Bindung keinen Beitrag zahlen; der Status des Angehörigen eines regulären Mitglieds ist für die Beitragspflichten eines Bundesbürgers ohne eigenes Einkommen völlig unerheblich: Bei Arbeitslosen zahlt die Bundesanstalt für Arbeit, bei Sozialhilfeempfängern zahlt das Sozialamt, zumindest für Pflichtversicherte hat der Tatbestand der Ehe mit einem regulären Krankenkassenmitglied keine Konsequenzen für die Beitragszahlung: so oder so wird nichts gezahlt.

Lit.: Friedrich Breyer: »›Beitragsfreie Mitversicherung‹ und ›Familienlastenausgleich‹ in der GKV: ein populärer Irrtum«, Konjunkturpolitik 43, 1997, S. 213–223.

Bergisches Land
Das Bergische Land ist bergig

Das Bergische Land hat seinen Namen von den Grafen von Berg (Stammsitz Düsseldorf, früher Burg an der Wupper und Altenberg im Sauerland).

Bernhardiner
Bernhardiner bringen Alkohol zu verschütteten Alpinisten

Die bekannten Szenen mit den Bernhardinerhunden und den Branntweinfäßchen sind von Witzblattzeichnern frei erfunden. Wahr ist, daß Bernhardinerhunde seit 1760 den Mönchen des Hospizes auf der Paßhöhe des Großen St. Bernhard bei der Rettung verirrter oder verschütteter Reisender halfen (einer von ihnen, ein Bernhardiner namens Barry, der einmal ein halb erfrorenes Kleinkind aus einer Schneewehe zerrte und ins Hospiz transportierte und insgesamt mehr als 40 Menschen vor dem Erfrieren rettete, hat am Eingang des Tierfriedhofs von Asnières bei Paris ein Denkmal erhalten; sein ausgestopfter Körper kann im Naturhistorischen Museum von Bern bewundert werden). Aber am Hals haben diese Rettungshunde allenfalls ein Sanitätspäckchen und niemals eine Flasche Schnaps getragen.

Ein gestelltes Foto für die Presse

Lit.: http://www-nmbe.unibe.ch/abtwt/swiss-dogs.html.

Besiedelung Amerikas
Amerika wurde vor rund 12.000 Jahren von Norden über die Beringstraße besiedelt

Diese lange allgemein geglaubte These gilt inzwischen als erschüttert: Aufgrund von Höhlenfunden in Chile und Brasilien verdichten sich Indizien, daß schon viel früher Menschen nach Amerika gekommen waren.

Vermutlich waren diese Reisen nicht geplant. So wie noch heute immer wieder von Stürmen abgetriebene afrikanische Fischer an den Küsten Südamerikas gefunden werden, haben auf See versprengte Afrikaner und vielleicht auch Polynesier schon vor mehr als 20.000 Jahren in Amerika eine neue Heimat gefunden: Die über 12.000 Jahre alten Knochenfunde und Höhlenmalereien im chilenischen Monte Verde oder die fast genauso alten Werkzeuge und Waffen, die in den letzten Jahren im brasilianischen Nationalpark Serra da Capivara aufgefunden wurden, können unmöglich von den Großwildjägern stammen, die zur gleichen Zeit, aber mehrere Tausend Kilometer weiter nördlich, aus Asien durch Alaska südwärts zogen.

Lit.: »Der erste Amerikaner«, Focus 40/1997.

Bestseller
Bestseller kommen auf die Bestsellerliste

Nicht alle Bestseller kommen auf die Bestsellerliste. Die *Spiegel*-Bestsellerliste z.B., die Mutter aller solcher Bücherlisten, läßt längst nicht alle Bücher auf ihr Treppchen. Der »Neue Duden« etwa, das meistverkaufte Sachbuch des Jahres 1996, war niemals in der *Spiegel*-Liste aufzufinden.

Die Spiegel-Liste gründet sich auf eine Stichprobe von 280 deutschen Sortiments-Buchhändlern (von insgesamt über 1500 in der Bundesrepublik, die einen Umsatz von mehr als einer halben Million DM pro Jahr erzielen); diese melden jeden Donnerstag ihre 15 in der Woche bestverkauften Titel an die Zeitschrift Buchreport: Der bestverkaufte Titel erhält 15 Punkte, der zweitbeste 14 Punkte usw.; diese Punkte werden aufaddiert, wer dann die meisten Punkte hat, ist auf der Spiegel-Liste Nr. 1.

Diese Rechnung hat aber ein paar Haken. Z. B. werden die Umsätze des größten deutschen Buchhändlers überhaupt, nämlich des Kaufhauses Karstadt, überhaupt nicht mitgezählt (Kaufhäuser und Großmärkte bleiben in der *Spiegel*-Liste außen vor), genauso wie Bücher, die über Buchklubs wie Bertelsmann und Büchergilde Gutenberg vertrieben werden; auch deren Verkaufszahlen fließen nicht in die *Spiegel*-Liste ein. Und nicht gezählt werden schließlich alle

Bücher, die nicht auf der *Spiegel*-Vorschlagsliste stehen. Lexika und Lehrbücher z. B., aber auch Kochbücher oder die Bibel, kommen niemals auf die rund 75 Titel lange *Spiegel*-Vorschlagsliste, aus der die Buchhändler dann ihre 15 Besten wählen dürfen. (Ein Grenzfall ist das »Lexikon der populären Irrtümer«; dem Vernehmen nach hatte der erste Band, der über mehr als 70 Wochen die *Spiegel*-Sachbuchliste schmückte, vor seinem Einzug in die Vorschlagsliste einige Debatten auszuhalten ...)

Lit.: »Von Woche zu Woche: Bestsellerliste«, Buchreport 40/1988.

Bethlehem
Jesus wurde in Bethlehem geboren

Jesus Christus wurde nach Meinung fast aller modernen Bibelforscher in Nazareth geboren; die These der Evangelisten Lukas und Johannes, Jesus sei in Bethlehem zur Welt gekommen, sei eher als Versuch zu werten, die Geburt des Messias dorthin zu verlegen, wo sie nach dem Willen des Alten Testamentes stattzufinden hatte: in die Stadt Davids, in die Stadt, wo David geboren und zum König wurde: »Aber du, Bethlehem-Ephratha, so klein unter den Gauen Judas, aus dir wird hervorgehen, der über Israel herrschen soll (...). Er wird auftreten und ihr Hirt sein in der Kraft des Herrn, im hohen Namen Jahwes, seines Gottes.« (Micha 5,1–3).

Also schreibt Lukas: »So zog auch Josef von der Stadt Nazareth in Galiläa hinauf nach Judäa in die Stadt Davids, die Bethlehem heißt, denn er war aus dem Haus und dem Geschlecht Davids. Er wollte sich eintragen lassen mit Maria, seiner Verlobten, die ein Kind erwartete.« Aber außer dieser einen einzigen Begründung – »er war aus dem Haus und dem Geschlecht Davids« – hat Lukas und haben andere frühe Kirchenmänner keine weiteren Indizien für diese Reise vorzuweisen, so daß man diese wie auch Marias Niederkunft in Bethlehem als Fiktion und als Versuch bewerten sollte, das Alte und das Neue Testament nachträglich besser aufeinander abzustimmen.

Lit.: Die Bibel – Einheitsübersetzung, Stuttgart 1980; Stichwort »Bethlehem (Jordan)« in der MS Microsoft Enzyklopädie Encarta, 1994; Hans Josef Miller: »Abschied von Bethlehem?«, Katholisches Sonntagsblatt 50/1996, S. 20.

Beton
Erst seit der Neuzeit baut man mit Beton

Schon die Römer bauten mit Beton. Dieses aus Zement und Wasser und sogenannten Zuschlagstoffen (Kies, Schotter, Split) hergestellte Kunstgestein, das anders als normaler Mörtel auch unter Wasser abbindet, diente schon im alten Rom den Architekten: Brückenpfeiler, Aquädukte, Hafenmauern, auch Badewannen wuchsen aus Beton, wobei auch schon die Schalentechnik des 20. Jahrhunderts angewendet wurde (im Keller der Kaiserthermen in Trier sieht man noch heute die Abdrücke der Bretter).

»Es gibt eine Erdart, die von Natur wunderbare Ergebnisse hervorbringt«, schreibt der römische Militärtechniker und Architekt Vitruv einige Jahre vor Christi Geburt. »Sie steht im Gebiet von Baiae und der Städte, die rund um den Vesuv liegen. Mit Kalk und Bruchstein gemischt, gibt sie nicht nur den übrigen Bauwerken Festigkeit, sondern auch Dämme werden, wenn sie damit im Meer gebaut werden, unter Wasser fest ...«

Diese Vulkanerde von den Füßen des Vesuvs, mit Kalk, Sand, Kiesel und Bruchgestein vermischt, entspricht in allen wesentlichen Eigenschaften dem heutigen Beton.

Lit.: J. Zahn: Nichts Neues mehr seit Babylon, Hamburg 1959; G. Prause: Tratschkes Lexikon für Besserwisser, München 1986; Stichwort »Beton« in der Brockhaus Enzyklopädie, Wiesbaden 1990.

Bett
Jesus sagte: »Steh auf, nimm dein Bett und geh!«

Das Jesus-Wort zu einem Kranken am See Bethesda: »Steh auf, nimm dein Bett und geh!« ist vermutlich falsch übersetzt und muß richtig heißen: »Steh auf, nimm deinen Stock und geh!«; das hebräische »matte« für Stock wurde wohl mit »mitta« für Bett verwechselt.

Lit.: Pinchas Lapide: Ist die Bibel richtig übersetzt?, Gütersloh 1989; Eckhard Henscheid, Gerhard Henschel und Brigitte Kronauer: Kulturgeschichte der Mißverständnisse, Stuttgart 1997 (besonders der Abschnitt »Gott und die Bibel«).

Bibel
In der Bibel sind verborgene Botschaften enthalten
(s.a. »Nostradamus«)

So behauptet Michael Drosnin in seinem Bestseller »Der Bibel-Code«; demnach sind in der Bibel – genauer: in den fünf Büchern Mose – codierte Prognosen der Judenvernichtung, der Präsidentschaft Clintons oder der Ermordung Itzhak Rabins sowie fast aller anderen Großereignisse und Katastrophen des 20. Jahrhunderts aufzufinden: »Jedes große Ereignis steht im Buch der Bücher« *(Bild-Zeitung)*.

Diese italienische Elfenbeinplatte aus dem 5. Jahrhundert verewigt einen Übersetzungsfehler

In Wahrheit kann man mit der Methode Drosnin in jedem hinreichend langen Text jede beliebige Botschaft finden – man muß nur geduldig suchen. Ob die Bibel oder das Bürgerliche Gesetzbuch, ob das Nibelungenlied oder ein Zufallstext auf einer Schreibmaschine – ist der Text nur lang genug, findet man darin jede Botschaft, die man will.

Dazu haben wir einmal unseren Computer angewiesen, vierhundert Buchstaben zufällig und unabhängig voneinander auszudrukken, mit Wahrscheinlichkeiten entsprechend den Häufigkeiten in der deutschen Sprache, und wie wir anhand des unten abgedruckten Sprachsalates sehen, können wir in dem Ergebnis durchaus die eine oder andere Bedeutung wiederfinden, erst recht, wenn wir auch andere Sprachen als Deutsch erlauben:

EWASYCSEOIIDUUMBGNSSLLAMBEDRGMXJEAAGEDSC
QRUGIULTULGPUEQLSMWHEMHUIJALIUDRPICAKMAV
MSKMUWOWEEPSHKEANEOSSXNIBITCELRLVNENHSOU

GGSRTDCGGSUKKVQBGUIIGKCOJKPPSMIJSSGARGHP
SXFMIMRSNDAGBSGAWEOXLMEINRVBOSGDGARFAHJE
IFULSBUBKKEJEUKNEFDGLUGRUFULOMGEFPKHDUVA
DFNOPLAUEKLIBXNABYALEMKPIOMRFNNBNPPPBAPQ
WAEIMIKKKHHOAPLETYCNBNIRIKUAHQPEEESYEEGK
ASDUDEENKFAGSESRHJAOOBMBCLSSAOULGUWERFDH
HEUHJSMCIAJIROEIRBESEDNQRANEKAOQSBQEBGEK

Bestimmte Worte finden wir in solchen zufälligen Buchstabenfolgen natürlich seltener – die Wahrscheinlichkeit, darin etwa den Namen Walter Krämer zu finden, ist natürlich viel kleiner als die, *irgendein* sinnvolles Wort oder *irgendeine* sinnvolle Wortkombination zu finden; aber auch diese Wahrscheinlichkeit ist größer als Null, und worauf es vor allem ankommt, sie wird mit zunehmender Länge des Zufallstextes immer größer.

Wenn wir etwa alle Buchstaben unabhängig voneinander mit Wahrscheinlichkeit 1/26 wählen und »ä« als »ae« schreiben, beträgt die Wahrscheinlichkeit, daß eine zufällig ausgewählte Kette von 26 Zeichen den Text »Walter Krämer« ergibt, genau (1/26)13 oder, in Worten ausgedrückt, fast Null (und in der Tat beginnt ja auch der obige Test nicht mit WALTER sondern mit EWASYC). Die Wahrscheinlichkeit aber, daß dieser Name in einem doppelt so langen Zufallstext erscheint, ist schon größer, konkret: Sie ist größer als

$$1-(1-(1/26)^{13})^2,$$

wie man sich leicht klarmacht, wenn man zuerst überlegt, mit welcher Wahrscheinlichkeit mein Name *nicht* erscheint.

Ganz analog kann man sich überzeugen, daß die Zeichenfolge »WALTER KRAEMER« in einem dreimal so langen Zufallstext mindestens mit Wahrscheinlichkeit

$$1-(1-(1/24)^{13})3$$

und in einem zehnmal so langen Zufallstext mindestens mit Wahrscheinlichkeit

$$1-(1-(1/24)^{13})^{10}$$

erscheint usw. Diese Ausdrücke werden aber immer größer, sie nähern sich langsam, aber unaufhaltsam einem Grenzwert Eins, d. h. in einem hinreichend langen Zufallstext wird irgendwo todsicher »Walter Krämer« stehen! Aber warum mit »Walter Kraemer« aufhören? Nehmen wir einen längeren Text, etwa das Vaterunser mit

290 Buchstaben. Die Wahrscheinlichkeit, daß ein Zufallstext von 290 Buchstaben das Vaterunser ist, beträgt

$$(1/24)^{290}$$

also fast Null. Die Wahrscheinlichkeit, daß ein doppelt so langer Zufallstext das Vaterunser irgendwo als ungestörte Textsequenz enthält, ist aber schon größer als

$$1-(1-(1/24)^{290})^2$$

und die Wahrscheinlichkeit, daß ein zehnmal so langer Zufallstext das Vaterunser irgendwo enthält, ist größer als

$$1-(1-(1/24)^{290})^{10}$$

und auch dieser Ausdruck strebt gegen einen Grenzwert Eins! Auch die Wahrscheinlichkeit, daß in sehr langen Zufallstexten das Vaterunser auftritt, wird beliebig groß!

Und das ist nun wirklich sehr verblüffend. Denn was für das Vaterunser gilt, gilt auch für Schillers »Lied von der Glocke« und für Goethes »Faust«, und wir haben damit das durchaus beunruhigende Resultat, daß ein unsterblicher Schimpanse, den wir an eine Schreibmaschine setzen, todsicher irgendwann das Neue Testament geschrieben haben wird.

Lit.: Jonathan Swift: Ausgewählte Werke, Berlin 1967; Martin Gardner: Gotcha – Paradoxien für den Homo Ludens, München 1985; D. Witzum et al.: »Equidistant letter sequences in the book of Genesis«, Statistical Science 9, 1994; Walter Krämer: Denkste! Trugschlüsse aus der Welt des Zufalls und der Zahlen, Frankfurt a. M. 1995; Michael Drosnin: Der Bibel-Code, München 1997; »Demnächst im Kino«, Der Spiegel 23/1997; Christoph Drösser: »Wer sucht, der findet«, Die Zeit, 21. 11. 1997.

Biber 1
Biber fressen Fische

Biber sind reine Vegetarier, sie fressen weder Fleisch noch Fisch. Ihre Hauptnahrung sind frische Baumrinden und weiches Holz, auch Wasserpflanzen sowie Beeren oder Wurzeln (pro Jahr verbraucht ein erwachsener Biber davon rund vier Tonnen).

Lit.: Grzimeks Tierleben, Bd. 11, Stuttgart 1969.

Biber 2
Biber können planvoll Bäume fällen

Von Bibern angefressene Bäume fallen, wenn sie fallen, in alle Himmelsrichtungen, so wie es der Zufall will. Daß sie, falls am Wasser stehend, meistens auch ins Wasser fallen, liegt daran, daß am Wasser wachsende Bäume mehr Zweige zum Wasser hin entwickeln und deshalb in dieser Richtung schwerer sind.

Genauso wenig Anhaltspunkte gibt es für die These, daß die Biber die Fallrichtung der Bäume so bestimmen, daß deren Kronen nicht in Nachbarbäumen landen.

Lit.: Grzimeks Tierleben, Bd. 11, Stuttgart 1969.

Bienen
Bienen sterben nach dem Stechen

Normalerweise nicht. Wenn Bienen stechen, dann stechen sie in der Regel andere Insekten oder Tiere, die wie Insekten einen Chitinpanzer besitzen, aus dem die Biene ihren Stachel trotz des Widerhakens unverletzt herauszieht. Nur in der Haut des Menschen bleibt der Stachel stecken, und die beim Abreißen entstehende Wunde ist für die Biene meistens tödlich.

Lit.: Adolf Braun: Taschenbuch der Waldinsekten, 4. Auflage, Stuttgart 1991.

Bier 1
Alkoholfreies Bier ist alkoholfrei

Alkoholfreies Bier ist nicht völlig alkoholfrei; es darf bis zu 0,5% Alkohol enthalten; bei den meisten bekannten Marken liegt der Alkoholanteil zwischen 0,35% und 0,48%.

Bier 2
Bier auf Wein, das laß sein

Die Verträglichkeit von Alkohol hängt vor allem von der Menge und der Reinheit ab (ein gegebenes Quantum Alkohol hat die geringsten Nebenwirkungen, wenn es als Klarer wie Wodka oder Doppelkorn genossen wird). Deshalb ist auch die Reihenfolge von Wein und Bier für die Folgen des Genusses unerheblich – es kommt allein auf Zeit und Mengen an; eine Überdosis Wein und Bier am Abend erzeugt am nächsten Morgen immer den gleichen Kater, ganz gleich in welcher Reihenfolge wir zuviel von beidem trinken.

Allenfalls wegen seines im Vergleich zu Wein geringeren Alkoholgehalts könnte es unter Umständen von Nutzen sein, ein Besäufnis mit Bier zu beginnen: Dadurch trifft der höherprozentige Wein auf einen schon etwas trainierten Magen, und der Weinalkohol kommt weniger schnell ins Blut, als wenn wir gleich mit Wein begonnen hätten. Aber dieser Effekt berührt den Kater hinterher nur ganz am Rand. Vermutlich ist obiger Rat aus der Sitte entstanden, vor dem Essen, als Aperitif oder gegen den Durst, noch schnell ein Bier zu trinken, danach erst wird die gute Flasche Wein geöffnet. Aber in manchen Ländern trinkt man Bier auch *nach* dem Essen, und hier empfiehlt der Volksmund genau das Gegenteil: »Beer after wine and you feel fine, wine after beer and you feel queer« (England).
Genauso ohne wissenschaftliche Grundlage ist auch der Ratschlag der Franzosen, bei Rot- und Weißwein eine bestimmte Reihenfolge einzuhalten: »Blanc sur rouge, rien ne bouge – rouge sur blanc, tout fout le camp.«

Lit.: H. van Maanen, J. J. E. van Everdingen und H. E. Fokke: Le cœur se situe à gauche – mille et une idées reçues en matière de médecine, Amsterdam 1995; Christoph Drösser: »Stimmt's?«, Die Zeit, 7. 11. 1997.

Biorhythmus
Die Menschen unterliegen einem Biorhythmus

Diese These geht auf Wilhelm Fliess zurück, einen Freund von Sigmund Freud, der mit unserer Geburt drei jeweils 23 Tage, 28 Tage und 33 Tage lange Zyklen starten sah, die, sich wellenförmig überlagernd, unser Schicksal mitbestimmen. So die Theorie von Fliess. Insbesondere solle man sich vor Nulldurchgängen dieser Zyklen hüten,

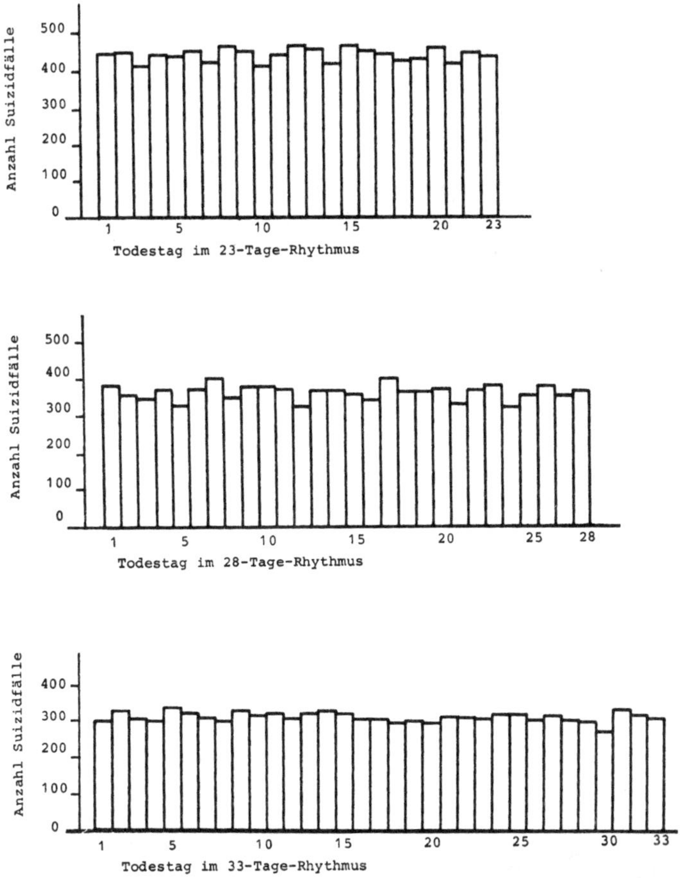

10.480 Selbstmorde in der Schweiz, auf die Tage der Biorhythmen aufgeteilt

den sogenannten »kritischen« Stunden oder Tagen, an denen eine dieser Wellen aus den positiven in die negativen Werte wechselt. Hier sei die Lebenstüchtigkeit gefährdet, das Risiko von Unfällen und Mißgeschicken aller Art nähme, nach Fliess, zu diesen Zeiten zu.

Diese noch heute kommerziell verwertete Theorie ist aber wissenschaftlich nicht zu halten; in mehreren Untersuchungen zu Biorhythmus und sportlicher Leistung, zu Biorhythmus und Verkehrsunfällen oder zu Biorhythmus und dem Sensenmann konnten keine Regelmäßigkeiten aufgefunden werden. Das Schaubild auf S. 41 (mit freundlicher Genehmigung entnommen aus Riedwyl und Widmer, 1976) zeigt z. B. sämtliche 10.480 amtlichen Selbstmordfälle in der Schweiz von 1961 bis 1970, auf die Tage des Biorhythmus der Selbstmörder aufgeteilt: Keiner dieser Tage, ob kritisch oder nicht, fällt in irgendeiner Weise aus der Reihe.

Lit.: W. Dällenbach: »Zur Frage von Biorhythmen und deren technische Anwendung«, Schweizerisches Archiv für angewandte Wissenschaft und Technik 1948; W. Fliess: Der Ablauf des Lebens, Leipzig 1906; M. Gardner: »Freud's friend Wilhelm Fliess and his theory of male and female life cycles«, Scientific American 1967; L. Pircher: »Biorhythmik und Unfallprophylaxe«, Zeitschrift für Präventivmedizin 1972; H. Riedwyl und A. Widmer: »Zur ›Lehre von den Biorhythmen‹ nach Fliess«, Sozial- und Präventivmedizin 1976; G. Schönholzer et al.: »Biorhythmik«, Zeitschrift für Sportmedizin 1972; Stichwort angeregt von Hans Riedwyl.

Blaue Mauritius
Die »Blaue Mauritius« ist die teuerste, seltenste und älteste Briefmarke der Welt

Die »Blaue Mauritius« ist weder die teuerste noch die älteste, noch die seltenste Briefmarke der Welt. Die älteste Briefmarke der Welt ist ein von der Pariser Stadtpost 1653 herausgegebener Papierstreifen (»Billet de poste payé«), der allerdings nicht aufgeklebt, sondern mit Klammer oder Faden am Brief befestigt wurde. Die älteste aufklebbare Briefmarke ist der »Penny Black« aus England von 1840. Die teuerste Briefmarke der Welt, gemessen an Auktionserlösen, ist die 1852 von der AJ Dallas Co. im amerikanischen Pittsburgh herausgegebene »Lady McGill, 2 Cent Rot-Braun«; sie wechselte 1987 für 1,1 Millionen Dollar den Besitzer. Die seltenste Briefmarke ist die schwedische »3 Skilling Banco, Gelbe Fehlfarbe« von 1853, sie existiert nur noch in einem Exemplar.

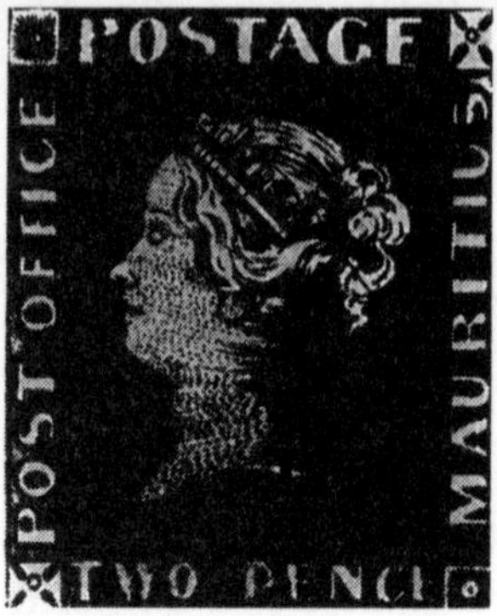

Lit.: Stichwörter »Mauritius« und »Postwertzeichen« in der Brockhaus Enzyklopädie, Wiesbaden 1990; Das Neue Guinness Buch der Rekorde, Berlin 1995.

Blauer Engel
Marlene Dietrich war der Blaue Engel

Der »Blaue Engel« in dem gleichnamigen Film von Josef von Sternberg ist der Nachtklub, in dem Lola Fröhlich alias Marlene Dietrich singt und tanzt.

Sie ist nicht der Blaue Engel

Blei
Blei ist das schwerste Metall

Blei wiegt 11,34 g pro Kubikzentimeter; damit nimmt es unter allen Metallen den Rang 24 ein. Die folgenden Metalle sind alle schwerer als Blei:

	Gewicht (g/cm^3)
Technetium	11,49
Thorium	11,72
Thallium	11,85
Palladium	12,02
Rhodium	12,41
Ruthenium	12,45
Berkelium	13,25
Hafnium	13,31
Curium	13,51
Quecksilber	13,55
Americium	13,70
Californium	14,11
Protactinium	15,37
Tantal	16,68
Uran	18,97
Wolfram	19,26
Gold	19,32
Plutonium	19,74
Neptunium	20,48
Rhenium	21,03
Osmium	22,61
Iridium	22,65

Lit.: Barbara Elvers (Hrsg.): Ullman's encyclopedia of industrial chemistry, Weinheim 1992.

Bleifreies Benzin
Bleifreies Benzin ist bleifrei

Nach DIN EN 228 darf bleifreies Benzin pro Liter bis zu 0,013 g Blei enthalten.

Blinddarm
Eine Blinddarmoperation entfernt den Blinddarm

Bei einer Blinddarmoperation wird nur der sogenannte Wurmfortsatz (Appendix) entfernt, nicht das als Blinddarm bekannte blinde Ende des Dickdarms selbst (Intestum Caecum).

Lit.: H.-J. Lewitzka-Reitner: Großes Gesundheitslexikon, Niedernhausen 1987.

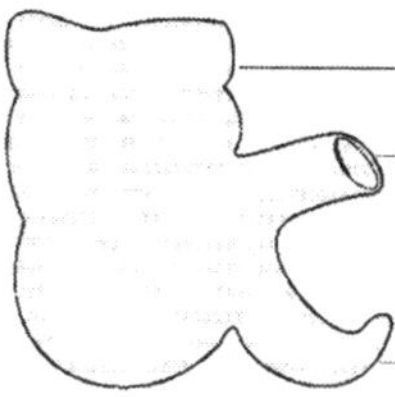

Blinddarm und Appendix

Blinde
Blinde Menschen hören besser

Blinde Menschen hören nicht besser und nicht schlechter als andere Menschen auch, das Spektrum der wahrgenommenen Lautstärken und Frequenzen ist das gleiche wie bei Menschen, die noch ihr Augenlicht besitzen. Wenn man trotzdem so oft Blinde etwa unter Klavierstimmern findet, so liegt das einmal daran, daß Blinde ihren Hörsinn besser üben, vor allem aber daran, daß man für diesen Beruf das Augenlicht nicht braucht – die Saiten lassen sich ertasten (aus dem gleichen Grund findet man auch viele Blinde in Telefonzentralen, da kann man ebenfalls den Arbeitsplatz ertasten).

Blitz 1
Der Blitz schlägt immer in die höchsten Stellen

Stimmt nur bedingt. Richtig ist: der Blitz sucht sich gern den höchstgelegenen Kontaktpunkt aus – aber nur in einer räumlich eng begrenzten Fläche. Wer also auf einem von hohen Bäumen umsäumten freien Feld von einem Gewitter überrascht wird, darf nicht darauf vertrauen, daß der Blitz die Bäume wählt; der Blitz kann ebensogut im freien Feld einschlagen, ohne einen Baum zu treffen.

Lit.: G. E. Schwartz: Teaching introductory physics, New York 1997; »Common myths and truths about lightning«, über die Internet-Adresse wvit.wvnet.edu/~djrobi/myths.html.

Blitz 2
Der Blitz schlägt nur in elektrisch gut leitende Gegenstände

Stimmt gleichfalls nur bedingt. Wenn zwei gleich hohe Telefonmasten sehr dicht beieinander stehen, der eine aus Holz, der andere aus Aluminium, schlägt der Blitz in den Mast aus Aluminium. Aber wenn die Masten weiter als zehn Meter auseinanderstehen, ist jeder gleich vom Blitz gefährdet.

Lit.: »Common myths and truths about lightning«, über die Internet-Adresse wvit.wvnet.edu/~djrobi/myths.html.

Blumen 1
Frauen lassen sich gerne Blumen schenken

Nur 15% aller Frauen freuen sich über Blumen (falls der Schenkende ihr Partner ist). Weit beliebter, wenn wir einer Umfrage der *Fernsehwoche* glauben dürfen, sind Liebesgedichte, romantische Abendessen oder ein spontanes Wochenende zu zweit ...

Lit.: »7 Irrtümer über Blumen«, Fernsehwoche 38/1997; Stichwort angeregt von Judith Sievers.

Blumen 2
In Krankenhäusern nimmt man Blumen nachts zum Schutz der Kranken aus den Zimmern

Weil sie der Luft den Sauerstoff entzögen oder weil sie der Hygiene schadeten, um nur zwei der bekanntesten einschlägigen Mythen zu nennen.

In Wahrheit gibt es kaum medizinische Gründe gegen Blumen auch in Krankenzimmern. Es trifft zwar zu, daß Blumen Sauerstoff verbrauchen. Wie alle Lebewesen müssen sie Energie erzeugen, das tun sie wie andere Pflanzen auch durch Umwandeln von Traubenzucker in Kohlendioxid und Wasser; dabei verbrauchen sie auch Sauerstoff. Aber dieser Sauerstoffverbrauch ist viel zu gering, um kranke Menschen zu gefährden – selbst hundert Zimmerpflanzen verbrauchen weniger Sauerstoff als der Patient im Nachbarbett. Wahr ist auch, daß Topfpflanzen Ungeziefer anlocken könnten, so daß man sie in vielen Kliniken verbietet. Aber der alte Brauch, auch Schnittblumen nachts in Krankenhäusern auf den Flur zu stellen, kann allenfalls den Blumen nützen: Nachts ist es auf den Fluren kälter als im Zimmer, und die Blumen halten länger.

Lit.: Christoph Drösser: »Stimmt's?«, Die Zeit, 24. 10. 1997 (siehe auch die Richtigstellung am 7. 11. 1997).

Blut
Blut ist rot

Wenn unser Blut durch die Venen zurück zum Herzen fließt, ist es purpurfarben, fast blau. Tritt es allerdings durch eine verletzte Vene aus, so wird es durch den Kontakt mit Sauerstoff sofort wieder rot. Bei anderen Spezies ist das Blut auch grün (Borstenwurm), weiß (Heuschrecke) oder wie bei einigen Seeigelarten auch orange.

Blutdruck
Überhöhter Blutdruck entsteht u. a. auch durch Salz im Essen

»Die Meinung, daß zuviel Salz im Essen eine Hauptursache der Volkskrankheit Bluthochdruck sei, galt den Ärzten lange Zeit als Dogma«, schreibt *Bild der Wissenschaft.* »Jetzt nicht mehr. Zumindest in Deutschland herrscht Einigkeit darüber, daß man mit salzarmer Diät den Blutdruck bei Hochdruckpatienten um höchstens drei Prozent senken kann – viel zu wenig für eine wirksame Therapie.«

Lit.: »Kontroverse um Kochsalz«, Bild der Wissenschaft 11/1996; »Fünf Vorurteile übers Essen«, Bild der Wissenschaft 1/1997.

Blüten
Blüten sind Falschgeld

Nicht im Amtsdeutsch unserer Polizei: Die »Richtlinien für den Nachrichtenaustausch bei Falschgelddelikten« des Hessischen Landeskriminalamtes von 1985 stellen klar: »Blüten sind Abbildungen/Nachahmungen von Banknoten, die ein- oder zweiseitig bedruckt sind, oft abweichende Druckbilder aufweisen und nach dem Willen des Herstellers nicht als Zahlungsmittel verwendet werden sollen.« Also: Blüten werden bei Monopoly verwendet, falsche Hunderter dagegen sind keine Blüten, sondern einfach – Falschgeld.

Lit.: Stichwort angeregt von Alfredo Grünberg.

Bombenschäden

Die alliierten Bombenangriffe des Zweiten Weltkriegs haben die deutsche Industrie vernichtet (s.a. »Marshallplan 2«)

Der Bombenterror der Alliierten 1943–1945 hat eine halbe Million Frauen und Kinder umgebracht, aber die deutsche Industrie nicht wesentlich getroffen: Kaum 10% aller Maschinen wurden beschädigt (und selbst von diesen nur ein Zehntel so, daß sie nicht mehr zu reparieren waren), selbst in der strategisch zentralen Kugellagerindustrie sind weniger als 20% der Werkzeugmaschinen durch alliierte Bomben unbrauchbar geworden. In der Stahlindustrie waren nur wenige Hochöfen und ein einziges Walzwerk ausgefallen, fast alle Fördertürme der Kohlengruben standen noch – »die deutsche Wirtschaft ging also mit einem (...) bemerkenswert großen und modernen Kapitalstock in die Nachkriegszeit« (Abelshauser).

Der Schwerpunkt des alliierten Bombenterrors lag auf reinen Wohngebieten und auf Brücken oder Eisenbahnen: Durch diese Lähmung des Transportsystems, nicht durch den Ausfall der Produktionskapazitäten selber, nahm die deutsche Industrieproduktion ab Mitte 1944 dann tatsächlich drastisch ab. Aber die Kapazitäten selber lagen 1945 kaum unter denen von 1939.

Lit.: W. Abelshauser: Wirtschaftsgeschichte der Bundesrepublik Deutschland 1945–1980, Frankfurt a. M. 1983.

Boxring

Der Boxring war ursprünglich rund

Das »Ring« im Boxring kommt vom englischen »to ring« (= läuten, klingeln). Aber dieses Klingeln ertönte schon immer in einer durchaus eckigen Arena.

Lit.: Ruhr-Nachrichten vom 20. 9. 1996 und 27. 11. 1996 in der Rubrik »Leser fragen«.

Braten
Der Braten kommt vom Braten

Das Essen kommt vom Essen, der Husten kommt vom Husten, aber der Braten kommt nicht vom Braten – »Braten«, im Sinn eines gebratenen Stückes Fleisch, hat eine andere sprachliche Wurzel als das Zeitwort »braten«. Letzeres entspringt vermutlich der indogermanischen Wurzel »bhret«, die auch für das lateinische »fretala« (= Bratpfanne) und für unser »brüten« oder »Brodem« Pate stand. Der »Braten« dagegen entstammt einer alten germanischen Bezeichnung für »Fleisch«, die heute noch in »Wade« oder »Wildbret« weiterlebt.

Lit.: Friedrich Kluge: Etymologisches Wörterbuch der deutschen Sprache, Berlin 1957; Stichwort angeregt von Josef Stern.

Brecht 1
Bertolt Brecht starb als deutscher Dichter (s.a. »Freddy Quinn«)

Bertolt Brecht, geboren in Augsburg/Deutschland 1898, starb 1956, nach kurzen Gastspielen in den USA und in der Schweiz, als Staatsbürger unseres Nachbarlandes Österreich.

Brecht 2
Bertolt Brecht hatte ernsthaft vorgehabt, sich in Österreich niederzulassen

Bertolt Brecht hatte seinen Antrag auf österreichische Staatsbürgerschaft damit begründet, daß er die Stadt Salzburg zum Zentrum seines Wirkens machen wolle; in Wahrheit ging es ihm vor allem um die Vorteile der österreichischen Staatsbürgerschaft (Österreicher wurden von den Alliierten aus strategischen Gründen unter die Opfer der Nazis eingestuft, sie hatten damit nach dem Krieg mehr Freiheiten als Deutsche). Als eigentliche Wirkensstätte hatte Brecht von Anfang an den Ort bestimmt, wo man den größten roten Teppich für ihn hatte, also Ost-Berlin (wohlweislich aber ohne die Rechte an seinen Werken und seine irdischen Güter dorthin mitzunehmen). »Im Sommer 1949 hatte Brecht, mit viel Lüge und Betrug, genau das was er wollte: den Paß aus Österreich, das regierungsamtliche Wohlwollen aus Ostdeutschland, den Verleger aus Westdeutschland, und das Konto in der Schweiz« (Johnson).

Lit.: P. Johnson: Intellectuals, London 1993 (besonders Kapitel 7: »Bertolt Brecht: Heart of Ice«).

Brent Spar

Das verhinderte Versenken der »Brent Spar« war ein Sieg der ökologischen Vernunft

Die von (vermeintlichen) Umweltschützern erzwungene alternative Entsorgung der Ölplattform »Brent Spar« belastet die Umwelt je nach Art und Weise weit stärker als die ursprünglich geplante Versenkung auf dem Meeresboden. Die Ökologie des Tiefseebodens, der geplanten letzten Heimat der »Brent Spar«, unterscheidet sich beträchtlich von der Ökologie des Festlandsockels, auf die sich die Szenarien der Brent-Spar-Aktivisten stützen: Die auf dem Boden des Atlantiks in 2000 m Tiefe residierenden Mikroben und Bakterien sind nicht nur gegen die Schwermetalle und Ölrückstände resistent, vor denen man den Meeresboden zu beschützen müssen glaubte, sie leben regelrecht von ihnen; für diese Tiere wäre die Ankunft der »Brent Spar« ein Fest gewesen wie Weihnachten und Ostern auf einmal (»But, far from finding heavy metal residues lethal or even mildly unappetizing, the bacteria of the ocean floor would have greeted the arrival of the Brent Spar as if all their Christmasses had come at once«, wie die Zeitschrift *Nature* schreibt).

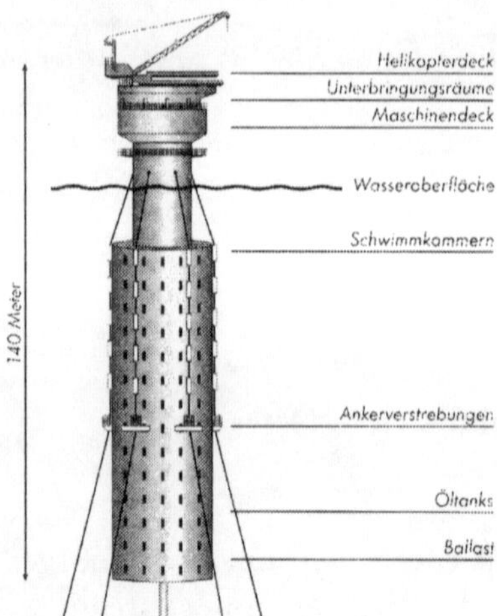

Brent Spar: für die Bakterien der Tiefsee ein Fest wie Weihnachten und Ostern auf einmal

Auch die tatsächlich vorhandenen Rückstände wurden von Greenpeace gewaltig überschätzt: Nur 100 Tonnen Ölrückstände statt 5000, 0 Tonnen statt 100 Tonnen Giftschlamm (die vorhandenen Schlammrückstände haben sich bei einer Untersuchung durch unabhängige Experten als ungiftig herausgestellt), keinerlei Batterien, Motoren, Pumpen, elektrische Anlagen (wohl wissend, daß diese vor der Versenkung auszubauen waren, hatte Greenpeace dennoch diesbezüglich Ängste angemeldet), keinerlei nennenswerte Radioaktivität usw.

Geblieben wären 14.000 Tonnen Ballast und Stahl, ein Nichts verglichen mit den Tausenden von Kriegs- und Handelsschiffen, die bereits heute auf dem Meeresboden lagern (Titanic, Bismarck, Hood) bzw. Jahr für Jahr durch »natürliche« Katastrophen neu dazukommen, und ebenfalls ein Nichts verglichen mit den wirklichen Gefahren der Ölförderung auf See, welche die Umwelt tatsächlich und weit nachhaltiger belasten, als es die Versenkung der »Brent Spar« je hätte bewirken können, und die durch diesen Öko-Aktionismus auch weiter außerhalb der Medien-Entrüstungszone bleiben.

Lit.: »Brent Spar, broken spur«, Nature 375, 1995; »Das dicke Ende kommt erst noch«, Rheinischer Merkur, 23. 6. 1995; »Abwracken von Brent Spar an Land ist langwierig und gefährlich«, Frankfurter Allgemeine Zeitung, 23. 6. 1995; Deutsche Shell AG (Hrsg.): Die Ereignisse um die Brent Spar in Deutschland, Hamburg 1996.

Bridge
Bridge ist typisch angelsächsisch

Bridge wurde erstmals Mitte des 19. Jahrhunderts in Istanbul gespielt. Erst mehrere Jahrzehnte später ist dieses Kartenspiel dann auch nach England und Amerika gekommen.

Lit.: Das Große Hör-Zu Buch der Erfindungen, Frankfurt a. M. 1987; Stichwort »Bridge (Game)« in der MS Microsoft Enzyklopädie Encarta, 1994.

Brüderlichkeit 1
Die Französische Revolution stand unter dem Motto »Freiheit, Gleichheit, Brüderlichkeit«
(s.a. »Résistance« sowie in Band 1 »Bastille«)

Erst unter Napoleon III., mehr als 50 Jahre nach der Französischen Revolution, wurde die Parole »Liberté, Egalité, Fraternité« zur offiziellen Devise der französischen Republik erkoren.

Die Französische Revolution stand unter dem Motto »Freiheit, Gleichheit, Eigentum«. In der Erklärung der Bürger- und Menschenrechte vom 26. August 1789 kommt die »fraternité« nicht vor. »Da die Vertreter des französischen Volkes, als Nationalversammlung eingesetzt, erwogen haben, daß die Unkenntnis, das Vergessen oder die Verachtung der Menschenrechte die einzigen Ursachen des öffentlichen Unglücks und der Verderbtheit der Regierungen sind, haben sie beschlossen, die natürlichen, unveräußerlichen und heiligen Rechte der Menschen in einer feierlichen Erklärung darzulegen, damit diese Erklärung allen Mitgliedern der Gesellschaft beständig vor Augen ist und sie unablässig an ihre Pflichten erinnert.«

»Diese Rechte sind Freiheit, Eigentum, Sicherheit und Widerstand gegen Unterdrückung«, sagt Artikel 2. Und dann fährt die Erklärung mit diversen Definitionen und Detailvorschriften fort: Souveränität »ruht letztlich in der Nation« (Artikel 3), Freiheit »besteht darin, alles tun zu können, was einem anderen nicht schadet« (Artikel 4), Gesetze sind »Ausdruck des allgemeinen Willens«, an deren Entstehung alle Bürger ohne Unterschied des Standes und der Religion teilnehmen dürfen (Artikel 6), Rede- und Gedankenfreiheit ist »eines der kostbarsten Menschenrechte« überhaupt (»un des droits les plus précieux«, Artikel 11). Weitere Artikel legen fest, daß Angeklagte solange unschuldig sind, bis ihre Schuld bewiesen ist, oder daß niemand aufgrund eines Gesetzes verurteilt werden darf, das es zur Tatzeit noch nicht gab – alles in allem ein bemerkenswertes Dokument, das zu Recht als Wiege der modernen Demokratie gefeiert werden darf.

Aber kein einziger der 17 Artikel dieser Erklärung erwähnt die Brüderlichkeit.

Auch später ist in den offiziellen Dokumenten der Französischen

Revolution von Brüderlichkeit keine Rede. Die Verfassung von 1793 benennt als Rechte »Freiheit, Gleichheit, Sicherheit, Eigentum«, »fraternité« kommt darin nirgends vor; die Direktorialverfassung von 1795 nennt als Menschenrechte ebenfalls »Freiheit, Gleichheit, Sicherheit, Eigentum«, die Brüderlichkeit kommt an keiner Stelle vor; die Proklamation der Konsuln vom 15. Dezember 1799 zitiert die »geheiligten Rechte des Eigentums, der Gleichheit und der Freiheit«, und auch hier ist von Brüderlichkeit an keiner Stelle die Rede.

Bemerkenswert dagegen die konstante Betonung des Menschenrechts auf Eigentum (»das Recht, sein Vermögen, seine Einkünfte, den Ertrag seiner Arbeit und seines Fleißes zu genießen und darüber frei zu verfügen«, so die Direktorialverfassung von 1795). »Das Eigentum der Patrioten ist heilig«, schreibt Saint-Just in den Ausführungsbestimmungen zu den Ventôse-Dekreten von 1794. Artikel 8 der Verfassung von 1793 sagt: »Die Sicherheit beruht in dem Schutz, den die Gesellschaft jedem ihrer Glieder für die Erhaltung seiner Person, seiner Rechte und seines Eigentums zusichert«, und auch die Erklärung der Menschenrechte von 1789 läßt an der Bedeutung des Eigentums nicht den geringsten Zweifel: »Da das Eigentum ein unverletzliches und heiliges Recht ist, kann es niemandem genommen werden, wenn es nicht die gesetzlich festgelegte, öffentliche Notwendigkeit augenscheinlich erfordert und unter der Bedingung einer gerechten und vorherigen Entschädigung.«

Eine zarte Spur von Brüderlichkeit findet sich allein in einem Beschluß des Direktoriums des Département Paris von 1793, auf alle Häuser die folgende Parole anzubringen: »Unité, Indivisibilité de la République, Liberté, Egalité, Fraternité ou la mort«. Jedoch wurden diese Worte nie zur offiziellen Devise oder zum Kampfruf der neuen Republik, genausowenig wie es das Motto der Bundesrepublik Deutschland ist, daß die RAF lebt, oder daß es schade ist, daß Beton nicht brennt, oder daß die 32-Stunden-Woche einzuführen sei, auch wenn wir diese Sprüche auf noch so vielen Häuserwänden aufgeschrieben finden ...

Lit.: W. Grab (Hrsg.): Die Französische Revolution – eine Dokumentation, München 1973; G. van Heuvel: Der Freiheitsbegriff der Französischen Revolution, Göttingen 1988; Jean-Paul Bertrand: Alltagsleben während der Französischen Revolution, Freiburg 1989; Stichwort angeregt von Ulrich Kinkelin.

Brüderlichkeit 2
»Brüderlichkeit« ist ein altes deutsches Wort
(s.a. »Leidenschaft« in Band 1)

Das Wort »Brüderlichkeit« gab es bis zum 19. Jahrhundert in der deutschen Sprache nicht; es wurde von dem Braunschweiger Schriftsteller und Sprachforscher Heinrich Campe 1801 als Ersatz für das französische Fremdwort »fraternité« erfunden (zusammen mit »Feingefühl« für »tact«, »Minderheit« für »minorité«, »Freistaat« für »république«, »Fallbeil« für »Guillotine« oder »Streitgespräche« für »Debatte«).

Lit.: Dieter E. Zimmer: Deutsch und anders, Reinbek 1997.

Brustkrebs
Brustkrebs-Vorsorge ist immer medizinisch nützlich
(s.a. »Prävention« in Band 1)

Nach dem »Breast cancer awareness month« in England 1996 forderte der bekannte englische Krebsarzt Michael Baum einen »Breast cancer unawareness month«: Nach seiner Meinung, und auch nach Ansicht anderer führender Krebsspezialisten in anderen Ländern, richten die Brustkrebs-Vermeidungs- und Früherkennungskampagnen, mit denen die deutschen und internationalen Medien uns periodisch heimzusuchen pflegen, netto mehr Schaden an, als daß sie Nutzen stiften. Nach Baum ist Brustkrebs bei Frauen unter 50 so selten (nur eine von tausend Frauen pro Jahr erkrankt daran), daß man diese Frauen, sofern nicht erblich vorbelastet, vor den Risiken der Vorsorge verschonen sollte: Röntgenstrahlen, Fehlalarme, die ganze Aufregung und Hektik, die mit zweideutigen Befunden immer verbunden ist. Zählt man alle diese physiologischen und psychologischen Schäden zusammen, lohnt sich zumindest bei jüngeren Frauen der ganze Früherkennungsaufwand nicht.

Auch die Warnungen vor Brustkrebs durch die Pille haben nach Baum mehr Menschenleben gekostet als gerettet (all die Frauen, die als Folge ungewollter Schwangerschaften gestorben sind).

Lit.: Michael Baum: »The lab«, Prospect, Juni 1997, S. 72.

Bücherverbrennung 1
Die Bücherverbrennung 1933 war eine Aktion der Nazis

Die berüchtigten Bücherverbrennungen des 10. Mai 1933 sind von deutschen Studenten organisiert und abgehalten worden; die Nazis waren nur im Hintergrund und indirekt beteiligt. Man traf sich in der Universität zu einem Fackelzug, marschierte unter Absingen von nationalen Liedern zu einem zentralen Platz, hörte sich nationale Reden an und warf dann Bücher in ein Feuer. Solche Aktionen fanden an fast allen deutschen Universitäten statt; die auf dem Berliner Opernplatz war nur die medienwirksamste und größte.

Lit.: C. Schelle: »Bücherverbrennung 1933 – Ein kurzer Abriß«, in: N. Schiffbauer und C. Schelle: Stichtag der Barbarei, Braunschweig 1983, S. 20–40.

Bücherverbrennung 2
Die Bücherverbrennung 1933 war eine historische Premiere

Das öffentliche Verbrennen mißliebiger Bücher ist so alt wie die Bücher selbst: Schon 250 v. Chr. ließ der erste Herrscher der chinesischen Tsin-Dynastie die Bücher des Konfuzius und seiner Anhänger verbrennen. Im Mittelalter und in der frühen Neuzeit wurden in Italien, Portugal und Spanien die Werke von Ovid, Boccaccio und Dante öffentlich verbrannt (in Florenz hieß dieser Ort »Der Scheiterhaufen der Eitelkeiten«), in Frankreich teilten dieses Schicksal etwas später, neben vielen anderen, die Werke von Voltaire, Pascal und Rousseau, unter Napoleon wurde das »Buch Über Deutschland« von Madame de Staël wegen »unfranzösischer politischer Ansichten« aus dem Verkehr gezogen und verbrannt.

Im 20. Jahrhundert stehen neben den Deutschen die Amerikaner in der ersten Linie der Verbrenner: Teile des »Ulysses«, die als Vorabdruck in der Zeitschrift *The Little Review* erschienen waren, werden von der amerikanischen Post konfisziert und verbrannt, auch Werke von Wilde und Steinbeck landen auf öffentlichen Scheiterhaufen (letztere »wegen der vulgären Ausdrucksweise der darin auftretenden Figuren«).

Lit.: A. L. Haight: Verbotene Bücher, Düsseldorf 1956.

Bulle
Mit der Bezeichnung »Bulle« für Polizisten ist ein Horntier angesprochen

Im 18. Jahrhundert hießen die Landjäger »Landpuller« oder »Bohler«, nach dem niederländischen »bol« (= Kopf, kluger Mensch). Ein »Bulle« ist daher ein Mensch mit Kopf. Wann dieser Ausdruck erstmals als Beleidigung verstanden wurde, bleibt im Dunkel der Historie verborgen.

Lit.: M. Scheele und R. Wetter: Ratgeber Recht, München 1990.

C

»Zum zehnten Mal wiederholt
wird es gefallen«
Horaz

Casanova
Casanova war ein Tunichtgut und Schürzenjäger

Giacomo Girolamo Casanova (1725–1798) war ein Liebhaber der Frauen, aber auch der Wissenschaften: Er war bereits mit 16 Jahren »Doctor iuris«, hatte anschließend Medizin, Chemie und Mathematik studiert und kannte sich als einer von wenigen Menschen des 18. Jahrhunderts mit Wahrscheinlichkeiten aus (u.a. auch deshalb wurde Casanova mit der Organisation der französischen Nationallotterie betraut). Außerdem dilettierte er als Ingenieur und Unternehmer, er leitete eine Manufaktur zur Herstellung und Bemalung von Seidenstoffen und diskutierte mit Friedrich dem Großen über den Betrieb von Wasserspielen. Vielleicht gerade *wegen* dieser Vielfalt an Talenten konnte er aber, von den Erfolgen bei den Frauen abgesehen, in keiner dieser anderen Sparten nachhaltig reüssieren.

Lit.: O. Krätz und H. Merlin: Casanova, Liebhaber der Wissenschaften, München 1995.

Catgut
Catgut wird aus Katzendarm gemacht

Die als Catgut (englisch für Katzendarm) bekannten Nähfäden der Chirurgen wurden einst aus Schaf- und Ziegendarm gemacht. Heute werden sie synthetisch hergestellt.

Lit.: Stichwort »Catgut« in der Encyclopaedia Britannica, 15. Auflage, Chicago 1994; Stichwort »Katgut« in Pschyrembel, 267. Auflage, Berlin 1994.

Champagner
Champagner ist eine französische Erfindung

Auch wenn die Franzosen den Ersten Weltkrieg u. a. mit dem Ziel bestritten haben, den Deutschen das Benennen ihres deutschen Sektes als »Champagner« zu verbieten (es gibt einen eigenen Abschnitt im Vertrag von Versailles, der es deutschen Winzern verbietet, ihren Sekt in diesem Sinne zu vermarkten), erfunden haben sie den Schaumwein nicht. Vermutlich geht dieser auf eine Beobachtung von englischen Weinhändlern des 17. Jahrhunderts zurück, die bemerkten, daß ihr »normaler« aus der Champagne eingeführter Wein trotz Abfüllens in Flaschen weitergärte (das lag an den speziellen in England benutzten Korken). Das Prickeln, das durch die bei der durchaus ungewollten zweiten Gärung produzierte Kohlensäure entstand, schien den Kunden aber zu gefallen, und so hat man diese Art der Weinbereitung systematisch kultiviert und beibehalten.

Es ist nicht auszuschließen, daß unabhängig davon auch Winzer in Frankreich auf ähnliche Gedanken kamen. Fest steht aber, es waren keine Winzer aus der Champagne, und es war auch nicht der legendäre Prokurator der Abtei Hautvillers, Dom Pérignon, der dort von 1668 bis 1715 wirkte und in Frankreich als der Erfinder des Champagners gilt (dieser Anspruch geht auf eine nachgewiesenermaßen gefälschte Urkunde aus dem Jahr 1880 zurück).

Lit.: Helmut Arntz: Deutsches Sektlexikon, Wiesbaden 1987; Stichwort vorgeschlagen von Michael Freitag.

China
Im alten China trugen die Männer Zöpfe

Im alten China trugen Männer keine Zöpfe; erst die zopftragenden Mandschu, die ab Mitte des 17. Jahrhunderts als Fremde über China herrschten, zwangen die Chinesen, so wie die Mandschu einen Zopf zu tragen. Aber dieses aufgezwungene Tragen eines Zopfes wurde von den Chinesen eher als demütigend empfunden und bei der ersten Gelegenheit auch wieder abgeschafft.

Stichwort vorgeschlagen von Alfredo Grünberg.

Chinesische Mauer 1
Die Chinesische Mauer und das Aachener Großklinikum sind die einzigen Gebäude auf der Erde, die man vom Mond mit bloßem Auge sehen kann

Zumindest der erste Teil dieser Behauptung wurde und wird noch immer gern geglaubt (der zweite Teil ist ein Kommentar von Norbert Blüm zum Wachstum des deutschen Medizinbetriebs). In Wahrheit sind aber beide Teile dieses Satzes falsch; die Chinesische Mauer ist maximal zehn Meter breit, ein solches Objekt ist vom Mond, d. h. aus 300.000 km Abstand, genausogut zu sehen wie ein 1 mm breiter Bindfaden aus 30 km Entfernung – nur mit einem starken Fernrohr, aber nicht mit bloßem Auge. Allenfalls die Spacelab- oder Shuttle-Astronauten können noch die Mauer sehen – wenn die Sonne sehr tief steht und die Mauern lange Schatten werfen. Aber diese fliegen auch nicht 300.000 km, sondern nur einige Hundert km über dieser Mauer.

Lit.: Christoph Drösser: »Stimmt's? Die Chinesische Mauer kann man vom Mond aus mit bloßem Auge erkennen«, Die Zeit, 18. 7. 1997; Stichwort vorgeschlagen von Manfred Alberti.

Chinesische Mauer 2
Die Chinesische Mauer ist die längste Grenzbefestigung der Welt

Die Chinesische Mauer ist 2000 km kürzer als der »Große Australische Hundezaun«; mit einer Gesamtlänge von 5530 km ist dieser die längste feste Grenze auf der Welt.

Der Große Australische Hundezaun zieht sich quer durch den Osten des Kontinents von der Großen Australischen Bucht im Süden durch die Weiden und Wüsten der Bundesstaaten South Australia, New South Wales und Queensland bis zum Pazifischen Ozean bei Brisbane, wo er kurz vor dem Meer in den Äckern und Baumwollfeldern des Küstenstreifens endet, und er trennt keine Menschen, sondern Tiere: Dingos auf der einen und Schafe auf der anderen Seite. Ende des 19. Jahrhunderts als lokaler Schutz begonnen, dann immer mehr erweitert, schließlich zu einem einzigen, den Kontinent zertrennenden riesigen Drahtgeflecht verbunden, schützt er die riesigen Schafherden des australischen Südostens vor den Dingos, den vor mehreren Tausend Jahren von asiatischen Seefahrern nach Australien gebrachten wilden Hunden, die sich gedacht haben: Jetzt ist Weihnachten und Ostern auf einmal, als sie die ersten europäischen Siedler mit ihren Schafen sahen.

Dingos fressen alles, was sich im Busch bewegt, Schlangen, Känguruhs, Kaninchen, auch Kälber, am liebsten aber Schafe, und sie haben schon manchen Schafzüchter in den Ruin getrieben. Als diese

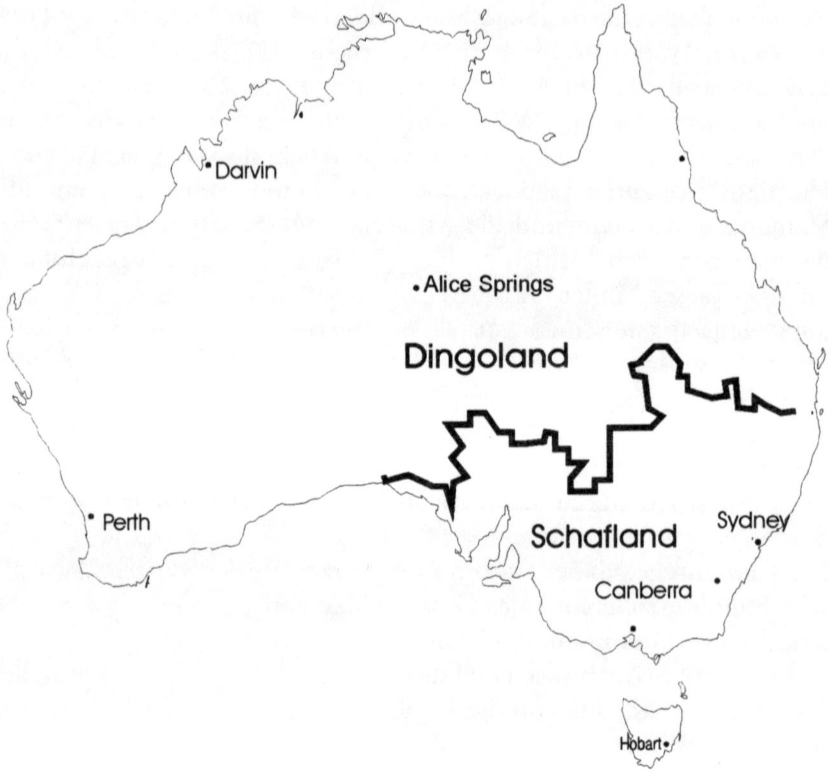

Der Große Australische Hundezaun – die längste Grenzbefestigung der Welt

daher merkten, daß Fallen stellen, Gift verstreuen oder Prämien für tote Dingos auszusetzen nicht mehr halfen, zäunten sie ihre Schafreviere einfach ein, verbanden diese Zäune dann peu à peu zu immer größeren Gebilden (»The dog fence« im Bundesstaat South Australia, »The border fence« im Bundesstaat New South Wales, »The barrier fence« im Bundesstaat Queensland) und schlossen diese schließlich 1960 zu einem einzigen Zaun – dem Großen Australischen Hundezaun – zusammen.

Lit.: Stichwort »Dingo« in der MS Microsoft Enzyklopädie Encarta, 1994; »Travelling the Australian Dog Fence«, National Geographic 191, April 1997, S. 18–37.

Chinesische Sprache
Es gibt eine chinesische Sprache

Eine Sprache namens Chinesisch gibt es nicht, es gibt nur diverse Dialekte wie Mandarin oder Kantonesisch, aber keine »Hochsprache«, die alle diese Dialekte überdeckt, so wie das Hochdeutsche das Plattdeutsche und das Bayrische überdeckt. Ein Chinese, der von Shanghai Richtung Peking reist, gleicht sprachlich einem Bayern auf den Nordseeinseln; aber anders als ein Bayer auf den Nordseeinseln kann er sich mit seinen Gastgebern nicht auf einen gemeinsamen Nenner einigen, einen solchen gemeinsamen Nenner gibt es für Chinesen nicht.

Chinesisch für »Frau«: je nach Dialekt verschieden ausgesprochen, aber als Schrift überall gleich verstanden

Das einigende Band der Chinesen ist nicht die Sprache, sondern die Schrift – eine auf Symbolen aufbauende Bilderschrift wie die Figuren und Symbole auf unseren Flughäfen und Bahnhofstoiletten. Wie man das Gemeinte ausspricht, ist dann nebensächlich, das Symbol wird überall in China gleich verstanden ...

Lit.: Eduardo Fazzioli: Gemalte Wörter, Bergisch Gladbach 1987; Stichwort vorgeschlagen von Alfredo Grünberg.

Cholesterin
Cholesterin ist schädlich (s.a. »Fett«)

Cholesterin ist für den Körper durchaus nützlich (ohne Cholesterin z. B. könnte unser Organismus keine Sexualhormone produzieren, deswegen bewirken cholesterinsenkende Medikamente zuweilen

Impotenz). Wie immer ist auch hier die Menge und die Herkunft wichtig: Menschen mit einem hohen Butter-, Ei- und Milchkonsum z. B. werden eher seltener von einem Herzinfarkt betroffen als Menschen, die diese cholesterinhaltigen Lebensmittel meiden.

Lit.: H.-J. Holtmeier: Cholesterin: Zur Physiologie, Pathophysiologie und Klinik, Berlin 1996; Stichwort vorgeschlagen von Max Dienel.

Coca-Cola
Ein Stück Fleisch löst sich über Nacht in Coca-Cola auf

Stimmt nicht, wie der *Zeit*-Redakteur Christoph Drösser herausgefunden hat: »Nach 24 Stunden in der Koffeinbrause hat sich das Stückchen Rinderfilet hellbraun verfärbt, ist sehr mürbe geworden und riecht übel. Die braune Farbe der Cola ist ausgefällt und schwebt in Gestalt unappetitlicher Flocken in der trüben Brühe. Auf der Oberfläche hat sich ein brauner Schaum gebildet.«

Aber aufgelöst hat sich das Filet nicht. Wahr ist dagegen, daß ein über Nacht in Cola eingelegter rostiger Nagel entrostet wird und sogar noch einen Antikorrosionsbezug erhält.

Lit.: Christoph Drösser: »Stimmt's?«, Die Zeit, 21. 11. 1997.

Code Napoléon
Der »Code Napoléon« geht auf Napoleon zurück

Der »Code Napoléon« ist das französische Gegenstück des deutschen Bürgerlichen Gesetzbuches (korrekter Name: »code civil«). Er regelt in 2281 Artikeln den Umgang der Franzosen miteinander und hat auch das Vorbild für ähnliche Gesetzeswerke in Italien, Spanien, Portugal und Holland abgegeben; anders als sein Name vermuten läßt, wurde er zwar während der Regierung Napoleons, aber durchaus ohne dessen Mitwirkung verfaßt (die wichtigsten Autoren waren die Juristen F.-D. Tronchet, F. Bigot de Prémaneu, J.-E.-M. Portalis und J. de Meleville; der Code trat 1804 in Kraft).

Lit.: Stichwort »Code« in der Brockhaus Enzyklopädie, Wiesbaden 1990; Stichwort vorgeschlagen von H. van Maanen.

Computer 1
Die Computer sind der Hauptmotor des wirtschaftlichen Produktivitätsfortschritts

Computer tragen weit weniger zur Produktivität der Wirtschaft bei, als viele glauben; die »Produktivitätswunder« (»productivity miracles«), die viele von der Computerisierung der modernen Welt erhoffen, sind bislang leider ausgeblieben: Gemessen am Sozialprodukt pro Arbeitsstunde sind wir heute nicht viel weiter als vor 20 Jahren, verglichen mit der Erfindung des Fließbands Anfang des Jahrhunderts ist die Erfindung des Computers für die Wirtschaft eine Marginalie gewesen.

Wahr ist: Die Computer selber werden immer effizienter. Wahr ist aber auch: Computer sind für unsere Wirtschaft längst nicht so wichtig, wie die meisten glauben, oft behindern sie sogar den Fortschritt, statt ihn zu befördern. Daten kann man nicht essen, und die Datenverarbeitung ist eine brotlose Kunst, wenn sie wie oft zu beobachten zum Selbstzweck wird. Milliarden von Arbeitsstunden werden aufgewendet, nicht um irgend etwas Nützliches zu produzieren, sondern um Computer aufzustellen und zu warten, in vielen Universitäten und Behörden verbringen immer mehr Menschen immer mehr Dienststunden nicht damit, Kunden zu bedienen oder Akten zu besorgen, sondern damit, vor Computern herumzusitzen und überflüssige Informationen zu verdauen oder die jeweils letzten Versionen der zum Bearbeiten der Akten nötigen Programme einzuüben (die Autoren dieses Buches haben einen guten Teil der letzten Monate damit zugebracht, nicht diesen Text zu schreiben, sondern das Manuskript von Word 5.0 auf Word '97 umzustellen). Zieht man daher von den unbestrittenen Vorteilen der EDV, vor allem in der Beschleunigung von Routine-Abrechnungs- und Adressierfunktionen, die Nachteile ab, die überhaupt erst durch die EDV entstanden sind, so bleibt von den Wundern der EDV-Revolution nicht allzuviel zurück – manche Wissenschaftler meinen, daß die Welt von heute nicht viel ärmer wäre, hätte man die Rechner nie erfunden.

Lit.: Alan S. Blinder und Richard E. Quandt: »The computer and the economy«, Atlantic Monthly 12/1997.

Computer 2
Computerfreaks sind Menschenfeinde

Nach einer Umfrage des Instituts für Demoskopie Allensbach fürchten 52% aller Bundesbürger, Computer könnten schlimme Folgen für die Menschen haben – Computerfreaks zögen sich immer mehr in die eigenen vier Wände zurück, sie würden so zu Menschenfeinden.

In Wahrheit haben Computerfachleute aber eine »überdurchschnittlich stark ausgeprägte kommunikative Persönlichkeit«, so Allensbach, sie trügen dazu bei, »den Zug in Richtung auf eine hochtechnisierte Informationsgesellschaft« auf humane Weise anzutreiben.

Andere Forscher haben Gleiches festgestellt. »Entgegen der Annahme, daß intensive Computernutzung zu Persönlichkeitsstörungen führt, konnten wir bei unserer studentischen Stichprobe feststellen, daß gerade die expliziten Computerhasser und die distanziert unerfahrenen StudentInnen durch hohe Werte auf der zusammenfassenden Neurotismus-Skala (...) auffallen«, berichten Psychologen aus der Universität Düsseldorf; auch sie fanden unter den Computerfreunden eher menschenfreundliche Naturen. »Solche Jugendliche verfügen über Ausgeglichenheit und Selbstvertrauen und sind reif, belastbar, emotional stabil und kontaktbereit.«

Lit.: Georg Gittler und Willy Kriz: »Jugendliche und Computer: Einstellungen, Persönlichkeit und Interaktionsmotive«, Zeitschrift für experimentelle und angewandte Psychologie 49, 1992, S. 171–193; Matthias Petzold, Manuela Romahn und Sabine Schikorra: »Persönlichkeitseinstellungen und Computernutzung bei Studentinnen und Studenten«, Medien+Erziehung 6/1996; »Umfrage: Computer machen nicht einsam«, Borkener Zeitung, 8. 3. 1997; Stichwort vorgeschlagen von Jens Sylvester.

Coriolis-Kraft
Wegen der Coriolis-Kraft dreht sich das Badewasser am Abfluß immer linksherum

Das Badewasser dreht sich am Abfluß einmal linksherum und einmal rechtsherum, wie es der Zufall will. Die sogenannte Coriolis-Kraft, die etwa dafür sorgt, daß sich großflächige Hoch- und Tiefdruckwirbel auf der Nordhalbkugel unserer Erde wie der Uhrzeiger (Hoch) oder gegen den Uhrzeiger (Tief) bewegen, ist viel zu schwach, um unser Badewasser umzulenken.

Wegen der Coriolis-Kraft wird ein Riese, der auf dem Nordpol steht und einem zweiten Riesen am Äquator einen Ball zuwirft, seinen Kompagnon verfehlen: Wenn der Ball den Äquator erreicht, hat die rotierende Erde den Fänger weggedreht, die Coriolis-Kraft lenkt alle Materie nach links, die sich auf der Nordhalbkugel von Norden nach Süden bewegt (und umgekehrt auf der Südhalbkugel: hier lenkt sie alle nordwärts strebende Materie nach rechts). Aber anders als uns manche Physik-Lehrbücher lehren, reicht die Coriolis-Kraft nicht aus, die Abflußrichtung unseres Badewassers zu bestimmen, dazu ist sie viel zu klein.

Lit.: Paul A. Tipler: Physik, Heidelberg 1994 (besonders Kapitel 5.4: »Scheinkräfte«); Stichwort »Bad meteorology« über die Internet-Adresse www.ems.psu.edu/fraser/bad/badCoriolis.html.

Croissants
Croissants kommen aus Frankreich

Croissants kommen nicht aus Frankreich, sondern aus Österreich, genau gesagt aus Wien, wo sie 1683 während der Belagerung durch die Türken erfunden wurden. Der Legende nach hörten Wiener Bäcker bei ihrer nächtlichen Arbeit die Türken einen Tunnel graben, um die Stadt von unten einzunehmen; sie alarmierten die Wachsoldaten und vereitelten den türkische Plan; zur Erinnerung kreierten die Bäcker das bekannte halbmondförmige Backwerk, das sie mit dem eleganten Namen »Croissant« (frz.: Halbmond) schmückten.

Lit.: Helmut Haenchen (Hrsg.): Menü. Das große moderne Kochlexikon, Hamburg 1978.

Curry
Curry ist ein indisches Gewürz

Curry – vom tamilischen »kari« (= Soße oder Tunke) – ist kein Gewürz, sondern eine Mischung von Gewürzen: u. a. Anis, Zimt, Paprika, Ingwer, Kümmel, Pfeffer, Nelken, Muskat, Mohnsamen und Koriander.

Lit.: J. Rani: Feast of India, Neu-Delhi 1991; Stichwort vorgeschlagen von Tobias Krämer.

D

»Ein aufrichtiger Irrtum ist keine Lüge,
er ist nur ein Schritt auf die Wahrheit zu.«
Romain Rolland

Dalai Lama
Ein typischer Bundesbürger kennt den Dalai Lama nur über viele Zwischenstationen

Jeder Leser dieser Zeilen kennt nach vier bis fünf Stationen (= gemeinsamen Bekannten) jeden anderen Menschen dieser Erde, auch den Dalai Lama.
Ein erwachsener Mensch hat typischerweise zwischen 1000 und 2000 Bekannte, also Leute, die er mit Namen kennt und die auch ihn mit Namen kennen. Dieser Kreis von unmittelbaren Bekannten explodiert jedoch geradezu, wenn wir zu den Bekannten dieser Bekannten übergehen. Diese mittelbaren Bekannten vermehren sich nämlich nicht additiv, wie viele hier intuitiv unterstellen, sondern multiplikativ: Die tausend Bekannten unserer Bekannten sind nicht zu unseren eigenen Bekannten hinzuzuzählen, sondern mit unseren eigenen Bekannten *malzunehmen*. Wenn jeder unserer eigenen – sagen wir tausend – Bekannten wieder tausend Menschen kennt, und wenn es dabei keine Überlappungen gibt, sind wir schon nach einem einzigen Zwischenschritt bei tausend mal tausend = einer Million Bekannten zweiter Stufe angekommen!

Auch wenn die jeweils tausend Bekannten unserer eigenen Bekannten nicht alle verschieden sind (was auch unmöglich ist, denn mindestens eine Person – wir selber – kommt sogar in allen diesen Mengen vor), so nimmt doch der Bekanntenkreis mit dieser zweiten Stufe ungeheuer zu: Wenn wir einmal unterstellen, daß nur hunderttausend dieser einen Million Bekannter zweiter Stufe wirklich unterschiedliche Personen sind, so ist trotzdem die Wahrscheinlichkeit recht groß, daß ein zufällig ausgewählter Bundesbürger, etwa unser Sitznachbar im ICE, zumindest einen davon kennt; sie beträgt

$$1-(79.900.000/80.000.000)^{1000} = 71,4\%$$

Das heißt, mit einer Wahrscheinlichkeit von mehr als zwei Drittel sind wir mit einem beliebig ausgewählten Bundesbürger über maximal zwei Stationen persönlich bekannt.

Bei drei Stationen ist die Wahrscheinlichkeit für eine Bekanntschaft nochmals größer, und bei vier Stationen bleibt fast niemand in der Republik mehr übrig, der nicht mit uns selber über die eine oder andere Bekanntenkette zusammenhängt.

Nun ist der Dalai Lama kein Bundesbürger; aber es reicht, wenn er einen einzigen Bundesbürger kennt: Wenn wir zu diesem Zwischenglied drei Schritte brauchen, dann sind es bis zum Dalai Lama vier.

Lit.: S. Milgram: »The small world problem«, Psychology Today, Mai 1967; M. Kochen (Hrsg.): The small world, Norwood 1989; W. Krämer: Denkste! Trugschlüsse aus der Welt des Zufalls und der Zahlen, Frankfurt a. M. 1995.

Delphine
Delphine sind Fische

Delphine sind Säugetiere wie die Wale, keine Fische. Säugetiere sind Warmblütler und atmen durch die Lunge (außerdem säugen sie ihre Jungen mit Milch aus Milchdrüsen, daher der Name). Fische dagegen sind Wechselblütler, sie atmen durch Kiemen und ziehen ihre Jungtiere auf, ohne sie zu säugen.

Stichwort angeregt von Michaela Wieben.

Denk ich an Deutschland in der Nacht ...
Mit diesen Worten beklagte Heinrich Heine den desolaten Zustand seines Vaterlandes

Die obigen, gern falsch zitierten Worte Heinrich Heines galten seiner Mutter; Heines Heimat Deutschland kommt in dem Gedicht »Nachtgedanken«, das mit dem berühmten Satz anfängt, eher sorgenfrei und sonnig vor. Hier das komplette Gedicht:

Denk ich an Deutschland in der Nacht,
Dann bin ich um den Schlaf gebracht,
Ich kann nicht mehr die Augen schließen,
Und meine heißen Tränen fließen.

Die Jahre kommen und vergehn!
Seit ich die Mutter nicht gesehn,
Zwölf Jahre sind schon hingegangen;
Es wächst mein Sehnen und Verlangen.

Mein Sehnen und Verlangen wächst.
Die alte Frau hat mich behext,
Ich denke immer an die alte,
Die alte Frau, die Gott erhalte!

Die alte Frau hat mich so lieb,
Und in den Briefen, die sie schrieb,
Seh ich, wie ihre Hand gezittert,
Wie tief das Mutterherz erschüttert.

Die Mutter liegt mir stets im Sinn.
Zwölf lange Jahre flossen hin,
Zwölf lange Jahre sind verflossen,
Seit ich sie nicht ans Herz geschlossen.

Deutschland hat ewigen Bestand,
Es ist ein kerngesundes Land,
Mit seinen Eichen, seinen Linden,
Werd ich es immer wiederfinden.

Nach Deutschland lechzt ich nicht so sehr,
Wenn nicht die Mutter dorten wär;
Das Vaterland wird nie verderben,
Jedoch die alte Frau kann sterben.

Seit ich das Land verlassen hab,
So viele sanken dort ins Grab,
Die ich geliebt – wenn ich sie zähle,
So will verbluten meine Seele.

Und zählen muß ich – Mit der Zahl
Schwillt immer höher meine Qual,
Mir ist, als wälzten sich die Leichen
Auf meine Brust – Gottlob! sie weichen!

Gottlob! durch meine Fenster bricht
Französisch heitres Tageslicht;

Es kommt mein Weib, schön wie der Morgen,
Und lächelt fort die deutschen Sorgen.

Lit.: Heinrich Heine: Sämtliche Schriften, München 1971 (die »Nachtgedanken« sind aus dem Band »Neue Gedichte«); Stichwort angeregt von Alfredo Grünberg.

Deodorant
Deos sind neumodische Luxusgüter (s.a. »Schweiß 2«)

Schon die alten Ägypter und Sumerer nutzten Deos: Sie empfahlen das Einreiben der Achselhöhlen mit parfümiertem Öl, wofür sie spezielle Zitrus- und Zimtölkonzentrate entwickelt hatten, die auch in großer Hitze nicht ranzig werden konnten. Diese Rezepte wanderten auch nach Griechenland und Rom, dann wurden sie vergessen.

Zu den eigentlichen Gründen des Körpergeruchs, zu den Bakterien, die in feuchten, warmen Achselhöhlen so prächtig gedeihen, sind aber weder die Ägypter noch die Griechen noch die Römer vorgestoßen; antike Deos überdeckten im wesentlichen nur einen Geruch durch einen anderen, erst vor wenigen Jahrzehnten entlarvte man die Feuchtigkeit und die darin lebenden Bakterien als die eigentlichen Bösewichte.

Lit.: C. Panati: Universalgeschichte der ganz gewöhnlichen Dinge, Frankfurt a. M. 1994.

Destilliertes Wasser
Wer ausschließlich destilliertes Wasser trinkt, muß sterben

Destilliertes Wasser enthält keine Salze; nach einer verbreiteten Legende sollen deshalb Menschen, die nur destilliertes Wasser trinken, ein Opfer der sogenannten Osmose werden: Von destilliertem Wasser umgebene Körperzellen sollen sich demnach bei dem Versuch, durch Flüssigkeitsaufnahme den Konzentrationsunterschied von Salzen innerhalb und außerhalb der Zelle auszugleichen, derart vollpumpen, daß sie schließlich platzen.

Diese Theorie ist aber allein schon deshalb falsch, weil Menschen den größten Teil der nötigen Salze und Mineralien über feste Nahrung zu sich nehmen, die sich dann im Magen mit Getränken aller Art vermengt. Mit anderen Worten: Ob Mineral- oder destilliertes oder Kranenwasser, das Wasser, das mit unseren Verdauungsorganen in Kontakt gerät, enthält auf jeden Fall ausreichend Salz, um diese Osmose zu verhindern.

Lit.: Christoph Drösser: »Stimmt's? Wer destilliertes Wasser trinkt, stirbt«, Die Zeit, 19. 9. 1997; Stichwort angeregt von Christian Kleiber.

Deutsche Autos
Deutsche Autos werden in Deutschland hergestellt

Jeder dritte Pkw mit deutschem Markenzeichen verläßt inzwischen das Fließband jenseits unserer Landesgrenze, Tendenz steigend: Im Jahr 1990 wurden insgesamt 1,6 Millionen von insgesamt 6,3 Millionen Einheiten im Ausland hergestellt, 1996 schon 2,4 Millionen (von insgesamt 6,9 Millionen).

Lit.: »Mobile Wirtschaft«, Informationsdienst des Instituts der Deutschen Wirtschaft 17/1997.

Deutsche Sprache 1
Die »Eindeutscher« des 18. und 19. Jahrhunderts waren fremdenfeindlich (s.a. »Brüderlichkeit 2«)

Schon im 18. und 19. Jahrhundert hatten Freunde der deutschen Sprache zum Angriff auf Fremdwörterei geblasen. Aber »es wäre ungerecht und geradezu falsch, der ganzen Verdeutschungsbewegung der letzten Jahrhunderte fremdenfeindliche und nationalistische Motive zu unterstellen« (Zimmer). »Die meisten ›Sprachreiniger‹ wurden von keiner Feindseligkeit gegen Nichtdeutsches getrieben und erst recht nicht von dem Glauben, daß die deutsche Sprache anderen überlegen sei.« Diesen Männern, wie Philipp von Zesen oder Joachim Heinrich Campe, ging es vor allem um *Verständlichkeit*; statt eines mißverstandenen und verballhornten Pidgin-Französisch (heute: Pidgin-Englisch) wollten sie eine »anständige Literatursprache«; sie glaubten, Sprache solle Menschen verbinden und nicht Menschen trennen, viele der von ihnen als Ersatz für mißglückte Fremdwörter erfundenen deutschen Wörter (»Brüderlichkeit« für »fraternité«, »Leidenschaft« für »passion« oder »Minderheit« für »minorité«, um nur die bekanntesten Beispiele aus den seinerzeitigen Eindeutschungsbüchern aufzuzählen) gelten längst nicht mehr als Kunstprodukte; wir wissen heute gar nicht mehr, daß sie erfunden wurden.

Lit.: Dieter E. Zimmer: Deutsch und anders, Reinbek 1997.

Deutsche Sprache 2
Der moderne Kreuzzug gegen Fremdwörter im Deutschen wurde von den Nazis ausgerufen

Der vorerst letzte Kreuzzug gegen Fremdwörter im Deutschen wurde Ende des 19. Jahrhunderts vom »Allgemeinen Deutschen Sprachverein« ausgerufen – ein durchaus national gesinnter Club mit dem Motto: »Gedenke, auch wenn Du die deutsche Sprache sprichst, daß Du ein Deutscher bist.« Nach 1933 versuchte der Verein, den Nazis seine Ziele anzudienen, stieß dort jedoch auf wenig Gegenliebe und wurde 1941 wegen Deutschtümelei verboten. »Die Nazis dachten gar nicht daran, sich ihre Lieblingsfremdwörter anschwärzen oder verbieten zu lassen. Sie hatten anderes im Sinn als ein Volk nur germanische Wortstämme benutzender Untertanen« (Zimmer). »Wenn irgend etwas unvölkisch ist, dann ist es dieses Herumwerfen mit besonders altgermanischen Ausdrücken, die weder in die heutige Zeit passen, noch etwas Bestimmtes vorstellen« (Goebbels, 1937).

Es ist also historisch inkorrekt, Fremdwörterphobie und Nazitum in einen Topf zu werfen.

Lit.: Peter v. Polenz: »Sprachpurismus und Nationalsozialismus: Die ›Fremdwort‹-Frage gestern und heute«, in: Germanistik – eine deutsche Wissenschaft, Frankfurt a. M. 1967; Dieter E. Zimmer: Deutsch und anders, Reinbek 1997.

Deutschlandlied 1
Das »Deutschland, Deutschland über alles« in der ersten Strophe des Deutschlandliedes steht für teutonischen Chauvinismus (s.a. »Nationalhymnen«)

Der Text des Deutschlandliedes, so wie von dem Breslauer Professor August Heinrich Hoffmann alias Hoffmann von Fallersleben Mitte des 19. Jahrhunderts auserdacht, war zunächst einmal ein Aufruf zur Überwindung der deutschen Kleinstaaterei des frühen 19. Jahrhunderts, ein Appell an alle deutschen Patrioten, mit der Kirchturmpolitik des 18. Jahrhunderts aufzuhören.

In diesem Sinn sind diese Worte auch schon vorher vorgekommen: »Wir verdienen wahrlich das Hohngelächter aller Völker und die Hineinspielung der Plagen aller Kriege in unsere Grenzen, wenn wir das Kleine nicht in dem Großen untergehen lassen wollen, wenn wir nicht unablässig nach der Einheit streben, wodurch wir allein unseren Feinden die Spitze bieten und rufen können: Teutschland über alles, wenn es will«, schreibt Ernst Moritz Arndt während der Napoleonischen Kriege 1813. Durch das ganze, eben aus den Fesseln Napoleons entkommene Europa ging ein Ruck der Nationalbegeisterung, »Österreich über alles, wenn es nur will«, riefen auch die Patrioten weiter südlich, aber eben nicht als ein Appell zur Front nach außen, sondern als ein Appell zur Einigkeit nach innen: Deutschland über Schaumburg-Lippe, Lippe-Detmold, Anhalt-Köthen, Sachsen-Coburg-Gotha, Hessen-Nassau, Schwarzburg-Sondershausen, und wie die Herzogtümer, Großherzogtümer, Grafschaften und Fürstentümer damals alle hießen.

Hoffmann von Fallersleben war kein pan-teutonischer Chauvinist, sondern ein 48er Demokrat und ein Anhänger der sogenannten »Freisinnigen«, einer Vorgängerpartei der F.D.P. Sein »Lied der Deutschen« wurde erstmals am 5. Oktober 1841 zur Ehrung des bedeutenden badischen Liberalen Karl Wencker aufgeführt und von seinen ersten Anhängern immer nur als Ruf nach innen, nicht als Drohung nach außen verstanden. So wie wir heute »Europa über Deutschland, Frankreich, Großbritannien« sagen, so war »Deutschland über alles« damals als Appell zu sehen, das Kleine in dem Großen aufzulösen, über den eigenen Kirchturmhorizont hinauszublicken. Verglichen mit den offen blutrünstigen englischen, französischen und besonders amerikanischen Hymnen ist der Text von Hoffmannvon Fallersleben sehr gemäßigt, »reinste Lyrik« sozusagen (Golo Mann); der Sozialdemokrat Friedrich Ebert, den man wohl kaum als Säbelrasseler und als pan-teutonischen Nationalisten kennt, hat ihn mit allen seinen Strophen nach dem Ersten Weltkrieg zur nationalen Hymne vorgeschlagen.

Lit.: Guido Knapp und Ekkehard Kuhn: Das Lied der Deutschen: Schicksal einer Hymne, Berlin 1988; Golo Mann: »Kleine Betrachtung zu Nationalhymnen«, in: Die Nationalhymne, Broschüre des Hessischen Kultusministeriums, Wiesbaden 1989; Eckart Busch und Dieter Brenneis: »Textverständnis und Rezeptionsgeschichte des Deutschlandliedes«, Der aktuelle Begriff 22/1996; Stichwort angeregt von Alfredo Grünberg.

Deutschlandlied 2
Die erste Strophe des Deutschlandliedes ruft zu territorialen Eroberungen auf

»Von der Maas bis an die Memel, von der Etsch bis an den Belt« sollte nach Hoffmann von Fallerslebens Meinung das Reich der Deutschen reichen. Anders als viele glauben, spekulierte er mit diesen Versen aber nicht auf fremde Länder: Bei der Entstehung des Deutschlandliedes 1841 umgrenzten Maas, Memel, Etsch und Belt (= Ostsee) das Gebiet der 38 Staaten, die zu dem 1815 auf dem Wiener Kongreß gegründeten Deutschen Bund gehörten: im Westen das Herzogtum Limburg und das Großherzogtum Luxemburg (Maas), im Osten Preußen mit Ostpreußen (Memel), im Süden die Grafschaft Tirol (Etsch), im Norden das Herzogtum Holstein (Belt). Ergo reklamierte Hoffmann von Fallersleben keine Länder anderer Nationen.

Lit.: Golo Mann: Deutsche Geschichte des 19. und 20. Jahrhunderts, Frankfurt a. M. 1958; Stichwort angeregt von Alfredo Grünberg.

Deutschlandlied 3
Das Deutschlandlied war schon im 19. Jahrhundert die Nationalhymne der Deutschen

Kaiser Wilhelm I. fand das Deutschlandlied zu demokratisch; bei der Reichsgründung 1871 ließ er deshalb das Lied »Heil dir im Siegerkranz, Herrscher des Vaterlands« zur Nationalhymne erklären.

Dinosaurier
Die Dinosaurier sind ausgestorben

»Für die Paläontologen wird es immer mehr zur Gewißheit: Die Dinosaurier leben«, schreibt der *Spiegel.* Und zwar als Vögel. Demnach wären die Dinosaurier keine überproportionalen Riesenechsen, eher »gerupfte Riesenhühner« gewesen; sie waren auch nicht, wie bisher immer angenommen, Kaltblüter, sondern Warmblüter wie die Vögel und die Säugetiere, sie legten Eier wie die Vögel, brüteten wie die Vögel (zumindest einige von ihnen: in der Mongolei wurden zwei über ihrem Gelege hockende, vermutlich von einem Sandsturm verschüttete Dinosaurier ausgegraben) und leben heute in den mit ihnen genetisch verwandten Vögeln weiter.

Lit.: »Gerupfte Riesenhühner«, Der Spiegel 21/1996.

Diogenes
Diogenes lebte in einer Tonne (s.a. »Zyniker«)

Der griechische Philosoph Diogenes von Sinope war ein Verfechter des einfachen und anspruchslosen Lebens; zu Alexander dem

Diogenes, von Wilhelm Busch gesehen:
»Nachdenklich liegt in seiner Tonne
Diogenes hier in der Sonne«
(aus: »Diogenes und die bösen Buben von Korinth«)

Großen, der ihm einen Wunsch freigegeben hatte, soll er geäußert haben: »Geh mir aus der Sonne.«

Aber so weit, in einer Tonne seinen Haushalt aufzuschlagen, ging

Diogenes ganz sicher nicht. Diese Legende geht vermutlich auf den römischen Philosophen Seneca zurück, der in seiner Biographie des Diogenes schreibt, ein Mensch von derart anspruchsloser Lebensweise hätte wie ein Hund genausogut in einer Tonne leben können.

Lit.: R. Peyrefitte: Alexander der Eroberer, Hamburg 1982; Das große Personenlexikon zur Weltgeschichte in Farbe, 2 Bände, Dortmund 1983; G. Maurach: Senecas Leben und Werk, Darmstadt 1991.

Doktortitel
In Deutschland ist der Doktortitel Teil des Namens

Das hätten die Doktoren sicher gerne, aber es ist nicht so: Der Doktorgrad ist *kein* Teil des Namens, er wird auf Antrag in den Reisepaß und in den Personalausweis, darüber hinaus aber in keine anderen amtlichen Personalpapiere eingetragen.

Lit.: F. Kahle: Der Mißbrauch von Titeln. Berufsbezeichnungen und Abzeichen – Rechtsgut, Schutzzweck und Anwendungsbereich des § 132 a StGB, Marburg 1995; »Kein Bestandteil des Namens«, Leserbrief von Gerhard Schlund, Vorsitzender Richter am Oberlandesgericht, in: Forschung und Lehre 12/1996, S. 660.

Döner Kebap
Döner Kebap ist ein altes türkisches Nationalgericht (s.a. »Hamburger« sowie »Chop Suey« und »Hamburger« in Band 1)

In der Türkei ist Döner Kebap weder ein traditionelles noch ein besonders verbreitetes Gericht. Die typische Art der Zubereitung, Fleisch an senkrecht rotierenden Spießen langsam zu grillen und in dünnen Scheiben zu servieren, wurde erst Mitte des letzten Jahrhunderts in Anatolien erfunden, in Istanbul kann man Döner Kebap erst seit etwa 1960 kaufen. Wegen seines vergleichsweise hohen Preises ist der Döner Kebap in der Türkei auch nie zu einem Nationalgericht geworden.

Die Welt-Hauptstadt des Döner Kebap mit mehr als tausend Grillstationen ist Berlin.

Lit.: E. Seidel-Pielen: Aufgespießt – Wie der Döner nach Deutschland kam, Hamburg 1996; »Deutschland – Dönerland«, Welt am Sonntag, 30. 6. 1996.

Dreizehn
Die Dreizehn ist die internationale Unglückszahl

In Japan ist die Unglückszahl die vier: Das Wort dafür heißt »shi« (= Tod), man findet in ganz Japan kein Hotelzimmer und keinen Sitz im Flugzeug mit der Nummer 4. In Italien ist nicht Freitag, der 13., sondern Freitag, der 17. der Unglückstag: Die römischen Ziffern für 17, also XVII, lassen sich zu »vixi« = lateinisch für »ich bin tot« umstellen. Deshalb kann man in Italien auch keinen Renault 17 kaufen – das Auto heißt dort Renault 117.

Lit.: Brockhaus – Wie es nicht im Lexikon steht, Mannheim 1996.

Drittes Reich
Das »Dritte Reich« war eine Wortschöpfung der Nazis

Das »Dritte Reich« geht auf ein gleichnamiges, 1922 erschienenes Buch des konservativen Politikwissenschaftlers Artur Moeller van den Bruck zurück; van den Bruck hatte darin die seinerzeitige parlamentarische Demokratie heftig angegriffen und statt dessen ein neues, national-konservatives »Drittes Reich« beschworen. Dieses Schlagwort haben dann die Nazis später wieder aufgegriffen.

Dufte
Der Ausdruck »dufte« für »toll« hat etwas mit dem Geruch zu tun (s.a. »Apfel«, »Guter Rutsch«, »Nassauer« und »Sauregurkenzeit«)

Der Berliner Ausdruck »dufte« für aufregend, toll (»dufte Biene«) kommt aus dem hebräischen »tow«, das gut und fein bedeutet, und ist über das Jiddische in unsere Sprache eingegangen.

Andere jiddische Worte oder Redewendungen, deren Herkunft die meisten heute nicht mehr kennen, sind »Pleite«, »Macke«, »mies« und »Kaff« (aus den jiddischen bzw. hebräischen Worten »pleitje« für Flucht, »maka« für Hieb oder Schlag, »miuss« für häßlich sowie »kfar« für Dorf. Auch die Wörter »Kies« und »Moos« für finanziellen Reichtum stammen aus dem Jiddischen, sie leiten sich ab aus »kiss« für Geldbeutel und »moess« für Geld.

Lit.: Bernd-Lutz Lange: Dämmerschoppen, Köln 1997 (besonders das Kapitel »Spachdenkmäler«).

Durchschnitt
Der Durchschnitt teilt eine Menge von Zahlen in zwei Hälften

Über diesen Irrtum können Statistiker nur müde lächeln, deshalb war er auch im ersten Band nicht aufgenommen. Aber nachdem wir seither mehr als einmal hören mußten, »Durchschnitt – klar, die eine Hälfte kleiner, die andere Hälfte größer«, sei hier doch darauf verwiesen, daß dies nur für eine bestimmte Art von Durchschnitt gilt, für den »Zentralwert« oder »Median«. Für den Durchschnitt, den die meisten Menschen meinen, wenn sie von Durchschnitt reden, für das arithmetische Mittel nämlich, gilt dieser Satz dagegen nicht.

Wenn neun Menschen ein Vermögen 0 besitzen, der zehnte ein Vermögen 100, so haben im Durchschnitt alle 10 (Durchschnitt im

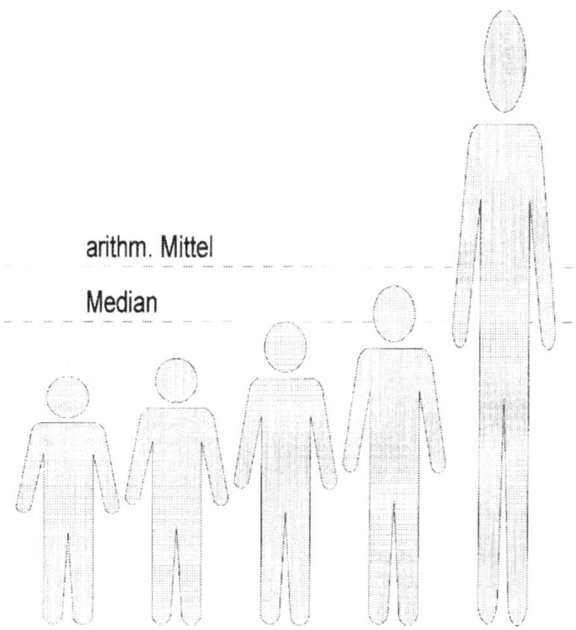

Sinn des arithmetischen Mittels, also Summe der Werte geteilt durch deren Anzahl, hier hundert geteilt durch zehn). Aber nur einer von zehn hat mehr als der Durchschnitt, neun dagegen haben weniger.

Dieses Mißverständnis läßt sich durchaus auch politisch nutzen. Wenn etwa in der Bundesrepublik vom Einkommen der Zahnärzte die Rede ist (oder irgendeiner anderen Gruppe, von der viele meinen, sie verdienten zu viel), so wird gern als Durchschnittseinkommen das arithmetische Mittel zitiert: Ein deutscher Zahnarzt verdient im Jahr durchschnittlich 640.000 Mark. Und sofort denkt jeder: Diese Gauner, jeder zweite Zahnarzt verdient pro Jahr mehr als 640.000 Mark!

In Wahrheit liegt bei Daten wie Einkommen, Vermögen, Grundbesitz das arithmetische Mittel in aller Regel *oberhalb* des Medians: Nach unten sind die Werte durch die Null beschränkt, nach oben gibt es keine Grenze, und so können einige wenige Spitzenverdiener das arithmetische Mittel stark nach oben ziehen. Dem Median dagegen sind solche »Ausreißer« egal.

Lit.: Walter Krämer: Statistik verstehen, 3. Auflage, Frankfurt a. M. 1998.

Dynamische Lebensversicherung
Dynamische Lebensversicherungen sind eine gute Kapitalanlage

Bei einer dynamischen Lebensversicherung sind Versicherungssumme und Beitrag nicht konstant, sie wachsen jährlich, daher die Beifügung »dynamisch«.

Dieses jährliche Wachstum rentiert sich vor allem für die Versicherungsgesellschaften, die Versicherten selber erhalten für ihre Extrabeiträge in den letzten Jahren der Laufzeit des Vertrages oft nicht einmal die Einzahlung zurück. »Beim Einschluß der Dynamik in die Verträge werden die Versicherten oft gelinkt. Sie lohnt sich in den letzten Jahren eines Vertrages überhaupt nicht. Zuviel geht für die Kosten des Versicherers und die einkalkulierten Todesfalleistungen drauf« (Arno Surminski).

Das Problem (aus der Sicht der Beitragszahler) ist das folgende: Jede Erhöhung, der nicht widersprochen wird, zählt im Umfang der Erhöhung als neuer Vertrag, mit allen Konsequenzen. Z. B. bezieht der Versicherungsvertreter die volle Provision, die mit den übrigen Abschlußkosten bereits die erste Jahresprämie schluckt, so daß jeder dieser zusätzlichen Mini-Verträge erst einmal im Minus anfängt, und aus diesen Minus kommen die gegen Laufzeitende abgeschlossenen Verträge dann nie mehr heraus.

Lit.: »Fehlbetrag«, Capital 12/1989.

E

»Das sind die Weisen,
die durch Irrtum zur Wahrheit reisen.
Die bei dem Irrtum verharren,
das sind die Narren.«
Friedrich Rückert, Vierzeiler

Eichenholz
Eichenholz ist das härteste unter den in Deutschland wachsenden Hölzern

Die Eiche ist bei weitem nicht der beste Lieferant von harten Hölzern. Härter als Eiche sind zum Beispiel: Buchsbaum, Flieder, Rosenholz, Weißbuche und Weißdorn. Am härtesten von allen hierzulande wachsenden Hölzern ist das der Kornelkirsche.

Lit.: W. Lenz: Kleines Handlexikon, Gütersloh 1980; Stichwort vorgeschlagen von Jürgen Kloppenburg.

Eier 1
Eier sind immer rund

Es gibt auch Eier mit Ecken; die Eier des Katzenhais z. B. sind viereckig wie Würfel.

Eier 2
Man sollte Eier mit einem Plastiklöffel essen (s.a. »Kartoffeln 1«)

Diese Regel sollte besser heißen: Man sollte niemals Eier mit einem Silberlöffel essen. Denn dieses geht mit dem Eigelb eine chemische Verbindung ein (Schwefelwasserstoff), die den Geschmack des Eies verdirbt. Außerdem verfärben sich die Löffel durch das ebenfalls erzeugte Silbersulfid schwarz. Aber mit modernen Chrom-Mangan-Bestecken kann das alles nicht passieren.

Stichwort vorgeschlagen von Maria Krämer.

Einstein
Einstein war ein reiner Theoretiker

Einstein betätigte sich durchaus auch in angewandter Wissenschaft; in den 20er Jahren hat er z. B., weil ihm die damalige Kühltechnik nicht gefiel, mehrere Dutzend Kühlschrank-Patente angemeldet. (»Es würde mich interessieren«, schrieb ein amerikanischer Patentanwalt, »ob dieser Einstein der gleiche ist, der die Relativitätstheorie erfunden hat.«)

Die ersten Kühlschränke, die damals noch giftiges Methylchlorid und Schwefeldioxid zum Kühlen nutzten, waren eine Gefahr für Leib und Leben. Einstein hatte in der Zeitung von einer Familie gelesen, die durch diese aus dem Kompressor ausgetretenen giftigen Gase umgekommen war, und hatte sich, um dergleichen Unglücksfälle zu verhindern, zusammen mit seinem Studenten und nachmaligen Physikerkollegen Leo Szilard verschiedene ohne Kompressor arbeitende Kühlschränke ausgedacht, die das Erhitzen und Abkühlen des Kühlgases auf andere Weise besorgten. Eines seiner Modelle ersetzte den mechanischen Kolben durch magnetisch angetriebenes flüssiges Metall, ein anderes trieb den Kühlkreislauf durch Hitze an, und wieder andere Modelle nutzten Verdampfungskälte oder Wasserdruck; insgesamt meldeten Einstein und Szilard mehr als 45 Kühlschrankpatente an.

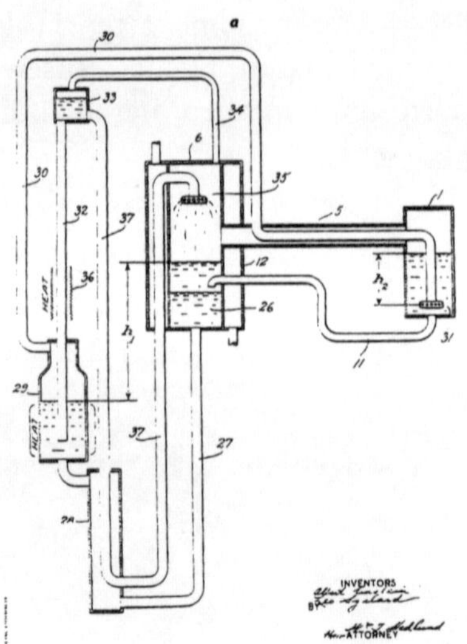

Einstein als Erfinder: Skizze eines Kühlschranks basierend auf dem Absorptionsprinzip

Mindestens drei dieser Patente wurden von Elektrofirmen aufgekauft (zwei von der schwedischen Firma AB Elektrolux, eines von der deutschen AEG, die auch 1931 einen ersten Prototyp erstellte), aber es kam nie zur Massenproduktion. Inzwischen hatten amerikanische Chemiker ein ungiftiges Gas für konventionelle Kompressor-

Kühlschränke gefunden, und damit waren die Einstein-Kühler kommerziell nicht mehr von Interesse. Daß dieses ungiftige, als FCKW bekannte Kühlschrankgas aus ganz anderen Gründen später selber in die Schlagzeilen geraten sollte, konnte damals niemand ahnen ...

Nach seiner Übersiedlung in die USA setzte Einstein seine Exkursionen in die Praxis fort; u.a. entwarf er für die amerikanische Marine einen Zünder für Torpedos.

Lit.: G. Alefeld: »Einstein as inventor«, Physics today 33, 1980; L. G. Danen: »The Einstein-Szilard refrigerators«, Scientific American 1/1997; »Einsteins Kühlschrank«, Süddeutsche Zeitung, 30. 1. 1997; »Einsteins Torpedos,« Der Spiegel 19/1998, S. 221.

Eis
Eis ist glatt (s.a. »Schlittschuhe«)

Eis ist wie alle festen Körper überhaupt nicht glatt; die Moleküle an der Oberfläche sind miteinander fest verbunden und erzeugen einen hohen Reibungswiderstand.

Glatt wird Eis erst, wenn es schmilzt – durch das Wasser auf der Oberfläche nimmt die Reibung ab. So gleiten dann auch Schlittschuhläufer über das Eis – nicht auf dem Eis selber, sondern auf einer dünnen Wasserpfütze, die sie mit ihren Schlittschuhen durch die Reibungswärme erzeugen.

Lit.: Robert L. Wolke: Woher weiß die Seife, was der Schmutz ist? Kluge Antworten auf alltägliche Fragen, München 1998.

Eisbein
Eisbein hat etwas mit Frost und Eis zu tun

Das beliebte deutsche Eisbein hat seinen Namen von den »Isbeinen«, den früher so genannten Hüftbeinen der Schweine. Später hat sich diese Bezeichnung dann auf jedwede gepökelten oder gekochten Schweinsfüße oder -beine übertragen.

Lit.: Walter Zerlett Olfenius: Aus dem Stegreif, Berlin 1943.

Eisenbahn
Die erste deutsche Eisenbahn führte von Nürnberg nach Fürth

Die erste größere deutsche Eisenbahn führte von der Zeche Himmelsfürster Erbstollen im heutigen Essen-Steele durch das Deilbachtal über Kupferdreh nach Langenberg; sie wurde schon 1830, fünf Jahre vor der Strecke Nürnberg–Fürth, gebaut. Allerdings wurden die bis zu sieben Wagen, die hintereinandergespannt auf dieser Eisenbahn verkehrten, noch von Pferden gezogen – der König von Preußen, dem diese Gegend Deutschlands damals unterstand, hatte, u. a. auch auf Druck der Kohlentreiber, die um ihre Arbeitsplätze fürchteten, den Dampfbetrieb verboten.

Lit.: W. Schneider: Essen – Abenteuer einer Stadt, Düsseldorf 1971; R. Ostendorf: Die Geschichte der Eisenbahndirektion Essen, Stuttgart 1983; W. Gantenberg: Auf alten Kohlenwegen, Essen 1994; Stichwort vorgeschlagen von Udo Thein.

Eiweiß
Das Weiße vom Ei enthält mehr Eiweiß als der Dotter

Das Weiße vom Ei heißt Eiklar, es enthält weit weniger Eiweiß als der Dotter.

Stichwort vorgeschlagen von Alfredo Grünberg.

Elefanten 1
Elefanten sind Dickhäuter

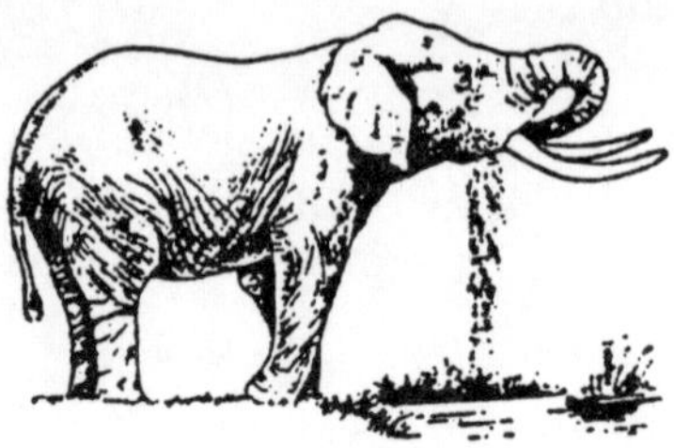

Ein Elefant beim Wassertrinken: Er spritzt das Wasser mit dem Rüssel in den Mund

Elefantenhaut ist eher dünn: kaum dicker als 2–4 cm und bis dicht unter die verhornte Schicht sehr gut durchblutet. »Sie ist überall sehr tastempfindlich.«

Falsch ist auch, daß Elefanten durch den Rüssel trinken: Sie trinken *mit* dem Rüssel; sie saugen Wasser mit dem Rüssel auf und spritzen es dann in den Mund. Auf diese

Weise leeren sie zuweilen mehr als ein Dutzend Eimer hintereinander.

Und falsch ist schließlich auch, daß Elefanten ihre Stoßzähne abwerfen, um diese durch neue zu ersetzen. Zwar ersetzen Elefanten tatsächlich ihre Zähne bis zu sechsmal während ihres Lebens, nur die zwei Stoßzähne nicht. Sind diese abgebrochen oder ausgefallen, muß der Elefant den Rest des Lebens ohne sie verbringen.

Lit.: Vitus B. Dröscher (Hrsg.): Rettet die Elefanten Afrikas, Hamburg 1990; Bertelsmann Lexikon der Tiere, Gütersloh 1992; Stichwort vorgeschlagen von Herbert Hamacher.

Elefanten 2
Es gibt weiße Elefanten

Weiße Elefanten hat es nie gegeben. Die heute als »weiße« Elefanten verehrten und in Südostasien sehr geschätzten Tiere (angeblich war Buddha vor seiner Geburt als Mensch ein weißer Elefant, in Thailand werden weiße Elefanten deshalb automatisch Eigentum des Königs) sind hellgrau oder rosa gefärbte Albinos.

Lit.: Jeheskel Shoshani (Hrsg.): Elefanten. Enzyklopädie der Tierwelt, Hamburg 1992.

Elefanten 3
Es gibt Elefantenfriedhöfe

Afrikanische Elefanten sterben mit ca. 60 Jahren, und zwar vor Hunger. Weil nach der bis zu sechsmaligen Erneuerung seiner verbrauchten Zähne keine neuen mehr nachwachsen, kann der Elefant seine aus Gras und Laub bestehende Standardnahrung nicht mehr richtig zerkauen, das unzerkaute Gras bleibt großteils unverdaut, und der Elefant muß hungern. Deshalb sucht er gern in Sümpfen nach besser verdaulichen weichen Gräsern, wobei er oft ganz ohne jede Absicht, und ohne einen Friedhof aufzusuchen, im Schlamm versinkt und stirbt.

Lit.: Jeheskel Shoshani (Hrsg.): Elefanten. Enzyklopädie der Tierwelt, Hamburg 1992.

Elefanten 4
Elefanten wurden erstmals von Hannibal im Krieg verwendet

Schon hundert Jahre vor Hannibal hatte König Poros von Pandschab gegen Alexander den Großen Kriegselefanten in die Schlacht geschickt; dito Dareios III., der in der Schlacht von Gaugamela seine Truppen mit 15 indischen Elefanten stärkte. Auch Alexander selber hatte später mehr als 200 Kriegselefanten, er gewann mit diesen u. a. die Schlacht am Hydaspes (der Fluß heißt heute Jhelum).

Ein Hannibalscher Kriegselefant auf dem Weg über die Alpen, so wie ihn Zeichner nach 2000 Jahren sehen

Selbst die Römer hatten schon lange vor Hannibal Erfahrung mit gegnerischen Elefanten: In der Schlacht bei Herakleia unterlagen sie dem Molosserkönig Pyrrhus (der Urheber des »Pyrrhussieges«), dieser hatte 20 Elefanten auf seiner Seite. Als daher Hannibal mit seinen 8 übriggebliebenen Kampfelefanten in Norditalien erschien, konnte diese Waffe keinen mehr erschrecken.

Lit.: E. Brumford: Hannibal, New York 1981; Brockhaus – Wie es nicht im Lexikon steht, Mannheim 1996.

Elektrischer Strom
Das Wesen der Elektrizität wurde erst in der Neuzeit anerkannt und ausgenutzt (s.a. »Versilbern«)

Schon vor mehr als 2000 Jahren haben die Parther im heutigen Persien den elektrischen Strom zu handwerklichen Zwecken (Galvanisieren) ausgenutzt. Wie moderne Archäologen herausgefunden haben, sind die seltsamen, 1936 bei Ausgrabungen in der Nähe von

Bagdad und später noch an vielen anderen Stellen gefundenen Terrakottavasen mit inwendigem Kupferzylinder in Wahrheit nichts als primitive Batterien. Alle nötigen Zutaten wie Eisen, Blei oder Bitumen waren vorhanden, mit einer sauren oder laugenartigen Flüssigkeit gefüllt sind diese Vasen sogenannte »galvanische Elemente«. Anläßlich der Ausstellung »Sumer – Assur – Babylon« im Hildesheimer Roemer- und Palizaeus-Museum 1978 hat der Ägyptologe Arne Eggebrecht aus diesen Zutaten plus dem Saft von frisch gepreßten Trauben einen Strom von einer Spannung eines halben Volt erzeugt.

Lit.: J. Zahn: Nichts Neues mehr seit Babylon, Hamburg 1959; G. Prause: Tratschkes Lexikon für Besserwisser, München 1986.

»Elementary, my dear Watson«

Diese wohl berühmtesten Worte des berühmten Detektivs kommen in keiner einzigen der 68 Sherlock-Holmes-Novellen vor, die Arthur Conan Doyle in seinem Leben schrieb.

Lit.: H. van Maanen: Kleine encyclopedie van misvattingen, Amsterdam 1994.

Elfenbein
Elfenbein entsteht nur aus den Stoßzähnen von Elefanten

Elfenbein wird auch aus den Hauern von Narwalen, Walrossen, Flußpferden und Keilern hergestellt. Das Wort hat auch nichts mit Elfen zu tun; es leitet sich vom althochdeutschen »helfantbein« ab, das heißt »Elefantenknochen«.

Lit.: Stichwort »Elfenbein« in der Brockhaus Enzyklopädie, Wiesbaden 1990.

Elfmeter
Der gefoulte Spieler ist ein schlechter Elfmeterschütze

Diese Faustregel ist zumindest für die Bundesliga falsch. Nach der folgenden Statistik von SAT.1 sind die gefoulten Spieler ganz im Gegenteil die besseren Elfmeterschützen:

Verwandelte Elfmeter bezogen auf die Anzahl aller Elfmeter in %

Jahr	Gefoulte Spieler	Alle Elfmeter
1993/94	100,0% (5 von 5)	83,78% (62 von 74)
1994/95	83,33% (10 von 12)	82,35% (70 von 85)
1995/96	100,0% (6 von 6)	74,70% (62 von 83)
1996/97	80,00% (4 von 5)*	73,17% (30 von 41)

*Stand: 17. Spieltag 1997

Aufsummiert über die letzten 3 1/2 Jahre:

Gefoulte Spieler (93–97)	Alle Elfmeter (93–97)
89,29% (25/28)	78,50% (224/283)

Von 1993 bis 1997 haben nur drei gefoulte Spieler – Peter Közle, Giovane Elber und Harry Decheiver – den Strafstoß nicht verwerten können.

Quelle: Persönliche Mitteilung von Heiko Rahlfs, Sportredaktion SAT.1.

Elise
Beethoven schrieb »Für Elise« für Elise

Beethoven schrieb »Für Elise« in Wahrheit für Therese. Das Manuskript für dieses berühmte Klavierstück von 1808 ist zwar verschollen, bekannt ist aber, daß Beethoven zu dieser Zeit für die Tochter Therese eines Wiener Arztes namens Malfatti schwärmte, und dieser Therese hat er auch sein Stück gewidmet. Bei der Drucklegung hat man aber die notorisch unlesbare Handschrift Beethovens mißdeutet und »Therese« in »Elise« umgewandelt, und dabei ist es dann geblieben.

Lit.: H. van Maanen: Kleine encyclopedie van misvattingen, Amsterdam 1994; Stichwort vorgeschlagen von H. van Maanen.

Eltern
Von allen Mitgliedern einer Familie bestimmen vor allem die Eltern den späteren Lebensweg der Kinder

Den größten Einfluß auf den späteren Lebensweg von Kindern haben nicht die Eltern, sondern – falls vorhanden – die Geschwister. So die vieldiskutierte Theorie des amerikanischen Historikers und Soziologen Frank J. Sulloway. Ob ein Junge oder ein Mädchen später ein Neuerer oder ein Bewahrer, ein Revoluzzer oder ein Systemerhalter wird, hänge mehr als von allen anderen familiären Variablen davon ab, ob er oder sie zuerst oder zuletzt geboren ist.

Fast alle großen Umstürzler der Weltgeschichte, ob in Politik, Religion oder Wissenschaft, waren nachgeboren: Fidel Castro, Che Guevara, Karl Marx, Friedrich Engels, Jean-Jacques Rousseau, Isaac Newton, Voltaire, Kopernikus, Charles Darwin, alle waren keine ersten Kinder. Und wenn Erstgeborene zu Revoluzzern werden, haben sie selten die typische Familienkarriere von Erstgeborenen erlebt: Galilei, ein Erstgeborener, war neun Jahre älter als das älteste seiner Geschwister und damit fast ein Einzelkind, Kepler, ein anderer Revolutionär der Wissenschaft, wurde im Alter von 17 von seinem Vater verlassen, den er niemals wiedersah, und Martin Luther, ein anderer Erstgeborener, sah sich selbst wohl eher als Bewahrer denn als Umstürzler und Revoluzzer (z. B. konnte er den aufständischen Bauern nur wenig Sympathie entgegenbringen, er unterstützte stets die Staatsgewalten).

Denn das ist eines der Kennzeichen von Erstgeborenen: Sie haben die Tendenz, den hergebrachten Status quo zu schützen. Da nun die Nachgeborenen diese Stelle des Systemerhalters in der Familie schon besetzt gefunden haben, so die These Sulloways, müssen sie, um sich ihren Anteil an Aufmerksamkeit und Zuneigung der Eltern zu sichern, ein anderes Verhaltensfeld besetzen. Und das ist eben das des Revoluzzers.

Lit.: Frank J. Sulloway: Born to rebel, New York 1996; Daniel Goleman: »First, but not always equal«, The Times, 10. 5. 1996; Stichwort vorgeschlagen von Percy A. Rhode und Dietrich Groh.

Engel
Engel haben Flügel

Wo immer diese Gottesboten im Alten oder Neuen Testament erscheinen, ist von Flügeln keine Rede: »Der Engel des Herrn fand Hagar in der Wüste« (Genesis 16,7); »Der Engel Gottes, der den Zug anführte, erhob sich und ging an das Ende des Zuges« (Exodus

Bileam und sein Esel treffen auf einen flügellosen Engel (Wandmalerei in den Katakomben in Rom)

14,19); »Der Engel des Herrn kam und setzte sich unter die Eiche bei Ofra« (Richter 6,11); »im sechsten Monat wurde der Engel Gabriel von Gott in eine Stadt in Galiläa namens Nazareth (...) gesandt« (Lukas 1,26) usw. Die einzigen biblischen Gestalten mit Flügeln sind die Serafim und Cherubim, aber das sind keine Boten Gottes, sondern Mitglieder des göttlichen Hofstaates, die auch schon durch ihre Löwenleiber etwas aus der Rolle fallen.

Demzufolge werden Engel in der frühchristlichen Kunst auch durchweg ohne Flügel abgebildet. Erst ab Ende des 4. nachchristlichen Jahrhunderts sieht man Engel auch mit Flügeln, vermutlich um ihr plötzliches Erscheinen und Verschwinden wie auch die Auffahrt in den Himmel für die Menschen nachvollziehbarer zu machen. In der Renaissance entwickeln sich dann zusätzlich die beflügelten Mädchen- oder Kinderengel (Putten; bis dato waren Engel durchweg junge Männer), und heute gehört der Flügel zum Engel wie der Zylinderhut zum Schornsteinfeger.

Lit.: C. Westermann: Gottes Engel brauchen keine Flügel, Berlin 1957; Engeldarstellungen aus zwei Jahrtausenden (Ausstellungskatalog), Recklinghausen 1959; Wörterbuch des Christentums, München 1995.

Englischhorn
Das Englischhorn ist ein englisches Horn

Das als Englischhorn bekannte Musikinstrument ist eine Art Oboe; es wird aus Holz hergestellt und hat weder mit einem Horn noch mit England das Mindeste zu tun. Vermutlich verdankt es seinen Namen einer gewissen Ähnlichkeit mit den gebogenen Jagdhörnern, wie man sie aus England kennt.

Stichwort vorgeschlagen von Josef Stern.

Entschlackungskuren
Entschlackungskuren räumen den Darm auf

»Fasten bis zur völligen Darmentleerung ist medizinisch unsinnig«, schreibt *Bild der Wissenschaft.* »Vor allem ältere Menschen werden von der Roßkur nur unnötig geschwächt. Besser als gar nichts zu essen ist eine ballaststoff- und faserreiche Nahrung mit Rohkost und viel Gemüse, die die Verdauung anregt und die Darmfalten ausputzt.«

Lit.: »Fünf Vorurteile übers Essen«, Bild der Wissenschaft 1/1997, S. 68.

Erbkrankheiten
Das »Gesetz zur Verhütung erbkranken Nachwuchses« war ein geistiges Produkt der Nazis

Das berüchtigte »Gesetz zur Verhütung erbkranken Nachwuchses« von 1933 wurde schon lange vor der Machtübernahme der Nationalsozialisten von alles andere als braunen Ärzten ausgearbeitet und von den Nazis einfach übernommen. Es fußt auf Gedanken der englischen Statistiker Francis Galton und Ronald Fisher, die schon lange vor den Nazis im Ausland willig aufgegriffen worden waren. »Das unnatürliche und zunehmend schnellere Anwachsen der geistesschwachen und wahnsinnigen Bevölkerungsschichten, das mit stetem Rückgang bei den tüchtigen, starken und überlegenen Schichten einhergeht, konstituiert eine Gefahr für Nation und Rasse, die gar nicht überbewertet werden kann«, schrieb Winston Churchill im Jahr 1910. »Ich finde, daß die Quelle, aus welcher der Strom des Wahnsinns gespeist wird, ausgetrocknet und versiegelt werden sollte, noch bevor ein weiteres Jahr ins Land zieht.«

Ein Gesetz zur Verhütung erbkranken Nachwuchses gab es in den USA schon 1909 (über 50.000 Sterilisierungen bis 1950). Im Jahr 1928 folgte die Schweiz und 1929 Dänemark, und auch Island, Norwegen, Finnland und Schweden kamen wenig später ebenfalls dazu.

Lit.: H. Nachtsheim: »Das Gesetz zur Verhütung erbkranken Nachwuchses aus dem Jahr 1933 in heutiger Sicht«, Ärztliche Mitteilungen, 18. 8. 1962; J. Fischer: »Rückblick und Vorschau zu einem Sterilisierungsgesetz«, Gesundheitspolitik 6, 1964, S. 340–354; Luc Bürgin: Irrtümer der Wissenschaft, München 1997 (besonders der Abschnitt »Irrweg Eugenik«); Stichwort vorgeschlagen von Alfredo Grünberg.

Erbsen
Erbsen haben Schoten

Erbsen haben Hülsen, keine Schoten. Mit »Schoten« meint man in der Botanik die Früchte der sogenannten Kreuzblütler, das sind Kräuter oder Sträucher mit je vier kreuzweise stehenden Kelch- und Blütenblättern.

Lit.: F. Jacob, E. J. Jäger und E. Ohmann: Botanik, 4. Auflage, Stuttgart 1991; Stichwort vorgeschlagen von Maren Sylvester und Ralf Kehlenbeck.

Erdbeeren
Erdbeeren sind Beeren

Die Erdbeere ist biologisch gesehen keine Beere, sondern eine sogenannte Sammelnußfrucht. Was wir als »Erdbeere« verzehren, ist in Wahrheit eine – zugegeben ungewöhnlich fleischige – Blütenachse, die eigentlichen Früchte der Erdbeerpflanze aber sind die winzigen, auf dieser fleischigen roten Blütenachse angebrachten Nüsse (ähnlich bei Himbeeren und Brombeeren – hier treten an die Stelle der Mini-Nüsse kleine Steinfrüchte, weshalb auch Himbeeren und Brombeeren in der Botanik nicht als Beeren, sondern als »Sammelsteinfrüchte« zählen).

Mit »Beeren« meint man in der Botanik Früchte, die nur aus fleischigen Schichten bestehende Fruchtschalen haben, wie etwa Stachelbeeren, Hagebutten oder Heidelbeeren, aber auch Kürbisse und Gurken.

Lit.: F. Jacob, E. J. Jäger und E. Ohmann: Botanik, 4. Auflage, Stuttgart 1991; Stichwort vorgeschlagen von Maren Sylvester und Ralf Kehlenbeck.

Erdnüsse
Erdnüsse sind Nüsse (s.a. »Walnuß«)

Erdnüsse sind Bohnen, keine Nüsse; sie gehören wie die Erbsen und die Bohnen zu den Hülsenfrüchten, die ihre Samen durch eine elastisch-ledrige Hülse schützen; »Nüsse« dagegen haben harte Schalen.

Anders als viele glauben, kommen Erdnüsse auch nicht vorzugsweise aus den USA – deren jährliche Ernte von zwei Millionen Tonnen fällt weit hinter die acht Millionen Tonnen aus Indien oder die zehn Millionen Tonnen aus China zurück (Zahlen für 1995) – und sind auch keine alte amerikanische Knabberspezialität. Sie dienten in den USA zunächst und ausschließlich als Schweinefutter. Erst um 1880 begann der Zirkusunternehmer Barnum, in den Pausen Erdnüsse in kleinen Tüten auch für Menschen anzubieten, ab da entdeckten die Amerikaner parallel zur Liebe für den Zirkus auch die Liebe für die Erdnuß.

Lit.: Stichwort »Peanut« in der MS Microsoft Enzyklopädie Encarta, 1994; C. Panati: Universalgeschichte der ganz gewöhnlichen Dinge, Frankfurt a. M. 1994; FAO Production Yearbook, Band 50, Rom 1996.

Erfrierungen
Erfrierungen lassen sich durch Einreiben mit Schnee bekämpfen

Erfrorene Körperteile sollte man auf keinen Fall mit Schnee einreiben – dadurch werden die abgekühlten und durch den Frost sehr spröden Körperzellen noch weiter abgekühlt und u. U. sogar beschädigt. Das Rote Kreuz empfiehlt statt dessen, die erfrorenen Körperstellen sanft und allmählich zu erwärmen, etwa durch Eintauchen in warmes Wasser (nicht in heißes, denn erfrorene Körperzellen fühlen keinen Schmerz und können daher auch nicht vor Verbrennen warnen).

Lit.: Carol Ann Rinzler: Feed a cold, starve a fever – A dictionary of medical folklore, New York 1991; Verena Corazza et al.: Kursbuch Gesundheit, Köln 1992.

Erkältung
Kalte Duschen und das Schlafen in kalten Räumen mindern die Gefahr einer Erkältung

Eher das Gegenteil ist der Fall: Erkältungen verbreiten sich durch Viren, und denen ist unsere Dusch- und Zimmertemperatur reichlich gleichgültig. Eher ist durch das Schlafen in kalten Räumen sogar ein höheres Erkältungsrisiko zu befürchten, denn im Kalten trocknet leicht die Nasenschleimhaut ein, dann fällt es den Erkältungsviren leichter, diese Schleimhaut zu durchdringen, und die Gefahr, sich zu erkälten, wird nicht kleiner, sondern größer.

Lit.: Carol Ann Rinzler: Feed a cold, starve a fever – A dictionary of medical folklore, New York 1991.

Eroberung Amerikas 1
Die Spanier konnten Amerika vor allem mit Hilfe der den Indianern unbekannten Pferde und Feuerwaffen erobern

Noch heute wundern sich viele Historiker, wie weniger als hunderttausend Spanier so schnell und so problemlos dreißig bis fünfzig Millionen Indianer unterwerfen konnten. »Durch das Schwert, das Kreuz und den Hunger«, meint Pablo Neruda und meinen mit ihm viele andere, aber diese Sicht ist falsch. Die Ureinwohner hätten vor den Spaniern Angst gehabt; vor allem ihr Entsetzen angesichts der unbekannten Feuerwaffen und der riesigen Tiere, auf denen die Konquistadoren daherkamen (die den Indianern bis dato unbekannten Pferde), hätten den Spaniern das Siegen leicht gemacht. Die Eingeborenen wären von den glänzenden Rüstungen und bunten Fahnen der Spanier eingeschüchtert und gelähmt gewesen, die Spanier wären ihnen wie Götter vorgekommen, denen man sich nolens volens unterwerfen müsse.

In Wahrheit war der anfangs tatsächlich vorhandene Respekt der Indianer vor den ungewohnten Eindringlingen und vor deren Pferden und Musketen bald verschwunden. Auch an die Fahnen und Kleider, sogar an die Kanonen der Europäer hatten sie sich bald gewöhnt. »Als Cortez bei Xicalango, einem Ort südlich des Hafens von Veracruz, eine Kanone abfeuern ließ, als Montezumas Gesandte eintrafen, fiel die ganze Gesandtschaft wie tot auf den Boden, und die Spanier hatten Mühe, sie wieder aufzurichten«, schreibt Ferdinand Salentiny, aber dieser Knalleffekt war bald vorüber; beim zehnten Abschuß einer Kanone (sofern es überhaupt dazu kam, denn das Pulver wurde in dem feuchtheißen Klima Mittel- und Südamerikas sehr schnell naß und war dann nicht mehr zu gebrauchen) fielen sie schon nicht mehr hin. Zudem waren die antiken Kanonen wie auch die Hakenbüchsen der Spanier schwer zu laden; auf all ihren Eroberungsfeldzügen führten die Spanier als wichtigste Waffe die althergebrachte Lanze, und die war den Steinschleudern und Bogen der Inkas und Azteken nicht sehr überlegen.

Daß die Spanier dennoch so schnell und so gründlich siegen konnten, hatten sie weder ihrer waffentechnischen Überlegenheit noch ihrem Götternimbus, sondern vor allem der Zwietracht der Indianer zu verdanken; diese brachten sich schneller selber gegenseitig um, als die Spanier mit dem Zählen nachkamen, sie besorgten so das Handwerk ihrer Henker im wesentlichen selber. »Ohne die massive militärische Hilfe der Herrscher von Tlaxcala (...) hätten die Spanier die Eroberung von Tenochtitlan, der Hauptstadt der Mexica, wochen- oder monatelang hinausschieben müssen« (Salentiny). »In Altperu waren es die Stämme der Kanarr, Wanka und Chachapuyas, die ›ewigen‹ Rebellen im Land der Inka, die Pizarro bei der Niederwerfung des Inkareiches behilflich waren. Man darf heute ruhigen Gewissens behaupten, daß die altamerikanischen Reiche kaum ohne die massive Hilfe der Eingeborenen und Kaziken hätten bezwungen werden können.«

Lit.: J. Hemming: The conquest of the Incas, London 1970; H. J. M. White: Cortez and the downfall of the Atztek empire, London 1971; F. Salentiny: Santiago! Die Zerstörung Altamerikas, Frankfurt a. M. 1980.

Eroberung Amerikas 2
Vor der Ankunft der Europäer lebten die Ureinwohner Amerikas glücklich und in Frieden

Die Herrscher Mexikos und Perus herrschten auch vor den Spaniern so wie alle Herrscher damals herrschten: brutal und mit Gewalt. Die Azteken etwa waren bekannt für ihre Menschenopfer; sie pflegten Kriegsgefangenen lebendigen Leibes Herzen zu entreißen. Die Inka in Peru unterhielten ein Schädelmuseum mit den Köpfen ihrer besiegten Feinde, »zu ihren Besonderheiten gehörte es, aus der Haut erschlagener Häuptlinge Kriegstrommeln zu fertigen«, der Inka Atahualpa, den Pizarro in einem Schauprozeß zum Tode verurteilen und durch die Garotte hinrichten ließ, »trank seine Chicha aus der goldgeschmückten Schädelschale seines Bruders Atoc, den er im Kampf gefangennahm und grausam töten ließ« (Huber). Unter den Opfern dieses Terrors rekrutierten die Spanier ihre Hilfssoldaten, nur mit diesen war es ihnen möglich, so schnell und mit so wenig eigenen Soldaten einen ganzen Kontinent zu unterwerfen.

Keine friedlichen Ureinwohner: Die Indianer waren nicht weniger gewalttätig als die Europäer

Lit.: S. Huber: Pizarro, Olten 1978: F. Salentiny: Santiago! Die Zerstörung Altamerikas, Frankfurt a. M. 1980.

Eros
Die Eros-Statue auf dem Londoner Picadilly Circus zeigt den griechischen Gott Eros

Der Eros auf dem Picadilly Circus wurde 1893 zum Gedenken an den englischen Grafen und Philanthropen Shaftesbury als »Engel der christlichen Barmherzigkeit« errichtet (anfangs hieß die Statue daher auch »Shaftesbury Monument«).

Lit.: http://www.speel.demon.co.uk/other/eros.htm; Stichwort vorgeschlagen von H. van Maanen.

Dieser Griechengott ist eigentlich ein Engel

Erster Diener
»Der König ist der erste Diener des Staates«

Diese berühmten Worte des berühmten Großen Friedrich sind leicht irreführend aus dem Französischen übersetzt (Friedrich II. sprach mit Vorliebe Französisch). Die französische Urfassung spricht von »domestique« (= Hausknecht), nicht wie vielfach später von »serviteur« (= Diener). Und zwischen diesen Begriffen gibt es einen kleinen, aber feinen Unterschied: Ein Hausknecht verrichtet mehr oder wenig widerwillig Dinge, die er verrichten muß, ein Diener dient voller Liebe seinem Herren. Und mit seinem »Domestiken« drückte Friedrich seinen bekannten Widerwillen gegen seine Königsrolle aus; er war alles andere als glücklich, seinem Land zu »dienen«.

Lit.: S. Haffner: Preußen ohne Legende, 3. Auflage, Hamburg 1979.

Esel
Esel sind dumm

Unter allen Huftieren schneiden Esel bei Intelligenztests oft am besten ab. Esel auf der Weide testen mit ihren Barthaaren, ob der Elektrozaun angeschaltet ist, Pferde oder Kühe lassen sich erst durch Stromschläge belehren. »Einer unserer Esel macht sich abends das Licht im Stall an«, erfahren wir vom 2. Vorsitzenden der »Interessengemeinschaft für Eselfreunde e.V.« in Bochum (840 Mitglieder).

Kein Esel betritt einen unsicheren Weg, ohne vorher nachzudenken, wie er ihn bewältigen kann. Über schmale Brücken und trübe Pfützen geht ein Esel nur, wenn sein Treiber es ihm vormacht. »Folge einer Ziege, und du wirst in einen Abgrund stürzen. Folge einem Esel, und er führt dich in dein Dorf«, lautet ein spanisches Sprichwort.

Ihren unverdienten Ruf als mentale Tiefflieger haben Esel vermutlich wegen ihrer Sturheit bekommen. Aber genau diese Sturheit ist ein weiterer Beweis für Intelligenz. Denn wenn Esel stur und störrisch sind, haben sie in aller Regel einen Grund. »Auf einem schmalen Pfad in der südmarokkanischen Steinwüste trieb ein junger Berber seinen schwerbeladenen Packesel der Oase Quarzaza zu«, schreibt Vitus B. Dröscher. »Unvermittelt blieb das Tier stehen und dachte nicht daran, auch nur einen einzigen Schritt zu tun. Der Berber drosch mit einem Stock auf den scheinbar störrischen Esel ein. Vergebens. Dann zerrte er am Zügel. Mit der ihm eigenen Halsstarrigkeit stemmte sich das Tier mit allen vier Beinen dagegen. Einen Schritt wurde es vorwärtsgeschleift, einen zweiten und noch einen dritten. In diesem Augenblick schrie der Berber auf. Eine giftige Kobra, die auf dem Pfad lag, hatte ihn gebissen.«

Lit.: Vitus B. Dröscher: Sie turteln wie die Tauben, Hamburg 1988; Christina Will-Bruhn: »Trotzkopf«, TV Hören und Sehen 43/1997; Stichwort vorgeschlagen von Dieter Holtzmann.

Esperanto
Esperanto ist eine Kunstsprache, die von niemandem wirklich gesprochen wird

Esperanto ist zwar eine Kunstsprache (es wurde 1887 von dem jüdischen Augenarzt Ludwig Zamenhof aus Polen als kulturell neutrale und leicht zu lernende internationale Sprache quasi frei erfunden), aber es gibt heute mehrere Millionen Menschen, die diese Sprache sprechen. Unter den 3000 bis 4000 Sprachen, die es heute auf der Erde gibt und die in der Mehrzahl nur von wenigen hunderttausend Menschen gesprochen werden, liegt Esperanto damit in der Spitzengruppe; es ist von der katholischen Kirche als Liturgiesprache, vom Internationalen PEN-Club als Literatursprache und vom Weltpostverein als Sprache für Telegramme zugelassen. Im Internet gibt es Diskussionsrunden in Esperanto, und die jährlichen Weltkongresse der »Esperantisten« (1997 in Adelaide/Australien, 1998 in Montpellier und 1999 in Berlin) ziehen jeweils mehrere Tausend Menschen an.

Stichwort beigetragen von Rudolf Fischer.

Essen 1
Wir essen, was uns schmeckt

Andersherum wird ein Schuh daraus: Es schmeckt uns, weil wir essen. Die Vorlieben für geröstete Heuschrecken, gekochte Schweinefüße, Blutwurst oder faule Eier, die wir Menschen in verschiedenen Kulturen hegen, sind uns nicht in die Wiege gelegt, sie sind uns durch Gewohnheit anerzogen.

Dieses Appetitanregen durch Gewöhnung steckt in unseren Genen. Zu den Eigenschaften der Spezies Homo sapiens, die dieser seit ihren Kindertagen im Urwald das Überleben sichern, gehört auch die Freude an Bekanntem: Was der Urwaldaffe schon einmal gegessen hatte, ohne dadurch umzukommen, das aß er gerne immer wieder; Stammesgenossen, die lieber immer wieder Neues ausprobierten, taten dies nicht lange (auch im Urwald gab es giftige Beeren oder Pilze), sie selbst und ihre Gene waren bald gestorben.

Auch der kurzfristige Überdruß nach übermäßigem Genuß von Lieblingsspeisen ist genetisch programmiert: Er regt uns an, die Nahrung abzuwechseln. Denn auch die Affen, die immer nur die gleichen Beeren aßen, sind inzwischen – nämlich wegen Nährstoffmangel - ausgestorben. So hat ein mehrere Millionen Jahre langer Ausleseprozeß bewirkt, daß die überlebenden Mitglieder der Spezies Homo sapiens von Natur aus ihrer gewohnten Nahrung treu bleiben, aber innerhalb ihres kulturell geprägten Nahrungsspektrums gerne wechseln.

Stichwort vorgeschlagen von Alfredo Grünberg.

Essen 2
Unser Körper braucht im Winter mehr zu essen als im Sommer

Weil es im Winter kälter ist, so die populäre Theorie, und der Körper Energie zum Heizen brauche. Aber diese Theorie ist falsch, die Energie, die unser Körper im Sommer zum Kühlen braucht, entspricht fast exakt dem Heizbedarf im Winter.

Lit.: Carol Ann Rinzler: Feed a cold, starve a fever – A dictionary of medical folklore, New York 1991.

Essig
Essig verdünnt das Blut

So konnte man zuweilen früher von der Oma hören. Aber in Wahrheit läßt selbst übermäßiger Genuß von Essig, ganz gleich welcher Sorte, Blutbild und Organfunktionen unverändert.

Stichwort vorgeschlagen von Günter Niederastroth.

EU-Kommission 1
Die EU-Kommission in Brüssel fordert symmetrische Weihnachtsbäume

Es gibt keine EU-Regeln zu Weihnachtsbäumen. Es gibt eine private »Christmas Tree Growers Association of Western Europe«, der wie allen derartigen Anbieter-Vereinen, die ja in aller Regel zur Abwehr von Billig-Konkurrenz gegründet werden (siehe Stichwort »Lizenzen« in Band 1), eine solche Forderung durchaus zuzutrauen wäre, aber die EU hat damit nichts zu tun..

Andere frei erfundene Euromythen betreffen das europäische Standardpräservativ (je nach Herkunft der Legende einmal in Italien, dann wieder Frankreich oder England als zu klein empfunden), die europäische Standardpizza, das Verbot von Bierdeckeln (angeblich unhygienisch), das Verbot von krummen Gurken und Bananen oder die Forderung, daß Hochseefischer Haarnetze zu tragen hätten. Einige dieser Enten sind bei gutem Willen noch als Mißverständnisse zu deuten, etwa daß hausgemachte Gelees und Marmeladen auf Weihnachtsmärkten und ähnlichen Basaren nicht mehr angeboten werden dürften (es gibt zwar EU-weite Kennzeichnungspflichten für Gelees und Marmeladen, aber nichtkommerzielle Hersteller sind davon ausdrücklich ausgenommen), andere gründen sich auf tatsächlich bestehenden, aber nicht EU-relevanten Regeln (nach englischem Recht z. B. dürfen gewisse Nahrungsmittel wegen möglicher Ungenauigkeiten beim Wiegen nicht einzeln verkauft werden, daraus wurde dann die Zeitungsente: »EU-Kommission verbietet den Verkauf von Pfefferschoten«), wieder andere Euromythen wurden aus verschiedenen, in der Regel von Interessenverbänden vorgebrachten Vorschlägen geboren, die jedoch nie EU-verbindlich wurden. Aber die meisten sind genau das, was ihr Name sagt, nämlich Mythen und frei erfundene Legenden.

Lit.: »Do you still believe all you read in the newspapers«, Broschüre der EU-Kommission, Brüssel (ohne Jahr); weitere Euromythen sind über verschiedene Internet-Adressen zu erfahren: www.cec.lu, www.fco.gov.uk und europa.eu.int; Stichwort vorgeschlagen von Peter Berninger.

EU-Kommission 2
Die EU-Kommission will unser Leben regulieren

Die meisten EU-Erlasse, die uns ärgern oder amüsieren, sind keine Kopfgeburten von Brüsseler Bürokraten – sie sind wie die berühmten »landgebundenen Fische« die Kinder durchaus enger, nationaler Interessen, die sich per Umweg über Brüssel durchzusetzen trachten (bei den »landgebundenen Fischen« handelte es sich um einen zum Glück erfolglosen Versuch französischer Bauernfunktionäre, Schnecken und Frösche zu Meerestieren zu erklären, um den notleidenden französischen Schneckenzüchtern einen bequemen Zugriff auf die reichlichen EU-Mittel für Fischerei zu sichern).

F

»Die Menschen glauben an die Wahrheit all dessen, was ersichtlich stark geglaubt wird.«
Nietzsche: Menschliches, Allzumenschliches

Fahrverbot 1
Fahrverbot ist das gleiche wie Führerscheinentzug (s.a. »Führerschein«)

Führerscheinentzug bedeutet: der Führerschein ist weg. Und man bekommt ihn auch nicht wieder; wer dennoch auf legale Weise wieder Auto fahren möchte, muß einen neuen Führerschein erwerben, mit allen Formalitäten (Prüfung, Sehtest usw.), die damit verbunden sind.

Verglichen damit ist ein Fahrverbot weit weniger dramatisch; man erhält am Ende denselben Führerschein zurück, und anders als der Führerscheinentzug wird das Fahrverbot auch erst mit Rechtskraft der zugrundeliegenden Entscheidung wirksam; durch gezielten Einspruch können geschickte Delinquenten die Affäre damit dergestalt verzögern, daß die führerscheinlose Zeit gerade in den Urlaub auf Mallorca fällt.

Lit.: Klaus Mollenkott und Oliver Kleine: »Wann ist der Führerschein in Gefahr?«, Recht und Praxis Digital, September 1996, über die Internet-Adresse http://www.vrp.de/sept96/beitrag/bt055.htm.

Fahrverbot 2
Generelle Fahrverbote an bestimmten Wochentagen werden erst seit der ersten Ölkrise erwogen (s.a. »Autos 1«)

Schon Anfang des Jahrhunderts wurden für bestimmte Tage generelle Fahrverbote vorgeschlagen: nicht für Sonntage wie Anfang der 70er Jahre, aber für Sonnentage, weil die Staubbelästigung durch Autos damals viele Menschen auf die Palme brachte.

Die Autofabrikanten konterten diese Drohung mit einem Patent für eine »verblüffend einfache Vorrichtung«, die darin bestand, »daß beiderseits der Trittbretter des Automobils längliche Wasserbehälter angeordnet werden, von denen aus die Vorder- und Hinterräder während der Fahrt durch belebte Orte, Straßen, Villenquartiere je nach Notwendigkeit in drei verschiedenen Graden besprengt werden. Die benetzten Räder wirbeln keinen Staub auf und hinterlassen eine nasse Spur. Da die Staubplage naturgemäß da am stärksten ist, wo viele Automobile verkehren, wird bei allgemeiner Anwendung die Straße durch die Automobile selbst stets feucht erhalten, so daß durch Adhäsion und Luftwirbel keine Staubwolke erzeugt werden kann. So erweisen die Automobilisten der Allgemeinheit einen Dienst und sichern sich deren Wohlwollen«.

Durch die zunehmende Asphaltierung unserer Straßen wurde diese Neuerung dann überflüssig.

Lit.: F.-J. Brüggemeier und M. Toyka-Seid: Industrie-Natur: Lesebuch zur Geschichte der Umwelt im 19. Jahrhundert, Frankfurt a. M. 1995.

Fallschirm
Der erste Fallschirmspringer war ein Franzose

Am 22. Oktober 1797 sprang der Franzose André-Jacques Garnerin aus 400 m Höhe über dem Pariser Parc Monceau aus einem selbstgebauten Wasserstoffballon mit einem Fallschirm ab, der erste Fallschirmsprung in Europa. Was aber weder Garnerin noch Leonardo da Vinci wußten (der uns schon im 16. Jahrhundert die Skizze eines Fallschirms hinterlassen hatte): Schon zu Beginn des 14. Jahrhunderts sind in China Zirkuskünstler mit einer Art Sonnenschirm von Türmen abgesprungen.

Lit.: »Der Pionier ließ seinem Hund den Vortritt«, Frankfurter Allgemeine Zeitung, 22. 10. 1997; Stichwort vorgeschlagen von Michael Schmidt.

Faultier
Faultiere sind die faulsten Tiere

Das Faultier schläft 18 von 24 Stunden täglich, aber noch fauler ist der Koalabär (eigentlich ein Beuteltier, kein Bär; siehe Stichwort »Koalabär« in Band 1), der bis zu 22 Stunden täglich schläft.

Stichwort vorgeschlagen von Marc Schuhmacher.

Fax
Das Faxgerät kam nach dem Telefon

Schon 1840, Jahrzehnte vor den ersten Telefonen, hatte der schottische Uhrmacher Alexander Bain einen Apparat ersonnen, um beliebige Zeichen über Telegraphendraht zu senden: Über das zu sendende Zeichen – dieses mußte aus elektrisch leitendem Material gefertigt sein – schwang ein an einen Stromkreis angeschlossenes Pendel hin und her. Wann immer das Pendel das Zeichen berührte, wurde der Stromkreis geschlossen, und ein ähnliches Pendel am anderen Ende der Leitung schwärzte ein chemisch behandeltes Papier. Indem sowohl das zu sendende Zeichen als auch das Papier auf der Empfängerseite stetig unter den jeweiligen Pendeln durchgeschoben wurden, entstand beim Empfänger ein Bild des Zeichens, das zu übertragen war.

Dieses System, das im Prinzip noch heute gilt (nur mit Lichtstrahlen statt Pendel) wurde von dem Italiener Giovanni Caselli weiterentwickelt und für eine ständige, von 1865 bis 1870 bestehende Faxverbindung zwischen Paris und Lyon eingesetzt.

Lit.: G. Tibballs: The Guinness book of oddities, London 1995.

Eine Faxmaschine des 19. Jahrhunderts: in der Telekommunikation kamen die Bilder vor den Tönen

Fegefeuer
Schon die Bibel droht uns mit dem Fegefeuer

Anders als viele Christen glauben, kommt das berühmte Fegefeuer in der Bibel nirgends vor; weder im Alten noch im Neuen Testament ist von dieser »postmortalen Läuterung« die Rede. Erst 200 Jahre nach Christus stellte ein alexandrinischer Kirchenmann namens Origines die These auf, daß wir nach dem Tod noch einer Läuterung bedürften (er gibt sogar exakte Zahlen an: ein Jahr Fegefeuer für jeden Tag, den wir in Sünde auf der Erde leben), und diese These ist dann peu à peu zur offiziellen Kirchenlehre aufgestiegen.

Lit.: Theologische Realenzyklopädie, Berlin 1983.

Feiern
Einmal im Monat darf man auch als Mieter abends lautstark feiern

Nein, sagen die Lärmexperten des »Zentralverbandes der Deutschen Haus-, Wohnungs- und Grundeigentümer«: »reines Wunschrecht« sei das hartnäckige Gerücht, einmal im Monat feiern sei erlaubt.

Nach aktueller Rechtslage hat in Deutschland zwischen zehn Uhr abends und sechs Uhr morgens Nachtruhe zu herrschen; wer diese Nachtruhe nachbarschaftsstörend mißachtet, hat mit Geldstrafen zu rechnen, ganz gleich ob einmal im Monat oder einmal in zehn Jahren.

Lit.: »Experte: Lautstarke Feier stört Ruhe der Nachbarn«, Hannoversche Allgemeine Zeitung, 24. 10. 1996.

Fernrohr
Das Fernrohr ist eine Erfindung von Galileo Galilei (s.a. »Glühbirne« und »Leonardo da Vinci«)

Bekanntlich hat Galilei im Januar des Jahres 1610 mit einem selbstgebauten Fernrohr die Monde des Jupiters entdeckt. Aber erfunden hat er dieses Fernrohr nicht. Vielmehr wird unter Experten der holländische Optiker Hans Lipperhey als der eigentliche Erfinder angesehen; er hat nach alten Protokollen der Generalstaaten schon

1608 um ein Patent dafür ersucht, und vermutlich waren es einschlägige Gerüchte aus Holland, wo damals neben Lipperhey auch andere Erfinder an einem Fernrohr arbeiteten, die Galilei auf den Gedanken brachten, sich selbst ein Teleskop zu bauen.

Aber schon mehr als 100 Jahre vor den Holländern und Galilei hatte Leonardo da Vinci »dicke Brillengläser« zur Vergrößerung von Bildern vorgeschlagen: »Mache Gläser für die Augen, um den Mond groß zu sehen.« Und auch der italienische Physiker Giambatista della Porta hatte schon mehrere Jahrzehnte vor Galilei ein Instrument erdacht, »um aus der Ferne sehen zu können«.

Lit.: F. M. Feldhaus: »Fernrohre im Mittelalter«, Geschichtsblätter für Technik und Industrie 5, 1918; W. Hübschmann: »Leonardo da Vinci erfand das Fernrohr«, Zeitschrift für Naturlehre und Naturkunde 16, 1968; Rolf Riekher: Fernrohre und ihre Meister, 2. Auflage, Berlin 1990; Stichwort vorgeschlagen von J. V. Feitzinger und H. Greßmann.

Fett
Fett ist ungesund (s.a. »Cholesterin«)

Für Fett gilt das gleiche wie für Alkohol und viele andere Dinge: auf die Menge kommt es an. Eine völlig fettfreie Kost würde zu schweren Mangelerscheinungen führen, dem Körper würden die im Fett gelösten Vitamine A, D, E und K und auch die essentiellen Fettsäuren fehlen. Genauso ist es auch ein Irrtum zu glauben, fette Menschen wären wegen Fett so fett – die meisten Übergewichtigen essen zu viele hochkonzentrierte Kohlehydrate wie Schokolade oder Kuchen, auch diese werden dann als Fett im Körper abgelegt. Und auch der Glaube, daß Freunde fetter Nahrung öfter als andere einen Herzinfarkt erleiden, konnte zumindest für naturbelassene Fette wie in Nüssen, Butter, Speck und kaltgepreßten Ölen bisher wissenschaftlich nicht bestätigt werden.

Lit.: G. Fraser et al.: »Protective effect of nut consumption«, Arch. Intern. Med. 152, 1992, S. 1416 ff.; W. C. Willett et al.: »Nurses health study«, Lancet 341, 1993, S. 581 ff.; Stichwort vorgeschlagen von Max Dienel.

Figur 1
Bei Figurproblemen sollte man vor allem die jeweiligen Problemzonen trainieren (s.a. »Diät« und »Essen« in Band 1)

Einer der größten Fitness-Mythen sagt, man könne Fett durch gezieltes Training der befallenen Körperzonen quasi punktuell vertreiben – bei Bierbauch Bauchmuskeln trainieren, bei dicken Oberschenkeln Treppen steigen usw.

Aber so einfach funktioniert das Fett-Verbrennen nicht – das Fett in unserem Körper verschwindet entweder gleichmäßig oder gar nicht; man kann nicht das Fett an einer Stelle vertreiben und an einer anderen Stelle schonen. Durch gezieltes Training bestimmter Körperpartien, etwa der Bauchmuskeln, verschwindet allenfalls das lokale Muskelfett, aber da dieses nur einen sehr kleinen Teil unserer angesammelten Fettvorräte bildet, schrumpft der eigentliche Rettungsring zwischen Haut und Bauchmuskeln um keinen Millimeter.

Lit.: Carol Ann Rinzler: Feed a cold, starve a fever – A dictionary of medical folklore, New York 1991; J. Garret: »The spot reduction myth«, über die Internet-Adresse http://carlisle-www.army.mil.

Figur 2
Idealfiguren regen zum Nachahmen an

Amerikanische Psychologen haben Frauen, die schon seit längerer Zeit eine Schlankheitsdiät einhielten, einen Spielfilm in drei Versionen vorgeführt: die erste ohne alle Werbung, die zweite mit eingestreuten Werbefilmen, die aber nichts mit Diät zu tun hatten, und die dritte mit Werbung, in der superschlanke Mannequins Diätmittel verkauften. Außerdem standen im Vorführraum zahlreiche Schüsseln mit Knabbergebäck herum.

Ergebnis: die der Diätwerbung ausgesetzten Frauen aßen doppelt soviel Knabbergebäck wie die anderen, die keine Diätwerbung gesehen hatten.

Stichwort vorgeschlagen von Marc Schuhmacher.

Flache Scheibe
Im Mittelalter hielt man die Welt für eine flache Scheibe (s.a. »Inquisition« sowie »Galilei«, »Hexen« und »Kolumbus« in Band 1)

Seit Aristoteles hält und hielt kein seriöser Gelehrter die Welt für eine flache Scheibe. Insbesondere haben auch die gelehrten Mönche des Mittelalters niemals und zu keiner Zeit behauptet, daß die Erde eine Scheibe wäre. Von Beda Venerabilis (673–735) bis Thomas von Aquin (1225–1292), von den Lehrern Karls des Großen bis zu den Beichtvätern der Könige von Spanien und Portugal (die den Plan des Kolumbus, durch Westwärtssegeln Indien zu erreichen, als unmöglich abgewiesen haben sollen, da man so vom Rand der Welt herunterfallen müsse): Kein maßgeblicher Kirchenmann des Mittelalters hat je die Kugelform der Erde angezweifelt, in keinem einzigen anerkannten, zwischen den Jahren 200 n. Chr. und 2000 n. Chr. erschienenen, ob von geistlichen oder weltlichen Gelehrten verfaßten Lehrbuch der Astronomie oder Physik ist je von einer flachen Welt gesprochen worden.

Der Kronzeuge der populären Theorie, daß man im Mittelalter die Welt für flach gehalten hätte, ist der griechische Mönch Kosmas Indikopleustes (Kosmas der Indienfahrer), der im 6. nachchristlichen Jahrhundert vermutlich in Alexandria lebte und der nicht nur die Welt für flach, sondern in strenger Auslegung diverser Bibelverse darüber hinaus auch für viereckig und im Norden von einem hohen Berg begrenzt erklärte, um den sich Mond und Sonne drehten. Verschwindet die Sonne hinter dem Berg, so wird es Nacht; im Sommer steigt die Sonne höher, wegen des mit der Höhe geringeren Umfangs des Berges werden dann die Nächte kürzer.

Und so soll dann der Siegeszug der Dummheit angefangen haben: »Jeder, der sich z. B. nur mit antiker Geographie befaßt hat, kann ein Lied davon singen, wie es eben die büffelhafte Borniertheit der Mönche war, die über ihren christlich=topographischen Träumen fast sämtliche alten Geographien verloren gehen ließen« (Arno Schmidt). »Unter dem Einfluß des Christentums geriet die Erkenntnis von der Kugelgestalt der Erde annähernd anderthalb Jahrtausend in Vergessenheit. Solange die Erde als Scheibe angesehen wurde, war jede gegenteilige Lehre Ketzerei.« (Dreyer-Eimbcke).

In Wahrheit wurde die »Christianike Topographia« des Kosmas Indikopleustes nie sehr ernst genommen; sie wurde weder ins Lateinische übersetzt, noch sonstwie weit verbreitet, sie war nie die Mehrheitsmeinung klerikaler Geographen. Niemand wurde im Mittelalter von der Kirche zum Glauben an die flache Erde angehalten, und so war auch bis weit in die Aufklärung von klerikalen Flacherdenvertretern keine Rede; kein einziger der durchaus antiklerikalen Rationalisten des 18. Jahrhunderts, weder Voltaire noch Diderot noch Kant noch Hume noch Leibniz, hat dem Mittelalter, dem man ansonsten alles Schlechte zutraute, diesen Irrtum vorgeworfen.

Der moderne Mythos von den dummen Mönchen ist eine Schöpfung des späten 19. Jahrhunderts, als man fast zwanghaft jeden Fortschritt in den Wissenschaften als einen Kampf zwischen klerikalen Dunkelmännern und aufgeklärten Wissenschaftlern sehen wollte. Vor allem zwei Männer, der amerikanische Arzt und Kirchenhasser John B. Draper (1811–1882) und der Gründer der Cornell-Universität, Andrew Dickson White (1832–1918), waren für dieses nachträgliche Umschreiben der Wissenschaftsgeschichte verantwortlich. In seiner »History of the conflict between religion and science« (mehr als 50 Auflagen seit 1874) schreibt Draper: »Die Geschichte der Wissenschaften ist nicht allein eine Geschichte isolierter Entdeckungen; es ist die Geschichte eines Kampfes zweier rivalisierender Mächte, der vorwärtsschreitenden Macht des menschlichen Geistes auf der einen und des retardierenden traditionellen Glaubens auf der anderen Seite. (...) Glaube ist von Natur aus beharrend, Wissenschaft ist von Natur aus vorwärtsstrebend, deshalb kann es zwischen diesen beiden keinen dauerhaften Frieden geben.«

Und zum Beweis für diesen Kampf zwischen der vorwärtsstrebenden Wissenschaft auf der einen und der »retardierenden« Religion auf der anderen Seite streute Draper dann den Mythos von der flachen Erde aus.

Dito White. Anders als Draper sieht er zwar nicht die Religion an sich, sondern die Heilsgewißheit mancher Kirchenmänner als die eigentlichen Stolpersteine auf dem Weg des Fortschritts, aber letztendlich läuft auch seine 1896 erschienene »History of warfare of science with theology in christendom« auf eine exklusive Verurteilung der Religion hinaus. Und wie Draper macht auch White seine These an der angeblich von Kirchenleuten propagierten flachen Erde fest.

Der Erfolg dieser Kampagne ist noch heute weltweit nachzuweisen: Um 1870 z. B. war in keinem einzigen englischen Schul-Geschichtsbuch von der mittelalterlichen flachen Welt die Rede – zehn Jahre später fast in allen.

Lit.: Arno Schmidt: Kosmas oder Vom Berge des Nordens, Frankfurt a. M. 1955; Oswald Dreyer-Eimbcke: Die Entdeckung der Erde, München 1988; J. B. Russell: Inventing the flat earth, New York 1991; Rudolf Simek: Erde und Kosmos im Mittelalter, München 1992; Stephen Jay Gould: The Dinosaur in a haystack, London 1997 (besonders Kapitel 4: »The late birth of a flat earth«); Eckhard Henscheid, Gerhard Henschel und Brigitte Kronauer: Kulturgeschichte der Mißverständnisse, Stuttgart 1997 (besonders der Abschnitt »Scheibe, Kugel, Birne, Tisch«); Stichwort vorgeschlagen von Hartmut Kliemt.

Fort Knox
In Fort Knox lagern die weltweit größten Goldbestände

Richtig ist, daß die USA einen großen Teil ihrer eigenen Goldreserven in Fort Knox verwahren (daneben gibt es noch Lager in West Point, San Francisco, Philadelphia und Denver). Aber die weltweit größten Goldbestände, rund 10.000 Tonnen, mehr als ein Viertel der offiziellen Goldreserven der gesamten Welt und fünfmal mehr als in Fort Knox, lagern in Manhattan im Keller der »Federal Reserve Bank of New York«.

Anders als in Fort Knox liegt in New York auch Gold von außerhalb der US-Landesgrenzen: Zahlreiche Staaten dieser Erde lagern ihre Goldreserven in New York, wo sie erstens sicherer sind als in Nairobi oder São Paulo, und wo sie zweitens internationale Goldbewegungen erleichtern: Wenn die Vereinten Arabischen Emirate dem Sultan von Brunei zwei Tonnen Gold zukommen lassen wollen, reicht es, auf den Stapel des Emirs einen neuen Zettel aufzukleben.

Lit.: »The world's goldkeeper«, über die Internet-Adresse http://woodrow.mpls.frb.fed.us/site_collection/pubs/region/reg9112b.html.

Freddy Quinn
Freddy Quinn ist Hamburger Urgestein

Freddy Quinn wurde 1931 in Wien als Franz Eugen Nidl-Petz geboren und ist noch heute Österreicher.

Freie und Hansestadt Hamburg
Die Freie und Hansestadt Hamburg hat ihren Titel von Kaiser Barbarossa

So steht es heute noch in vielen Büchern: Im Jahr 1189 soll Kaiser Barbarossa der Stadt Hamburg einen »Freibrief« (eine Bestätigung diverser Privilegien, besonders des zollfreien Transports von Waren auf der Unterelbe) übergeben haben.

Diese Urkunde ist aber nachweislich gefälscht; sie stammt aus der Mitte des 13. Jahrhunderts, und zwar aus Hamburg selbst: Um sich die Konkurrenz aus Bremen und aus Stade vom Leibe halten, und weil wegen des gerade herrschenden Interregnums kein Kaiser zum Ausstellen des nötigen »Kaiserbriefs« verfügbar war, schrieben sich die Hamburger den Brief halt selbst.

Lit.: G. Prause: Tratschkes Lexikon für Besserwisser, München 1986 (besonders das Kapitel »Freie und Hansestadt: Hamburgs stolzer Titel ist gefälscht«).

Freiheit
Freiheit ist immer nur die Freiheit des anders Denkenden

In ihrer 1918 im Gefängnis abgefaßten Schrift über die Russische Revolution schreibt Rosa Luxemburg: »Freiheit nur für die Anhänger der Regierung, nur für die Mitglieder einer Partei – mögen sie noch so zahlreich sein – ist keine Freiheit. Freiheit ist immer nur die Freiheit des anders Denkenden.« Dieser wohl berühmteste Ausspruch der berühmten Rosa Luxemburg ist aber durchaus anders gemeint, als ihre Freunde uns heute gerne glauben machen wollen. Beim Weiterlesen stellt sich nämlich heraus, daß diese »anders Denkenden« vor allem anders denkende Kommunisten sind; anders denkende Liberale, Nationale, Klerikale usw. sind in der guten alten

Tradition der Kommunisten von dieser Freiheit ausgenommen und möglichst schnell zu liquidieren: »Der Sozialismus (...) hat (...) zur Voraussetzung eine Reihe Gewaltmaßnahmen – gegen Eigentum usw.«, schreibt die rote Rosa eine Seite weiter, und wer mit »usw.« gemeint ist, bleibt nicht lange im dunkeln: »Wer sich dem Sturmwagen der sozialistischen Revolution entgegenstellt, wird mit zertrümmerten Gliedern am Boden liegen bleiben.«

Lit.: F. Weil: »Rosa Luxemburg über die russische Revolution. Einige unveröffentlichte Manuskripte«, Archiv für die Geschichte des Sozialismus und der Arbeiterbewegung 13, 1928, S. 285–298; Josef Nyary: »Vom Umgang mit Roten und Rothäuten«, Welt am Sonntag, 15. 2. 1998; Stichwort vorgeschlagen von Alfredo Grünberg.

Freitag, der Dreizehnte
Freitag, der Dreizehnte hebt sich durch nichts Besonderes hervor

Der Dreizehnte eines Monats fällt öfter auf einen Freitag als auf jeden anderen Wochentag.

Der Kalender wiederholt sich alle 400 Jahre. Wenn wir, beginnend an irgendeinem Tag, die nächsten 400 Jahre = 4800 Monate auszählen, haben wir 4800 mal einen Dreizehnten des Monats, und der verteilt sich wie folgt auf die Wochentage:

Montag	685
Dienstag	685
Mittwoch	687
Donnerstag	684
Freitag	688
Samstag	684
Sonntag	687
Summe	4800

In 400 Jahren macht das keine großen Unterschiede. Aber wenn die Erde noch weitere vier Milliarden Jahre überdauert (dann wird die Sonne zu einem Roten Riesen und frißt die Erde auf), werden wir 40 Millionen mal mehr den Dreizehnten an einem Freitag als an einem Samstag haben.

Lit.: J. O. Irwin: »Friday 13th«, The Mathematical Gazette 55, 1971, S. 412–415.

Fremdenfeindlichkeit
Die Deutschen sind besonders fremdenfeindlich

Deutschland ist seit jeher ein Magnet für Fremde; über lange Jahrhunderte wurden sie hier weit gastlicher als sonstwo in Europa aufgenommen. Vor allem Preußen war einer der nach außen offensten Staaten auf der ganzen Erde, »eine Freistatt und ein Rettungshafen für die Verfolgten, Beleidigten und Erniedrigten ganz Europas« (Haffner); Waldenser, Mennoniten, schottische Presbyterianer, auch Juden, »sogar gelegentlich Katholiken«, strömten in Scharen in die Mitte unseres Landes und wurden hier mit großem Wohlwollen empfangen. Um 1700 war jeder dritte Berliner ein Franzose, die Gäste »bekamen Wohnungen und Kredite und sie wurden keineswegs genötigt, ihre Nationalität zu verleugnen. Alles vorbildlich«, wie Sebastian Haffner schreibt, der darin einen der »Grundzüge des klassischen Preußen« sieht, einen Zug, »der ebenso charakteristisch und auffallend ist wie sein Militarismus, nämlich seine beinahe grenzenlose Fremdenfreundlichkeit« (S. 78).

Nun ist das moderne Deutschland nicht das alte Preußen, aber auch heute müssen wir uns bezüglich unserer Fremdenfreundlichkeit vor niemandem verstecken: Derzeit leben mehr als sieben Millionen Ausländer in Deutschland (ohne Flüchtlinge und Asylbewerber), und auch bei Flüchtlingen und Asylbewerbern steht Deutschland weltweit als ein Vorbild da: Allein die alten Bundesländer beherbergten Mitte der 90er Jahre mehr als doppelt so viele davon wie Frankreich, England und Italien zusammen.

Lit.: Sebastian Haffner: Preußen ohne Legende, 3. Auflage, Hamburg 1979; »Jeder fünfte ist ein Flüchtling«, Informationsdienst des Instituts der Deutschen Wirtschaft 35/1997.

Fremdenlegion 1
Die französische Fremdenlegion ist ein Zufluchtsort für Kriminelle

Die 1831 von Louis Philippe gegründete französische Fremdenlegion akzeptiert beim Eintritt die verschiedensten Motive – Liebeskummer, Rauflust, Masochismus – aber keine ungesühnte Kriminalkarriere. Alle Bewerber werden vor der Aufnahme sowohl von Interpol wie vom französischen Deuxième Bureau auf Herz und Nieren überprüft; sollten später dennoch kriminelle Taten ruchbar werden, müssen die Übeltäter mit einer Überführung in die Heimatländer rechnen.

Fremdenlegion 2
Nur die Franzosen haben eine Fremdenlegion

Auch Spanien unterhält eine Fremdenlegion; sie besteht aus einigen Infanteriebataillonen in den spanischen Besitzungen entlang der marokkanischen Mittelmeerküste.

Lit.: Stichwort »Fremdenlegion« in der Brockhaus Enzyklopädie, Wiesbaden 1990.

Friedenstaube
Tauben sind friedliche Tiere

Tauben sind durchaus nicht friedlich; in ihrer Rolle als Symbol des Friedens sind sie eine klare Fehlbesetzung. »Außer am Marterpfahl der Indianer hat wohl kaum ein anderes Lebewesen einem Artgenossen in solch ausdauernder Kleinarbeit ähnlich gräßliche, zu einem langsamen, fürchterlichen Tod führende Wunden beigebracht« wie eine Taube.

Damit spielt Vitus B. Dröscher, dem wir in diesem Stichwort folgen, auf ein Experiment von Konrad Lorenz an; Lorenz hatte über eine kurze Dienstreise sein Taubenmännchen Willy und sein Taubenweibchen Petra in ein und demselben Käfig zurückgelassen, in der Hoff-

Als Friedensbote eine klare Fehlbesetzung

nung, so ihrer Liebe etwas nachzuhelfen. Doch bei seiner Rückkehr war von Liebe keine Rede: »Willy lag in einer Käfigecke auf dem Boden. Hinterkopf, Oberseite des Halses und der ganze Rücken bis an die Schwanzwurzel waren nicht nur völlig kahlgerupft, sondern so geschunden, daß sie eine einzige Wundfläche bildeten. Auf der Mitte dieser Fläche, wie ein Adler auf seiner Beute, stand das zweite Friedenstäubchen, Petra, die ›Braut‹. Mit dem versonnenen Gesichtsausdruck, der dem vermenschlichenden Beobachter diese Vögel so sympathisch erscheinen läßt, pickte das Vieh pausenlos in den Wunden des buchstäblich ›Unterlegenen‹ herum. Raffte sich der auf, um mit letzter Kraft zu entkommen, war die Amazone schon wieder hinter ihm, klapste ihn mit den weichen Flügelchen zu Boden und setzte ihr erbarmungsloses, langsames Tötungswerk fort, obwohl sie selbst davon schon so müde war, daß ihr immer wieder die Augen zufallen wollten.«

Dieses Verhalten zeigen Tauben regelmäßig, wenn man mehr als zwei in einen Käfig sperrt: Sie hacken so lange aufeinander ein, bis einer oder eine nicht mehr lebt.

Lit.: Vitus B. Dröscher: Mit den Wölfen heulen, Düsseldorf 1978.

Frostschutzmittel
Je mehr Frostschutzmittel im Kühlwasser des Autos, desto besser ist der Schutz vor großer Kälte

So dachten zumindest die Autoren dieses Buches und haben deshalb oft am Winteranfang reines Frostschutzmittel in die Kühler ihrer Autos eingefüllt. Das war aber ein Fehler, denn unverdünntes Frostschutzmittel gefriert weit schneller – je nach Marke schon bei −12° Celsius, während eine Mischung aus 50% Frostschutzmittel und 50% Wasser noch bei Temperaturen unter −30° Celsius flüssig bleibt.

Der Grund ist, daß beide Flüssigkeiten sich gegenseitig am Einfrieren hindern – das Glykol das Wasser, aber auch das Wasser das Glykol. Indem die Flüssigkeiten sich gegenseitig verdünnen, sinkt die Zahl der jeweils pro Raumeinheit vorhandenen, zur Bildung von Eiskristallen nötigen Moleküle, und zwar für das Wasser genauso wie für das Glykol. Während letztere in unverdünnter Fassung schon bei −12 °C die ersten Eiskristalle bildet, senkt die Beimischung von Wasser diesen Punkt bis unter −30 °C – das eigentliche Frostschutzmittel ist hier also in gewissem Sinn das Wasser.

Lit.: Robert L. Wolke: Woher weiß die Seife, was der Schmutz ist? Kluge Antworten auf alltägliche Fragen, München 1998.

Frühling
Auf einen trockenen Frühling folgt ein nasser Sommer (s.a. »Januar«, »Martinstag« und »Siebenschläfer«)

Diese alte Bauernregel konnte für Deutschland nicht bestätigt werden – zwischen den Niederschlägen im Frühling und im Sommer können Meteorologen hierzulande keinerlei Zusammenhang erkennen.

Lit.: P. Bisolli: »Eintrittswahrscheinlichkeit und statistische Charakteristika der Witterungsfälle in der Bundesrepublik Deutschland und West-Berlin«, Institut für Meteorologie und Geophysik, Universität Frankfurt a. M. 1991; H. Malberg: Bauernregeln aus meteorologischer Sicht, Berlin 1993.

Führerschein
Man kann seinen Führerschein auch durch Trunkenheit beim Fahrradfahren verlieren (s.a. »Fahrverbot 1«)

In Deutschland kann man seinen Führerschein nur dann wegen »Führen eines Fahrzeugs in fahruntüchtigem Zustand« verlieren, wenn das Führen dieses Fahrzeugs einen Führerschein verlangt. Zum Fahrradfahren braucht man keinen Führerschein, also kann man beim Fahrradfahren auch keinen Führerschein verlieren.

Anders dagegen, wenn die Trunkenheit auf dem Fahrrad die Behörden vermuten läßt, der oder die Betreffende wäre *generell* zum Führen eines Kraftfahrzeuges ungeeignet. Wer z. B. mit mehr als zwei Promille Alkohol im Blut beim Fahrradfahren auffällt, gilt bis zum Beweis des Gegenteils als Trinker; wer diesen Verdacht nicht ausräumt, kann also wegen genereller Fahruntüchtigkeit den Führerschein verlieren.

Lit.: »Stichwort: Führerscheinentzug wegen betrunkenen Fahrradfahrens«, Recht und Praxis Digital, Nov./Dez. 1995, über die Internet-Adresse http://www.vrp.de/nov95/eilinfo/stw5.htm.

Führung
Bei gleichstarken Kontrahenten wechselt die Führung ständig ab

Zwei gleichstarke Schach- oder Tennisspieler haben nur selten eine ausgeglichene Matchbilanz (in dem Sinn, daß die Führung in der Gesamtwertung häufig wechselt). Mit weit größerer Wahrscheinlichkeit liegt der anfangs Führende immer vorn, und liegt der anfangs Zurückliegende immer hinten.

Der gleiche Effekt tritt auch bei Glücksspielen auf. Angenommen, wir wetten eine Mark, daß bei einem fairen Münzwurf »Kopf« erscheint, unser Gegner hält eine Mark dagegen. Auch dann liegt der anfangs Führende mit weit größerer Wahrscheinlichkeit immer vorn und der anfangs Zurückliegende immer hinten, und daß bei diesem Glücksspiel einer der Kontrahenten genau die Hälfte aller Runden führt, ist nicht die wahrscheinlichste, sondern die *unwahrscheinlichste* aller Möglichkeiten. Am wahrscheinlichsten ist, daß der letztendliche Sieger *immer* führt und daß der letztendliche Verlierer *immer* zurückliegt: Entweder führen wir selber die ganze Zeit, oder wir liegen die ganze Zeit zurück.

Das macht man sich an einem einfachen Beispiel mit nur vier Runden sehr leicht klar: Wir werfen viermal eine faire Münze und setzen jeweils eine Mark auf Zahl, der Gegner eine Mark auf Kopf. Dann sind die folgenden Sequenzen möglich sowie gleich wahrscheinlich (in Klammern dahinter die Zahl der Runden, die wir führen; bei Gleichstand geht die Runde an den, der vorher vorne lag).

1. K K K K (0)
2. K K K Z (0)
3. K K Z K (0)
4. K K Z Z (0)
5. K Z K K (0)
6. K Z K Z (0)
7. K Z Z K (2)
8. K Z Z Z (2)
9. Z K K K (2)
10. Z K K Z (2)
11. Z K Z K (4)
12. Z K Z Z (4)
13. Z Z K K (4)
14. Z Z K Z (4)
15. Z Z Z K (4)
16. Z Z Z Z (4)

Bei sechs der möglichen sechzehn Spielverläufe liegen wir immer hinten, bei sechs der sechzehn liegen wir immer vorn, und nur in vier von sechzehn Fällen führen wir über die Hälfte der Gesamtspieldauer und liegen über die andere Hälfte zurück.

Mit wachsender Zahl der Runden wird dieses Ungleichgewicht noch größer: Bei zwanzig Runden liegen wir verglichen mit einer gleichmäßigen Aufteilung von Führung und Rückstand sechsmal so wahrscheinlich immer vorne oder immer hinten, und bei hundert Runden liegen wir sogar rund zehnmal so wahrscheinlich immer vorne oder immer hinten – je länger die Serie, desto unwahrscheinlicher wird eine völlig gleichmäßige verglichen mit einer völlig extremen Verteilung der Zeit, die wir in Führung liegen. Im Grenzfall, wenn die Serien immer länger werden, läßt sich diese Wahrscheinlichkeit mittels der sogenannten Arcus-Sinus-Funktion beschreiben, deshalb heißt dieses Phänomen auch »Arcus-Sinus-Paradox«.

Lit.: R. A. Epstein: The theory of gambling and statistical logic, New York 1967; W. Feller: An introduction to probability theory and its applications, Band 1, 3. Auflage, New York 1968; W. Riemer: »Das Arcsin-Gesetz der Wahrscheinlichkeitsrechnung«, Der Mathematikunterricht 4/1989, S. 64–75; G. J. Székely: Paradoxa: klassische und neue Überraschungen aus Wahrscheinlichkeitstheorie und mathematischer Statistik, Thun 1990; W. Krämer: Denkste! Trugschlüsse aus der Welt des Zufalls und der Zahlen, Frankfurt a. M. 1995.

Furz
»Den leisen, die da schleichen, muß man weichen«

Nichts bleibt auf diesem Globus unerforscht: Auf der »Digestive Desease Week 1997« in Washington haben Ärzte eine populäre Theorie zum Zusammenhang von Volumen und Gestank von Fürzen widerlegt und eine hohe Korrelation zwischen dem Volumen und dem Schwefelgehalt von solchen Gasen festgestellt.

Lit.: »Forschungsobjekt Furz: Spezialhose dämpft Gestank – Studie widerlegt These der ›schlimmen Schleicher‹«, Rheinpfalz, 23. 8. 1997; Stichwort vorgeschlagen von W. Rupprecht.

Fußball
Im internationalen Vereinsfußball zählen Auswärtstore doppelt

Natürlich wissen alle Fußballfreunde, daß dieser Satz nicht stimmt. Gewinnt Borussia Dortmund zu Hause gegen Ajax Amsterdam mit 1:0, verliert aber in Amsterdam mit 2:4, so nützen auch die Auswärtstore wenig. Bei wörtlicher Auslegung obiger Regel hätte Dortmund 5:4 gewonnen, aber diese Regel tritt nur dann in Kraft, wenn Heim- und Auswärtsspiel zusammen unentschieden enden.

Stichwort vorgeschlagen von Christian Witte.

G

»Man soll öfter dasjenige untersuchen, was von den Menschen meist vergessen wird, wo sie nicht hinsehen und was so sehr als bekannt angenommen wird, daß es keiner Untersuchung mehr wert geachtet wird.«
Georg Christoph Lichtenberg

Geheimrat
Ein Geheimrat hat etwas mit Heimlichtuerei zu tun

Ein Geheimrat oder auch Geheimer Rat ist ein »Vertrauter Rat«. »Geheim« hieß früher »zum Haus gehörig«, im Sinn von »vertrauenswürdig«; erst viel später erhielt das Wort »geheim« auch die Bedeutung von heimlich oder »streng vertraulich«.

Lit.: Duden – Herkunftswörterbuch; München 1989.

Gehirn 1
Der Mensch nutzt nur 10 Prozent seines Gehirns

Sämtliche Zellen unseres Gehirns sind auf die eine oder andere Weise an unserem Denken und Erinnern beteiligt (das sieht man allein schon daran, daß bei Ausfall eines Teils der Zellen immer irgendwelche Gehirnfunktionen leiden). Vermutlich hatte Einstein, dem obige These zuweilen zugesprochen wird, nur sagen wollen, zu einem gegebenen Zeitpunkt wäre nur jede zehnte Zelle unseres Gehirns aktiv.

Das mag stimmen oder auch nicht – in jedem Fall wird *jede* Zelle des Gehirns und nicht nur jede zehnte Zelle wirklich auch gebraucht …

Lit.: Christoph Drösser: »Stimmt's? Der Mensch nutzt nur zehn Prozent seiner Gehirnkapazität«, Die Zeit, 26. 9. 1997; Stichwort vorgeschlagen von Christian Kleiber.

Gehirn 2
Von allen Tieren haben die Menschen das schwerste Gehirn

Das menschliche Gehirn wiegt durchschnittlich 1,5 kg (mit beträchtlichen Abweichungen nach oben und unten, siehe den Stichwortartikel »Gehirn« in Band 1); das Gehirn eines Elefanten oder eines Wals wiegt vier- bis fünfmal mehr. Und auch im Verhältnis zum Körpergewicht sind wir Menschen nicht die Spitzenreiter: Das Gehirn einer Maus z. B. erreicht mit rund 5 Prozent des gesamten Körpergewichts mehr als das Doppelte des Gehirns des Menschen.

Trotzdem können Menschen Schachfiguren lenken, Elefanten, Wale oder Mäuse aber nicht. Aber das liegt nicht an der Masse, sondern einmal an der Zahl der Zellen, aus denen das Gehirn besteht (beim Menschen 15 Milliarden), besonders aber an der Art und Weise der Verbindung dieser Zellen. Vor allem deshalb, weil die Zellen unterschiedlich miteinander in Verbindung stehen, kann die eine Spezies Atome und die andere nur Steine spalten.

Lit.: H. van Maanen, J. J. E. van Everdingen und H. E. Fokke: Le cœur se situe à gauche – mille et une idées reçues en matière de médecine, Amsterdam 1995.

Geldbörsen
80 Prozent aller in den USA verlorenen Geldbörsen werden samt Inhalt retourniert (s.a. »Umfragen«)

In *Reader's Digest* war einmal zu lesen, mehr als 80 Prozent der in den USA verlorenen Brieftaschen würden samt Inhalt dem Besitzer wieder ausgehändigt. So das Ergebnis der Umfrage eines Journalisten, der seine Leser aufgefordert hatte: »Haben Sie schon einmal Ihre Geldbörse verloren? Dann schreiben Sie mir bitte, ob Sie sie zurückerhalten haben oder nicht.« Von den Menschen, die darauf antworteten, hatten mehr als 80 Prozent ihre verlorene Geldbörse zurückerhalten.

Leider sagt das nicht, daß 80 Prozent aller verlorenen Geldbörsen zurückgegeben werden; es sagt allein, daß 80 Prozent der Verlierer, die sich auf den Aufruf meldeten, ihre Geldbörse zurückerhalten hatten; die Verlierer, deren Börsen sich *nicht* wiederfanden – vermutlich die große Mehrheit –, sahen keinen großen Anlaß, deshalb einen Brief zu schreiben.

Aus dem gleichen Grund ist auch einer Umfrage der Dortmunder *Ruhr-Nachrichten* zu dem üblen Pidgin-Englisch in der deutschen Sprache nicht zu trauen. »Werden im Deutschen zu viele englische Wörter benutzt?« fragte die Zeitung im Dezember 1996. »Sagen Sie uns telefonisch heute von 11 bis 18 Uhr Ihre Meinung. Wenn Sie meinen, daß zu viele englische Wörter benutzt werden, sprechen Sie ein ›Ja‹ auf das Band, sonst ›Nein‹.«

97 Prozent der Anrufer sagten »ja«. Aber nicht, weil 97 Prozent der Bundesbürger diese Ansicht teilten, sondern weil von den anderen kaum jemand sich die Mühe machte, bei den *Ruhr-Nachrichten* anzurufen. Deshalb ist auch bei Meldungen wie »90 Prozent der Deutschen glauben, daß die Erde demnächst untergeht« keine Panik nötig. Vermutlich hatte nur einer Zeitung eine Karte mit der folgenden Frage beigelegen: »Glauben Sie, daß die Erde demnächst untergeht? Bitte antworten Sie mit Ja oder Nein und schicken Sie die Karte an die Redaktion.«

Lit.: W. Krämer: So lügt man mit Statistik, 7. Auflage, Frankfurt a. M. 1997.

General Custer
General Custer war ein General

Der bekannte General George Armstrong Custer, Kommandeur des in der Schlacht am Little Big Horn im Juni 1867 von einer vereinten Streitmacht der Sioux- und Cheyenne-Indianer vernichteten 7. Kavallerieregiments, war erstens und anders, als wir in amerikanischen Filmen immer wieder vorgesetzt bekommen, einer der unfähigsten Militärführer aller Zeiten (siehe dazu auch die Liste »Sieben unfähige Militärführer« in W. Krämer und M. Schmidt: »Das Buch der Listen«, S. 427 f.), und zweitens war er auch kein General. Unter den 34 Offiziersanwärtern seines West-Point-Jahrgangs hatte Custer den Rang 34 eingenommen, und obwohl während des amerikanischen Bürgerkrieges kurzzeitig »Brigadier general of volunteers«, wurde er nie offizieller General; das Ende des Krieges sah ihn als Major (»Captain«). Danach gelang es ihm, als »Lieutenant Colonel« (entspricht dem deutschen Oberstleutnant) zum vorübergehenden Befehlshaber des 7. Kavallerieregiments ernannt zu werden, das zunächst in Kansas, dann in den heutigen Dakotas gegen die Indianer kämpfte. Und mit diesem Rang eines »Lieutenant Colonel« ist er zusammen mit den meisten seiner Männer aufgrund seiner katastrophalen Fehler bei der Feinderkundung und Truppenführung auch gestorben.

Lit.: H. J. Stammel: Der Cowboy – Legende und Wirklichkeit, Reinbek 1976; Stichwort »Custer, George Armstrong« in der MS Microsoft Enzyklopädie Encarta, 1994 (ein seltenes Beispiel von Chauvinismus, den man sonst nur bei Franzosen kennt, in diesem ansonsten durchaus seriösen Lexikon); G. Regan: The Guinness book of military blunders, London 1996; Stichwort vorgeschlagen von Werner Wenz.

»General« George Armstrong Custer, von den Indianern auch Squaw-Killer genannt, einer der vielen falschen Helden des amerikanischen Wilden Westens

Gewalt in der Ehe
Gewalt in der Ehe geht mehrheitlich von Männern aus

Gewalt in der Ehe geht genauso oft von Frauen wie von Männern aus. So das Fazit diverser neuer und nicht so neuer Studien, »wonach Frauen genauso häufig häusliche Gewalt ausüben wie Männer und Männer im gleichen Umfang Opfer häuslicher Gewaltakte werden wie Frauen« (Wadham).

Nach nationalen und internationalen Kriminalstatistiken werden rund die Hälfte aller ermordeten Frauen von ihrem eigenen Mann oder Lebensgefährten, und etwas weniger als die Hälfte aller ermordeten Männer von ihrer eigenen Frau oder Lebensgefährtin umgebracht; bei Delikten unterhalb von Mord und Totschlag wird der Verwandtschaftsgrad zwischen Opfer und Täter meist nicht statistisch festgehalten, aber wie eine aufwendige Umfrage von Strauss u. a. (1981) für die USA beweist, sind auch hier die Männer wie die

Frauen als Opfer wie als Täter gleich beteiligt. Nach Strauss u. a. ist Gewalt »eine Tat, mit der Absicht ausgeführt, den anderen oder die andere körperlich zu verletzen«; sie wurde nach folgender Skala abgefragt (S. 33):

- Habe nach meinem Partner mit einem Gegenstand geworfen
- Habe Partner gestoßen
- Habe Partner mit der flachen Hand geschlagen
- Habe Partner getreten oder mit der Faust geschlagen
- Habe Partner mit einem Gegenstand geschlagen oder zu schlagen versucht
- Habe Partner verprügelt
- Habe Partner mit Messer oder Pistole bedroht
- Habe Partner mit Messer oder Pistole verletzt

16 Prozent der befragten Paare hatten sich im letzten Jahr vor der Befragung auf eine dieser Arten »unterhalten«; in der Hälfte dieser Fälle waren beide Partner gewalttätig geworden, in einem Viertel nur die Männer, in einem Viertel nur die Frauen. Bei Beschränkung auf Gewaltakte mit einem hohen Risiko von körperlichen Schäden (in der obigen Skala alles von »getreten oder mit der Faust geschlagen« abwärts) waren insgesamt 4% der befragten Frauen und 5% der befragten Männer von ihrem Partner körperlich mißhandelt worden.

Interessant ist in der Studie von Strauss u. a. auch die Aufspaltung nach Erziehung, Alter und besonders Religion: Am meisten schlagen sich demnach Paare ohne alle oder mit unterschiedlicher religiöser Bindung, gefolgt von religiösen Minderheiten, dann erst Katholiken oder Protestanten. Und auch die Opfer-Täter-Symmetrie ist nicht religionsneutral: Der Anteil der geschlagenen Männer unter den geschlagenen Ehepartnern ist mit Abstand am höchsten bei den Juden.

Diese Studie ist nicht ohne Widerspruch geblieben, bemängelt wurde etwa, daß auch Gewalt*versuche* einbezogen waren (und in dem Umfang, wie diese den Frauen seltener gelingen als den Männern, wird so die tatsächlich ausgeübte weibliche Gewalt leicht übertrieben), aber der Grundtenor, daß Gewalt in ehelichen und sonstigen Partnerschaften kein Monopol der Männer ist, wurde unabhängig davon auch vielfach anderswo bestätigt.

Warum halten trotzdem die meisten Menschen das Gegenteil für richtig? Die folgenden Gründe drängen sich hier auf:

1. Gewalt von Frauen gegen Männer ist politisch inkorrekt.
2. Männliche Opfer weiblicher Gewalt hängen ihre Probleme ungern an die große Glocke.
3. Auch bei einer Neigung zur Gewalt als solcher bei beiden Geschlechtern gleichermaßen sind die *Folgen* der Gewalt doch sehr verschieden: ein und dieselbe Ohrfeige kann je noch Körperkraft des Austeilenden durchaus unterschiedliche Effekte haben, und deshalb werden wohl auch in Zukunft die Häuser für geschlagene Männer, die es in einigen deutschen Städten bereits gibt, im wesentlichen Kuriosa bleiben.

Lit.: C. Benard und E. Schlaffer: Die ganz gewöhnliche Gewalt in der Ehe, Reinbek 1978; M. A. Strauss, R. J. Gelles und S. K. Steinmetz: Behind closed doors: violence in the American family, New York 1981; R. Simm: Gewalt in der Ehe, IBS-Materialien Nr. 7, Bielefeld 1983; S. Lindner: Tatort Ehe, Wien 1992; K. Dunn: »Media beat-ups conceal truth on female domestic violence«, The Australian, 21. 7. 1994; J. Coochey: »All men are bastards«, The Independent Monthly, Nov. 1995; B. Wadham: »The myth of male violence?«, XY – Men, Sex, Politics, 6 (1) 1996 (auch erreichbar über die Internet-Adresse coombs.anu.edu.au/-gorkin/XY/maleviolence.htm).

Giraffen
Giraffen haben mehr Halswirbel als Mäuse

Giraffen haben genau sieben Halswirbel, so wie die meisten anderen Säugetiere inklusive Menschen oder Mäuse auch.

Stichwort vorgeschlagen von Werner Helbig.

Gleichberechtigung
In der DDR war die Gleichberechtigung der Frauen weiter fortgeschritten als im Westen

Auf dem Papier waren Frauen in der DDR stets gleichberechtigt: In Artikel 7 der Verfassung von 1949 wurde die Gleichberechtigung gesetzlich festgeschrieben, alle noch geltenden Gesetze aus dem Ehe-, Familien- und Erbrecht, die diesem Grundsatz widersprachen, wurden eingestampft, ein »Demokratischer Frauenbund Deutschlands« (DFD) mit der Überwachung dieses Programms betraut. »Der DFD verpflichtet sich, die Frauen mit allen Rechten, die ihnen erstmalig in der deutschen Geschichte auf allen Gebieten des politischen, wirtschaftlichen und kulturellen Lebens zuerkannt sind, vertraut zu machen, damit sie lernen, sie in vollem Umfang anzuwenden.«

In der Praxis aber waren Frauen in der DDR wie vorher unter Hitler vor allem als Arbeiter und Mütter interessant. Auch wenn die SED die »Frauenfrage« Anfang der 70er Jahre für gelöst erklärte, der »eklatante Widerspruch des Verdrängens von Frauen aus dem politischen Gestaltungsprozeß der DDR und dem staatlicherseits proklamierten Anspruch auf Gleichberechtigung der Geschlechter« war kaum zu übersehen (Bühler). Angefangen bei den »Hausfrauenbrigaden« der 50er Jahre, den Vorläufern der späteren Dienstleistungskombinate, mit denen man Frauen aus dem »Nur-Hausfrauendasein« herauszulocken hoffte, bis zu den 3-Kinder-Familien-Kampagnen der 70er und 80er Jahre stand immer nur die wirtschaftliche und soziale Nützlichkeit der Frau im Mittelpunkt; bei wirklich wichtigen Entscheidungen in Politik und Wirtschaft blieben Frauen in der DDR genauso ausgeschlossen wie im Westen und im ganzen Rest des Erdballs auch.

Lit.: August Bebel: Die Frau und der Sozialismus, Berlin 1879; Grit Bühler: Mythos Gleichberechtigung in der DDR, Frankfurt a. M. 1997.

Gleichschritt
Im Gleichschritt marschierende Soldaten können eine Brücke zum Einsturz bringen

So scheint zumindest die Bundeswehr zu glauben: Es ist üblich, daß Kompanien beim Überqueren einer Brücke »ohne Tritt« marschieren.

Die Gefahr scheint aber übertrieben; es ist kein einziger Fall bekannt, daß eine Brücke durch die Resonanz der Tritte marschierender Soldaten derart ins Schwingen geraten wäre, daß sie einstürzte. Selbst die bekannteste durch Resonanz bewirkte Brückenkatastrophe, der Einsturz der Tacoma Narrows Bridge im US-Staat Washington 1940, ist nach neueren Erkenntnissen nicht durch rhythmische Anstöße von außen, sondern durch »Aufschaukeln« aus sich selbst heraus entstanden.

Lit.: K. Y. Bilah und R. H. Scanlan: »Resonance, Tacoma Narrows Bridge failure, and undergraduate physics textbooks«, American Journal of Physics 1991, S. 118–124; Christoph Drösser: »Stimmt's?«, Die Zeit, 1. 8. 1997.

Das kann durch Gleichschritt nicht passieren ...

Glenn Miller
Glenn Miller ist im Krieg mit einem Flugzeug abgestürzt

Es gibt mindestens drei Versionen für den Tod dieses legendären Musikers: In der ersten, offiziellen Fassung ist Miller am 15. Dezember 1944 auf einem Flug von England nach Paris mit einem kleinen Flugzeug abgestürzt – auf den Tragflächen der Maschine hätte sich Eis gebildet, mangels Enteisungsvorrichtungen wäre das Flugzeug in den Kanal gestürzt. In der zweiten Fassung ist Glenn Miller ebenfalls in einem Flugzeug über dem Kanal gestorben, aber als Folge eines ungewollten Bombentreffers: Eine Gruppe englischer Lancaster-Bomber, unverrichteter Dinge von einem Angriff zurückkehrend (der Angriff soll dem Hauptbahnhof von Siegen gegolten haben), hätten demnach wie in solchen Fällen üblich ihre nicht benutzten Bomben vor der Landung in den Kanal geworfen und dabei den unter ihnen fliegenden Glenn Miller getroffen. Und die dritte und vermutlich korrekte Fassung ist die, daß Glenn Miller durchaus wohlbehalten in Paris ankam, dort heimlich ein Bordell besuchte, einen Herzinfarkt erlitt und daran starb. Da diese Nachricht aber die Moral der Truppe untergraben hätte, wurde sie vom amerikanischen Geheimdienst zu einem spurlosen Verschwinden über dem Kanal gemacht.

Lit.: George T. Simon: Glenn Miller: Sein Leben, seine Musik, Wien 1987; Udo Ulfkotte: Verschlußsache BND, München 1997; Stichwort vorgeschlagen von Alfredo Grünberg.

»Global Warming«
Die mögliche Erwärmung der Erde durch die Zunahme von Kohlenstoff in der Luft ist eine Entdeckung der letzten Jahre

Der als »Global Warming« bekannte (vermutete) Treibhauseffekt als Folge der Verbrennung von Kohle, Holz und Erdöl ist in der Physik seit mehr als 100 Jahren wohlbekannt; allerdings hielt man damals die Natur für ausreichend robust, von selbst für Gleichgewicht zu sorgen: »Steigt nämlich die Kohlensäuremenge der Luft, nimmt auch die Assimilation der Pflanzen zu«, schreibt 1903 der deutsche Physiker Arrhenius. »Eine relativ geringe Zunahme der Vegetation vermag demnach das durch die wachsende Verbrennung der Kohle gestörte Gleichgewicht wiederherzustellen. (...) Denn die Zunahme der Kohlensäure in der Luft würde die Temperatur des Erdbodens erhöhen und eine Ausgleichung der Temperaturextreme herbeiführen, was offenbar für die Vegetation sehr förderlich wäre. Es würde sich also das Gleichgewicht in bezug auf den Luftsauerstoff nur äußerst wenig verschieben.«

Lit.: S. A. Arrhenius: Lehrbuch der kosmischen Physik, Leipzig 1903.

Glühbirne
Die Glühbirne wurde von Thomas Alva Edison erfunden

Der Erfinder der Glühbirne ist der deutsche Uhrmacher Heinrich Goebel aus Springe bei Hannover; er hatte nach seiner Auswanderung nach Amerika schon 1854 seine Werkstatt in New York damit elektrisch ausgeleuchtet.

Rund 25 Jahre später kam Edison auf die gleiche Idee; statt einer verkohlten Bambusfaser, wie noch Goebel, nahm er einen Kohlefaden (aber auch der war schon vorher von dem Engländer Swan als Leuchtkörper erfunden worden), und anders als Goebel wußte er seine Erfindung dann auch zu vermarkten.

Lit.: W. Schneider: Die Sieger, Hamburg 1992 (besonders Kapitel 7: »Erfinder im Dutzend«).

Goethe
Goethe und Schiller waren die erfolgreichsten deutschen Bühnendichter

Nicht als sie noch lebten: Anfang des 19. Jahrhunderts hieß der weltweit meistgespielte deutsche Stückeschreiber August Kotzebue. Mit mehr als 200 Lustspielen, Satiren oder Dramen war er nicht nur mengenmäßig weit produktiver als Goethe und Schiller zusammen, er schaffte es auch, daß seine Rührstücke die Leute in Massen ins Theater lockten: »Sentimentale Familienszenen, ein tränenseliges Schlußtableau, liebenswürdige Ehebrecherinnen und gescheite Kinder, (...) die Leichtigkeit des Dialogs und effektvolle Situationswirkung« (Harenbergs Lexikon der Weltliteratur) – keine Frage, Kotzebue wäre in Hollywood steinreich geworden.

Lit.: Stichwort »Kotzebue« in Harenbergs Lexikon der Weltliteratur, 3. Band, Dortmund 1989.

Good Bye
»Good Bye« hat etwas mit »gut« zu tun

Dieser amerikanische Abschiedsgruß kommt von »God Bye« = »God be with you« (= Geh mit Gott).

Ein anderer, hierzulande oft mißverstandener amerikanischer Abschiedsgruß ist »So long«; dieser ist nicht aus der langen Zeit bis zum nächsten Wiedersehen, sondern aus dem arabischen »salaam« bzw. aus dem hebräischen »shalom« entstanden.

Gourmet
Ein Gourmet ist ein Feinschmecker und ein Gourmand ist ein Vielfraß

»Gourmet« kommt vom altfranzösischen »gormet« oder »gromet« (= Gehilfe des Weinhändlers). Später wurde es zum Synonym für Weinkenner; dieser kann, aber muß nicht auch vom Essen etwas verstehen.

»Gourmand« heißt naschhaft, gefräßig; die Herkunft ist ungeklärt und wahrscheinlich unabhängig von »Gourmet«. Ein »Gourmand« ist also ein Schlemmer, jemand, der gern ißt. Er kann durchaus auch als Gourmet gelten, die Begriffe schließen sich nicht gegenseitig aus. »In dem Raum herrschte der Luxus der Tafel, der bekanntlich in der Zeit der Restauration seinen Höhepunkt erreichte«, schreibt Balzac in »Père Goriot«. »Monsieur de Beauséant kannte, wie so manche blasierten Menschen, kaum noch ein anderes Vergnügen als das eines guten Tisches; er stammte ganz aus der Schule Ludwigs XVIII. und des Duc d'Escars, dieser größte Gourmand seiner Zeit.«

Lit.: Das Deutsche Wörterbuch, München 1985; Stichwort vorgeschlagen von Heide Aßhoff.

Grand Slam
»Grand Slam« gibt es nur im Tennis

Einen »Grand Slam« gibt es auch im Golf (das Masters in Augusta, die offenen Meisterschaften Großbritanniens und der USA, und das PGA-Turnier) und in anderer Bedeutung auch bei Kartenspielen wie Bridge oder Whist.

Graubrot
Graubrot ist gesünder als Toastbrot

Zwischen Graubrot und Toastbrot gibt es nährwertmäßig keine großen Unterschiede; beide werden aus Auszugsmehlen hergestellt – ihnen fehlen die Vitamine und Nährstoffe aus den Randschichten des Getreidekorns. Gesünder als diese beiden Sorten ist daher das Vollkornbrot.

Lit.: »Die 15 großen Lügen übers Essen«, Hörzu 30/1996.

Graue Eminenz
Eine graue Eminenz hat etwas mit grauhaarigen, älteren Herren zu tun

Die erste »Graue Eminenz« war der als »Vater Josef« bekannte Kapuzinerpater und Berater des Kardinals Richelieu, François Leclerc du Tremblay (1577–1638). Da der Kardinal aufgrund der roten Kardinalsgewänder den Namen »Rote Eminenz« erhielt, nannten die Leute den Vater Josef wegen seiner grauen Kapuzinerkleider »Graue Eminenz«.

Diese »Graue Eminenz« war aber ansonsten alles andere als grau. Er hatte Sprachen und Juristerei studiert, konnte fechten und reiten (letzterer Leidenschaft mußte er dann als Kapuzinermönch entsagen, Kapuziner gehen nur zu Fuß), er galt als guter »Kriegsmann« und machte auch als Mönch noch eine stattliche Figur: »Unter der breiten, intellektuellen Stirn waren die weit offenen blauen Augen ein wenig vorgewölbt und hatten etwas Starrendes. Die Nase hatte den kraftvollen Schwung eines Adlerschnabels. Ein langer, ungepflegter rötlicher (...) Bart bedeckte Wangen und Kinn; aber der entschlossene Mund mit seinen vollen Lippen deutete auf eine entsprechend feste Formung der Kiefer darunter« (Huxley).

Diese »Graue Eminenz« im Hintergrund der französischen Politik des 17. Jahrhunderts wurde dann zum Sinnbild für versteckte Macht im allgemeinen.

Lit.: A. Huxley: Die Graue Eminenz, München (ohne Jahr); H. van Maanen: Kleine encyclopedie van misvattingen, Amsterdam 1994.

Griechische Statuen
Griechische Statuen sind unbemalt

So ist man nach zwei Stunden Louvre gern geneigt zu glauben, und so glaubt auch die Kunstwelt seit Winkelmanns »Anmerkungen über die Baukunst der Alten« von 1762. Darin heißt es, der Bildhauer solle die Natur nachahmen und eine Marmorplastik unbehandelt lassen, er dürfe den Marmor nicht mit Farbe überdecken.

In Wahrheit waren die meisten antiken Statuen und Reliefs recht bunt bemalt, wie man schon bald nach Winkelmann herausgefunden hatte – die Farbschicht war im Lauf der Zeit nur abgeblättert. Zur späten Ehrenrettung dieser alten wie auch vieler moderner Stein- und Pinselkünstler gab es im November 1996 eine Ausstellung »Farbe in der Skulptur« im Van Gogh Museum Amsterdam.

Grüner Punkt
Der grüne Punkt garantiert eine umweltfreundliche Verpackung (s.a. »Müll« in Band 1)

Der grüne Punkt bezeugt allein, daß der Hersteller des Produktes, auf oder an dem sich dieser grüne Punkt befindet, an das »Duale System Deutschland GmbH« eine Gebühr zur Entsorgung und Wiederverwertung der Verpackung abgeliefert hat; weitergehende Aussagen zur Verträglichkeit von Umwelt und Verpackung folgen daraus nicht.

Nach der »Verpackungsverordnung« von 1991 müssen Händler und Hersteller von Konsumprodukten sog. »Verkaufsverpackungen« (Joghurtbecher, Konservendosen, Flaschen usw.) zurücknehmen und wiederverwerten. Diese Verpflichtung entfällt bei einem grünen Punkt; für rund 20 Pfennig pro Kilo Glasverpackung oder für 3 Mark pro Kilo Kunststoff sammelt statt dessen die Firma DSD den Abfall ein (Umsatz 1996: über 4 Mrd. Mark), der Rest geht den Produzenten nichts mehr an. Mit anderen Worten, die Umweltverträglichkeit der mehr als 5 Millionen Tonnen Abfall, die die DSD pro Jahr einsammelt und verwertet, ist durch den grünen Punkt in keiner Weise nachgewiesen.

Lit.: H.-J. Kursawa-Stucke et al.: Der grüne Punkt und der Recycling-Schwindel, München 1994; Duales System Deutschland GmbH: Duales System von A–Z: das kleine Lexikon, Broschüre, Köln 1995; »DSD macht Anfangsverluste wett«, Die Welt, 25. 6. 1997; Stichwort vorgeschlagen von Judith Krämer.

Grünspan
Auf Kupferdächern kann man zuweilen Grünspan sehen

Der grüne Belag auf Kupferdächern ist kein Grünspan, sondern Patina. Beides sind Kupferverbindungen, wenn auch von unterschiedlichem Charakter: Grünspan entsteht durch die Verbindung von Kupfer mit einer Säure (konkret: durch die Verbindung von Kupfer mit Essigsäure), Patina (italienisch für Firnis) entsteht durch die Verbindung von Kupfer mit einer Base (konkret: durch die Verbindung von Kupfer mit basischen Karbonaten, Sulfaten und Chloriden). Und da Essigsäure in der Atmosphäre nur in verschwindend kleinen Mengen vorkommt, entsteht der Grünbelag auf Kupferdächern durch Basen und ist damit Patina.

Lit.: Gmelins Handbuch der anorganischen Chemie, Berlin 1977; Stichwort vorgeschlagen von Stefan Faßbinder.

Guernica
Guernica war ein Opfer deutscher Terrorbomber

Neben den Engländern und Amerikanern haben zwar auch die Deutschen im letzten Weltkrieg Bomben nur zu Terrorzwecken abgeworfen, die auf Guernica gehören vermutlich aber nicht dazu.

Guernica war ein vielbefahrener Verkehrsknotenpunkt dicht hinter der Front; die deutschen Bomber sollten den zurückweichenden Nationalspaniern den Rückweg nach Bilbao abschneiden. Sofern also das Bombenwerfen auf zivile Ziele überhaupt als militärisch sinnhaft angesehen werden darf (etwa nach den Kriterien für alliierte Bombenangriffe auf Köln oder Frankfurt), war hier ein Luftangriff zumindest nicht verboten. Allerdings entartete diese Militäroperation schnell in eine unkontrollierte Bombenwerferei, vergleichbar dem späteren Bombenterror der Engländer und Amerikaner. »Neuere Forschungen ergaben, daß die Zerstörung Guernicas (...) nicht so geplant war, wie sie dann erfolgte« (S. Berloge). Statt auf Brücken oder Straßen fielen

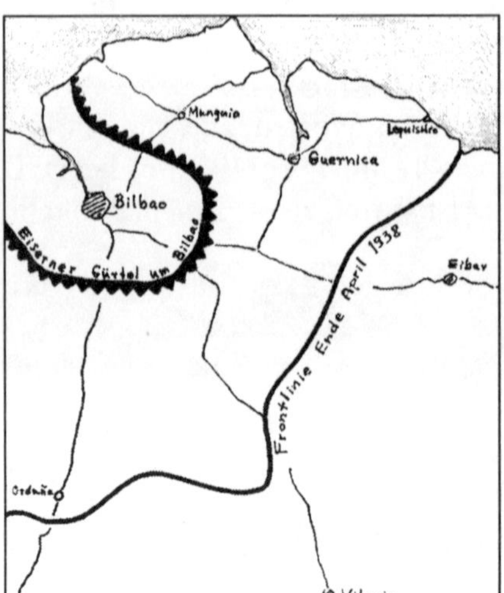

Der Frontverlauf im Norden Spaniens im April 1937: Guernica war ein zentraler Rückzugspunkt der Republikaner

Bomben auch auf Wohnhäuser und Kirchen, ob mit oder ohne Absicht, ist heute nicht mehr festzustellen (die deutschen Bomberpiloten behaupteten, sie hätten ihre Ziele nicht erkennen können).

Der Mythos von Guernica als dem ersten Opfer geplanten Bombenterrors speist sich aus mehreren Quellen. Eine ist der englische Militärhistoriker Hugh Thomas, der in seiner »Geschichte des Spanischen Bürgerkriegs« behauptet, die Nazis hätten ihre neuen Bomber und deren Wirkung auf Zivilpersonen einfach einmal ausprobieren wollen; Göring hätte dies in Nürnberg eingestanden: »Man kommt aber kaum um den Schluß herum, daß die Deutschen den Ort bewußt mit der Absicht der Zerstörung bombten, um sozusagen klinisch die Wirkungen eines solchen Terrorangriffs zu studieren.«

In Wahrheit findet sich in den Prozeßakten von Nürnberg nur ein allgemeiner Hinweis Görings auf den Erprobungscharakter des deutschen Luftwaffeneinsatzes in Spanien; Guernica wird nicht erwähnt.

Weitere Quellen für den Guernica-Mythos und dafür, daß das vergleichsweise unbelästigte Guernica, in dem kaum tausend Menschen starben, und nicht Hiroshima und Dresden mit ihren Hunderttausenden von Toten so vielen als Sinnbild blinden Bombenterrors gilt, sind darin zu sehen, daß in diesem Fall die Täter nicht den Krieg gewonnen haben und daß die Gegenseite für ihre Propaganda einen guten Maler hatte.

Lit.: H. Thomas: Der Spanische Bürgerkrieg, Berlin 1961; K. A. Meier: Guernica, 26. 4. 1937. Die deutsche Intervention in Spanien und der Fall Guernica, Freiburg 1975; H. H. Abendroth: »Guernica: Ein fragwürdiges Symbol«, Militärgeschichtliche Mitteilungen 41, 1987; S. Berloge: »Guernica«, in: W. Benz (Hrsg.): Legenden, Lügen, Vorurteile, München 1995.

Gulaschsuppe

Ein Gulasch ist schon eine Suppe, »Gulaschsuppe« ist damit »doppelt gemoppelt«, wie die bekannte Flasche Flaschenbier.

Gulasch kommt von »Gulyás« (= Schafhirte); für ihre langen Wanderungen schnitten ungarische Hirten früher Rind-, Hammel- oder Schweinefleisch in große Würfel, die sie in einem Eisenkessel bis zum Verdampfen aller Flüssigkeiten kochten; dann wurde das Fleisch in der Sonne getrocknet und auf die Reise mitgenommen. Hatte der Schäfer Hunger, nahm er ein paar Stücke, gab Wasser dazu, erhitzte das Ganze, und schon hatte er sein »Gulasch«.

Was wir normalerweise mit »Gulasch« meinen, heißt in Ungarn »Pörkölt«.

Lit.: J. Römer und M. Ditter (Hrsg.): Culinaria, Köln 1995; Stichwort vorgeschlagen von Alfredo Grünberg.

Gutenberg

Gutenberg war der Erfinder der Buchdruckkunst (s.a. »Dampfmaschine«, »Fließband« und »Morsetelegraph« in Band 1)

Schon mehr als tausend Jahre vor Gutenberg wurden in China Bücher nicht mehr handgeschrieben, sondern maschinell gedruckt. Anders als die Griechen oder Römer, die auf Papyrus oder Vellum schreiben mußten, beides zum Drucken nicht geeignet (Papyrus war zu zerbrechlich, Vellum zu teuer), kannten die Chinesen seit etwa 100 v. Chr. schon das druckerfreundliche Papier, und sie druckten auch darauf. Die ältesten noch erhaltenen, noch mittels Holzrelief gedruckten Texte stammen aus dem 2. Jahrhundert n. Chr. Ebenfalls noch per Holzrelief gedruckt wurden mehrere hundert Jahre später die 130.000 Seiten der als »Tripitaka« bekannten Bibel des Buddhismus, aber noch vor der Jahrtausendwende und damit mehr als 400 Jahre vor Gutenberg begann man, die im wahrsten Sinn des Wortes »en bloc« in eine Holzplatte geschnitzten durch bewegliche Schriftzeichen zu ersetzen.

Gutenbergs Verdienst liegt also nicht in der Erfindung, sondern in der Perfektionierung dieser Technik: Seine Schriftzeichen waren aus Metall, die der Chinesen aus Holz; seine Druckerfarbe löste sich nicht in Wasser, die der Chinesen löste sich in Wasser auf, und anders als die Chinesen preßte Gutenberg nicht das Papier gegen eine feste Druckerplatte, sondern eine bewegliche Druckerplatte gegen das festliegende Papier.

Und dann hatte Gutenberg auch noch Glück: Während seine chinesischen Konkurrenten mit mehreren Tausend Schriftzeichen zu kämpfen hatten (die chinesische Schrift kennt keine Buchstaben, nur Zeichen für Silben oder ganze Wörter; siehe Stichwort »Chinesische Sprache«), waren es bei Gutenberg nur 26.

Lit.: Stichwort »Printing« in der MS Microsoft Enzyklopädie Encarta, 1994; Stichwort vorgeschlagen von P. Häcker.

Guter Rutsch
Wir wünschen »Guten Rutsch«, um gut ins neue Jahr zu rutschen

Unser »Guter Rutsch« an Silvester und an Neujahr kommt aus dem hebräischen »rosch« (= Anfang) und hat mit Rutschen nichts zu tun.

Lit.: Christoph Gutknecht: Lauter böhmische Dörfer, München 1996.

H

»Ein Irrtum ist um so gefährlicher,
je mehr Wahrheit er enthält.«
H. F. Arniel

Haare 1
Manche Menschen haben graue Haare

Kein Mensch hat graue Haare. Graue Haare gibt es nicht, es gibt nur braune, blonde, rote oder schwarze Haare, auch weiße – aber keine grauen. Die scheinbar grauen Haare vieler Menschen sind eine durch die Mischung weißer und anderer Haare hervorgerufene optische Täuschung; netto und von weitem wirkt das Ganze grau. Sieht man aber näher hin, wird man keine grauen Haare finden.

Lit.: »Graue Haare gibt's nicht«, Ruhr-Nachrichten, 21. 6. 1996.

Haare 2
Das Spülen mit Bier, Tee oder Essig bringt Haar zum Glänzen

Dieser Irrtum geht auf die shampoolose Zeit unserer Großeltern zurück, als man sich das Haar mit Seife waschen mußte. Nach dieser Seifenwäsche war das Haar oft stumpf und spröde, und das konnte durch die Säure in Bier, Tee oder Essig abgemildert werden. Aber mit modernen Shampoos werden Haare nicht mehr spröde, deshalb sind auch die Geheimrezepte unserer Oma heute überflüssig.

Falsch ist auch, daß man Haare häufig kämmen sollte – nach Expertenmeinung reichen zwanzig Bürstenstriche täglich zum Entfernen von Staub und Schuppen und anderen unerwünschten Dingen völlig aus; darüber hinausgehendes Kämmen schadet nur.

Lit.: »Hair care facts and fallacies«, über die Internet-Adresse http://www.b4-u-buy.com.

Hagestolz
Ein Hagestolz ist ein Frauenfeind und Einzelgänger

Ursprünglich meinte man mit »Hagestolz« einen armen Hagbesitzer (althochdeutsch »Hagestalt«), den Besitzer eines bäuerlichen Nebengutes (in der Regel jüngere Bauernsöhne, da der älteste Sohn das Hauptgut erbte). Da diese Hagen wenig einbrachten, konnten ihre Besitzer oft den Preis für eine Braut nicht zahlen und blieben so ganz gegen ihren Willen Junggesellen.

Lit.: Kurt Krüger-Lorenzen: Deutsche Redensarten – und was dahinter steckt, Wiesbaden 1960.

Haken und Ösen
Eine Sache mit »Haken und Ösen« ist nicht ganz in Ordnung

Eine Sache »mit Haken und Ösen« ist nicht verdorben, sie ist ganz im Gegenteil sehr gut gelungen. Vor der Erfindung der Knöpfe (und das ist weniger als 1000 Jahre her; siehe Stichwort »Knöpfe«) wurden Mäntel mit Haken und Ösen geschlossen; eine Sache mit Haken *und* Ösen ist also etwas, das mit allem Nötigen versehen ist, wo alles gut zusammenpaßt.

Stichwort vorgeschlagen von Richard M. Müller.

Halogenleuchten
Häufiges Ein- und Ausschalten verkürzt die Lebensdauer von Halogenleuchten

Dieses hartnäckige Gerücht wurde vermutlich von Stromverkäufern in die Welt gesetzt. Wegen der extrem überhöhten Spannung beim Einschalten und wegen der für das Zünden der Lampe nötigen anfänglichen Stromstärken gingen Halogen- und andere Leuchtstoffröhren durch häufiges Ein- und Ausschalten schnell kaputt, so diese These, deshalb sollte man die Lampe lieber brennen lassen.

In Wahrheit liegt die Stromstärke vor der Zündung einer Leuchtstoffröhre weniger als 30% über der Stromstärke im Betriebszustand, und die hohen Spannungsspitzen beim Einschalten werden durch einen Kondensator aufgefangen – man kann also Leuchtstoffröhren beliebig an- und ausschalten, ohne daß es ihrer Lebensdauer schadet.

Schaden nehmen können allenfalls herkömmliche Glühlampen, die sich bei jedem Einschalten erneut erhitzen. Durch diese Temperatursprünge leidet der Glühfaden, er schmilzt schneller durch. Da aber Glühlampen so billig zu ersetzen sind, regt dieser Verschleiß die Leute wenig auf.

Stichwort vorgeschlagen von Stefan Faßbinder.

Hals- und Beinbruch
Die Floskel »Hals- und Beinbruch« hat etwas mit gebrochenen Knochen zu tun

»Hals- und Beinbruch« kommt aus dem jiddischen »hazloche und broche« = Glück und Segen.

Lit.: Eckhard Henscheid, Gerhard Henschel und Brigitte Kronauer: Kulturgeschichte der Mißverständnisse, Stuttgart 1997 (besonders der Abschnitt »Etymologie auf dem Holzweg«).

Hamburger
Hamburger sind der beliebteste deutsche Schnellimbiß (s.a. »Döner Kebap«)

Wenn man der *Welt am Sonntag* glauben darf, werden in Deutschland mehr Döner als Hamburger gegessen: für insgesamt 3,6 Milliarden Mark im Jahr, das entspricht 200 Tonnen Döner Kebab täglich oder über das Jahr gerechnet 800 Millionen Portionen, pro Bundesbürger 10.

Lit.: »Deutschland – Dönerland«, Welt am Sonntag, 30. 6. 1996.

Hefepilze
Hefepilze im Darm sind schädlich

Der Hefepilz »Candida albicans«, derzeit ein Lieblingsschrecken der Teutonen, ist in aller Regel harmlos; jeder Mensch hat Tausende davon im Stuhl (zwischen 100 und 10.000 pro Gramm durchverdautem Essen).

Die Warnung von Pilztherapeuten, diese Mikroorganismen könnten das menschliche Abwehrsystem durchbrechen und den ganzen Körper mit Pilzgiften überschwemmen, scheinen nach neueren Forschungen kaum begründet; manche sehen sogar in den empfohlenen Therapien, etwa dem Patienten für mehr als 100 Mark pro Sitzung die Pilznester aus dem Darm herauszuspülen, ein »Abzocken sondergleichen« (der Freiburger Hygiene-Professor Fritz Daschner). »An der erfundenen Epidemie verdienen [nur] Labors und Heilkundler« (Der Spiegel).

Lit.: »Der Mythos der Hefepilze im Darm«, Der Spiegel 26/1996.

Heile, heile Gänschen
Das »heile« in »heile Gänschen« hat etwas mit Wundheilung zu tun

Das »heile« in dem bekannten Lied von Ernst Neger:

Heile, heile Gänschen,
es wird bald wieder gut
heile, heile Mausespeck
in 100 Jahren ist alles weg,
usw.

kommt von »hiele« bzw. »biele«, auf sächsisch »kleine Gans«. So wie man noch heute »put put put« ruft, um die Hühner anzulocken, rief man in Sachsen »hiele hiele hiele« für die Gänse.

Lit.: G. Bergmann: Kleines sächsisches Wörterbuch, Leipzig 1985; Stichwort vorgeschlagen von Alfredo Grünberg.

Heinrich Heine
Heinrich Heine hieß mit Vornamen Heinrich

Heinrich Heine hieß bis in seine jungen Mannesjahre Harry, nach einem Geschäftsfreund seines Vaters; als Harry Heine wurde er am 13. Dezember 1797 in Düsseldorf geboren, erst mit 28 Jahren nannte er sich erstmals Heinrich.

Lit.: W. Wadepuhl: Heinrich Heine – sein Leben, seine Werke, Köln 1974.

Hering
Der Hering ist ein reiner Salzwasserfisch

Von den rund 160 Heringsarten, die es heute gibt, leben einige auch in süßem Wasser: Der Maifisch und der Kaspi-Hering etwa wandern weit in den Oberlauf von Flüssen.

Lit.: W. Eigener: Großes Farbiges Tierlexikon, Herrsching 1982.

Heute gehört uns Deutschland ...

... und morgen die ganze Welt. So erinnert sich etwa Lehrer Matthes in Walter Kempowskis »Uns geht's ja noch gold«. »Dieses Lied, das hätte uns schon stutzig machen müssen ...«

Dieses Lied schrieb Hans Baumann 1932 für die katholische »Deutschmeister Jungenschaft«. Hier die so oft zitierte Textpassage, wie sie wirklich heißt (zitiert nach P. Buscher: »Das Stigma«, Koblenz 1988, S. 336):

> Wir werden weiter marschieren,
> wenn alles in Scherben fällt,
> denn heute, da hört uns Deutschland,
> und morgen die ganze Welt.

Kein Lied für Greenpeace, zugegeben, aber zwischen Gehörtwerden und Besitzen gibt es dennoch einen Unterschied.

Stichwort vorgeschlagen von Alfredo Grünberg.

Himalaya
Im Himalaya gibt es nur Eis und Schnee

Der größte Teil des Himalayas ist staubtrocken und durch ein Wüstenklima mit Temperaturen von im Sommer bis zu 30 °C bestimmt.

Lit.: Stichwort »Himalaya« in der MS Microsoft Enzyklopädie Encarta, 1994; Stichwort vorgeschlagen von Judith Sievers.

Hitler 1
Adolf Hitler hieß eigentlich Adolf Schicklgruber

Hitlers Vater Alois war das uneheliche Kind von Maria Anna Schicklgruber und Johann Huettler (geschrieben auch Hiedler oder Hitler). Die beiden heirateten, als Alois fünf Jahre alt war; mit 40 Jahren nahm Alois dann den Namen seines Vaters Johann Hitler an. Als daher 12 Jahre später sein eigener Sohn Adolf geboren wurde, hieß dieser vom ersten Tag an Hitler.

Lit.: Stichwort »Hitler« in Meyers Großes Taschenlexikon, Band 9, Mannheim 1992; Stichwort vorgeschlagen von Alfredo Grünberg.

Hitler 2
Hitlers gefährlichste politische Gegner in Deutschland waren die Sozialdemokraten und Kommunisten

Sozialdemokraten und Kommunisten waren zwar Hitlers Feinde, aber sie waren Hitler nie gefährlich. »Die einzigen innenpolitischen Gegner oder Konkurrenten, mit denen Hitler in den Jahren 1930–1934 ernsthaft zu rechnen und zeitweise zu kämpfen hatte, waren die Konservativen. Die Liberalen, Zentrumsleute und Sozialdemokraten haben ihm nie im geringsten zu schaffen gemacht, ebensowenig wie die Kommunisten« (Haffner).

Und so ist es auch in den Jahren von Hitlers unumschränkter Macht nach 1934 geblieben. Ob in innerer oder äußerer Emigration: Überzeugte Liberale, Christen oder Sozialisten waren für die Nazis ungefährlich, genauso wie der »rein symbolische Widerstand« der Kommunisten. Nur die Konservativen blieben immer »ein echtes politisches Problem«; es waren fast durchweg konservative Politiker und Generäle, die seit 1934 gegen Hitler konspirierten, auch der 20. Juli 1944 war ein »hochkonservatives« Unternehmen. Der Rest des Widerstands gegen Hitler hatte zwar die Moral und das gute Gewissen, aber keinerlei Erfolgsaussicht auf seiner Seite.

Lit.: Sebastian Haffner: Anmerkungen zu Hitler, München 1978.

Hitler 3
Adolf Hitler war seit seiner Jugend Judenhasser

Hitlers notorischer Antisemitismus ist erst nach dem Ersten Weltkrieg virulent geworden, als Hitler schon erwachsen war, als »Erfolgsrezept, wie man aus einem kleinen Verein eine Massenpartei, eine Volkspartei machen kann, nämlich durch ein alle Gruppen einigendes Feindbild« (Hamann). Auch wenn Hitler selber in »Mein Kampf« das Gegenteil behauptet: Weder in seiner Linzer noch in seiner Wiener Zeit ist er als Judenfeind hervorgetreten, seine jüdischen Mitschüler an der Linzer Realschule kamen gut mit ihm zurecht, seine Lieblingsschauspieler am Linzer Stadttheater waren fast ausschließlich Juden, sein Linzer Hausarzt war Jude (und Hitler hat sich ihm gegenüber immer dankbar gezeigt), und in Wien gab Hitler große Teile seines knappen Geldes für Operninszenierungen des Juden Gustav Mahler aus.

Auch die oft kolportierte Legende, Hitlers Judenhaß sei durch sein Scheitern an der Kunstakademie, das er den jüdischen Professoren angelastet habe, verursacht oder mitverursacht worden, wird von Brigitte Hamann nicht bestätigt: unter Hitlers Lehrern gab es keine Juden.

Lit.: B. Hamann: Hitlers Wien – Lehrjahre eines Diktators, München 1996; K.-H. Janßen: »Die Mitgift aus Wien«, Die Zeit 41/1996.

Hitler 4
Hitler war ein Faschist

»Nichts ist irreführender, als Hitler einen Faschisten zu nennen«, schreibt Sebastian Haffner. Und in der Tat, wenn man getreu dem Lexikon unter »Faschismus« eine »durch künstliche Massenbegeisterung abgestützte Herrschaft der Oberklasse« versteht, so kann man Hitler kaum einen Faschisten nennen. Seine Ziele und Methoden standen Stalin weitaus näher als Mussolini, die Nazi-Ideologie propagierte fast das Gegenteil der typisch faschistischen Ideale einer ständisch-bürgerlich-hierarchischen Gesellschaft.

Lit.: Sebastian Haffner: Anmerkungen zu Hitler, München 1978; Stichwort »Faschismus« in Meyers Großes Taschenlexikon, Band 7, Mannheim 1992.

Hochwald
Ein Hochwald ist ein hoher Wald

Ein Hochwald muß weder aus hohen Bäumen bestehen noch hoch gelegen sein; er ist einfach das Gegenteil von Niederwald, und das ist wiederum ein Wald, dessen Bäume in jungen Jahren kurz über der Erde abgeschnitten werden. Dadurch kommen unterhalb des Schnittes neue Triebe, die jeder für sich zu einem neuen Baumstamm werden; so entsteht rein massemäßig viel mehr Holz.

Naturgemäß wachsen diese neuen Stämme nicht so hoch, wie ein Einzelstamm gewachsen wäre; bei einer gegebenen Art von Baum ist Hochwald also wirklich höher als der aus der gleichen Holzart gewachsene Niederwald. Auf der anderen Seite aber können die Niederwälder mancher Bäume durchaus gewisse Hochwälder an Höhe übertreffen.

Stichwort vorgeschlagen von Ludwig Krämer.

Holland
Holland ist ein anderer Name für die Niederlande

Die Niederlande bestehen aus elf Provinzen, nur zwei davon heißen »Holland«: die Provinzen »Noord Holland« und »Zuid Holland« zwischen Ijsselmeer und Nordsee (die anderen Provinzen sind Groningen, Friesland, Overijssel, Gelderland, Fleveland, Drenthe, Utrecht, Zeeland, Noord Brabant und Limburg). Mit dem gleichen Recht könnten wir die Niederlande also auch »Zeeland« oder »Limburg« nennen.

Stichwort vorgeschlagen von Ronald Müller.

Hollywood
Hollywood ist die Hochburg der weltweiten Spielfilmindustrie

Die weltweit meisten Spielfilme werden seit vielen Jahren in Indien gedreht – rund 900 jährlich, pro Tag mehr als zwei, verglichen mit nur 400 jährlich in den USA.

Lit.: P. Robertson: Das neue Guinness Buch Film, Berlin 1993.

Holzfreies Papier
Holzfreies Papier ist holzfrei

Holzfreies Papier enthält durchaus auch Holz; nur der sogenannte Holzschliffanteil fehlt. »Holzschliff« ist einer der sogenannten »Halbstoffe«, aus denen man den »Ganzstoff«, das Material für das Papier, zusammenmischt; er wird aus kleingeraspelten Baumstämmen, in der Regel von Nadelbäumen, hergestellt. Andere »Halbstoffe« basieren auf Altpapier, Textilien (»Hadern«) oder Stroh, aber auch aus Holz: neben dem Holzschliff noch der Sulfidzellstoff, der in einem Zellstoffkocher aus kleingehacktem Holz entsteht.

Lit.: Stichwort »Papier« in Meyers Großes Taschenlexikon, Band 16, Mannheim 1992; Stichwort vorgeschlagen von H. van Maanen.

Holzwurm
Der Holzwurm ist ein Wurm

Der Holzwurm (Anobium pertinax) ist ein Käfer; an Würmer erinnern allenfalls seine Larven, die in alten Holzschnittwerken die bekannten Gänge hinterlassen.

Lit.: W. Eigener: Großes Farbiges Tierlexikon, Herrsching 1982; Stichwort vorgeschlagen von Ursula Klein.

Hongkong
Es gibt eine Stadt namens Hongkong

Vielleicht in den USA, wo es ja auch Dutzende von Moskaus, Wiens und Londons gibt, aber nicht in Asien. In der ehemaligen britischen Kronkolonie Hongkong gab und gibt es viele Städte und Gemeinden, keine davon heißt Hongkong. Die Städte auf der Insel Hongkong, von der die Ex-Kolonie den Namen hat, heißen Victoria und Aberdeen, die Stadt auf dem Festland gegenüber heißt Kowloon.

Stichwort vorgeschlagen von Alfredo Grünberg.

Hornissen
Ein Hornissenstich ist besonders gefährlich

Der Stich einer Hornisse (Vespa crabro) ist nicht gefährlicher als der Stich einer Biene oder Wespe; der Volksglaube, drei Hornissen könnten einen Menschen töten, sieben gar ein Pferd, ist falsch. Entscheidend ist allein, wohin die Hornisse sticht. Ein Stich in die Zunge oder in die Lippe, in den Mund oder in ein Blutgefäß ist immer gefährlich, aber dies gilt auch für eine Biene oder Wespe. In jedem Fall ist der Stich einer Hornisse wegen des hohen Anteils von Serotonin, Acetylcholin und Histamin im Hornissengift besonders schmerzhaft, und manche Menschen reagieren auf das Gift allergisch.

Lit.: Grzimeks Tierleben, Bd. 2, Stuttgart 1969.

Hula-Hoop
Die Hula-Hoop-Reifen sind ein neumodischer Firlefanz

Der Hula-Hoop-Welle der späten 50er Jahre – allein in den USA wurden in sechs Monaten 20 Millionen Reifen verkauft – hatte ihre ersten Vorläufer schon in der Antike: Um 1000 v. Chr. etwa legten sich Kinder im Vorderen Orient Reifen aus Reblaub zum Kreisen um die Hüften. Auch in Südamerika (Reifen aus Zuckerrohr) oder im mittelalterlichen England gab es schon lange vor dem 20. Jahrhundert viele Hula-Tänzer, die unter König Edward sogar eine regelrechte Hula-Manie erzeugten; mehrere Menschen sollen vor Überanstrengung gestorben sein. Die neuzeitlichen Vermarkter brauchten diesen humanen Hüftschwung-Urtrieb also nur noch wiederzuerwecken.

Lit.: C. Panati: Universalgeschichte der ganz gewöhnlichen Dinge, Frankfurt a. M. 1994.

Hunde 1
Hunde sind die klügsten Haustiere

Das klügste Haustier ist das Schwein; es landet in einer Liste der intelligentesten Säugetiere des Harvard-Zoologen E. O. Wilson hinter diversen Affen (Menschen eingeschlossen), hinter dem Delphin und dem Elefanten, aber noch vor dem Hund auf einem ehrenvollen elften Platz.

Auch unter Hunden gibt es große Unterschiede. Wenn es gilt, verstecktes Futter aufzufinden oder zu bemerken, daß Herrchen oder Frauchen Gassi gehen möchte, verstehen Border Collies, Pudel oder Schäferhunde am schnellsten die Signale; am längsten brauchen die englische Bulldogge, der Basenji und besonders der Afghane, der dümmste unter allen unseren Hunden.

Lit.: »Intelligenzbestien im Härtetest«, Focus 16/1994; S. Coren: The intelligence of dogs, New York 1994.

Hunde 2
Hunde, die bellen, beißen nicht

Hunde bellen aus den verschiedensten Gründen: um zum Spielen aufzufordern, um Freude oder Langeweile auszudrücken, aber auch zur Abwehr und als Drohung. Und wenn man diese Drohung ignoriert, dann wird nach dem Bellen auch gebissen.

Lit.: F. Ohl: »Ontogenese der Lautäußerung bei Haushunden«, Diplomarbeit, Fachbereich Biologie, Universität Kiel 1994; »Wehe, wenn er dreimal bellt«, Focus 11/1994.

Hunde 3
Der Ausdruck »vor die Hunde gehen« hat etwas mit Hunden zu tun

Wenn in alten Zeiten ein Bergmann schlecht gearbeitet hatte, mußte er zur Strafe den Transportkarren, die sogenannte Hunte ziehen; so kam jeder, den das Erdenglück verlassen hatte, »vor die Hunte«.

Lit.: Vitus B. Dröscher: Sie turteln wie die Tauben, Hamburg 1988; Stichwort vorgeschlagen von Jürgen Kloppenburg.

Hundertjähriger Kalender
Der Hundertjährige Kalender hilft bei der Wetterprognose

Die Prognosen des Hundertjährigen Kalenders und das wahre Wetter sind völlig unabhängig voneinander; wie zahlreiche Vergleiche immer wieder zeigen, haben das tatsächliche Wetter und der Hundertjährige Kalender miteinander nichts gemein. Der Hundertjährige Kalender wurde von einem Abt des Klosters Langheim namens Moritz Knauer im 17. Jahrhundert aufgestellt. Knauer glaubte, die sieben »Planeten« regierten unser Wetter: Saturn, Jupiter, Mars, Sonne, Venus, Merkur und Mond; diese wechselten ihren Einfluß in festem Rhythmus ab. Saturn: kalt und feucht; Jupiter: warm und trocken; Mars: trocken, heiße Sommer; Sonne: mäßig warm und trocken; Venus: warm und schwül; Merkur: kalt und trocken; Mond: kalt und feucht, aber mit warmen Sommern. Und dann das Ganze von vorne, immer wieder ...

Das Jahr 1998 gehört dem Merkur. Die Prognosen sind:

»Januaris continuiert die Kälte, den 8. Schnee, 9. kalt bis 14.; da es gelinde schneit. Es regnet bis den 23., da es gelinde wird. Februaris fängt trüb an, den 5. schön, darauf unlustig. Den 9. fällt große Kälte ein, den 10. ein sehr kalter Tag, dergleichen in vielen Jahren nicht gewesen ist« usw.

Damit kann jeder Leser die Korrektheit dieser Prophezeiung selber überprüfen.

Lit.: P. Bisolli: »Eintrittswahrscheinlichkeit und statistische Charakteristika der Witterungsfälle in der Bundesrepublik Deutschland und West-Berlin«, Institut für Meteorologie und Geophysik, Universität Frankfurt a. M. 1991; H. Malberg: Bauernregeln aus meteorologischer Sicht, Berlin 1993.

Hünengräber
Hünengräber sind Gräber für Hünen

Die sogenannten Dolmen- oder Hünengräber, wie man sie oft in der Bretagne, aber auch in anderen Regionen Frankreichs wie auch Deutschlands findet, sind zwar Gräber, aber nicht für Hünen. Ihre überproportionalen Ausmaße – bis drei Meter lang, zwei Meter breit, rechts und links und obenauf ein riesiger, massiver Stein – erklären sich einfach daraus, daß in einer einzigen solchen Grabstätte mehrere Dutzend Männer, Frauen und Kinder auf einmal ihre letzte Ruhe fanden.

Stichwort vorgeschlagen von Heidi Wettich.

Hyänen
Hyänen sind feige Aasfresser (s.a. »Löwen 2«)

Hyänen sind weder feige, noch fressen sie ausschließlich Aas. Der holländische Verhaltensforscher Hans Kruuk hat mehrere Jahre das Leben der afrikanischen Hyänen beobachtet und dabei verschiedene überraschende Entdeckungen gemacht. Z. B. daß Hyänen eher gesunde, erwachsene Tiere jagen als alte oder kranke, und daß Hyänen Aas nur essen, wenn sie per Zufall welches finden. Im großen und ganzen aber töten Hyänen ihre Beute selbst.

Eine einzige Hyäne jagt ein großes, gesundes Gnu oft viele Kilometer weit. »Dann verbeißt sie sich mit starken Kiefern schnell so tief in das Gnu, daß es in Sekunden vom Schock gelähmt ist. Die Hyäne tötet rasch und macht sich dann über ihr Opfer her.«

»Doch nichts widerspricht den üblichen Vorstellungen, die wir bisher von den Hyänen hatten, so sehr wie ihre Methoden bei der Zebrajagd«, lesen wir bei Rensberger. »Sie sind ein sehr guter Beweis sowohl für die komplexe soziale Struktur, innerhalb derer die Hyänen leben, als auch für ihre erstaunlichen Leistungen als Jäger.« Denn Zebras wissen sich durchaus zu wehren, eine einzelne Hyäne hätte gegen die Hufe eines Zebras keine Chance. Deshalb schließen sich die Hyänen zur Zebrajagd zusammen, sie umkreisen und verfolgen diese, versuchen, einzelne Tiere von der Herde abzudrängen, dabei immer auf der Flucht vor starken Zebrahengsten, die die Hyänen beißen und mit Hufen treten. Dann: »Plötzlich faßte ein Hyäne ein junges Zebra, während der Hengst eine andere Hyäne jagte. Dieses Fohlen blieb etwas zurück, und in wenigen Sekunden hatten sich 12 Hyänen auf das Tier gestürzt. Innerhalb von 30 Sekunden hatten sie das Zebrafohlen zu Boden gerissen, während die anderen Zebras langsam weiterliefen. (...) Zehn Minuten, nachdem das Zebra gerissen worden war, lief die letzte Hyäne mit dem Kopf des Fohlens davon, und an der Stelle, wo es gelegen hatte, sah man nur noch einen dunklen Fleck ...«

Auf diese Weise jagen Hyänen auch andere große Tiere. Aber diese Jagd geschieht oft nachts, wenn die Verhaltensforscher und Touristen schlafen. Beim Morgengrauen sieht man dann den Löwen bei der Beute, die Hyänen abwartend dahinter. Aber nicht der Löwe hat das Tier getötet, während die Hyänen feige auf die Reste warten, in Wahrheit hat der feige Löwe seine Beute den Hyänen weggenommen.

Lit.: Hans Kruuk: The spotted Hyena, New York 1972; Jan van Lawick-Goodall und Hugo van Lawick: Unschuldige Mörder. Bei den Raubtieren der Serengeti, Reinbek 1974; B. Rensberger: Der Kult mit der Wildnis, Berlin 1980; J. D. Scott: »Von feigen Löwen und mutigen Hyänen«, Das Beste, März 1997.

I

»Die Menschen können nicht sagen,
wie sich eine Sache zugetragen,
sondern nur wie sie meinen,
daß sie sich zugetragen hätte.«
Georg Christoph Lichtenberg

»Ich schau dir in die Augen, Kleines!« (s.a. »Play it again, Sam!« in Band 1)

Offenbar fühlen sich viele Falschübersetzer durch das Trio Bogart-Casablanca-Bergman ganz besonders angezogen. Eine korrekte Übersetzung des Bogartschen »Here's looking at you, kid!« – oben mit »Ich schau dir in die Augen, Kleines!« übersetzt – wäre z. B. »Na dann Prost!«

Die Floskel »Here's looking at you« geht auf alte englische Wirtshausbräuche zurück. Damals mußte man beim Trinken Angst vor stehlenden Kumpanen haben; besonders gefährlich war dabei das Heben und Leeren des Bierkruges, da dann für kurze Zeit die Sicht auf potentielle Taschendiebe unterbrochen wurde; um diese abzuschrecken, pflegte man beim Heben des Bierkruges zu sagen: »Versuch's erst gar nicht, ich habe dich im Blick« – »Here's looking at you«. Historisch inkorrekt sind daher auch die folgenden von H. Metes und T. Rubinowitz erfundenen Versprecher:

1. Ich schau dir in die Augen, Großes
2. Ich schau dir in die Ohren, Kleines.
3. Ich schau dir in die Augen, Ingrid.
4. Ich ruf dich an. Blödsinn!
5. Ich schau dir Ingrid Ausschnitt, Klei – Mist!
6. Ich klau dir was vom Aufschnitt, Reiner.

Lit.: R. Hanewald: Spaß mit Sprachen, Bielefeld 1984; Stichwort vorgeschlagen von Christian Kleiber und Osman Sankoh.

Importe
Deutschland importiert aus Frankreich vor allem Mode, Käse und Kosmetik

Deutschland importiert aus Frankreich, seinem weltweit größten Lieferanten (Importwert jährlich über 70 Milliarden DM) in erster Linie Autos, gefolgt von Flugzeugen, Kühlschränken und Waschmaschinen sowie Chemie- und Eisenwaren. Erst dann kommen Lebensmittel und Textilien.

Auch die wertmäßig wichtigsten Importe aus anderen Ländern entsprechen vielfach nicht den populären Vorurteilen: Aus Italien importieren wir vor allem Maschinen, Autos und Elektrowaren, aus Großbritannien Autos und Büromaschinen, aus Griechenland Textilien, aus Holland Öl und Erdgas, aus Schweden Maschinen und Papier.

Lit.: Fachserie 7 (»Außenhandel«) des Statistischen Bundesamtes, Wiesbaden.

Inflation
Die deutsche Hyperinflation von 1923 war absoluter Weltrekord

Im Januar 1923 kostete ein Dollar in Deutschland 17.000 Mark, im Juni 4 Millionen Mark und zum Höhepunkt der Inflation im November 4000 Milliarden Mark; ein Pfund Brot kostete im November 1923 250 Milliarden, ein Pfund Fleisch 3000 Milliarden Mark; Briefmarken wurden im November 1923 in Deutschland ohne Aufdruck hergestellt – der Postbeamte übertrug den aktuellen Preis von Hand, und für die Ersparnisse eines ganzen Lebens konnte sich ein Universitätsprofessor noch nicht einmal ein Brötchen kaufen.

Aber das ist nicht der Weltrekord: In Ungarn kostete ein Dollar im Jahr 1946 4×10^{30} Pengös (die damalige ungarische Währung), das ist 10 Trillionen mal soviel wie das Alter der Erde, in Sekunden seit dem Urknall ausgedrückt.

Lit.: B. Nagaro: A short treatise on money and monetary systems, London 1949; Chronik des 20. Jahrhunderts, Dortmund 1988.

Inquisition
Die Inquisition war eine kirchliche Terrororganisation
(s.a. »Flache Scheibe« und »Jus primae noctis« sowie in Band 1 »Don Carlos«, »Galilei«, »Hexen« und »Kopernikus«)

Wohl zu keinem Aspekt der menschlichen Geschichte klaffen Wahrheit und Folklore so weit auseinander wie in Religions- und Glaubensdingen. Und wohl keine Epoche der Menschheitsgeschichte hat eine derart konzentrierte Falschberichterstattung angezogen wie das Mittelalter.

Bei dem Stichwort »Inquisition« treffen beide Fehlerquellen – das aufgeklärte Schablonendenken in allen Dingen, die Religion betreffen, und die moderne Geringschätzung des Mittelalters – sich verstärkend aufeinander. Und sie produzieren eine geradezu groteske Fehleinschätzung. Denn anders als uns Hunderte von Büchern oder Filmen glauben machen wollen, waren die Inquisitoren des Mittelalters vergleichsweise warmherzige, ernsthaft um Gerechtigkeit und Recht bemühte Leute (»among their contemporaries, the inquisitors generally had a reputation for justice and mercy« – MS Microsoft Enzyklopädie Encarta); zumindest in den Anfangsjahren sahen sie ihre Hauptaufgabe eher darin, nicht die Menschen mit Gewalt zu ihrem Seelenheil zu zwingen, sondern die Menschen vor Gewalt zu schützen.

Vor der Einsetzung der Inquisition durch Papst Innozenz III. regierte in Glaubensdingen das gesunde Volksempfinden; aufgebrachte Gläubige pflegten als Ketzer verdächtige Personen kurzerhand zu lynchen, an geordnete Verfahren war in solchen Fällen nicht zu denken: »Daraufhin reisten wir zum Konzil in Beauvais, um die Bischöfe zu befragen, was zu tun sei«, berichtet der als »unbequemer, selbständig denkender Kritiker« bekannte Guibert von Nogent, als mehrere seiner Schutzbefohlenen wegen Ketzerei verleumdet worden waren. »Inzwischen aber fürchtete das gläubige Volk die Nachgiebigkeit der Kleriker, lief beim Gefängnis zusammen, riß die Häretiker heraus, legte ihnen draußen vor der Stadt Feuer unter und verbrannte sie.«

Um dergleichen Übergriffe zu verhindern, verlangte Papst Innozenz III. Anfang des 13. Jahrhunderts vor jeder Verurteilung eine genaue Untersuchung (eben eine »Inquisition«). Mindestens zwei

Zeugen waren beizubringen, die Beschuldigten waren zu hören und wurden, wenn sie bereuten, ohne großen Schaden wieder freigelassen – verglichen mit der Willkür und der Lynchjustiz davor ein großer Schritt in Richtung aufgeklärtes Rechtsverständnis. Todesurteile wurden nur sehr selten, vor allem gegen »Mehrfachtäter« ausgesprochen: Von den insgesamt 930 Urteilen, die der bekannte Inquisitor Bernard Gui zwischen 1308 und 1332 gegen Ketzer fällte, lauteten 9 auf Wallfahrt, 22 auf Wüstung des Hauses, 69 auf Ausgrabung schon verstorbener Ketzer, 132 auf das Tragen von Bußgewändern, 143 auf Dienst im Heiligen Land, 307 auf Kerkerhaft und 132 auf Freispruch; nur in 42 Fällen erkannte Gui auf Verbrennen. Von den insgesamt 114 Angeklagten, gegen die der Inquisitor und Bischof von Pamiers, Jaques Fournier, verhandelte (der spätere Papst Benedikt XII.), dessen Wirken Emmanuel LeRoy Ladurie in seinem Klassiker »Montaillou« so plastisch nachgezeichnet hat, landeten nur fünf auf einem Scheiterhaufen, und Folterungen hat es in den von Fournier geleiteten Prozessen anders als in weltlichen Verfahren nicht gegeben: »Im übrigen ließ Jacques Fournier seine Gefangenen nicht foltern, um Geständnisse zu erpressen. Er verstand es, im Gespräch vor Gericht hinter die Geheimnisse der Vorgeladenen zu kommen: mit viel Spürsinn und viel Geduld. Wo er Widersprüche in der Aussage eines Zeugen entdeckte, oder zwischen den Aussagen verschiedener Zeugen Widersprüche fand, ruhte er nicht, bis er sich diese Widersprüche zu seiner Zufriedenheit erklärt hatte; und er war anspruchsvoll, denn er wollte die Wahrheit wissen« (LeRoy Ladurie).

Selbst die vielgeschmähte spanische Inquisition hob sich in vielfacher Weise positiv von ihrem Umfeld ab; die meisten spanischen Inquisitoren, »unter ihnen feinsinnige, beredte, weltkluge Juristen«, widmeten sich der von der Krone gestellten Aufgabe, die Religion und die religiöse Praxis zu schützen, »mit dem gebührenden Ernst, auch mit dem dafür notwendigen Eifer, doch bekümmert darüber, daß ihre Tätigkeit dringend erforderlich sei« (E. Straub). Hexenprozesse, im »freien« England oder Holland an der Tagesordnung, waren für die spanische Inquisition kein Thema, genausowenig wie sexuell abweichendes Verhalten, und auch die Zensur gefährlicher Schriften wurde von der Inquisition nur kurzfristig aus Angst vor protestantischen Einflüssen energisch betrieben. »Schon unter Philipp II. begnügte man sich mit harmlosen Eingriffen. Wer irrige Meinungen widerlegen mochte, mußte sich mit ihnen vertraut machen können. Das war der aufgeklärte Standpunkt der [spanischen] Inquisition, den nur wenige in Europa teilten. Die Bibliothek des Escorial

Größtenteils frei von der Konkurrenz erfunden: die Inquisition bei der Arbeit

verfügte über eine stattliche Sammlung verbotener Schriften für den wissenschaftlichen Gebrauch. Höchst kontroverse Erörterungen, etwa über das Recht, sich die Neue Welt anzueignen, konnten damals nur in Spanien geführt werden.«

Im damaligen England hätte man solche Dissidenten einfach aufgeknüpft.

Lit.: O. Pfister: Calvins Eingreifen in die Hexer- und Hexenprozesse in Peney, Zürich 1947; J. Duvernoy: Le registre d'inquisition de Jacques Fournier, Toulouse 1965; A. Miller: Hexenjagd, Frankfurt a. M. 1997; E. LeRoy Ladurie: Montaillou – Ein Dorf vor dem Inquisitor, Frankfurt a. M. 1989; Stichwort »Inquisition« in der MS Microsoft Enzyklopädie Encarta, 1994; A. Zimmermann: »Finsteres Mittelalter – Bemerkungen zu einem Schlagwort«, Miscellanea Medievala 23, 1995, S. 1–19; R. Lemm: Die Spanische Inquisition – Geschichte und Legende, München 1996; E. Straub: »Gnade! Robert Lemm rettet die Inquisition«, Frankfurter Allgemeine Zeitung, 1. 10. 1996; A. Angenendt: Geschichte der Religiosität im Mittelalter, Darmstadt 1997.

Interpol
Interpol jagt internationale Kriminelle

Die als »Interpol« (korrekt IKPO für »Internationale kriminalpolizeiliche Organisation«) bekannte Behörde jagt keine Kriminelle, sie ist eher eine Postverteilerstelle. Die Pariser Interpol-Zentrale tauscht Informationen aus und leitet Amtshilfeersuchen weiter, sie ist besetzt mit Fernmeldetechnikern, Schreibkräften, Übersetzern, auch Juristen, aber keinen Detektiven; einen Jerry Cotton oder James Bond sucht man bei Interpol vergeblich, so etwas wie »Interpol-Agenten«, die Leute ausfragen und verhaften dürfen, gibt es nicht.

Diese eigentliche kriminalistische Arbeit obliegt den sogenannten »Nationalen Zentralbüros« – dem Bundeskriminalamt in Deutschland, der Generaldirektion für öffentliche Sicherheit in Österreich, dem Schweizerischen Zentralen Polizeibüro und den vergleichbaren Behörden anderswo. Und diese Ämter würden sich nicht wenig wundern, wenn ihnen ein Interpol-Agent bei ihrer Arbeit helfen wollte.

Lit.: Stichwort »Interpol« in der Brockhaus Enzyklopädie, Wiesbaden 1990; Stichwort vorgeschlagen von Alfredo Grünberg.

Irish coffee
Irish coffee kommt aus Irland

Der als »Irish coffee« bekannte Trank aus Kaffee, Whisky, Sahne, Zucker war bis weit über die Mitte des 20. Jahrhunderts in Irland völlig unbekannt.

»Irish coffee« wurde quasi in der Luft geboren: Zur Zeit der ersten mit Passagieren beladenen Transatlantikflüge, als es noch keine geheizten Kabinen und wenig Wärmendes auf dem Weg von den USA nach Europa gab, wurde dieses Gemisch den durchgefrorenen Passagieren bei der damals noch nötigen Zwischenlandung angeboten. Und diese Zwischenlandung fand rein zufällig in Irland statt.

Lit.: »The story of Irish Coffee«, über die Internet-Adresse http://www.classiccalmus.com/bmgclassics/promotion/irish/irishcoffeestory.html.

Isolierglas
Isolierglasfenster haben ein Vakuum zwischen den Scheiben

In DIN 1259 Teil 2 »Glas, Begriffe für Glaserzeugnisse« ist zum Thema »Isolierglas« folgendes zu lesen: »Mehrscheiben-Isolierglas ist eine Verglasungseinheit, hergestellt aus zwei oder mehreren Glasscheiben (Fensterglas, Spiegelglas, Gußglas, Flachglas), die durch einen oder mehrere luft- bzw. gasgefüllte Zwischenräume voneinander getrennt sind.«

Also kein Vakuum. Das wäre auch rein physikalisch sehr schwer möglich – ohne Druck im Innern würden Innen- und Außenscheibe sofort zusammengepreßt, der Schalldämpf- und Isoliereffekt ginge vollständig verloren.

Lit.: E. Achenbach: Glas. Moderner Werkstoff für Fenster und Fassade, Verlag Wegra, 1995; Stichwort vorgeschlagen von Klaus Meier.

Italien
Italiener geben viel Geld für Kleidung aus

Nicht, wenn wir der Zeitschrift *Prospect* glauben dürfen (Ausgabe Dezember 1996, S. 5). Danach sind unter allen europäischen Nationen die Holländer die größten Kleiderkäufer – 13 Prozent des Haushaltsgelds entfallen auf die Kleidung. Bei den Italienern beträgt dieser Anteil 9 Prozent, bei den Engländern und Franzosen 6 Prozent (die Deutschen werden nicht genannt).

Iwo Jima
Das berühmte Foto mit der Fahne zeigt amerikanische Soldaten im Kampf um Iwo Jima

Die Eroberung der Insel Iwo Jima Anfang 1945 war für die Amerikaner eine der verlustreichsten Operationen des Zweiten Weltkriegs; das berühmte Foto, das vier amerikanische Soldaten mitten im Kampf beim Hissen der Stars 'n Stripes auf einem Berg der Insel zeigt, wurde allerdings erst nach den Kämpfen für die Presse nachgestellt.

Lit.: Stichwort »Iwo Jima, Battle of« in der MS Microsoft Enzyklopädie Encarta, 1994.

Für die Presse eingeübt und nachgestellt

J

»Hoffentlich unterläuft dem Irrtum ein Fehler.
Dann kommt alles von selbst in Ordnung.«
Stanislaw Jerzy Lec, Das große Buch der unfrisierten Gedanken

Jahr
Ein Jahr hat immer 365 oder 366 Tage (s.a. »Schaltjahr«)

Das Jahr 1582 bestand nur aus 355 Tagen – anläßlich der Einführung des Gregorianischen Kalenders wurden der 5. bis 14. Oktober ausgelassen.

Solche verschieden langen Jahre gab es auch schon bei den Römern – sie zählten das Jahr zu 355 Tagen entsprechend 12 Umläufen des Mondes; alle paar Jahre wurde dann zum Ausgleich ein Extra-Monat eingeschoben. Diesem Flickwerk machte Cäsar im Jahr 46 v. Chr. mit seinem Julianischen Kalender ein Ende: Hinfort hatte ein »normales« Jahr 365 Tage, ein Schaltjahr 366 Tage. Aber auch diese Rechnung war noch ungenau: Es kamen langfristig mehr Tage zusammen, als den gezählten Umläufen um die Sonne entsprachen. Deshalb wird seit 1582 bei jedem vollen Jahrhundert der Schalttag ausgelassen (ausgenommen solche, die durch 400 teilbar sind; das Jahr 2000 ist also ein Schaltjahr); die bis dato zuviel gezählten Tage wurden im Oktober 1582 eingespart.

Lit.: K. G. Irwin: The 365 days: the story of the calendar, Crowell 1963.

Januar
Je frostiger der Januar, desto freundlicher das ganze Jahr (s.a. »Frühling«, »Martinstag« und »Siebenschläfer«)

Diese alte Bauernregel konnte durch moderne meteorologische Kontrollen nicht bestätigt werden: Der Wetterforscher Horst Malberg hat aus 80 Jahren Berliner Wetterdaten herausgefunden, daß die jährliche Sonnenscheindauer wie auch die jährlichen Niederschläge, die auf einen kalten Januar folgen, den langjährigen Durchschnitt genauso oft unter- wie überschreiten.

Ebenso treffsicher (nämlich gar nicht) ist auch die verwandte Regel »Im Hornung (Februar) Schnee und Eis, macht den Sommer lang und heiß«.

Lit.: P. Bisolli: »Eintrittswahrscheinlichkeit und statistische Charakteristika der Witterungsfälle in der Bundesrepublik Deutschland und West-Berlin«, Institut für Meteorologie und Geophysik, Universität Frankfurt a. M. 1991; H. Malberg: Bauernregeln aus meteorologischer Sicht, Berlin 1993.

Jefferson
Thomas Jefferson war ein »gewaltiger Apostel für die Demokratie« (s.a. »Sklaven 1« in Band 1)

So schrieb Tocqueville über den dritten Präsidenten der Vereinigten Staaten, seitdem gilt dieser als Muster des frühen US-Menschenfreunds und Humanisten.

In Wahrheit war Jefferson ein notorischer Sklaventreiber; er hielt Farbige für rassisch minderwertig, und anders als George Washington ließ Jefferson seine Sklaven niemals frei; sie wurden bis auf fünf nach seinem Tod versteigert.

Der »fehlbare Apostel«: Thomas Jefferson, zweiter von links

Nach Jefferson sind Schwarze faul und dümmer als die Weißen; sie seien, so Jefferson, notorische Schürzenjäger, unstet, einer starken Führungshand bedürftig: »Ich vermute daher, daß Schwarze, ob wegen der Verschiedenheit der Rasse oder wegen Verschiedenheit der Umstände und der Erziehung, den Weißen sowohl körperlich wie geistig unterlegen sind« (P. Smith, S. 154, Übersetzung von uns).

Anderslautende Ansichten wurden von Jefferson nicht gern gesehen. »Mein Buch gegen die Sklaverei ist in Madrid nicht verboten«, klagte Alexander von Humboldt über die Bemühungen seines Freundes Jefferson, seine – Humboldts – kritische Thesen zur Sklaverei in den USA zu unterdrücken, »und hat in den Vereinigten Staaten, die Sie die ›Republik vornehmer Leute‹ nennen, nur mit Weglassung all dessen, was die Leiden der farbigen, nach meiner politischen Ansicht zum Genusse jeder Freiheit berechtigten Mitmenschen betrifft, kaufbar werden können.«

Verglichen mit den meisten seiner Landsleute war Thomas Jefferson trotzdem ein aufgeklärter, um sozialen Fortschritt ernst bemühter Mensch; nach modernen Maßstäben war er aber ein Rassist.

Lit.: P. Smith: Jefferson – a revealing biography, New York 1976; A. Wasser: »Wir halten den Wolf an den Ohren ... Thomas Jefferson und das Institut der Sklaverei«, Amerikastudien 41, 1996; A. Kosfeld: »Thomas Jefferson und die Sklaverei: Fehlbarer Apostel«, Frankfurter Allgemeine Zeitung, 15. 1. 1997.

Juden
Juden leben mehrheitlich in Israel

Von den rund 16 Millionen Juden auf der Welt leben 6 Millionen in den USA, nur 4 Millionen leben in Israel.

Lit.: Das Guinness Buch der Rekorde, ohne Ort, verschiedene Jahre.

Jus primae noctis
Es gab einmal ein »Recht der ersten Nacht«

Ein »Privileg des Grundherrn auf Beiwohnung in der Brautnacht einer Grundhörigen«, so das »Handwörterbuch zur deutschen Rechtsgeschichte«, hat niemals existiert; trotz verschiedentlicher Erwähnung in diversen alten Schriften fehlt es völlig an Beweisen, die einschlägigen Quellen sind inzwischen als Fälschungen, Fehlinterpretationen oder Dorflegenden nachgewiesen, der ganze Mythos hat sich unter der Lupe moderner Historiker ins Nichts verflüchtigt.

In den Rechtsbüchern des Mittelalters wie der Neuzeit, in den Dorfordnungen und sogenannten »Weistümern« (Sammlungen von Gewohnheitsrecht) des 14. bis 17. Jahrhunderts wird nirgendwo von einem »Recht der ersten Nacht« gesprochen; als die Bauern bei ihrem Aufstand 1525 die Abschaffung von allen möglichen Mißständen verlangten, ist dieser nicht dabei. Allenfalls ein Passus in einem Schweizer Weistum von 1543 könnte als Indiz gewertet werden – »und so die hochzeit vergat, so sol der brütgam den meyer by sim wib lassen ligen die ersten nacht, oder er sol sy lösen mit 5 Schilling 4 Pfg« –, aber das war eher als Erinnerung an die »Ablösesumme« zu verstehen, die ein leibeigener Brautwerber für Frauen aus dem Herrschaftsgebiet eines anderen Leibesherrn zu zahlen hatte; wer diese nicht aufbringen konnte, bekam auch keine Frau, die Drohung mit dem Beischlaf durch den »meyer« war wie vieles in diesen alten Weisbüchern als Scherz zu lesen.

Genauso entpuppen sich auch verschiedene Erwähnungen des Rechtes der ersten Nacht in französischen und spanischen Quellen beim näheren Hinsehen als Satiren oder absichtliche Verleumdungen: Indem er etwa den Landadeligen derartige Perversitäten unterstellte, konnte der französische König diese besser unterdrücken, stand sogar selbst noch als der Hüter von Moral und Ordnung da. Und auch Beaumarchais benutzte diese Legende in seinem Lustspiel »Le mariage du Figaro« (die Grundlage für Mozarts Oper) aus offen politischen Motiven: Um die antiaristokratische Stimmung der 80er Jahre des 18. Jahrhunderts anzuheizen, läßt er den Figaro dem Grafen danken, weil dieser auf sein Recht der ersten Nacht verzichtet habe.

In einer von der Kirche und der Religion dominierten Gesellschaft wie dem Mittelalter oder auch der frühen Neuzeit, die Jungfräulichkeit als hohes Gut verehrte und Männer verachtete, die ein »gefallenes« Mädchen heiraten mußten, wäre eine Einrichtung wie das Recht der ersten Nacht völlig undenkbar gewesen; jeder auf diesem Recht bestehende »meyer«, Pfarrer oder Ritter hätte sich am nächsten Morgen auf dem Scheiterhaufen vorgefunden.

Lit.: E. A. Osenbrüggen: Deutsche Rechtsalterthümer aus der Schweiz, Zürich 1858 (besonders Kapitel 12: »Das ius primae noctis«); Otto Gierke: Der Humor im deutschen Recht, Berlin 1871; K. Schmidt: Jus primae noctis. Eine geschichtliche Untersuchung, Freiburg 1881; W. Schmidt-Bleibtreu: Jus primae noctis im Widerstreit der Meinungen. Eine historische Untersuchung über das Recht der ersten Nacht, Bonn 1988; R. Kunz: »Das angebliche Recht der ersten Nacht«, Genealogie, Heft 1–2/1996; A. Boureau: Das Recht der ersten Nacht – Zur Geschichte einer Fiktion, Düsseldorf 1996; Stichwort angeregt von Bernd Huesmann.

K

»An nichts muß man mehr zweifeln
als an Sätzen, die zur Mode geworden sind.«
Georg Christoph Lichtenberg

Kaffee
Kaffeetrinken fördert Herzinfarkte

Kaffee und Herzinfarkt, so die bisher umfangreichste Studie zu diesem kontroversen Thema (Willett u. a., 1996), haben miteinander nichts zu tun: Unter 87.000 amerikanischen Krankenschwestern, viermal zwischen 1980 und 1990 zu Kaffeekonsum und Herzleiden befragt, zeigten sich trotz großer Differenzen beim Konsum von Kaffee bezüglich Herzkrankheiten keine Unterschiede: 20 Prozent der Frauen tranken überhaupt keinen Kaffee, 10 Prozent mehr als fünf Tassen täglich (der Rest hatte einen Konsum irgendwo dazwischen), aber der koronaren Herzkrankheit war das egal. Die insgesamt 748 in dieser Dekade bei den untersuchten Frauen aufgetretenen Herzinfarkte z. B. waren über Kaffeefreunde und Kaffeefeinde gleichmäßig verteilt. (Die Studie beschränkte sich auf Frauen, weil bis dato vor allem Männerkollektive betrachtet worden waren.)

Lit.: »Kein Herzinfarkt durch Kaffeetrinken«, Der Tagesspiegel, 12. 5. 1996: W. Willett u. a.: »Coffee consumption and coronary heart disease in women«, Journal of the American Medical Association 275, 1996.

Kain und Abel
Adam und Eva hatten nur die Söhne Kain und Abel

Nach der Ermordung Abels kam Eva nochmals nieder: »Sie gebar einen Sohn und nannte ihn Set (Setzling); denn sie sagte: Gott setzte mir anderen Nachwuchs ein, weil ihn Kain erschlug« (Genesis 4,25). Danach lebte Adam laut Bibel noch 800 Jahre »und zeugte [weitere] Söhne und Töchter«.

Lit.: Die Bibel – Einheitsübersetzung, Stuttgart 1980.

Kamel
Eher geht ein Kamel durch ein Nadelöhr, als ein Reicher in das Himmelreich (s.a. »Reichtum 1« in Band 1)

Diese bekannte Bibelstelle aus Matthäus 19,24 und Markus 10,25 beruht auf einem Übersetzungsfehler: Das aramäische Originalwort »gamta« (= Seil oder Tau) wurde mit »gamla« (= Kamel) verwechselt. Gemeint war also: Eher geht ein Schiffstau durch ein Nadelöhr, als ein Reicher in den Himmel. Das ist zugegebenermaßen auch nicht einfach, aber nicht mehr ganz so ausgeschlossen wie die gleiche Übung mit Kamel.

Vermutlich wären ohne diesen Übersetzungsfehler auch nicht so viele sogenannte »Anti-Zitate« erfunden worden, die sich auf dieses Kamel beziehen:

- »Eher geht ein Jaguar durch den TÜV als ein Kamel durchs Nadelöhr.« (Werner Mitsch)
- »Nur Kamele gehen durchs Nadelöhr.« (Bert Berkenstätter)
- »Kein Reicher geht durch ein Nadelöhr, aber es kommen viele Kamele in den Himmel.« (Gottfried Edel)
- »Ein Fachidiot ist ein Kamel, welches durch ein Nadelöhr guckt.« (Gerhard Uhlenbruck)
- »Zynismus: Wenn das Kamel nicht durchs Nadelöhr geht und man zu ihm sagt, es solle die Sache nicht so eng sehen.« (Roland Michael)
- »Numerus clausus: Ein Nadelöhr, das auch für Kamele durchgängig ist.« (Gerhard Uhlenbruck)
- »Eher geht ein Kamel durch ein Nadelöhr, als daß es etwas Gescheites einfädelt.« (Gerhard Uhlenbruck)
- »Eher kommt ein Kamel in den Zoo als ein Reicher in des Teufels Küche.« (Werner Mitsch)
- »Ein reiches Kamel geht durch Helsingör.« (Ulrich Erckenbrecht)

Lit.: Pinchas Lapide: Ist die Bibel richtig übersetzt?, 3. Auflage, Gütersloh 1989; Eckhard Henscheid, Gerhard Henschel und Brigitte Kronauer: Kulturgeschichte der Mißverständnisse, Stuttgart 1997 (besonders der Abschnitt »Gott und die Bibel«); Wolfgang Mieder: Verkehrte Worte, Wiesbaden 1997; Stichwort vorgeschlagen von Marc Schuhmacher.

Kap Horn
Das Kap Horn sieht aus wie ein Horn

Das Kap Horn (auch Kap Hoorn), die südlichste Spitze Südamerikas, hat seinen Namen nicht von seiner äußeren Erscheinung, sondern von der Heimatstadt Hoorn des Holländers Willem Schouten, der 1616 angeblich als erster dieses Kap umsegelte.

In Wahrheit war vermutlich der Engländer Francis Drake schon 30 Jahre früher um das Kap gesegelt; jedoch habe Elisabeth I. die Entdeckung zum Staatsgeheimnis erklärt, so die Londoner *Times*; man glaubte damals, daß der Pazifik vom Atlantik nur durch die von Spanien kontrollierte Magellanstraße weiter nördlich zu erreichen wäre. Und die zweite Route weiter südlich wollte man in England natürlich keinem Ausländer verraten ...

Lit.: »Kap Hoorn war Elisabeths Staatsgeheimnis«, Frankfurter Allgemeine Zeitung, 12. 8. 1997.

Kapitän
Der Kapitän verläßt ein sinkendes Schiff zuletzt

Bei einer Totalhavarie auf See gilt das Gesetz: Rette sich, wer kann. Das gilt auch für den Kapitän. Nach internationalem Seerecht macht sich also ein Kapitän in keiner Weise strafbar, der bei sinkendem Schiff als erster in die Rettungsboote steigt. Zwar gilt das ungeschriebene Gesetz, daß die Mannschaft und natürlich auch der Kapitän dabei den Passagieren und speziell den Frauen oder Kindern einen Vortritt läßt, aber wie diverse Vorfälle mit italienischen Passagierdampfern der letzten Jahre zeigen, darf man auf diese Tradition nicht immer bauen.

Lit.: Schriftliche Auskunft der Wirtschaftsbehörde der Freien und Hansestadt Hamburg, Abteilung Hafen und Luftverkehr, 1997.

Karies
Karies entsteht durch Zucker

Nach neueren Studien entsteht Karies an unseren Zähnen nicht in erster Linie durch Zucker, so wie bisher angenommen, sondern durch gekochte Stärke: Karies entsteht, wenn Bakterien in den

Zahnbelägen Säure produzieren, und wie amerikanische Forscher herausgefunden haben, ist diese Säureproduktion nur unmittelbar nach dem Verzehr von süßen Speisen am höchsten. »Während die zuckerhaltigen Produkte die Mundhöhle verhältnismäßig schnell verlassen und die Säureproduktion damit deutlich abnimmt, haben Lebensmittel, die gekochte Stärke enthalten, eine relative lange Verweildauer.« Die gekochte Stärke wird im Mund allmählich zu Glukose, und diese fördert die Säureproduktion und damit das Entstehen von Karies viel nachhaltiger als der längst verschwundene Zucker.

Lit.: dpa-Wissenschaftsdienst, 6. 2. 1998; »Süß und unschuldig«, Forschung und Lehre 4/1998, S. 203.

Kartoffeln 1
Es schickt sich nicht, Kartoffeln mit dem Messer zu zerteilen (s.a. »Eier 2«)

Diese Regel stammt noch aus den Zeiten, als die Schneiden der Messer noch aus Eisen oder rostanfälligem Stahl gefertigt waren. Auch in Silberbestecken waren zumindest die Messerschneiden in der Regel weiterhin aus Eisen, dieses Eisen verband sich chemisch mit der Stärke der Kartoffeln, das ergab einen üblen Beigeschmack und deshalb schnitt man Kartoffeln niemals mit dem Messer. Mit modernen Chrom-Mangan-Bestecken kann das aber nicht passieren, man darf also die Kartoffeln heute ruhigen Gewissens mit dem Messer schneiden.

Stichwort vorgeschlagen von Maria Krämer.

Kartoffeln 2
Die meisten Nährstoffe der Kartoffel befinden sich in oder direkt unterhalb der Schale

Wahr ist: Die mehr als 200 Inhaltsstoffe der Kartoffel verteilen sich recht ungleichmäßig auf die Knolle. Stärke, Zucker und Proteine finden sich vorzugsweise in der Mitte, Vitamine und Mineralien wie Magnesium, Natrium, Kalium oder Calcium mehr am Rand. In der

Schale sammeln sich heute vor allem Düngemittel und Pestizide; sie ist auf keinen Fall das Filetstück der Knolle. (Allenfalls ist sie als Schutz gegen das Auslaugen der Wirkstoffe beim Kochen zu gebrauchen; man hat nachgewiesen, daß gekochte Pellkartoffeln einen höheren Vitamin- und Mineralstoffanteil haben als Kartoffeln, die erst nach dem Schälen gekocht worden sind.)

Aber anders als viele glauben, konzentriert sich insbesondere das in der Kartoffel enthaltene Vitamin C nicht in der Schale oder in der Schicht direkt darunter, sondern nochmals ein paar Millimeter tiefer; es geht also durch Schälen nicht verloren. Allenfalls muß man beim Schälen mit einem Schwund an B-Vitaminen rechnen, aber dieser wird von Lebensmittelchemikern angesichts der verbleibenden Nährstoffe als akzeptabel angesehen. Die folgende Tabelle von Wirths (1996) stellt die in 100 g geschälten und ungeschälten Kartoffeln enthaltenen Mineralien und Vitamine gegenüber:

	Mit Schalen	Ohne Schalen
Natrium	3 mg	3 mg
Kalium	330 mg	410 mg
Calcium	5 mg	6 mg
Phosphor	40 mg	50 mg
Magnesium	16 mg	20 mg
Eisen	0,3 mg	0,4 mg
Fluorid	8 µg	10 µg
Carotin	4 µg	10 µg
Vitamin E	0,1 mg	0,1 mg
Vitamin B1	0,08 mg	0,10 mg
Vitamin B2	0,38 mg	0,05 mg
Niacin	1,0 mg	1,2 mg
Vitamin B6	0,25 mg	0,20 mg
Vitamin C	14 mg	17 mg

Lit.: L. Acker u. a. (Hrsg.): Handbuch der Lebensmittelchemie, Berlin 1968; Katalyse Umweltgruppe Köln e.V. (Hrsg.): Chemie in Nahrungsmitteln, Frankfurt a. M. 1981; R. Grunnenel und F. Persch: Rund um die Kartoffel, Leipzig 1985; W. Ternes: Naturwissenschaftliche Grundlagen der Lebensmittelzubereitung, Hamburg 1994; W. Wirths: Kleine Nährwert-Tabelle der Deutschen Gesellschaft für Ernährung, 39. Auflage, Frankfurt a. M. 1996.

Kaspar Hauser
Kaspar Hauser war ein badischer Fürstensohn

Diese Legende ist nach einer vom *Spiegel* und von der Stadt Ansbach veranlaßten DNS-Analyse des Blutes an Kaspar Hausers Kleidern falsch.

Das Findelkind unbekannter Herkunft Kaspar Hauser war 1828 in Nürnberg im Alter von 16 Jahren aufgegriffen worden; er konnte kaum sprechen, benahm sich seltsam, war – so sagte er dann schließlich – fern von den Menschen in einem dunklen Keller aufgewachsen, und zwar als ein aus dem Weg geräumter, angeblich bei der Geburt verstorbener Erbprinz von Baden, wie die Leute schon bald anfingen zu tratschen.

Doch kein Fürstensohn – der berühmte Findling zeitgenössisch dargestellt

Nach diesen bis zu den *Spiegel*-Analysen 1996 viel geglaubten Tratsch-Geschichten war Kaspar Hauser ein Opfer der Gräfin Hochberg, zweite Ehefrau des Markgrafen Friedrich von Baden, die lieber einen ihrer eigenen Söhne auf dem Fürstenthron gesehen hätte. Aber dazu mußten zunächst einmal alle männlichen Nachkommen aus der ersten Ehe ihres Mannes sterben, was diese auch der Reihe nach dann taten: Der Erbprinz selber starb bei einem Unfall, sein ältester Enkel zwei Wochen nach der Geburt (angeblich war es dieser Prinz, der, im Kindbett mit einem toten Säugling vertauscht, später als Kaspar Hauser wiederauferstand), ein weiterer Enkel starb im Alter von einem Jahr »an den Folgen eines beschwerlichen Zahnausbruches«, und die zwei Söhne des Erbprinzen selber starben ebenfalls kurz hintereinander im Alter von knapp 30 Jahren. Damit war der Weg für den ältesten Sohn der Gräfin Hochberg frei, der dann auch wie vorgesehen nach dem Tod Karl-Friedrichs 1830 den Herzogsthron bestieg.

Bei so vielen für die Gräfin günstigen unwahrscheinlichen Ereignissen hintereinander kann man es den Menschen und den Medien nicht verübeln, wenn sie hier nicht an Zufall glauben und hinter allem ein System vermuten (zumal Karl-Friedrich selbst auf dem Sterbebett geäußert haben soll, er selbst und seine Söhne seien vergiftet worden, und bereits ein erster Anschlag auf Kaspar Hauser 1829 alle Hobbydetektive Deutschlands inklusive des Königs von Bayern auf den Plan gerufen hatte, der 500 Gulden Belohnung für die Ergreifung des Attentäters zur Verfügung stellte). Als daher Kaspar Hauser nach einem zweiten geheimnisvollen und von keinem Zeugen beobachteten Anschlag 1833 an den Folgen einer Stichverletzung stirbt, ist allen Zeitgenossen sonnenklar, daß hier ein unbequemer Thronfolger beseitigt werden sollte.

Aber welcher Art auch immer die Intrigen waren, mit denen damals Thronfolgen geregelt wurden – Kaspar Hauser hatte damit nichts zu tun. Wie zwei parallele Analysen des forensischen Dienstes des britischen Innenministeriums und des Instituts für Rechtsmedizin der Universität München übereinstimmend und zweifelsfrei ergeben haben, können die bis heute sichtbaren Blutreste an Kaspar Hausers Kleidern nicht von einem Nachkommen des Erbprinzen von Baden stammen.

Lit.: »Kaspar Hauser – der entzauberte Prinz«, Der Spiegel 48/1996.

Katakomben 1
Die frühen Christen nannten ihre unterirdischen Begräbnisstätten »Katakomben«

Die frühen Christen nannten ihre unterirdischen Begräbnisstätten »coemeteria« – Plätze der Ruhe. Das Wort »Katakomben« kommt von dem Flurstück »ad catacumbas« an der Via Appia, wo sich eine dieser mehr als 40 »coemeteria« befand; es wurde erst viel später zum Sammelbegriff für unterirdische Begräbnisstätten überhaupt.

Diese Katakomben sind ferner weder eine Erfindung der frühen Christen, noch auf Rom beschränkt: Die Sitte, Tote in unterirdischen Felskammern zu bestatten, war überall in der Antike weit verbreitet, es gibt Katakomben auf Malta und Sizilien, in Tunesien, im Libanon und in Ägypten; auch die Juden kannten Katakomben.

Lit.: Stichwort »catacomb« in der Encyclopaedia Britannica, 15. Auflage, Chicago 1994.

Katakomben 2
Die römischen Katakomben waren ein beliebter Zufluchtsort der ersten Christen

Die römischen Katakomben waren als Verstecke wie auch als Stätten der Begegnung viel zu klein. Sie waren ab der Mitte des 2. nachchristlichen Jahrhunderts von den frühen Christen als reine Begräbnisstätten ausgehoben worden; zuweilen traf man sich auch an den Gräbern von Märtyrern, um »in Freude und Fröhlichkeit (...) die Wiederkehr des Tages seines Martyriums zu feiern«, aber für »reguläre« Gottesdienste oder als Verstecke wurden Katakomben nie genutzt (ihre Lage war den Behörden wohlbekannt, es gab nur wenige Aus- und Eingänge, die Christen hätten wie die Mäuse in der Falle festgesessen).

Lit.: J. Stevenson: Im Schattenreich der Katakomben, Bergisch Gladbach 1980.

Katerfrühstück
Ein »Katerfrühstück« hat etwas mit Katern zu tun (s.a. »Muskelkater«)

»Kater« war Mitte des 19. Jahrhunderts unter den Studenten der Universität Leipzig ein flapsiger Ausdruck für »Katarrh«; ein »Katerfrühstück« war ein Frühstück nach einem ganz besonderen »Katarrh« – einen, den man sich bei Auerbach im »Keller« holte.

Lit.: Vitus B. Dröscher: Sie turteln wie die Tauben, Hamburg 1988; Stichwort vorgeschlagen von Jürgen Kloppenburg.

Katharer
Die Katharerbewegung ist im Süden Frankreichs entstanden

Die im Südfrankreich des 12. und 13. Jahrhunderts so mächtige Bewegung der Katharer hatte ihre Wurzeln in einer ganz anderen Gegend als da, wo heute die Ruinen ihrer Burgen stehen: im deutschen Köln am Rhein. Als »Catharos, id est mundos« – »Katharer, das heißt Reine« gaben sich gewisse, am 5. August des Jahres 1163 im Dom zu Köln verhörte »Ketzer« aus (»Ketzer« ist eine Verballhornung von »Katharer«).

Die Katharer lehnten den Pomp der etablierten Kirche ab; von allen religiösen Schriften respektierten sie allein das Evangelium des Johannes, sie hielten alles Weltliche für böse (inklusive ihren eigenen Körper, den sie durch übertriebenes Fasten und vegetarische Ernährung quälten), sie sahen diese Erde als ein Jammertal, das es möglichst schnell in Richtung Seelenheil zu überwinden gelte. Diese nach der Jahrtausendwende quer durch Europa weit verbreitete Geisteshaltung hatte zwar ihre Hochburg im Süden Frankreichs um Toulouse, geboren wurde sie jedoch zu Köln am Rhein.

Lit.: E. LeRoy Ladurie: Montaillou – Ein Dorf vor dem Inquisitor, Frankfurt a. M. 1989.

Katzen 1
Katzen trinken gerne Milch

Längst nicht alle Katzen lieben Milch; die meisten trinken lieber Wasser. Manchen Katzen fehlt auch ein zur Verdauung der Milch nötiges Enzym, sie bekommen nach jedem Schluck Milch regelrechte Darmbeschwerden. Nur wenn nichts anderes zu haben ist, nippen solche Katzen auch an Milch.

Falsch ist auch, daß Katzen gerne Mäuse fressen – Katzen jagen Mäuse vor allem, um damit zu spielen (inklusive umzubringen). Aber das bedeutet nicht, daß sie die Mäuse dann auch fressen. Viel lieber fressen Katzen, wenn sie können, Hasen, Heuschrecken und Regenwürmer, die erlegten Mäuse aber lassen sie oft liegen.

Stichwort vorgeschlagen von Judith Sievers.

Katzen 2
Katzen sind wasserscheu

Es gibt Katzenarten wie etwa die türkische Van-Katze, die für ihr Leben gerne schwimmen. Auch normale deutsche Hauskatzen haben weit weniger Angst vor Wasser, als die meisten glauben, sie lassen sich nur ungern von uns Menschen darin untertauchen.

Stichwort vorgeschlagen von Judith Sievers.

Katzen 3
Das Schnurren bei Katzen bedeutet gute Laune

Katzen schnurren auch dann, wenn sie sich fürchten oder wenn sie Schmerzen haben – das Schnurren soll nur heißen: Hier ist eine Katze! Auf diese Weise lassen z. B. neugeborene und noch blinde Katzenbabys, wenn sie sich verlaufen haben, ihre Mütter wissen, wo sie nach dem Kind zu suchen haben.

Stichwort vorgeschlagen von Judith Sievers.

Katzen 4
Katzen können auch im Dunklen sehen

Katzen sehen bei schlechtem Licht weit besser als z. B. Menschen, aber bei völliger Dunkelheit sind sie genauso blind wie wir. Das überlegene Sehvermögen bei Dämmerlicht verdankt die Katze der Größe ihrer Augen und vor allem dem Aufbau ihres Augenhintergrundes: Sie hat hinter der Netzhaut eine Gewebeschicht (Tapetum lucidum), die wie ein Spiegel das eintretende Licht reflektiert. So trifft das Licht gleich zweimal auf die Netzhaut, von vorne und von hinten, und kann so effizienter wirken. Auch die Netzhaut selber ist entsprechend ausgerüstet, es finden sich dort weit mehr Stäbchen (verantwortlich für die Sehstärke) als Zapfen (verantwortlich für Farben).

Lit.: Ulrich Klever: Knaurs großes Katzenbuch, München 1985; Stichwort vorgeschlagen von Judith Sievers.

Kauen
Gut gekaut ist halb verdaut

»Nun, wie sieht's aus?« läßt Javier Marias in »Morgen in der Schlacht denk an mich« einen Hofschranzen nach dem Befinden des spanischen Königs fragen.

»Ich weiß nicht, Señor Tello. Bei Ihrem Eintreffen war er noch damit beschäftigt, sein Müsli zu fletcherisieren.«

Offenbar war der König wie viele andere auf einen amerikanischen Arzt namens Fletcher hereingefallen, der um die Zeit des Ersten Weltkriegs das ausführliche Kauen unserer Nahrung als Mittel gegen alle Übel dieser Erde angepriesen hatte.

In Wahrheit hätte der König sein Müsli genausogut auch ungekaut herunterwürgen können. Auch wenn die Verdauung unseres Essens schon im Mund beginnt (während wir kauen, beginnt der Speichel, gewisse Kohlenhydrate zu zersetzen, siehe Stichwort »Karies«), eigentlich verdaut wird erst in Darm und Magen, und zwar unabhängig davon, wie das Essen dort ankommt – ob in großen oder in kleinen Stücken, alles wird gleichermaßen chemisch zerlegt und aufbereitet und im Stoffwechsel verwertet.

Gutes Kauen kann also bestenfalls verhindern, daß wir an einem Schinken oder einem Lammfilet ersticken; für den Nährstoffhaushalt ist das Kauen unerheblich.

Lit.: Carol Ann Rinzler: Feed a cold, starve a fever – A dictionary of medical folklore, New York 1991.

Kaviar 1
Der beste Kaviar kommt aus Rußland

Der beste und teuerste Kaviar kommt aus dem Iran. An dem zu Persien gehörenden südlichen Rand des Kaspischen Meeres ist das Wasser tiefer und sauberer als in den ehemals sowjetischen, heute russischen, turkmenischen, aserbaidschanischen und kasachischen Gewässern weiter nördlich, und die Verarbeitung wird besser kontrolliert.

Außer im Kaspischen Meer wird Kaviar auch noch im Asowschen Meer und im Schwarzen Meer gefischt. Aber nach Aussagen von Profi-Köchen soll diese Ware nicht die Qualität des Kaviars aus Persien erreichen.

Kaviar 2
Der beste Kaviar ist der schwarze mit den kleinen Körnern

Das ist nach Aussage von Kennern so nicht richtig. Genausowenig wie man einen guten Burgunder mit einem guten Bordeaux vergleichen könne, sei ein Vergleich zwischen einem guten »Sewruga« (der mit den kleinen grauen oder schwarzen Körnern), »Schip« (der mit den mittelgroßen bräunlich-gelben) und einem »Beluga« (der mit den großen grauen oder schwarzen Körnern) möglich. Was zählt, ist allein die Verarbeitung und die Herkunft der Fische, die diese Eier produzieren.

Lit.: E.-M. Zizia: »Caviar: veillez au grain«, Le Figaro, 4. 4. 1997.

Kelten
Die Kelten waren kulturlose Barbaren

Dieser Ruf, der den Kelten seit 2000 Jahren anhängt, besteht nicht ganz zu Recht, wenn man der modernen Forschung glauben darf. Auch wenn Aristoteles den Kelten jegliche »Denkfähigkeit und Kunstfertigkeit« abspricht und die bekannten Kelten Asterix und Obelix zuweilen bei den Tischmanieren sparen: Das Volk der Kelten, das vor 2500 Jahren das Herz Europas von Paris bis Wien besiedelte, hatte nach neueren Ausgrabungen weit mehr Kultur, als bisher angenommen. Keltische Handwerker waren Meister der Glasverarbeitung, sie hielten die »gesamteuropäische Spitzenstellung im Wagenbau« (so der Kieler Archäologe Alfred Haffner), ihre Metallhelme und Kettenpanzer gehörten zu den besten Waffen, die es damals in Europa gab, »zumindest auf technisch-ökonomischem Gebiet hoben sich die keltischen Menschen damit leuchtend von ihren nördlichen Nachbarn, den Germanen, ab« (Schulz).

Lit.: G. Herm: Die Kelten, Düsseldorf 1975; M. Schulz: »Fahndung im Druidenland«, Der Spiegel 31/1997.

Keuschheitsgürtel 1
Der Keuschheitsgürtel ist eine Erfindung des Mittelalters

Der angeblich seit den Kreuzzügen gebrauchte mittelalterliche Keuschheitsgürtel, auch »Florentiner Gürtel« oder »Venusgürtel«, ist »ein reines Phantasieprodukt des letzten Jahrhunderts« (de Gregorio). Im Mittelalter gab es diese Dinge nicht; die ältesten Abbildungen stammen aus dem 15. Jahrhundert. Boccaccio, der in seinem »Decameron« aus dem 14. Jahrhundert keine Gelegenheit zu erotischen Anspielungen vorüberziehen ließ, erwähnt keine Keuschheitsgürtel, die Geschichten von den wackeren Kreuzrittern, die derart die Treue ihrer zurückgelassenen Frauen sichern wollten, sind von späteren Historikern und Dichtern frei erfunden worden ...

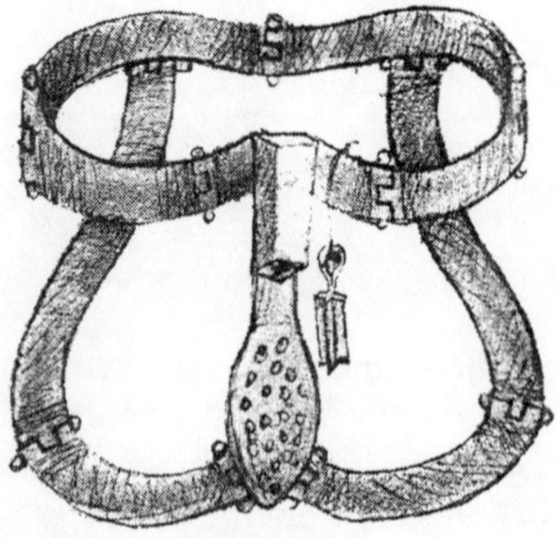

Bild eines Keuschheitsgürtels in der Handschrift Konrad Kyesers von Eichstädt von 1405, heute in der Niedersächsischen Staats- und Universitätsbibliothek in Göttingen. Begleittext: »Dies ist ein harteiserner Gürtel florentinischer Frauen« (daher auch der Name »Florentiner Gürtel«)

Wie man heute mit chemischen Analysen nachweisen kann, stammen die meisten »mittelalterlichen« Keuschheitsgürtel in westlichen Museen aus dem frühen 19. Jahrhundert; sie wurden vor allem in englischen Fabriken hergestellt und sind deshalb heute in seriösen Museen auch nicht mehr zu sehen – im Musée de Cluny in Paris, im Germanischen Nationalmuseum in Nürnberg oder im British Museum in London, die unter ihren Exponaten früher solche »mittelalterlichen« Stücke liegen hatten, sind diese heute aus den Auslagen verschwunden.

Lit. (auch zum nächsten Stichwort): J. Fauconney: La ceinture de chasteté: son histoire, son emploi, autrefois et aujourd'hui, Paris 1904; E. J. Dingwall: The girdle of chastity, London 1931; J. J. Brunner: Der Schlüssel im Lauf der Zeit, Bern 1988; H. van Maanen: Kleine encyclopedie van misvattingen, Amsterdam 1994; Stichwort »Keuschheitsgürtel« in der Brockhaus Enzyklopädie, Wiesbaden 1990; Walter de Gregorio: »Die rostende Mär von der frommen Unterwäsche«, Sonntagszeitung, 1. 9. 1996; Stichwort vorgeschlagen von Wolfgang Polasek.

Keuschheitsgürtel 2
Mit Keuschheitsgürteln wollten Männer die Treue ihrer Frauen erzwingen

Viele der in England Anfang des 19. Jahrhunderts hergestellten Keuschheitsgürtel wurden von Dienstmädchen getragen, um sich vor zudringlichen Dienstherren zu schützen. Andere dienten dem Schutz der jungen Männer vor sich selbst: Die meisten Keuschheitsgürtel wurden jungen Männern zwecks Verhinderung von Onanie verordnet.

Falsch ist auch, daß Keuchheitsgürtel immer sexuelle Lust erschweren sollten: diverse der in den englischen Fabriken des frühen 19. Jahrhunderts hergestellten Keuschheitsgürtel waren »mit Anus- und Vaginastöpsel und allerlei Nägeln und Nieten« (de Gregorio) als luststeigerndes Werkzeug für sadomasochistische Praktiken versehen.

Kind und Kegel
»Kind und Kegel« hat etwas mit Kegeln zu tun

Wenn einer »mit Kind und Kegel« eine Reise tut, dann nimmt er außer seinen ehelichen Kindern nicht seine Kegel, sondern seine Nebenfrauen alias »Kebsweiber« und die mit diesen gezeugten Kinder alias »Kegel« mit.

Stichwort vorgeschlagen von Friedrich von Eynern.

Kinsey Report
Der Kinsey Report hat ein wahres Bild der Sexualmoral gezeichnet (s.a. »Geldbörsen« und »Umfragen«)

Die meisten Thesen, die Alfred Kinsey in seinen berühmten Büchern »Sexual Behaviour in the Human Male« (New York 1948) und »Sexual Behaviour in the Human Female« (New York 1953) vertritt, sind entweder erfunden oder wissenschaftlich unseriös gewonnen; nach modernen Maßstäben müßten seine Resultate heute als Betrug gewertet werden.

Nach Kinsey haben die Hälfte aller Männer und ein Viertel aller Frauen Geschlechtsverkehr auch außerhalb der Ehe (vor 50 Jahren absolut tabu), haben 69 Prozent aller Männer Erfahrungen mit Prostituierten, haben zehn von hundert Männern homosexuelle Erlebnisse, haben fast die Hälfte aller auf Farmen aufgewachsenen Jungen Geschlechtsverkehr mit Tieren usw. Diese Zahlen schlugen wie eine Bombe in den Was-sind-wir-doch-für-liebe-Leute-Pudding des damaligen gesellschaftlichen Selbstverständnisses, sie torpedierten die gesamte amerikanische und damit indirekt auch europäische Nachkriegs-Sozialmoral. Denn was fast alle machen, das kann doch nicht verboten oder unmoralisch sein ...

Vermutlich war genau das auch Kinseys Absicht – die westliche Sicht von Sexualität und vom Verhältnis der Geschlechter, so wie sie noch vor 50 Jahren herrschte, durch seine Bücher umzustoßen. Und das ist ihm auch gelungen. Aber nicht, indem er Fakten zeigte, sondern indem er Fakten künstlich fabrizierte: Kinseys Stichproben waren verzerrt, seine Auswertungsmethoden dilettantisch und die meisten seiner Ergebnisse schon zu Beginn der Untersuchung festgelegt. »Für Mut und Überzeugungstreue würde ich den Werken Kinseys eine 1 vergeben«, hören wir heute einen Harvard-Psychologieprofessor zu dieser Vorgangsweise sagen, »für die Qualität der Wissenschaft nur eine 4.«

Wenn wir einen Psychiater fragen: »Wie viele Menschen sind verrückt?« und der Psychiater sieht sich nur in seiner Praxis um, so sagt er: »80 Prozent.« Ähnlich ist Kinsey vorgegangen, er fragte vorzugsweise Prostituierte, Pädophile oder Kriminelle. Auf diese Weise könnten wir auch zeigen, etwa indem wir die Insassen einer Trinkerheilanstalt oder eines Frauenhauses fragen, daß alle Bayern saufen oder daß alle Hamburger ihre Frauen schlagen, oder daß man in Deutschland vornehmlich an Leberleiden stirbt – dergleichen »wissenschaftliche« Erhebungen sind wie die Werke Kinseys am besten im Papierkorb aufgehoben.

Lit.: R. Degen: »Wissenschaftlicher Pfusch auf der Couch des Analytikers«, Die Welt, 23. 8. 1996; R. Wildavski: »Sex, lies, and the Kinsey Reports«, Reader's Digest 4/1997; W. Krämer: So lügt man mit Statistik, 7. Auflage, Frankfurt a. M. 1997.

Kiwis 1
Kiwis kommen aus Neuseeland

Die ersten den Europäern bekannten Kiwi-Früchte wurden Mitte des 19. Jahrhunderts am Jangtsekiang in China gefunden; die Gleichung »Kiwi = Neuseeland« entstand erst später. Im Jahr 1906 kamen die ersten Kiwi-Pflanzen auf die Insel. Sie wurden, da im dortigen Klima schnell wachsend und reich tragend, bald in großen Mengen angepflanzt, so daß in der Tat die meisten der heute weltweit konsumierten Kiwis aus Neuseeland kommen.

Lit.: Das Große Hör-Zu Buch der Erfindungen, Frankfurt a. M. 1987; Stichwort »Kiwi Fruit« in der MS Microsoft Enzyklopädie Encarta, 1994.

Kiwis 2
Kiwis heißen schon seit jeher Kiwis

Kiwis (die Früchte) heißen erst seit 1959 Kiwis; vorher hießen sie je nach Land und Leuten anders, »Yangtao« in ihrer Heimat China, »Chinese gooseberry« in England und »Chinesische Stachelbeere« in Deutschland.

Mit der Umbenennung in »Kiwi« wollten die Neuseeländer den Export der Früchte fördern: Da der Vogel namens Kiwi allgemein als Wahr- und Kennzeichen Neuseelands galt (dieser flugunfähige, bis 35 cm große Laufvogel der Familie Apterygidae kommt weltweit nur in Neuseeland und auf einigen benachbarten Inseln vor), hoffte man, durch diese Namensgebung auch die Frucht auf immer mit Neuseeland zu verbinden. Und diese Rechnung ist ganz offensichtlich aufgegangen.

Lit.: Das Große Hör-Zu Buch der Erfindungen, Frankfurt a. M. 1987; Stichwort »Kiwi« in der Brockhaus Enzyklopädie, Wiesbaden 1990.

Knacken in der Leitung
Beim Abhören von Telefongesprächen knackt es in der Leitung

Vielleicht einmal zu Zeiten Mata Haris. Heute knackt es nirgends, wenn Profis hören wollen, was wir alles so am Telefon besprechen. Und das geschieht trotz unseres grundgesetzlich garantierten Post- und Fernmeldegeheimnisses öfter als wir denken.

Die für die Lauscher ungefährlichste Methode, da überhaupt nicht nachzuweisen, ist das Abhören von Funkgesprächen. Denn längst nicht alle Telefongespräche verlaufen von A bis Z durch Draht, bei großen Distanzen geht ein Teil der Strecke oft auch durch die Luft. Und hier klinken sich diverse Geheimdienste wie etwa der amerikanische NSA (National Security Agency) ganz gerne ein. So wurden etwa diverse Telefonate der deutschen Firma Imhausen-Chemie mit Libyen von einem amerikanischen Schiff im Mittelmeer abgefangen; sie förderten die Komplizenschaft der Firma beim Bau von Giftgasfabriken in Libyen zutage.

Lit.: J. Bamford: NSA – Amerikas geheimster Nachrichtendienst, Zürich 1986; G. Yost: Spy-Tech, Ann Arbor 1989; »Freund hört mit«, Titelgeschichte, Der Spiegel 8/1989; Stichwort vorgeschlagen von Alfredo Grünberg.

Knoblauch
Knoblauch riecht

Es ist nicht der Knoblauch, der nach einem gut gewürzten Essen den bekannten Geruch verursacht. Knoblauch regt nur den Abbau bestimmter Stoffe an, die dann den notorischen Geruch verbreiten. Wie Mediziner durch die Untersuchung der Atemluft in den nächsten 30 Stunden nach Knoblauchgenuß herausgefunden haben, geht der Anteil an stark riechenden sog. Sulfiden und Disulfiden in unserem Atem, die aus der frischen Knoblauchknolle stammen, schon wenige Stunden nach dem Essen stark zurück. Andere sehr geruchsintensive Substanzen wie Allylmethylsulfid, Dimethylsulfid oder Aceton dagegen erreichen ihre höchste Konzentration in der Atemluft erst viel später und sind auch noch viel länger nach dem Essen nachzuweisen. Deshalb können diese Gerüche auch nicht direkt aus der Knoblauchknolle kommen, sie entstehen vielmehr indirekt aus den durch Knoblauch angeregten Stoffwechselprodukten.

Lit.: D. Bradley: »The good thing about garlic breath«, New Scientist, 25. 1. 1997.

Knöpfe
Knöpfe sind zum Knöpfen da

Die ersten, schon um 2000 v. Chr. nachgewiesenen Knöpfe hatten keine Nutzfunktion; sie waren nur als Schmuck gedacht, und diese Rolle als reine Schmuckstücke behielten die Knöpfe über mehr als 3000 Jahre. Die Griechen und Römer, die Bewohner des alten Indien und die Germanen auf ihren Völkerwanderungen schmückten Togen, Tuniken und Umhänge mit reich verzierten Knochen-, Elfenbein- und Muschelknöpfen, »doch nirgendwo findet sich auch nur der geringste Hinweis, daß in der Antike ein Schneider auf die Idee gekommen wäre, einen Knopf zum Knöpfen zu benutzen und zu diesem Zweck ein Knopfloch vorzusehen«. (Wegen dieser ursprünglichen Funktion als reines Schmuckstück tragen strenggläubige Christen wie die Amish im amerikanischen Pennsylvania bis heute keine Knöpfe.)

Knöpfe zum Knöpfen gibt es erst seit rund 700 Jahren, als ausgangs des Mittelalters die bis dato üblichen weiten sackartigen Gewänder einer neuen, engeren Mode weichen mußten. Da die wegen besserer Spinn- und Webtechniken immer feineren Stoffe durch die bisher zum Zusammenhalten benutzten Nadeln und Spangen Schaden nehmen konnten, erfand ein unbekannter Schneider, ein Bill Gates des 13. Jahrhunderts, Löcher zu den Knöpfen, und wie viele lange aufgestaute Innovationen überschwemmte auch diese sintflutartig alles, was ihr in die Quere kam. So gut wie jedes Kleidungsstück erhielt nun Knopflöcher und Knöpfe, auch da, wo keine nötig waren; manche Kleider hatten mehr als hundert Knöpfe, man schnitt Kleider nur deshalb in Stücke, um sie wieder zuzuknöpfen, und König Franz I. von Frankreich bestellte bei seinem Juwelier für einen einzigen schwarzen Samtanzug mehr als 10.000 Knöpfe.

Lit.: C. Panati: Universalgeschichte der ganz gewöhnlichen Dinge, Frankfurt a. M. 1994 (besonders das Kapitel »Knopf«); Stichwort vorgeschlagen von Doris Krämer.

Heinrich VIII. voller Stolz auf seine zu den Ringen passenden Knöpfe

Königsberg
Königsberg hat seinen Namen von den Königen von Preußen

Königsberg hat seinen Namen nicht von den Königen von Preußen, sondern von den Königen von Böhmen, konkret: von Ottokar II., mütterlicherseits ein Enkel Kaiser Barbarossas, väterlicherseits ein Abkömmling des tschechischen Königsgeschlechts der Przemysliden. »Der Przemyslide war es, der die Ordensritter nach ihrem Rückzug aus dem Heiligen Land und dem Burzenland (Siebenbürgen) auf die neuen Aufgaben im Osten verwies und sie bei zwei Kreuzfahrten auch kräftig unterstützte. Ihm zu Ehren erhielt die Anlage am Pregel den Namen Königsberg« (Bednarz).

Lit.: Christian Graf von Krockow: Begegnungen mit Ostpreußen, München 1988; Klaus Bednarz: Fernes Neues Land, Hamburg 1992; Stichwort beigetragen von Alfredo Grünberg.

Konservenobst
Konservenobst enthält weniger Vitamin C als frisches

Je nach Verarbeitung enthält Konservenobst *mehr* Vitamin C als frisches. Denn »frisches« Obst oder Gemüse ist auf seiner Reise von Feld und Baum zur Ladentheke zahlreichen Vitamindieben wie Licht, Luft, Sauerstoff und Wärme ausgesetzt, die tage- oder wochenlang an den Beständen zehren. Konserven dagegen, sofern unmittelbar nach der Ernte verarbeitet, konservieren auch den Vitamingehalt. Tiefgefrorene Bohnen etwa enthalten pro 100 Gramm doppelt soviel Vitamin C wie frische aus dem Laden, die dort schon einige Tage herumgelegen haben.

Konvergenz
Die Lebensstandards der Regionen und Nationen dieser Erde konvergieren

Das ist die zentrale Aussage der sogenannten Konvergenztheorie: Unterschiedlich reiche Volkswirtschaften hätten demnach die Tendenz, sich anzugleichen; auch wenn die Reichen immer reicher würden, die Armen würden schneller reicher, sie holten irgendwann die Reichen ein.

Vorläufige Daten scheinen dieser These Recht zu geben: »Mit Freude konnte sie [die EU-Kommission] daher zur Kenntnis nehmen, daß in jüngerer Vergangenheit ärmere Regionen schneller wachsen als reiche«, sieht man das Institut der Deutschen Wirtschaft diese frohe Botschaft feiern. »Zwischen 1980 und 1995 konnten Irland, Spanien, Portugal und Griechenland ihr Bruttoinlandsprodukt je Einwohner von 67 Prozent auf 73 Prozent des EU-Durchschnitts steigern.« Und so weiter auch außerhalb Europas: Die an Volkseinkommen ärmsten Länder dieser Erde wachsen im Durchschnitt schneller als die an Volkseinkommen reichsten.

Leider zeugt dieses Extra-Wachstum armer Länder und Regionen nicht notwendig für die Konvergenztheorie: Auch bei ewig gleichen relativen Unterschieden zwischen arm und reich ist ein Extra-Wachstum der armen Länder nicht nur möglich, es ist geradezu zwangsläufig zu erwarten. Der englische Statistiker Sir Francis Galton hatte schon Ende des 19. Jahrhunderts darauf hingewiesen, daß große (im Sinn von lange) Männer oft nicht ganz so große Söhne haben; kleine Männer dagegen haben oft Söhne, die größer sind als ihre Väter. Mit anderen Worten, die Körpergröße wächst in »kleinen« Familien schneller als in »großen« (bzw. sie nimmt in »großen« Familien sogar ab). Aber trotzdem bleibt die Verteilung der Körpergröße wie auch die Verteilung der Volkseinkommen im Zeitverlauf im wesentlichen gleich (weil nämlich aus dem Mittelfeld hinreichend viele Länder sowohl absteigen wie aufsteigen und damit dafür sorgen, daß die relativ Reichen und die relativ Armen niemals aussterben).

Lit.: D. Quah: »Galton's fallacy and tests of the convergence hypothesis«, Discussion Paper Nr. 820, Center for Economic Policy Research, London 1993; »Angleichung im Schneckentempo«, Informationsdienst des Instituts der Deutschen Wirtschaft 16/1997.

Korallen
Korallen sind Pflanzen

Korallen sind Tiere. Sie gehören zur Klasse der Hohltiere (Anthozoa) und leben als Einzelpolypen oder in Kolonien (Korallenriffe) gern in tropischen Gewässern; ihre Kalkskelette bilden die bekannten Riffe.

Lit.: Grzimeks Tierleben, Bd. 1, Zürich 1971; G. Czihak et al. (Hrsg.): Biologie, Berlin 1990.

Kreml
Nur in Moskau gibt es einen Kreml (s.a. »Akropolis« in Band 1)

»Kreml« ist das russische Wort für »Zitadelle«; einen solchen Kreml gibt es auch in Novgorod, Smolensk oder Kazan. Der in Moskau ist nur der bekannteste und größte.

Stichwort vorgeschlagen von H. van Maanen.

Kreuzritter
Kreuzritter gab es nur im Mittelalter

Kreuzritter sind Ritter bzw. Soldaten, die im Auftrag und mit dem Segen des Papstes kämpfen. Dergleichen Kämpfer gab es noch lange nach dem Mittelalter, die letzten, die Johanniter auf der Insel Malta, mußten erst 1798 ihren Abschied nehmen, als Napoleon die Insel eingenommen hatte.

Kreuzzüge 1
Die Kreuzzüge waren reine Religionskriege und führten mehrheitlich nach Palästina

Die meisten Kreuzzüge haben Europa nie verlassen, und längst nicht alle galten Ketzern oder Heiden. Es gab Kreuzzüge gegen die Mauren in Spanien, gegen die Katharer in Südfrankreich, gegen die Hussiten in Böhmen, gegen die Wenden im Baltikum und gegen die Protestanten in England (die spanische Armada ist als Kreuzzug gegen England ausgelaufen).

»Kreuzzug« hieß: Diese Kriegsfahrt zählte als »Wallfahrt«, mit all den Privilegien wie Ablaß der Sünden, Schutz des heimatlichen Eigentums usw., die Wallfahrer einstmals reklamieren durften; Kreuzzüge durften daher nur mit dem Segen und mit der Erlaubnis des Papstes unternommen werden. Aber diese billige Methode, Heere gegen seine Feinde auszurüsten, brachte die Päpste bald auf den Gedanken, Kreuzzüge auch gegen rein politische Gegner auszurufen, ob Katholiken, Ketzer, Moslems oder Protestanten; im 13. Jahrhundert verkündeten sie z. B. einen Kreuzzug gegen Friedrich II.

in Sizilien, danach einen weiteren gegen dessen Erben, einen weiteren gegen die Ghibellinen in Norditalien, und später, aus dem Exil in Avignon, verkündeten die Päpste Kreuzzüge gegen fast jedes Herrscherhaus, das es damals in Italien gab.

Lit.: Stichwort »Kreuzzüge« in Theologische Realenzyklopädie, Band 20, Berlin 1990.

Kreuzzüge 2
Die Kreuzzüge waren ein Vorbote des westlichen Imperialismus

Die ersten Kreuzzüge stehen weniger für westlichen als für östlichen Imperialismus; sie reagierten vor allem auf mehrere hundert Jahre Expansion der Türken und der Mauren. Als Papst Urban II. am 27. November 1095 auf einer Wiese vor den Toren von Clermont in Frankreich zum ersten Kreuzzug aufruft, will er Jerusalem befreien, nicht erobern. Bis weit über die Hälfte des 1. Jahrtausends hatte Jerusalem unter der Herrschaft des christlichen Kaisers von Byzanz gestanden; hätten die Muslims ihren Aggressionsfeldzug gezügelt, hätte es auch keine Kreuzzüge gegeben.

Genausowenig waren die Kreuzzüge schwerpunktmäßig kommerzielle Unternehmen; ihre Teilnehmer dachten weit weniger an persönlichen Gewinn und materiellen Reichtum, als viele Historiker ihnen später unterstellten; sie mußten sich vielfach hoch verschulden, um an einem Kreuzzug teilzunehmen, sie sahen einen Kreuzzug weniger als Quelle für ihre Einnahmen denn als Buße für ihre Sünden, anders als die späteren spanischen Konquistadoren oder die englischen Ostindienfahrer, die aus rein kommerziellen Interessen ihre Fahrten unternahmen, sind sie eher mit modernen religiösen Selbstmord-Attentätern zu vergleichen.

Lit.: Jonathan Riley-Smith: »Reinterpreting the crusades«, The Economist, 23. 12. 1995.

Krieg 1
Bertolt Brecht schrieb: »Stell dir vor, es ist Krieg, und keiner geht hin.« (s.a. »Freiheit«)

Diese von den Gegnern der Nachrüstung 1982 ausgegrabene Brecht-Parole ist erfunden; sie wurde seinem Gedicht »Wer zu Hause bleibt« posthum angeheftet. Der Originaltext von Brecht lautet so:

»Wer zu Hause bleibt, wenn der Kampf beginnt, / Und läßt andere kämpfen für seine Sache, / Der muß sich vorsehen, denn: / Wer den Kampf nicht geteilt hat, / Wird teilen die Niederlage. / Nicht einmal den Kampf vermeidet, / Wer den Kampf vermeiden will: denn / Es wird kämpfen für die Sache des Feindes, / Wer für seine eigene Sache nicht gekämpft hat.«

Diesem Text, in dem insgesamt siebenmal vom Kämpfen die Rede ist, wurde in den 70er Jahren von unbekannter Hand das obige Friedensmotto vorangestellt; es verkehrt die Aussage des Brecht-Textes ins Gegenteil.

Lit.: Josef Nyary: »Vom Umgang mit Roten und Rothäuten«, Welt am Sonntag, 15. 2. 1998; Stichwort beigetragen von Alfredo Grünberg.

Krieg 2
Clausewitz schrieb: »Der Krieg ist nichts anderes als eine Fortsetzung der Politik mit anderen Mitteln.«

In »Vom Kriege« (11. Auflage 1832, S. 640) schreibt Clausewitz genau: »Der Krieg ist nichts als eine Fortsetzung des politischen Verkehrs mit Einmischung anderer Mittel, um damit zugleich zu behaupten, daß dieser politische Verkehr durch den Krieg selbst nicht aufhört, nicht in etwas anderes verwandelt wird, sondern daß er in seinem Wesen fortbesteht, wie auch die Mittel gestaltet sein mögen, deren er sich bedient.«

Kronzeuge
Ein Kronzeuge heißt so, weil er der wichtigste Zeuge ist

Ein Kronzeuge ist ein Krimineller, der seine Mittäter belastet. Das Wort kommt aus dem anglo-amerikanischen Strafrecht, welches Strafverfahren so wie Zivilverfahren als Parteiprozesse führt (zwischen der »Krone« alias dem Staat und dem Beschuldigten); ein aussagebereiter Mittäter ist also der Zeuge »für die Krone«.

Lit.: Stichwort »Kronzeuge« in Meyers Enzyklopädisches Lexikon, Mannheim 1975; Stichwort vorgeschlagen von Alfredo Grünberg.

Kropf
Kröpfe entstehen durch Mangel an Jod

Ein Kropf, d. h. eine krankhafte Vergrößerung der Schilddrüse, kann durch alles mögliche entstehen: Vitaminmangel, Nitrate im Trinkwasser, Unkrautvertilger, Zigaretten, Blei ...

Eher selten entsteht ein Kropf auch durch ein Defizit an Jod; wahrscheinlicher ist dagegen, daß man durch Jodzusätze in der Nahrung überhaupt erst einen Kropf bekommt: In mehreren Regionen unseres Planeten haben die Kröpfe nach der Beigabe von Jod in Lebensmitteln zugenommen ...

Die Jod-Theorie geht auf die ungleiche regionale Verteilung der Kröpfe zurück: In Gegenden mit jodarmer Ernährung treten sie häufiger auf als anderswo. Aber diese Korrelation hat viele Wurzeln. Zum Beispiel gibt es in den notorischen Kropfgebieten der Alpen immer wieder Bauernfamilien, die bei gleicher Jodversorgung anders als ihre Nachbarn nie vom Kropf betroffen werden. Der Grund: die Bauern aus den »Kropfhäusern« haben schlechte, schattenreiche Weiden, die Bauern aus den jodfreien Häusern dagegen lassen ihre Kühe in der Sonne weiden. Dadurch enthält deren Milch mehr Vitamin A, und dieser unterschiedliche Vitamin-A-Gehalt und nicht das Jod erklärt dann auch die Kröpfe.

Lit.: U. Pollmer et al.: Prost Mahlzeit! Krank durch gesunde Ernährung, Köln 1994; Stichwort vorgeschlagen von Sonja Berghoff.

Kröte
»Ein paar Kröten« steht für »wenig Geld«, weil Kröten vergleichsweise wertlos sind

Die »Kröten« in den »paar Kröten« kommen nicht von den Tieren gleichen Namens, sondern von »Groschen« oder »Groten«. »Ein paar Kröten« heißt also »Ein paar Groschen«.

Lit.: Kurt Krüger-Lorenzen: Deutsche Redensarten – und was dahinter steckt, Wiesbaden 1960.

Kummerbund
Männer mit einem Kummerbund haben Kummer mit ihrer Figur

Mag sein, aber die als »Kummerbund« bekannte, von Frackträgern um den Bauch geschlungene Schärpe hat mit Kummer nichts zu tun; sie hat den Namen vom persischen »Hamarband« (= Hüftgürtel) und heißt auch im englischen »cummerbund«.

Künstliche Beatmung
Die Medizin kann erst seit kurzem Menschen künstlich beatmen

Wenn man modernen Anästhesisten glauben darf, wurden schon vor 5000 Jahren Menschen, die keine Luft mehr bekamen, künstlich beatmet: Die seltsamen Haken, die man zuweilen in Ägypten in Gräbern und auf Bildern findet, wären demnach ein Vorfahr des modernen Laryngoskops gewesen, mit dem heute Patienten mit Atemstillstand behandelt werden – damit wird der Weg zur Luftröhre gebahnt und dem Intubationsschlauch Platz gemacht. So hätten ägyptische Ärzte z. B. Patienten, deren Atem etwa nach Schlangenbissen stillstand, bis zum Wiederbeginn der Atmung künstlich zwangsbeatmet.

Lit.: A. Ocklitz: »Kardiopulmonale Reanimation vor 5000 Jahren«, Vortrag auf dem »Internationalen Anästhesistenkongreß«, Hamburg 1997; »Haken im Hals«, Der Spiegel 17/1997.

Künstliche Befruchtung
Künstliche Befruchtung gibt es erst seit wenigen Jahrzehnten

Künstliche Befruchtung, d. h. das ohne Hilfe männlicher Geschlechtsorgane vollzogene Einsetzen männlicher Spermien in den weiblichen Eileiter zwecks Erzeugung neuer Lebewesen, gab es schon im 18. Jahrhundert. Zunächst bei Tieren, wenig später auch bei Menschen, wurden schon vor mehr als 200 Jahren männliche Spermien mit geeigneten Instrumenten in die weibliche Gebärmutter verbracht. Auf diese Weise soll etwa ein englischer Arzt namens William Hunter einem französischen Ehepaar, dessen männliche Hälfte wegen Penisverkrümmung zum Geschlechtsverkehr nicht fähig war, zu Kinderglück verholfen haben ...

Diese Technik wurde sehr diskret verwendet, man sprach öffentlich nicht gern darüber; einschlägige Arbeiten wurden von der Fachwelt wenig freundlich aufgenommen (noch 1885 wurde ein Buch eines Joseph Gerard zur Theorie und Praxis dieser Technik öffentlich verbrannt).

Lit.: L. Gavarini: »Fécondation artificielle: un débat centenaire«, La Recherche 213, Sep. 1989.

Kupfermünzen
Das Kupfer in unseren Kupfermünzen ist mehr wert als die Münzen selbst

Richtig ist: Unsere Ein- und Zweipfennigstücke kosten in der Herstellung rund 3 Pfennig – der Staat wird also mit jeder dieser Münzen ärmer. Aber dieser Preis kommt weniger durch das Material als durch die Herstellung zustande; unsere Pfennigmünzen bestehen aus einem Stahlkern, der mit einer Kupferauflage versehen ist; das reine Material hat einen Wert von weniger als einem Pfennig.

Lit.: Christoph Drösser: »Bare Münze«, Die Zeit, 13. 3. 1998; Stichwort vorgeschlagen von Christian Kleiber.

Küssen
Beim Küssen kann man sich erkälten (s.a. »Erkältungen« in Band 1)

Diese Aussage ist nach moderner Medizinermeinung eher unwahrscheinlich. Denn die Viren, die Erkältungen übertragen, fühlen sich in unserem Mund nicht wohl – sie leben lieber in der Nase, da ist es wärmer, und deshalb können sie sich auch durch Küssen nicht verbreiten.

Lit.: Carol Ann Rinzler: Feed a cold, starve a fever – A dictionary of medical folklore, New York 1991.

L

»Der gesunde Menschenverstand, wenn er eine Sache beurteilen will, schießt nicht so sehr fehl wie die halbe Gelehrsamkeit.«
Immanuel Kant

Lamm
»Belämmert« kommt von Lamm

Die genaue Herkunft von »belämmert« ist umstritten; einige meinen, es sei aus dem hebräischen »b'li emor« (= sprachlos) über das Jiddische ins Deutsche gekommen, andere halten die Herkunft von dem niederländischen »belemmern« (= verhindern, hemmen) für wahrscheinlicher, wieder andere sehen die Wurzel in dem ebenfalls niederländischen »Lammel« (= beschmutzter Rocksaum). Von den Lämmern kommt »belämmert« aber sicher nicht.

Lit.: Kurt Krüger-Lorenzen: Deutsche Redensarten – und was dahinter steckt, Wiesbaden 1960; Bernd-Lutz Lange: Dämmerschoppen, Köln 1997 (besonders das Kapitel »Sprachdenkmäler«).

Landauer
Die als »Landauer« bekannten Kutschen kamen aus Landau

»Und so kam auch zurück mit seinen Töchtern gefahren
Rasch an die andere Seite des Marktesder begüterte Nachbar,
An sein erneuertes Haus, der erste Kaufmann des Ortes,
Im geöffneten Wagen (er war in Landau verfertigt).«

So schreibt Goethe in »Hermann und Dorothea«. Aber anders als Goethe glaubte, hat das Wort »Landauer« für eine leichte, offene Kutsche mit der pfälzischen Stadt Landau nichts zu tun. Es ist vielmehr aus dem arabischen »landul« abgeleitet, das über das spanische »lado« (ein leichter, mit Maultier bespannter viersitziger Wagen) und das englische »landau« schließlich zum deutschen Landauer geworden ist.

Lit.: Nabil Osman: Kleines Lexikon deutscher Wörter arabischer Herkunft, München 1993; Eckhard Henscheid, Gerhard Henschel und Brigitte Kronauer: Kulturgeschichte der Mißverständnisse, Stuttgart 1997 (besonders der Abschnitt »Etymologie auf dem Holzweg«).

Langemarck
Bei Langemarck sind deutsche Kriegsfreiwillige das Deutschlandlied singend gegen Engländer und Franzosen vorgestoßen

Das Dorf Langemarck in Flandern, auch Langemark geschrieben, 8 km nördlich von Ypern gelegen und heute Teil der Gemeinde Langemarck-Poelkapelle, war keinesfalls der Ort der legendären jugendlichen Heldentaten, den wir aus der deutschen Weltkrieg-I-Folklore kennen. »Westlich Langemarck brachen junge Regimenter unter dem Gesange ›Deutschland, Deutschland über alles‹ gegen die erste Linie der feindlichen Soldaten vor und nahmen sie«, verkündet die Oberste Deutsche Heeresleitung am 14. November 1914. »Etwa 2000 Mann französischer Linieninfanterie wurden gefangengenommen und sechs Maschinengewehre erbeutet.«

Diese Meldung war aber in vielen Teilen falsch. Erstens fand der Angriff 5 km westlich von Langemarck bei einem Dorf namens Bixschote statt (aber wie klingt »Bixschote« gegen »Langemarck«); zweitens bestanden die dort angreifenden deutschen Freiwilligenregimenter nach großen vorangegangenen Verlusten zum überwiegenden Teil aus älteren Ersatzreservisten und Landsturmjahrgängen, und drittens hat von diesen niemand beim Angriff das Deutschlandlied gesungen. »Unter den Mannschaften erweckte der Sturmbefehl nicht die geringste Begeisterung«, heißt es in der Geschichte eines damals beteiligten Reserve-Infanterieregiments. »Es war keine Hurrastimmung, mit der die Männer (...) in den Tod gingen.«

Diese Hurrastimmung kam erst lange nach den Kämpfen auf. »Aus der Ferne aber drangen die Klänge eines Liedes an unser Ohr und kamen immer näher und näher«, schreibt Adolf Hitler in »Mein Kampf«. Sie »sprangen über von Kompagnie zu Kompagnie, und da, als der Tod gerade geschäftig hineingriff in unsere Reihen, da erreichte das Lied auch uns, und wir gaben es nun weiter: Deutschland, Deutschland über alles, über alles in der Welt«.

Aufgrund solcher und ähnlicher, größtenteils erfundener bzw. nachträglich geschönter Erinnerungen gründeten deutsche Studenten einen »Langemarck-Ausschuß Hochschule und Heer«, wurde 1932 in Langemarck ein »Studentenfriedhof« eingeweiht, und haben noch 50 Jahre nach den fraglichen Ereignissen neue deutsche Nazis an diesen Gräbern Feiern abgehalten – Langemarck als Symbol eines alle Ketten sprengenden pan-teutonischen Opfergeists und Heldentums.

Vermutlich wollte die Oberste Deutsche Heeresleitung mit ihren markigen Sprüchen genau diesen Opfergeist beschwören, vielleicht auch nur die Aussichtslosigkeit der Lage an diesem Teil der Flandernfront verbergen. Denn alle Versuche, von Lille aus bis zur Nordsee und von der Küste aus nach Ypern durchzubrechen, waren unter großen Verlusten gescheitert (die sog. »Erste große Schlacht in Flandern« vom 20. Oktober bis 3. November 1914), »die in aller Eile aufgestellten vier Reservekorps der 4. Armee (...) erleiden bei Langemarck und Ypern in dem dichtbesiedelten, von zahlreichen Gräben und Kanälen durchzogenen sumpfigen Gelände an der Yser verheerende Verluste« (Piekalkiewicz). »Zehntausende dieser ungenügend ausgebildeten und von älteren Reserveoffizieren ohne Fronterfahrung geführten jungen [sic] Soldaten werden hier als Kanonenfutter in den Tod gejagt.«

Die einzigen überlieferten Anlässe, bei denen diese Kanonenfutter-Regimenter damals das Deutschlandlied gesungen haben, waren Ruhepausen zwischen Kämpfen oder Nachtmärsche, während derer man sich durch das Singen Mut zu machen suchte und die anderen in der Gegend herumirrenden deutschen Soldaten davon abhalten wollte, ihre eigenen Kameraden totzuschießen.

Lit.: K. Unruh: Langemarck – Legende und Wirklichkeit, Koblenz 1986; J. Piekalkiewicz: Der Erste Weltkrieg, Düsseldorf 1988; M. Vasold: »Langemarck«, in: W. Benz (Hrsg.): Legenden, Lügen, Vorurteile, München 1995.

Lappen
»Durch die Lappen gehen« hat etwas mit Lappen zu tun
(s.a. »Schönes Wetter«)

Wie so vielen Redewendungen liegt auch dieser ein Hörfehler zugrunde: In alten Zeiten pflegten Gerber und Färber ihre Textilien und Felle in fließendem Gewässer zu spülen, dabei schwammen diese öfters weg. Handelte es sich bei dem Gewässer um einen künstlich gestauten, sogenannten »Vorfluter« oberhalb eines sogenannten »Nadelwehrs« (hier wird der Durchfluß durch Hochstellen oder Herunterklappen einzelner Nadeln bzw. »Latten« reguliert), so blieben die entwischten Stücke mit etwas Glück in den Latten hängen. Fehlte das Glück, dann gingen die Stücke eben »durch die Latten«.

Stichwort vorgeschlagen von Volker Klein.

Lebensborn 1
Der »Lebensborn« der Nazis war ein verkappter Bordellverein

Die Nazis hätten das ehemals von Thomas Mann bewohnte Haus in München in ein »zum ›Lebensborn‹ genanntes Arier-Bordell umfunktioniert«, schreibt Fritz J. Raddatz in der *Zeit*.

Aber ganz so war es nicht. Der 1935 von Heinrich Himmler gegründete Verein »Lebensborn e.V.« sollte zunächst einmal die »nordische« Rasse fördern, die Abtreibung bekämpfen und für Militär und Wirtschaft Nachwuchs produzieren. (Erst als Himmler dem anfänglich wenig begeisterten Hitler 400.000 stramme Soldaten extra binnen 25 Jahren avisierte, war dieser für den »Lebensborn« gewonnen.) Laut Satzung von 1938 hatte der Verein »den Kinderreichtum in der SS zu unterstützen, jede Mutter guten Blutes zu schützen und zu betreuen und für hilfsbedürftige Mütter und Kinder guten Blutes zu sorgen«.

Aber eben nicht durch eine Art Bordellbetrieb, das hätte die Spießermoral der Nazis niemals ausgehalten. Auch wenn zuweilen offen zur Zeugung von Kindern auch außerhalb der Ehe aufgerufen wurde – das Ganze blieb immer in der bürgerlichen Sexualmoral verankert; Sex und Wollust waren in der Dienstvorschrift nicht vorgesehen. »Im tiefsten sittlichen Ernst« erging etwa in dem Rundschreiben »SS für ein Großgermanien, III Folge, Schwert und Wiege« die Anordnung an die deutschen Besatzungstruppen in Norwegen, »daß deutsche Soldaten so viele Kinder wie möglich zeugen, egal, ob ehelich oder unehelich«, die Mütter sollten dann die Kinder freiwillig in deutsche Obhut geben.

Lit.: G. Lilienthal: Der Lebensborn e.V., Stuttgart 1985; H. Auerbauch: »Lebensborn«, in: W. Benz (Hrsg.): Legenden, Lügen, Vorurteile, München 1995; Stichwort vorgeschlagen von Richard M. Müller.

Lebensborn 2
Der meiste Nazi-Nachwuchs kam im Lebensborn zur Welt

Von den mehr als 15 Millionen Deutschen, die im Dritten Reich geboren wurden, erblickten nur 10.000, weniger als 1 Promille, in einem Entbindungsheim des Lebensborns das Licht der Welt; selbst von diesen stammten fast die Hälfte aus bürgerlichen Ehen.

Lebensborn 3
Mit dem Ende des Dritten Reiches endete auch der Lebensborn

Dieser unselige Verein wurde in gewisser Weise erst nach dem Abtreten seiner Gründer wirklich wirksam: als Reservoir für Westspione in der DDR. Entweder warb man in der DDR lebende Kinder aus den Heimen des Lebensborns, die einen Anspruch auf den Paß des Landes ihrer Mutter hatten (Norweger etwa), direkt als Spione an, oder aber man stülpte professionellen Spionen die Biographien von Lebensborn-gezeugten Kindern über. Deren Lebenswege waren, da in Nazi-Heimen begonnen, für die westlichen Geheimdienste kaum zu kontrollieren, also auch nur schwer als falsch erkennbar; die »echten« Kinder blieben unter Aufsicht hinter dem eisernen Vorhang, ihre Doppelgänger gingen derweil auf dessen anderer Seite ihren Geschäften nach.

»Die genaue Zahl der Spione mit gestohlenen Biographien ist unbekannt, die meisten Akten sind vernichtet. Sicher ist: Noch immer laufen im vereinten Deutschland and anderswo Agenten unerkannt und unbehelligt herum, die irgendwo einen Doppelgänger haben.«

Lit.: »Kinder für Führer und Stasi«, Der Spiegel 25/1997.

Leipzig
Goethe wollte mit »Mein Leipzig lob' ich mir« die Stadt Leipzig loben

Keine Frage: die einstmals und nun wieder schöne Metropole Leipzig darf man durchaus loben; aber Goethe meinte mit »mein Leipzig lob' ich mir« das Gegenteil. In »Faust 1«, in Auerbachs Keller, läßt er den Bürger Brander, als Faust und Mephisto das Lokal betreten, sagen:

> Die kommen eben von der Reise,
> Man sieht's an ihrer wunderlichen Weise;
> Sie sind nicht eine Stunde hier.

Daraufhin meint Bürger Frosch, das seinerzeitige Äquivalent des Ekels Alfred:

> Wahrhaftig, du hast Recht!
> Mein Leipzig lob' ich mir.
> Es ist ein klein Paris, und bildet seine Leute.

Indem er diesen Antisympathicus die Stadt Leipzig loben läßt, sagt Goethe indirekt, was er selber von ihr hält; seine wahre Meinung über Leipzig legt er eher Mephisto in den Mund:

> Dem Volk hier wird jeder Tag ein Fest.
> Mit wenig Witz und viel Behagen
> Dreht jeder sich im engen Zirkeltanz
> Wie junge Katzen mit dem Schwanz.
> Wenn sie nicht über Kopfweh klagen,
> So lang der Wirt nur weiter borgt,
> Sind sie vergnügt und unbesorgt.

Diesen »vergnügten und unbesorgten« Leuten mit »wenig Witz« hat Goethe hier besonders Verehrung zugetragen.

Stichwort vorgeschlagen von Alfredo Grünberg.

Lemon sole
Lemon sole hat seinen Namen von Zitronen

»Lemon sole« kommt von dem französischen »limande« (= Rotzunge, spanisch »mendo limon«, italienisch »sogliola limanda«); damit meint man in englischsprachigen Ländern in der Regel eine Scholle, die der teureren Seezunge (»sole«) sehr ähnlich sieht. Mit »lemon« (= Zitrone) hat das nichts zu tun. (Nur in Australien meint man mit »lemon-sole« einen flachen Fisch von zitronengelber Farbe.)

Lit.: The Oxford English Dictionary, Oxford 1963; http://www.starchefs.com/Dburke_lemon-sole.html.

Leonardo da Vinci
Leonardo da Vinci hat das Fahrrad erfunden

Leonardo da Vinci hat viele Dinge erfunden oder vorausgeahnt (den Hubschrauber oder den Fallschirm etwa), das moderne Fahrrad aber

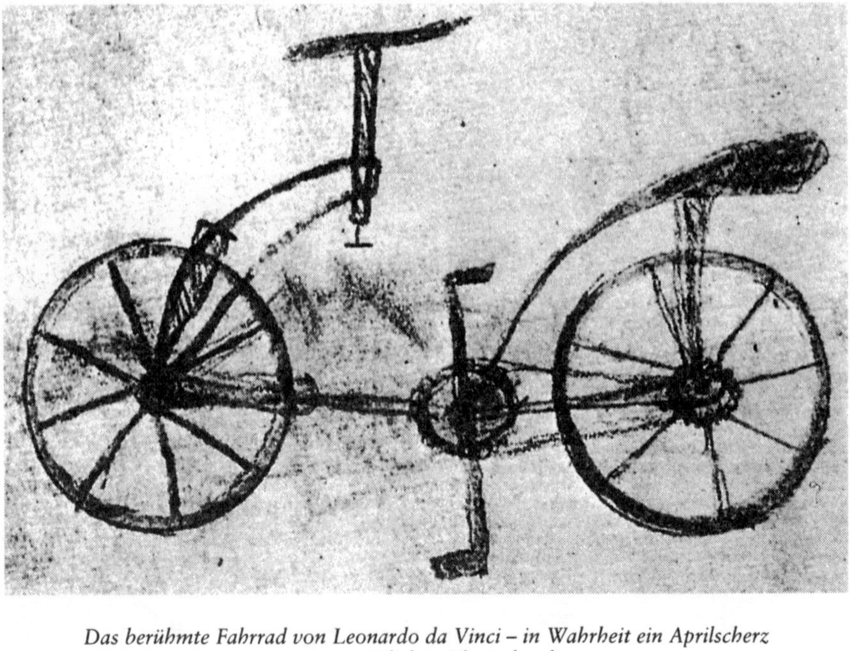

Das berühmte Fahrrad von Leonardo da Vinci – in Wahrheit ein Aprilscherz eines neuzeitlichen Klosterbruders

nicht; die berühmte, 1974 auf der Rückseite eines Leonardo-Manuskripts entdeckte Skizze eines Zweirads, komplett mit Kette und Pedalen, wurde bei einer Restaurierung des Manuskriptes in den 60er Jahren von einem Witzbold nachträglich hineingezeichnet.

Das fragliche Manuskript war ursprünglich gefaltet und verklebt – die Rückseite des Blattes war verborgen, vermutlich wegen einiger erotischer Zeichnungen, die Leonardo oder einer seiner Schüler auf das Blatt geworfen hatte. Wenn man das Blatt gegen das Licht hielt, konnte man aber die Zeichnungen erkennen, und noch 1961 waren auf dem Skizzenblatt außer besagten Zeichnungen nur zwei Kreise zu sehen, aber keine Pedale und auch keine Speichen; diese sind also nachträglich dazugekommen. Auf der internationalen Fahrradgeschichte-Konferenz in Glasgow 1997 wurde daher der deutsche Forstmeister Karl von Drais, der 1817 eine hölzerne Laufmaschine vorgeschlagen hatte, als der wahre Urheber des Zweiradfahrens rehabilitiert.

Lit.: Jonathan Knight: »On yer bike, Leonardo – The Renaissance genius was not the father of cycling«, New Scientist, 18. 10. 1997, S. 28; Stichwort vorgeschlagen von Alfredo Grünberg und H. van Maanen.

Leukämie
Leukämie entsteht durch Kernkraftwerke (s.a. »Tschernobyl 2« sowie in Band 1 »Radioaktivität«)

Es ist bekannt und nachgewiesen, daß radioaktive Strahlung Krebs erzeugt: In Deutschland gehen z. B. mehrere Tausend Fälle von Lungenkrebs pro Jahr auf das radioaktive, in der Natur in großen Mengen vorkommende Edelgas Radon zurück, das sich in bundesdeutschen Häuserkellern sammelt. Auch der in der Ukraine und im Ural nach den dortigen Kernkraftunfällen beobachtete Anstieg von Leukämie und Schilddrüsenkrebs ist ohne Zweifel eine Folge der Bestrahlung.

Bekannt ist aber auch, daß die Wahrscheinlichkeit für eine Krebserkrankung mit der Dosis steigt: Je höher die in Millirem (heute Sievers) gemessene Belastung, desto häufiger tritt später eine Krebserkrankung auf. Und da selbst in unmittelbarer Nähe von Kernkraftwerken die zusätzliche Belastung von ein bis zwei Millirem pro Jahr gegenüber der »natürlichen« Strahlenbelastung von 200 bis

400 Millirem pro Jahr aus Radon, Höhenstrahlung oder natürlicher Radioaktivität etwa in unserem Essen kaum nachzuweisen ist, kann ein normal funktionierendes Kernkraftwerk auch nicht der Grund für hohe Krebsvorkommen sein.

Selbst die Kernkraftgegner, die dem Kraftwerk Krümmel in der Elbmarsch die Schuld an den dort gehäuft auftretenden Leukämieerkrankungen bei Kindern geben (sechs Fälle von 1989 bis 1991), räumen die Ungefährlichkeit bei Normalbetrieb des Kraftwerks ein; sie führen die Häufung auf einen angeblich vertuschten Störfall mit einer Strahlendosis bis zum 500fachen der jährlichen natürlichen Bestrahlung zurück.

Ein solcher Störfall in der Größenordnung einer Atombombenexplosion ist in Deutschland anders als in Rußland aber nicht vertuschbar, unter allen denkbaren Gründen für die Häufung der Leukämiefälle in der Elbmarsch ist er der mit Abstand unwahrscheinlichste. Denn solche Häufungen treten auch an Orten auf, wo man ein Kernkraftwerk erst plant, aber auch in anderen »Zuwanderungsregionen«, auch in dicht besiedelten städtischen Gebieten: In einem Vorort von Chicago zählte man binnen vier Jahren in einem Radius von einer Meile acht Fälle von Leukämie (in der medizinischen Fachliteratur als »Niles-Cluster« bekannt), im Zentrum dieses Kreises stand die katholische Kirche von St. Johns Babeuf ...

Lit.: J. Michaelis, B. Keller, G. Haaf und P. Katsch: »Incidence of childhood malignancies in the vicinity of West German nuclear power plants«, Cancer causes and control 3, 1992, S. 255–264; T. Kinzelmann: »Strahlenbelastung und kindliche Leukämieerkrankungen in der Umgebung von Kernkraftwerken«, UMED-INFO 2, Landesgesundheitsamt Baden-Württemberg, Stuttgart 1994; Stichwort vorgeschlagen von T. Kinzelmann.

Licht am Tag
Die Verkehrssicherheit steigt, wenn Autos auch tagsüber mit eingeschaltetem Abblendlicht fahren müssen

Mit diesem Argument ist in manchen Ländern das Einschalten des Abblendlichts auch tagsüber vorgeschrieben; anderswo, etwa in Österreich, wird eine analoge Vorschrift derzeit diskutiert. Aber nach Mehrheitsmeinung von Verkehrsexperten nimmt die Sicherheit dadurch nicht zu; sie geht sogar zurück: Fußgänger oder Radfahrer werden leichter übersehen, und selbst die mit Licht fahrenden Autos fallen, wenn alle mit Licht fahren, nicht mehr besonders auf. Damit ist aber auch das Argument »Lichtfahrer sind sichtbarer« nicht mehr zu halten, die Empfehlung »Macht Licht bei Tage, dann seht ihr mehr« ist von dem gleichen Kaliber wie »Macht mehr Lärm, dann hört ihr mehr«.

Lit.: Fritz Sacher: »Verkehrssicherheit – Licht am Tag«, Verkehrsunfall und Fahrzeugtechnik 10/1996.

Lichtgeschwindigkeit 1
Licht verbreitet sich mit Lichtgeschwindigkeit

Licht verbreitet sich je nach Medium mit verschiedenen Geschwindigkeiten – im Vakuum mit 299.792 km pro Sekunde, in der Luft mit 299.705 km pro Sekunde und in Glas je nach Sorte mit nur rund 200.000 km pro Sekunde. Mit anderen Worten, *die* Lichtgeschwindigkeit gibt es nicht, meistens ist mit diesem Wort die Geschwindigkeit im Vakuum gemeint, hier verbreitet sich das Licht am schnellsten.

Lit.: A. Recknagel: Physik – Optik, 13. Auflage, Berlin 1990.

Lichtgeschwindigkeit 2
Nichts bewegt sich schneller als das Licht

Nach der Einsteinschen Relativitätstheorie darf es durchaus Dinge geben, die sich schneller bewegen als das Licht. Voraussetzung ist allein, daß sie sich nie langsamer bewegen als das Licht. Mit anderen Worten: die Lichtgeschwindigkeit (im Sinn der Geschwindigkeit im Vakuum; siehe oben) ist eine doppelte Barriere – sie begrenzt die Teilchen nach oben und nach unten; die einen bewegen sich immer langsamer als das Licht, die anderen immer schneller, es gibt keine Teilchen, die sich sowohl langsamer als auch schneller als das Licht bewegen können.

Bisher existieren diese überlichtschnellen Teilchen, die sog. Tachyonen, nur in der Theorie; noch keinem Physiker ist es gelungen, eines wirklich aufzufinden. Aber grundsätzlich ist ihr Dasein mit den Gesetzen der Physik durchaus verträglich.

Lit.: Paul Davies: Die Unsterblichkeit der Zeit, Bern 1996.

Linksverkehr
Großbritannien ist das letzte Land mit Linksverkehr

Außer in Großbritannien fährt man heute noch in Indien und in Japan links, um nur die beiden bevölkerungsreichsten Linksfahrerländer zu nennen. Weitere Länder mit Linksverkehr sind Australien, Indonesien, Irland, Malaysia, Nigeria, Neuseeland, Thailand und Südafrika.

Lohnquote
Eine sinkende Lohnquote bedeutet eine Verschlechterung von Arbeitnehmerpositionen

Die Lohnquote ist der Anteil der Einkommen aus abhängiger Arbeit am gesamten Volkseinkommen; sie betrug 1996 in der Bundesrepublik Deutschland 71,1%, verglichen mit 72,3% im ersten vollen Rechnungsjahr nach der Wiedervereinigung 1991; seither geht die Lohnquote monoton zurück, im ersten Halbjahr 1997 ist sie nochmals um mehr als zwei Prozentpunkte gesunken.

Anders als man von Gewerkschaften und Arbeitnehmerseite immer wieder hört, zeigt dieser Rückgang der Lohnquote aber keine Umverteilung Richtung Arbeitgeber; er ist sowohl mit einem steigenden wie mit einem fallenden Anteil der Arbeitnehmer am Volkseinkommen kompatibel, die Lohnquote als Monoindikator kann die Verteilungsgerechtigkeit nicht messen.

Zunächst einmal zeigt die Lohnquote nur die Verteilung des Einkommens auf Einkommens*arten* auf; welches die Personen sind, die diese Einkommen beziehen, bleibt dabei offen. So zählen etwa die Zinseinkünfte eines Rentnerehepaares genauso zum Einkommen aus Unternehmertätigkeit und Vermögen wie die Dividenden der immer zahlreicheren Volksaktionäre oder wie die kalkulatorische Miete eines Eigenheimbesitzers; rund die Hälfte aller deutschen Arbeitnehmerhaushalte besitzen heute Immobilien, und deren Erträge werden grundsätzlich den Unternehmen angerechnet.

Auch die Einkommen von Landwirten und anderen kleinen Selbständigen, die man gemeinhin nicht zu den Kapitalisten unseres Landes rechnet, fließen in den Topf der Unternehmer. Die Lohnquote in der deutschen Landwirtschaft z. B. liegt unter 30%, von den rund einer Million Menschen, die dort immer noch ihr Brot verdienen, haben nur ein Fünftel Arbeitnehmerstatus; der Rest sind Selbständige oder mithelfende Familienangehörige, ihr Einkommen wird den Unternehmen zugeschlagen.

Die mehreren Millionen DM Gehalt pro Jahr dagegen, die verschiedene Vorstandsmitglieder deutscher Aktiengesellschaften als Kontraktgehalt beziehen, sind Einkommen aus unselbständiger Beschäftigung, sie werden der Lohnquote zugerechnet.

Das Steigen und Fallen der Lohnquote kann also viele Gründe haben. Mit dem Wachstum des Vermögens quer durch alle Bevölkerungsschichten (Stichwort »Erbengeneration«) nehmen auch die Einkommen aus Vermögen quer durch alle Schichten zu; noch 1970 stammten weniger als 5% des deutschen Volkseinkommens aus Vermögen, 1995 bereits mehr als 10% (Tendenz steigend); damit nimmt die Lohnquote zwangsläufig ab. Auch das Wachstum des Dienstleistungssektors mit seinem traditionell hohen Anteil an Selbständigen muß die Lohnquote drücken: Die Einkommen von Gastwirten, Ärzten, Beratern aller Art und selbständigen Taxifahrern gehen der Lohnquote verloren.

Umgekehrt nimmt die Lohnquote in Zeiten steigender Anteile abhängig Beschäftigter natürlich zu; von 1960 bis 1990 ist die Lohnquote in den alten Bundesländern von 60% auf 74% gestiegen. Aber genausowenig wie man diesen Anstieg als einen Sieg der Arbeitnehmer feiern durfte, darf man den aktuellen Rückgang als Verlust beweinen.

Lit.: P. von der Lippe: Wirtschaftsstatistik, 5. Auflage, Stuttgart 1996.

Loreley
Die schöne Fee Loreley gab dem gleichnamigen Felsen seinen Namen

Die berühmte Loreley, so wie sie in der Phantasiegestalt der »Lore Lay« aus der gleichnamigen Ballade von Clemens Brentano, vor allem aber in der verführerischen, die Schiffer ins Verderben ziehenden Wasserfrau aus dem bekannten Gedicht von Heinrich Heine weiterlebt, hat ihren Namen von dem gleichnamigen Felsen und nicht umgekehrt. »Lei« heißt mittelhochdeutsch Schiefer oder Fels, »lure« bedeutet hinterlistig, also ist der Loreley der Böse Berg. Und das war er früher auch tatsächlich: In der kaum hundert Meter breiten Rheinenge sind schon viele Schiffer umgekommen.

Alternativ kann »lur« auch »tönen« heißen, »Lurlei« wäre damit der tönende Fels, ein Fels, der ein besonders gutes Echo gibt. Früher hielt man dieses Echo für Geisterstimmen aus dem Inneren des Felsens, oder man dachte sich den Felsen hohl, mit einer Hexe in der Mitte. Wie auch immer, der Name für den Felsen kam zuerst, danach der Name für die Fee von Heine.

Lit.: W. Wadepuhl: Heinrich Heine – sein Leben, seine Werke, Köln 1974; Stichwort »Lorelei« in der Brockhaus Enzyklopädie, Wiesbaden 1990; Stichwort vorgeschlagen von Richarda Langner-Fröhlecke.

Lotto
Zweimal die gleichen Lottozahlen sind ein äußerst ungewöhnliches Ereignis (s.a. »Zufall« in Band 1)

Die Wahrscheinlichkeit, daß in 40 Jahren Lotto ein und dieselbe 6er-Reihe ein zweites Mal gezogen wird, ist größer als 25%. Deshalb wäre auch die in den Medien als Sensation gefeierte Ziehung A beim Mittwochslotto vom 21. Juni 1995, als eine am 20. Dezember 1986 bereits gezogene Kombination ein zweites Mal gezogen wurde, kein Gramm Druckerschwärze wert gewesen; daß dergleichen in 40 Jahren Lotto vorkommt, ist so wahrscheinlich wie zwei Mädchen bei vier Kindern (da ruft auch niemand die *Bild-Zeitung*).

Lotto gibt es in Deutschland seit 1955. Bis zum 21. Juni 1995 gab es im Mittwochs- und Samstagslotto zusammen 3016 Ziehungen; daß zwei bestimmte davon die gleiche 6er-Reihe produzieren, ist natürlich äußerst unwahrscheinlich. Aber daß zwei von drei Ziehungen die gleiche 6er-Reihe produzieren, ist schon etwas wahrscheinlicher (wenn auch immer noch sehr unwahrscheinlich), daß zwei von vier Ziehungen zwei gleiche Reihen produzieren, ist nochmals leicht wahrscheinlicher usw. Die folgende Tabelle (nach Henze, 1995) zeigt, mit welcher Wahrscheinlichkeit nach spätesten so-und-soviel Versuchen eine solche Übereinstimmung auftritt; wie wir sehen, erreicht diese Wahrscheinlichkeit bei 3000 Ziehungen den Wert

27,5%, bei 6000 Ziehungen sogar 72,4% und bei 10.000 Ziehungen ist die Wahrscheinlichkeit fast eins.

Anzahl der Ziehungen	Wahrscheinlichkeit, daß zwei Ziehungen identisch sind
500	0,9%
1000	3,5%
2000	13,3%
3000	27,5%
4000	43,6%
5000	29,1%
6000	72,4%
7000	82,7%
8000	89,8%
9000	94,5%
10.000	97,2%

Lit.: N. Henze: »Erstmals im Lotto dieselbe Zahlenreihe – eine Sensation?«, Der Mathematische und Naturwissenschaftliche Unterricht 48, 1995, S. 456–457; Stichwort vorgeschlagen von Norbert Henze.

Löwen 1
Der Löwe ist der König der Wüste

Der Löwe ist der König der Steppe. In der Wüste gibt es keine Löwen.

Löwen 2
Löwen haben ein Löwenherz (s.a. »Hyänen«)

Löwen sind vergleichsweise feige. Sie verbringen »viel Zeit damit, den Himmel nach kreisenden Geiern abzusuchen«, wie ein Zoologe einmal formulierte, sie nehmen lieber anderen Tieren Beute weg, als selber Beute zu erjagen; in manchen Gegenden Afrikas besteht mehr als die Hälfte der Löwennahrung aus der Beute anderer Räuber oder aus Tieren, die von selbst gestorben sind.

Wie Verhaltensbiologen durch Experimente herausgefunden haben, versuchen sich Löwen so gut es geht vor Kampf zu drücken: Wenn man am Rand der streng abgegrenzten, gegen Eindringlinge zu verteidigenden Jagdreviere, in denen die Löwen rudelweise leben, das Gebrüll von Einzelgängern von einem Tonband laufen läßt, der in dieses Revier einzudringen sucht, so stürzen sich längst nicht alle Tiere auf den Aggressor. »Bei der Verteidigung ihres Reviers, so die gängige Theorie, sollen die Tiere in hohem Maße kooperieren. Doch manchen von ihnen fehlt der sprichwörtliche Löwenmut: Sie drückten sich nach Kräften.« Während einige Tiere sofort auf die vermeintlichen Eindringlinge zustürzten, hielten sich andere vorsichtig im Hintergrund, andere wagten den Angriff nur, wenn der Lautsprecher maximal zwei Eindringlinge simulierte, wieder andere überlegten erst ein Weilchen, ob sie den Helden nun wirklich helfen sollten.

Wenn es allerdings an das Verteilen einer Beute geht, fressen diese »Feiglinge« genausoviel wie alle anderen ...

Lit.: B. Rensberger: The cult of the wild, New York 1977; J. D. Scott: »Von feigen Löwen und mutigen Hyänen«, Das Beste, März 1979; »Königlicher Feigling«, Focus 38/1995.

Lückenbüßer
Ein Lückenbüßer muß für etwas büßen

Ein Lückenbüßer ist ein Lücken*schließer* (vom mittelhochdeutschen »büezen« = ausbessern, verschließen, flicken).

Lit.: Kurt Krüger-Lorenzen: Deutsche Redensarten – und was dahinter steckt, Wiesbaden 1960.

M

»Vorurteile ablegen, heißt vereinsamen.«
Emanuel Wertheimer

Magengeschwüre
Magengeschwüre entstehen durch Streß

Daß Magengeschwüre nicht wie bisher angenommen durch zuviel Magensäure, sondern durch Bakterien entstehen, wird heute in der Medizin kaum noch bestritten. Seit der australische Mediziner Robin Warren 1983 in einem Selbstversuch mehrere Milliarden

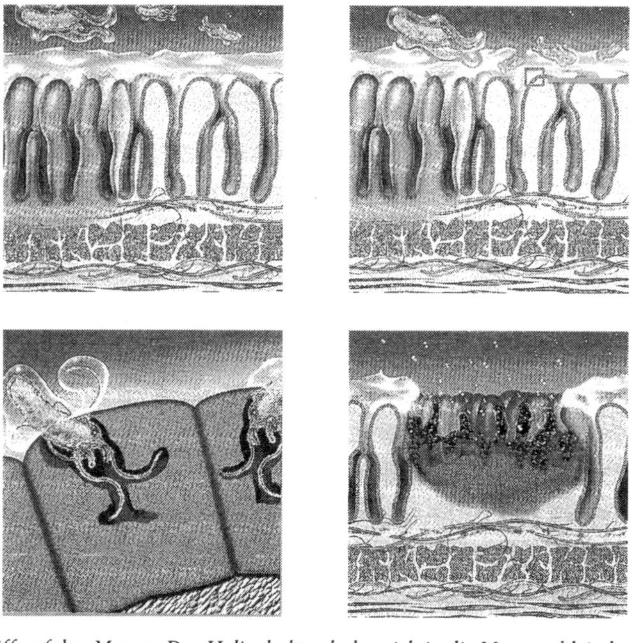

Angriff auf den Magen: Der Helicobakter bohrt sich in die Magenschleimhaut ein und verursacht eine Entzündung

»Helicobakter pylori«-Bakterien verschluckte und fünf Tage später eine ausgewachsene Gastritis hatte, ist der wahre Übeltäter mitsamt Übeltaten aufgedeckt: Der Helicobakter pylori, von dem jeder dritte

Bundesbürger befallen ist, der sich gerne durch die Magenschleimhaut bis zur Magenwand durchbohrt und sich dann auf den darunterliegenden Epithelzellen festsetzt und diese schließlich auffrißt. Auch die meisten Magen- und Zwölffingerdarmgeschwüre gehen auf dieses kaum zwei Tausendstel Millimeter große Bakterium zurück – es nistet sich auch außerhalb des Magens gern in unseren Gedärmen ein, bohrt sich fest, die Eingeweide wehren sich, und man hat eine Entzündung.

Bei mehr als einer Million Bundesbürgern jährlich zeigen sich akute Symptome, die je nach genetischer Veranlagung und Robustheit des körpereigenen Immunsystems einmal zu Geschwüren führen und einmal nicht. Der wahre oder eingebildete Streß, dem der Eigentümer dieses Magens unterliegt, hat damit aber kaum etwas zu tun: »Es handelt sich um eine Infektionskrankheit, und dementsprechend sollten Magengeschwüre auch behandelt werden«, erklärten die führenden medizinischen Experten auf der »Digestive Desease Week« im Mai 1997 in New York.

Lit.: J. B. Warren und B. Marshall: »Unidentified curved bacilli on gastric ephtelium in active chronic gastritis«, Lancet, 1983, S. 1273–1275; T. Boren et al.: »Attachment of helicobacter pylori to human gastric ephtelium mediated by blood group antigens«, Science 262, 1993, S. 1892–1895; »Jagd auf den Teufel im Magen«, TK aktuell 1/1997; R. F. Doolittle: »A bug with excess gastric activity«, Nature 388, August 1997; »Stomach turning«, The Economist, 18. 8. 1997; Stichwort angeregt von Doris Krämer.

Mais
Mais ist ein Gemüse

Mais ist kein Gemüse, sondern so wie Roggen, Weizen, Hafer, Reis und Gerste ein Getreide, d. h. eine Pflanze aus der Familie der Gräser. Unter »Gemüse« und »Obst« versteht man die übrigen als Nahrungsmittel genutzten Pflanzen (Erbsen, Möhren, Rüben usw.), wobei aber auch hier die Einteilung nicht immer unumstritten ist. Bekannt sind etwa die Tricks der alten DDR-Statistik, zu Zeiten von Gemüseknappheit die schweren und reichlich vorhandenen Melonen statt dem Obst dem Gemüse zuzurechnen.

Lit.: W. Krämer: So lügt man mit Statistik, 7. Auflage, Frankfurt a. M. 1997; Stichwort vorgeschlagen von Christelle Gelzus.

Managerkrankheit
Manager erleiden öfter als andere einen Herzinfarkt

»Diese Theorie muß man ad acta legen«, sagen Epidemiologen. »In den 50er Jahren war das vielleicht richtig. Damals gehörte es fast schon zum guten Ton, viel zu essen und viel zu rauchen; darum hatten Angehörige höherer sozialer Schichten ein größeres Risiko als die Durchschnittsbürger. Heute ist es genau umgekehrt.«

Wie die sogenannte MONICA-Studie zu Herz-Kreislauf-Krankheiten in Deutschland zeigt, nimmt das Risiko für Herzinfarkt mit wachsendem sozialen Status *ab*; es ist für Fließbandarbeiter fast doppelt so hoch wie für höhere Angestellte und Beamte. Je besser die Ausbildung, je mehr Kontrolle über Arbeit und Beruf ein Mensch besitzt, desto seltener droht ihm (droht ihr) ein Herzinfarkt.

Lit.: »Mythos Managerkrankheit«, Focus 38/1997.

Mandelbrot-Menge
Die Mandelbrot-Menge ist das geistige Kind von Benoit Mandelbrot

Die Mandelbrot-Menge, dieser seltsam gezackte und verwirbelte Teil der zweidimensionalen Ebene, gehört zusammen mit anderen sogenannten Fraktalen zu den seltenen Kopfgeburten der Mathematik, die auch bei mathematischen Laien Interesse finden: Schneeflocken, Blutgefäße, Wolken, Bäume, Küstenlinien – sie alle gleichen, wenn man Ausschnitte vergrößert, wiederum sich selber, mit zum Teil verblüffenden Konsequenzen (Beispiel: Die Länge der deutschen Nordseeküste ist weder theoretisch noch praktisch jemals zu bestimmen; je genauer man sie zu messen versucht, desto verzweigter und damit länger wird die Küstenlinie).

Die Mandelbrot-Menge: schon vor Mandelbrot bekannt

Jedoch geht die Mandelbrot-Menge nicht auf Benoit Mandelbrot zurück – die Formel, mittels derer man bestimmen kann, ob ein

Punkt der Ebene dazugehört oder nicht, war schon vor Mandelbrot bekannt.

Lit.: S. G. Krantz: »Fractal geometry«, The Mathematical Intelligencer 11, 1989, S. 12–16; C. Pöppe: »Hat Mandelbrot die Mandelbrot-Menge entdeckt?«, Spektrum der Wissenschaft, August 1990, S. 38–41.

Marathonlauf
Der Marathonlauf ist so lang wie der Weg von Marathon nach Athen

Der Weg vom Schlachtfeld von Marathon zum Marktplatz von Athen mißt weniger als 40 km, deshalb waren die ersten Marathonstrecken immer 25 Meilen oder 39 km lang. Erst bei den Olympischen Spielen 1908 in London verlängerte man die Strecke auf 26 Meilen 385 Yards bzw. 41 km 947 m, um der englischen Königsfamilie ein bequemes Zuschauen von Schloß Windsor aus zu ermöglichen. Und bei dieser Länge ist es dann geblieben.

Lit.: Stichwort »Marathon« (Sport) in der MS Microsoft Enzyklopädie Encarta, 1994.

Marco Polo
Marco Polo war in China

Der einzige Zeuge für diese Behauptung ist Marco Polo selber; in Wahrheit, und anders als wir es aus Dutzenden von Büchern oder Filmen kennen, ist Marco Polo vermutlich nie über Konstantinopel und das Schwarze Meer hinausgekommen; er hat nie den Kublai Khan gesehen, ist nie dessen Statthalter und Gouverneur gewesen, er war weder im Karakorum noch in Peking noch in den meisten anderen Städten, die er in seiner »Beschreibung der Welt« gesehen haben will. So lautet eine unter modernen Sinologen ernsthaft diskutierte These. Mit anderen Worten, Marco Polo hätte den Großteil seines Buches abgeschrieben oder frei erfunden (bzw. einem Mitgefangenen in einem Kerker in Genua diktiert, wo er als Kriegsgefangener vier Jahre Zeit zum Fabulieren hatte).

Diese These gründet sich auf folgende Indizien: (1.) All die Dinge, die Marco Polo *nicht* berichtet. Wer mehr als zehn Jahre in

China herumgereist sein will, hat natürlich die Große Mauer gesehen (und in der Tat muß Marco Polo, wenn man seine angebliche Reiseroute nachvollzieht, mindestens einmal diese Mauer überwunden haben). Aber Marco Polo erwähnt die Mauer mit keinem Wort, genausowenig wie die damals in China schon wohlbekannte und weitverbreitete Buchdruckkunst: »Die Märkte der von Marco Polo beschriebenen Städte müssen voll gewesen sein mit kleinen Bücherständen, auf denen billig gedruckte populäre Handbücher und fiktionale Werke, viele davon mit Illustrationen, feilgeboten wurden« (Wood). Auch die typischen chinesischen Sitten des Teetrinkens oder des Essens mit den Stäbchen oder des Einbindens der Füße bei den Frauen bleiben unerwähnt – sehr ungewöhnlich für einen Reisenden, der jahrelang in dieser Gegend und unter diesen Menschen gelebt haben will. (2.) Das Fehlen jeglicher Hinweise auf Marco Polo in chinesischen Quellen selbst. Immerhin will Marco Polo ja ein bedeutender Gesandter und Statthalter des Herrschers gewesen sein; eine solche Figur verschwindet nicht ohne alle Spuren aus der Geschichte eines Landes. (3.) Die Schwierigkeiten, die angebliche Reiseroute nachzufahren. »Zwar gibt es auch heute noch Expeditionen, die sich rühmen, den ›Fußstapfen Marco Polos‹ gefolgt zu sein, doch namhafte Forschungsreisende geben zu, daß es nicht möglich ist, über die Grenzen Persiens hinaus Marco Polos Route Schritt für Schritt nachzuvollziehen« (Wood). (4.) Die seltsam unpersönliche Beschreibung fremder Sitten, Städte oder Länder: »Kamul ist eine Landschaft, die zu der großen Provinz Tanguth gehört; sie hat viele Städte und Burgen und ist dem Großkhan untertan.« Und so weiter über Hunderte von Seiten: »Tenduk (...) ist eine östliche Provinz mit vielen Städten und Schlössern. (...) Sungui ist eine große und prächtige Stadt von einem Umfang von zwanzig Meilen« usw. So schreibt man nicht über selbst Erlebtes, so schreibt man über Dinge, die man aus fremden Quellen abgeschrieben hat. (5.) Das Fehlen der Person des Marco Polo im größten Teil des Buches. Passend zu der unpersönlichen Schilderung der Landschaften und Städte ist nämlich von Marco Polo selbst in Marco Polos Reisen kaum die Rede. In der Regel erscheint er, falls überhaupt, nur in der dritten Person oder in der ersten Person Mehrzahl: »Messer Marco ist lange in Indien gewesen. (...) Wenn der Reisende die Stadt verläßt, reitet er sieben Tage über flaches Land. (...) Wir verlassen nun Sengui und kommen zu einer anderen Stadt« usw. (6.) Der Aufbau des Reiseberichtes selber. Auch wenn manche Übersetzungen »Die Reisen des Marco Polo« heißen – das Buch ist alles andere als ein Bericht einer Reise, eher ein Zettelkasten aus Anekdoten, Fakten, zugetragenen Geschichten. Der Hauptteil des Textes beginnt mit einer ziemlich sprunghaften Chronik des Mittleren Ostens, aus der man einiges über die dort gehandelten Waren und die dort lebenden Menschen, aber nichts über die konkreten Fahrten Marco Polos von einer Stadt zur anderen erfährt. Es folgen geographische, ökonomische oder sozialpsychologische Exkurse, wie sie für aus fremden Quellen und aus Erzählungen von anderen zusammengeschriebene Bücher typisch sind.

Lit.: Herbert Franke: »Sino-western relations under the Mongol empire«, Journal of the Royal Asiatic Society 6, 1966, S. 49–72; Hans Eckart Rübsamen: Die Reisen des Venezianers Marco Polo, München 1993; Frances Wood: Marco Polo kam nicht bis China, München 1996.

Margarine
Margarine ist gesünder und kalorienärmer als Butter

Beides ist falsch. Einhundert Gramm Margarine enthalten genauso viele Kalorien wie einhundert Gramm Butter – jeweils rund 750 Kilokalorien. Und gesünder ist Margarine auch nicht: In der auch schon zum Stichwort »Kaffee« zitierten »Nurses health study« wurden auch die Eßgewohnheiten der über 80.000 in dieser Studie erfaßten Krankenschwestern notiert. Diejenigen, die täglich vier oder mehr Teelöffel Margarine aßen, hatten ein um zwei Drittel höheres Infarktrisiko als diejenigen, die nur einmal im Monat Margarine oder grundsätzlich lieber Butter aßen.

Lit.: W. Willett u. a.: »The Nurses health study«, Lancet 341, 1993, S. 581 ff.; Stichwort vorgeschlagen von Max Dienel und Alfred Obermeyer.

Marseillaise
Die Marseillaise kommt aus Marseille

Die Marseillaise kommt nicht aus Marseille, sondern aus Straßburg; dort wurde sie in der Nacht vom 25. auf den 26. April des Jahres 1792 von einem Hauptmann Rouget als »Chant de guerre pour l'armée du Rhin« anläßlich der Kriegserklärung Frankreichs an das Deutsche Reich sowohl gedichtet wie auch komponiert.

Die Nachricht von der Kriegserklärung war gerade aus Paris mit Eilstafetten angekommen, der Bürgermeister und die Bürger Straßburgs jubeln, feiern, schwenken Fahnen, abends lädt Bürgermeister Dietrich die lokalen Offiziere, die demnächst ins Feld marschieren würden, zu einer vorgezogenen Siegesfeier zu sich nach Hause. »Plötzlich, mitten im Reden und Toastieren, wendet sich der Bürgermeister Dietrich einem jungen Hauptmann vom Festungskorps, namens Rouget, zu, der an seiner Seite sitzt. Er hat sich erinnert, daß dieser nette, nicht gerade hübsche, aber sympathische Offizier vor einem halben Jahr anläßlich der Proklamierung der Konstitution eine recht nette Hymne an die Freiheit geschrieben hat, die der Regimentsmusikus Pleyel gleich vertonte. Die anspruchslose Arbeit hatte sich sangbar erwiesen, die Militärkapelle hatte sie eingelernt, man hatte sie am öffentlichen Platz gespielt und im Chor gesungen. Wären jetzt die Kriegserklärung und der Abmarsch nicht gegebener Anlaß, eine ähnliche Feier zu inszenieren? So fragt Bürgermeister Dietrich ganz lässig, wie man eben einen guten Bekannten um eine Gefälligkeit bittet, den Kapitän Rouget (der sich völlig unberechtigterweise selbst geadelt hat und Rouget de Lisle nennt), ob er nicht den patriotischen Anlaß wahrnehmen wolle und für die ausmarschierenden Truppen etwas dichten, ein Kriegslied für die Rheinarmee, die morgen gegen den Feind ausrücken soll.« Und Rouget komponiert und dichtet und liefert gleich am nächsten Morgen seine Verse nebst Vertonung ab.

Die Resonanz ist freundlich, aber nicht begeistert. »Nicht ein einziger der Generäle der Rheinarmee denkt daran, die neue Weise beim Vormarsch wirklich spielen oder singen zu lassen, und so scheint, wie alle bisherigen Versuche Rougets, der Salonerfolg des ›Allons, enfants de la patrie‹ eine Eintagserfolg, eine Provinzialangelegenheit zu bleiben und als solche vergessen zu werden.«

Aber dann, zwei Monate später, findet eine Kopie des Lieds den Weg nach Marseille; auf einer ähnlichen Abschiedsfeier für ausrückende Freiwillige wird es von einem der Teilnehmer, dem nichts Besseres einfällt, als Lückenbüßer vorgetragen, und genauso, wie manche Karnevalsschlager nur in Mainz und nicht in Düsseldorf gefallen, schlägt das Lied in Marseille auf Anhieb ein, am nächsten

Morgen singt es gleich die ganze Stadt: »Allons, enfants de la patrie ...« Und seither heißt das Lied nur noch »die Marseillaise«.

Lit.: Stefan Zweig: »Das Genie einer Nacht. Die Marseillaise, 25. April 1792«, Sternstunden der Menschheit, Frankfurt a. M. 1962.

Marshallplan 1
Der Marshallplan war als Erste Hilfe für das geschwächte Nachkriegsdeutschland ausersehen

Der Marshallplan – eigentlich »European Recovery Program (ERP) – war seinem offiziellen Namen entsprechend als *gesamteuropäische* Aktion gedacht, als Versuch der Amerikaner, den gesamteuropäischen wirtschaftlichen Scherbenhaufen, den sie sich als die Sieger des Zweiten Weltkriegs eingehandelt hatten, möglichst kostengünstig zu entsorgen. Die Deutschen spielten hier nur eine Nebenrolle; von den insgesamt 14 Milliarden den Europäern zugeteilten Dollars erhielten sie nur 1,4 Milliarden oder 10%; nach England flossen dagegen mehr als 3 Milliarden, in das kaum vom Krieg zerstörte Frankreich 2,8 Milliarden, selbst die Iren oder Portugiesen, ja sogar die Isländer erhielten durch den Marshallplan pro Kopf mehr Geld als die Einwohner der Bundesrepublik.

George Marshall bei seiner berühmten Rede vom 6. Juni 1947

Von weit größerer Bedeutung für das Überleben der Deutschen nach dem Zweiten Weltkrieg waren die im Rahmen des sogenannten GORIOA-Programms (»Government and Relief in Occupied Areas«) gelieferten Hilfsgüter wie Nahrungsmittel, Saatgut, Treibstoff oder Dünger;

diese hatten einen Wert von insgesamt 1,6 Milliarden Dollar, mehr als der gesamte auf Deutschland entfallende Teil des Marshallplans.

Lit.: H.-J. Schröder (Hrsg.): Marshallplan und Wiederaufbau in Westdeutschland, Stuttgart 1990; George C. Marshall: »Against hunger, desperation and chaos«, Foreign Affairs 76, 1997, S. 160-162 (ein abgekürzter Nachdruck von Marshalls Rede in Harvard vom 5. Juni 1947). Stichwort vorgeschlagen von Richard M. Müller.

Marshallplan 2
Der Marshallplan war der Geburtshelfer des deutschen Wirtschaftswunders (s.a. »Bombenschäden«)

Der Marshallplan hat weit weniger zum deutschen Wirtschaftswunder beigetragen, als die meisten glauben; sowohl sein Zeitplan als auch die gezahlten Gelder (siehe oben) als auch die Natur der Güter, die geliefert wurden, machen ihn als Auslöser des Wirtschaftswunders äußerst unwahrscheinlich. Als die ersten Marshall-Mittel 1948 in die westlichen Besatzungszonen flossen, war der Wiederaufbau schon in vollem Gange. Die deutsche Wirtschaft, weit weniger durch den Krieg getroffen als im allgemeinen angenommen, verfügte allen alliierten Bomben und Demontagen zum Trotz schon 1948 über höhere Kapazitäten als 1939, sie hatte Anfang 1948 schon über die Hälfte der Vorkriegsproduktion erreicht, und mit der Währungsreform vom Juni 1948 waren die Weichen unumkehrbar auf Erfolg gestellt – das Wirtschaftswunder wäre mit oder ohne Marshallplan in jedem Fall gekommen. (Rund die Hälfte der Güter selber, die im Rahmen des Marshallplans nach Deutschland flossen, waren Dünger oder Lebensmittel. Industrierohstoffe oder Maschinen dagegen waren in eher bescheidenem Umfang vertreten, selbst die Ausgaben für Frachten – 120 Millionen Dollar – waren dreimal größer als der Gesamtwert sämtlicher Fahrzeuge und Maschinen, die im Rahmen des Marshallplans nach Deutschland kamen.)

Die eigentliche Bedeutung des Marshallplans war nicht wirtschaftlicher, sondern politischer Natur: Der Marshallplan signalisierte die Abkehr der Amerikaner von der Morgenthau-Philosophie des Jahres 1944, er zeigte aller Welt das amerikanische Interesse am Fortbestand eines selbständigen und wirtschaftlich gesunden deutschen Staates (nicht allein aus Menschenliebe – im aufkommenden

Kalten Krieg war eine stabile Bundesrepublik als Frontstaat/Bollwerk sehr willkommen, sehr zum Verdruß der Engländer und ganz besonders der Franzosen, die diese Politik wo immer möglich zu blockieren suchten), und schließlich machte es der Marshallplan den deutschen Politikern und Wirtschaftsführern möglich, in den zu seiner Koordinierung gegründeten Gremien wie in dem Pariser »Committee of European Economic Cooperation« (CEEC) erstmals wieder auf der internationalen Bühne aufzutreten.

Der Marshallplan war gewissermaßen die politische Taufe für das freie Nachkriegsdeutschland, er hat die entstehende Bundesrepublik fest in den Westen eingewoben und wurde auch von den Deutschen selber genau in diesem Sinn gesehen. Wie man in den Verhandlungen des 1. Deutschen Bundestages, besonders im Umfeld der Ratifizierungsdebatte zum bilateralen ERP-Abkommen vom 15. Dezember 1949, nachlesen kann, symbolisierte er das Bekenntnis zum Westen und zur westlichen Sozial- und Wirtschaftsordnung, und durch das fortwährende Betonen dieser Rolle haben die damals maßgebenden deutschen Wirtschafts- und Außenpolitiker selbst den Grundstein für die Legende von der Hebammenfunktion des Marshallplans gelegt, die bis heute in unseren Köpfen weiterlebt.

Lit.: J. Gimbel: The Origins of the Marshall Plan, Stanford 1976; W. Abelshauser: Wirtschaftsgeschichte der Bundesrepublik Deutschland, Frankfurt a. M. 1983; W. Bührer: »Auftakt in Paris. Der Marshall-Plan und die deutsche Rückkehr auf die internationale Bühne 1948/49«, Vierteljahreshefte für Zeitgeschichte, 1988; G. Hardach: Der Marshall-Plan, München 1994; »50 Jahre Marshall-Plan«, Sonderbeilage der Süddeutschen Zeitung, 5. 6. 1997.

Marshallplan 3
Die Marshall-Gelder waren Schenkungen der Amerikaner

Der Marshallplan verteilte keine Almosen, der größte Teil der Lieferungen erfolgte auf Kredit. Als einziges Zugeständnis konnten die deutschen Importeure ihre Schulden in deutscher Währung abbezahlen; diese Gelder wurden auf Sonderkonten eingesammelt, von wo sie nach ursprünglicher Planung in die USA gelangen sollten.

Lit.: H.-J. Schröder (Hrsg.): Marshallplan und Wiederaufbau in Westdeutschland, Stuttgart 1990.

Marskanäle
Die Astronomen des 19. Jahrhunderts glaubten, künstliche Kanäle auf dem Mars zu sehen

Dieser Irrtum lebt von einem Übersetzungsfehler. Als der italienische Astronom Angelo Secchi Mitte des 19. Jahrhunderts auf dem Mars gewisse Rinnen oder Furchen auszumachen glaubte, nannte er diese Gräben »canale«. Die korrekte englische Übersetzung wäre »chanell« – ein natürlich entstandener Graben. Statt dessen übersetzte man »canale« mit »canal«, und das heißt »künstlicher Kanal«. Dieses Mißverständnis wurde dann auch von anderen Sprachen übernommen (auch im Deutschen hat ja das Wort »Kanal« einen starken Hauch des menschlich Hergestellten). Und so sprossen bald die wildesten Theorien über intelligente Marsbewohner, die wegen chronischen Wassermangels ein gigantisches Kanalsystem zur Ableitung des Schmelzwassers an den Polen ausgegraben hätten.

In Wahrheit gibt es weder natürliche noch künstliche Marskanäle; die von den Astronomen des 19. Jahrhunderts ausgemachten Linien auf der Oberfläche des Planeten sind durch kleine Unebenheiten an der Grenze des damals Wahrnehmbaren erzeugte optische Täuschungen, denen eine völlig überhöhte Bedeutung beigemessen wurde.

Lit.: Wilhelm Meyer: Bewohnte Welten, Leipzig 1907; Horst W. Köhler: Der Mars, Braunschweig 1978; Jürgen Blunck: Der Rote Planet im Kartenbild, Berlin 1993.

Martinstag
An Martini Sonnenschein, tritt ein kalter Winter ein (s.a. »Frühling«, »Januar« und »Siebenschläfer«)

Das ist eine der vielen falschen Bauernregeln, die das Wetter am 11. November, dem Martinstag, mit dem Winterwetter in Verbindung bringen. Andere fast inhaltsgleiche Regeln sind: »Ist Martini klar und rein, bricht der Winter bald herein« oder »Hat Martini einen weißen Bart, wird der Winter lang und hart«. Wie nämlich moderne Wetterforscher zeigen, haben Sonne oder Rauhreif am Martinstag mit der Winterkälte nichts zu tun – nach einem sonnigen Martinstag wird der folgende Winter mit der gleichen Wahrscheinlichkeit kälter oder wärmer als normal.

Als durchaus begründet hat sich dagegen die Bauernregel erwiesen, nach einem feuchten oder nebeligen Martinstag einen warmen Winter zu erwarten (»Ist Martini trüb und feucht, wird gewiß der Winter leicht«): Nach einem feucht-trüben Martinstag folgt mit 75-prozentiger Wahrscheinlichkeit ein insgesamt zu milder Winter.

Lit.: P. Bisolli: »Eintrittswahrscheinlichkeit und statistische Charakteristika der Witterungsfälle in der Bundesrepublik Deutschland und West-Berlin«, Institut für Meteorologie und Geophysik, Universität Frankfurt a. M. 1991; H. Malberg: Bauernregeln aus meteorologischer Sicht, Berlin 1993.

Marylin Monroe
Marylin Monroe war eine Naturblondine

Marylin Monroe war von Natur brünett.

Stichwort vorgeschlagen von Judith Sievers.

Die Blondine war in Wahrheit gar nicht blond

Maulaffe
Maulaffe hat etwas mit Affen zu tun

»Maulaffen feilhalten« kommt vom plattdeutschen »dat Mul apen halten«. Weil wir den Mund vor allem dann weit aufreißen, wenn wir etwas Ungewöhnliches oder Erschreckendes sehen, hörte man früher die Ordnungskräfte öfters sagen, die Leute sollten nicht Maulaffen feilhalten, sondern weitergehen ...

Lit.: Kurt Krüger-Lorenzen: Deutsche Redensarten – und was dahinter steckt, Wiesbaden 1960.

Maulwurf
Der Maulwurf wirft die Erde mit dem Maul

Der Maulwurf hat seinen Namen vom althochdeutschen »Moltewurf«. Molte bedeutet Erde, d. h. der Maulwurf wirft Erde auf (der alte Kern »Maul« steckt auch in den Wörtern »Müll« und »Mull«).

Falsch ist auch die These mancher Hobbygärtner, daß Maulwürfe die Wurzeln von Salaten fräßen: Maulwürfe leben vor allem von Insektenlarven, Engerlingen, Regenwürmern, gelegentlich auch von Aas. Vegetarisch essen sie nur in der allergrößten Not. Und falsch ist auch die Unterstellung Shakespeares, daß Maulwürfe nicht sehen könnten: »Ich flehe Euch an, tretet sanft auf, damit der blinde Maulwurf keinen Schritt hört« (»Pray you, tread softly, that the blind mole may not hear a foot fall«), flüstert Caliban seinen Gefährten Stephano und Trinculo in »Sturm« auf dem Weg zu Prosperos Zelle zu. In Wahrheit können zumindest junge Maulwürfe gut sehen, erst bei älteren läßt das Sehvermögen mangels Übung nach.

Lit.: Ernst Wasserzieher: Woher? Ableitendes Wörterbuch der deutschen Sprache, Bonn 1966; Grzimeks Tierleben, Bd. 10, Stuttgart 1967.

Mauser
Vögeln mausern sich, um abgenutzte Federn zu ersetzen (s.a. »Vögel 2«)

Eine ausgewachsene Vogelfeder ist tot; sie ist vom Kiel her nicht mehr zu erneuern und nutzt sich durch das Fliegen, aber auch durch Wind und Wetter ständig ab, und deshalb, so die konventionelle, aber falsche Theorie, muß ab und zu ein neues Gefieder her. Die neue Feder drückt die alte sozusagen aus den Felgen, mit neuen Reifen geht das Jagen weiter.

Nach Meinung des Münchner Zoologen Josef Reichholf ist diese Inspektion des Gefieders aber nur ein Nebeneffekt; eigentlich mausern Vögel aus ganz anderen Gründen, nämlich um die überschüssigen, bei ihrem Stoffwechsel anfallenden schwefelhaltigen Aminosäuren abzustoßen, die sie mit ihrer Insektennahrung zu sich nehmen. Da ein Ausscheiden über die Verdauung (als Schwefelwasserstoff) wegen Vergiftungsgefahr nicht in großem Umfang möglich ist, landet dieser Abfall in der Federdeponie; ist diese voll, wird ausgewechselt. Daß dabei auch alte, abgenutzte Federn weggeworfen werden, ist nach Reichholf nur ein Nebenzweck – der eigentliche Grund der Mauser ist die Müllentsorgung.

Lit.: J. Reichholf: »Die Feder, die Mauser und der Ursprung der Vögel«, Archaeopterix 14, 1996.

Medicare
Das amerikanische Medicare-System ist sozial ausgewogen (s.a. »Studiengebühren«)

Wie die meisten sogenannten »sozialen« Errungenschaften der Neuzeit ist auch das amerikanische Medicare-System, d. h. die »kostenlose« medizinische Versorgung für alle Amerikaner über 65, ein Instrument der Ausbeutung der Armen durch die Reichen. Denn dieses System ist natürlich nicht kostenlos, zahlen müssen (über Steuern) alle. Da die Reichen mehr Steuern zahlen (sollten) als die Armen, scheint dieses System auch auf den ersten Blick sozial durchaus gerecht. Beim zweiten Hinsehen zeigt sich aber, daß die Reichen in der Tat mehr zahlen, aber noch mehr profitieren: Erstens leben sie länger, können also länger diese »kostenlose« Versorgung nutzen, und zweitens reklamieren sie, solange sie leben, so viel mehr Medicare-Mittel als die Armen, daß etwa die reichsten 10% der Amerikaner aus diesem System durchschnittlich 1000 Dollar mehr herausholen, als sie im Lauf ihres Lebens über Steuern beigetragen haben.

Lit.: M. McClellan und J. Skinner: »The incidence of medicare«, National Bureau of Economic Research Working Paper, 1977; »Unto him that hath ...«, The Economist, 2. 8. 1997.

Meeresspiegel
Der Meeresspiegel hat von den Gezeiten abgesehen überall die gleiche Höhe

Wie Satellitenmessungen zeigen, ragt die Wasserfläche des Ozeans nordöstlich von Australien rund 85 Meter über den Durchschnittswert empor; im Indischen Ozean liegt sie stellenweise mehr als 100 Meter tiefer.

Auch von den Abplattungen an den Polen abgesehen (siehe Band 1, Stichwort »Kugel«) ist die Oberfläche unserer Ozeane keinesfalls ein Teil einer perfekten Kugel; der Meeresspiegel folgt vielmehr einem sogenannten »Geoid«, einer Fläche mit mehr oder weniger deutlichen Beulen und Dellen. Die Dellen entstehen über relativ kühlen Teilen des Erdmantels, dort ist das Magma dichter, es zieht das Wasser an. Die Beulen entstehen über relativ heißen Teilen des Erdmantels, dort ist das Magma dünner und die Schwerkraft schwächer.

Die »Normal-Null« als Standard für die Höhenmessung ist also alles andere als normal ...

Lit.: »Der verbeulte Globus«, Geo 1/1995; Christian Friedl: »Die Erde ist eine Kartoffel«, Hannoversche Allgemeine Zeitung, 18. 5. 1996; Stichwort vorgeschlagen von Jürgen Kloppenburg.

Meersalz
Meersalz ist gesünder und nahrhafter als herkömmliches Tafelsalz

So war und ist immer noch in verschiedenen Gesundheitsmagazinen nachzulesen. Meersalz sei dem herkömmlichen Tafelsalz vorzuziehen, weil es a) nicht raffiniert würde und daher »natürlicher« als dieses sei, b) mehr nahrhafte Mineralstoffe enthielte und c) auch intensiver schmecke.

Dazu Robert Wolke: »a) Unsinn, b) Unsinn, c) Unsinn«.

Das in Bioläden und Supermärkten verkaufte Meersalz ist im allgemeinen weder mineralstoffhaltiger noch weniger verfeinert als das herkömmliche Tafelsalz, und es schmeckt auch völlig gleich. Denn auch das »normale« Steinsalz aus der Erde, das heute in unterirdischen Stollen abgebaut und dann vermarktet wird, stammt aus dem

Meer; es ist entstanden, als vor Millionen Jahren große Salzwasserflächen austrockneten und von Sedimenten überlagert wurden; insofern ist es bezüglich Rohstoff dem modernen Meersalz völlig gleich.

Wahr ist, daß bei dem Verdunsten von Meerwasser außer Salz (= Natriumchlorid), dem mit rund 78% wichtigsten Anteil, auch noch Magnesium- und Calciumverbindungen übrigbleiben (die restlichen 22%), plus kleinste Mengen an über 70 weiteren chemischen Stoffen wie Phosphor oder Eisen. Aber diese Stoffe sind für die Ernährung unerheblich. Um etwa die Eisenmenge aufzunehmen, die in einer einzigen Weintraube enthalten ist, müßte man ein Viertelpfund dieser sogenannten »Meeresfeststoffe« essen. Wegen des hohen Gehalts an Magnesium- und Calciumverbindungen wird der Meeresfeststoff ferner genauso gründlich raffiniert wie jedes andere Salz, damit am Schluß die gesetzlich geforderten 97,5% Natriumchlorid zustande kommen (Ausnahme: Meersalz aus Frankreich; hier ist der Natriumchlorid-Prozentsatz kleiner). Und der vermeintlich intensivere Salzgeschmack des Meersalzes ist nichts als eine sensorische Täuschung: Wegen der Flockenform der Meersalzkristalle lösen sich diese in Wasser schneller auf als die Würfelkristalle des herkömmlichen Tafelsalzes, erscheinen uns also salziger, wenn sie auf der Zunge zergehen, obwohl in Wahrheit überhaupt kein Unterschied besteht.

Lit.: Robert L. Wolke: Woher weiß die Seife, was der Schmutz ist? Kluge Antworten auf alltägliche Fragen, München 1998 (besonders das Kapitel »Des Kaisers neues Salz«).

Meerwasser
Wenn man Meerwasser trinkt, wird man verrückt

Schiffbrüchige werden wahnsinnig vor Hunger oder Durst; da Meerwasser das Durstgefühl verstärkt, kann es dieses Wahnsinnigwerden allenfalls beschleunigen, aber nicht verursachen. (Man kann übrigens dem normalen Trinkwasser bis zu 25% Meerwasser beigeben, ohne daß es der Gesundheit schadet.)

Mesner
Ein Mesner ist jemand, der dem Pfarrer bei der Messe hilft

Der Mesner ist der »mansionarius«, der »Aufseher des Gotteshauses«. Er kann und darf zwar auch bei Messen helfen, aber sein Name hat mit Gottesdiensten nichts zu tun.

Metalle
Metalle sind schwerer als Wasser

Die Metalle Lithium (0,53g/cm^3), Kalium (0,86g/cm^3) und Natrium (0,97g/cm^3) sind leichter als Wasser; wenn sie nicht sofort mit diesem chemisch reagieren würden (Lithium wird zu Lithiumhydroxid, Kalium wird zu Kaliumhydroxid, Natrium wird zu Natriumhydroxid), könnten sie auf Wasser schwimmen.

Lit.: Charles E. Mortimer: Chemie, 6. Auflage, Stuttgart 1996.

Meter
Ein Meter mißt einen Meter

Der Meter ist definiert als der Abstand vom Nordpol zum Äquator, geteilt durch 10 Millionen. In diesem Sinn wurde der Meter im Jahr 1799 in Frankreich eingeführt und dann durch Napoleon im übrigen Europa verbreitet.

Allerdings hatten die Erfinder des Meters die Entfernung zwischen Nordpol und Äquator geringfügig unterschätzt – das Pariser Urmeter paßt nicht 10 Millionen mal, sondern 10 Millionen und 2000 mal hinein. Deshalb mißt ein Meter etwas weniger, als er nach seiner ursprünglichen Begriffsbestimmung messen müßte.

Seit 1983 ist der Meter daher anders definiert, nämlich als die Entfernung, die das Licht im Vakuum in einer Zeit von 1/299792458 Sekunden zurücklegt.

Lit.: Hätten Sie's gewußt?, Stuttgart 1992 (besonders der Abschnitt »Der Meter – länger als gedacht«).

Micky Maus
Die Micky Maus ist eine Schöpfung von Walt Disney

Der als Vater der Micky Maus gefeierte Walt Disney ist allenfalls ihr Pate; er hat ihren Weg begleitet und geebnet, aber nicht die Maus erfunden. Im Jahr 1927, als die Micky Maus entstand, hatte Disney das Zeichnen und Entwerfen schon seinen Mitarbeitern überlassen; er selber kümmerte sich vor allem um die Produktion und die Vermarktung. Gezeichnet wurde die erste Micky Maus von Disneys Star-Trickzeichner Ub Iwerks, ihren Namen erhielt sie von Disneys Frau Lillian (Disney selber hatte eher an »Mortimer« gedacht).

Nur die Grundidee zu dieser neuen Figur kam von Walt Disney selber, nachdem ihm die Verwertungsrechte an seiner bis dato erfolgreichsten Figur »Oswald the lucky rabbit« weggenommen worden waren. »Micky mußte vor allem als Figur einfach sein«, erklärte Disney später. »Da wir alle zwei Wochen 200 Meter Film abzuliefern hatten, konnten wir uns nicht mit einer komplizierten Figur abgeben. Der Kopf bestand aus einem Kreis mit einem Oval für das Schnäuzchen. Die Ohren waren auch Kreise, so daß sie immer in gleicher Weise gezeichnet werden konnten. (...) Die Beine glichen Röhren. (...) Micky sollte wie ein Junge in den Schuhen seines Vater aussehen.«

Daß dann diese zunächst nur als Ersatz für das glückliche Kaninchen erdachte schlaue Maus (die dem glücklichen Kaninchen übrigens verdächtig ähnelte) ihr Vorbild in der Gunst des Publikums bald so deutlich übertreffen würde, hatte Disney vermutlich weder so geahnt noch so geplant.

Lit.: Christopher Finch: Walt Disney, Stuttgart 1984; Persönliche Mitteilung von Marion Egenberger (Egmont Ehapa Verlag).

Mikrowelle
Mikrowellen sind Vitaminkiller

Gerade beim Kochen mit der Mikrowelle bleiben Vitamine – und zwar wegen des kürzeren Erhitzens - besonders gut erhalten.

Milchmädchenrechnung
Milchmädchen können nicht rechnen

In der Fabel »La laitière et le pot au lait« von La Fontaine bringt Perrette, die Bauernmagd, einen Topf mit Milch zum Markt; sie berechnet, wie sie dafür ein Huhn erhält, das Eier legt, und wie sie aus dem Gewinn des Eierverkaufs ein Schwein und eine Kuh bezahlt. Darüber gerät sie ins Träumen, stolpert und fällt hin, der Topf läuft aus, und ihre Rechnung stimmt nicht mehr.

Eine Milchmädchenrechnung scheitert also nicht an ihrer Logik, sondern an externen Mißgeschicken; Milchmädchen können sehr gut rechnen, aber gegen Schicksalsschläge sind sie machtlos wie wir alle.

Lit.: La Fontaine: Œuvres complètes, Band 1: Fables, contes et nouvelles, Paris 1954; Johann Knobloch: »Etymologische Beobachtungen zum deutschen Wortschatz«, Muttersprache 107, 1997, S. 240–242; Stichwort vorgeschlagen von Alfredo Grünberg.

Mineraltabletten
Mineraltabletten nützen der Gesundheit (s.a. »Vitamine« in Band 1)

Mineraltabletten nützen der Gesundheit eher selten; der Großteil der mehr als eine Milliarde Mark, die die Deutschen jährlich für Mineraltabletten ausgeben, ist medizinisch nutzlos, oft sogar gefährlich.

Wahr ist: Unser Körper braucht Mineralien und Spurenelemente wie Magnesium, Kalium, Calcium, Eisen, Zink, Mangan oder Selen. Diese Stoffe sind sozusagen die Hilfsarbeiter in der Chemiefabrik namens Menschenkörper; sie erzeugen selber keine Energie, helfen aber unseren Organen, Nerven oder Muskeln bei der Energieerzeugung. Wenn sie fehlen, kommt es zu Krämpfen, Erschöpfung, Kopfschmerzen (Eisen), Herzrhythmusstörungen (Kalium), Zahnschäden oder Knochenschwund (Calcium) bis hin zu Haarausfall bei einem Defizit an Zink. Und da diese Stoffe über Haut, Darm oder Nieren ständig ausgeschieden werden, ist ständig Nachschub zuzuführen.

Falsch ist aber, daß wir für diesen Nachschub künstliche Tabletten brauchen. Anders als die Anbieter von Mineraltabletten uns gerne glauben machen wollen, ist dieser Nachschub in der »normalen« Nahrung in aller Regel mehr als ausreichend vorhanden. Milch, Gemüse, Eier, Hülsenfrüchte, Vollkornbrot und Fleisch enthalten alles, was wir an diesen Stoffen brauchen; wer »richtig« ißt, braucht keine Mineraltabletten. Da es ferner bei Mineralien wie bei vielen anderen Stoffen auch auf die Dosis ankommt, sind Mineralien im Überfluß sogar aktiv gesundheitsschädlich; mit einer Überdosis Magnesium kann man sich regelrecht vergiften. Zuviel Calcium führt zur Verkalkung von Gelenken und Gefäßen, zuviel Natrium zu Bluthochdruck, eine Überdosis Eisen blockiert eventuell die Aufnahme von Zink (beide Metalle benutzen dasselbe biochemische Transportmittel vom Darm zur Leber), dann fallen einem mangels Zink die Haare aus.

Lit.: G. Wolfram und M. Kirchgeßner: Spurenelemente und Ernährung, Stuttgart 1990; U. Pollmer u. a.: Prost Mahlzeit – Krank durch gesunde Ernährung, Köln 1994; »Vorsicht Mineralien«, Titelgeschichte, Stern 8/1996; Stichwort vorgeschlagen von Sonja Berghoff.

Miniaturen
Miniaturmalereien sind kleine Bilder

Miniaturen sind Malereien oder Zeichnungen in alten Büchern; ihren Namen haben sie von »Mennige« (auf lateinisch »minium«), der roten Zinnoberfarbe, mit der man einstmals in alten Handschriften die Überschriften, Randleisten und Initialen färbte. Die zweite Bedeutung als »Bildnismalerei im Kleinformat« kam erst später dazu, weil in Büchern nun mal keine Monumentalgemälde darzustellen sind.

Lit.: Stichwort »Miniaturmalerei« in der Brockhaus Enzyklopädie, Wiesbaden 1990; Stichwort vorgeschlagen von Josef Stern.

Mohr
Schiller schrieb »Der Mohr hat seine Schuldigkeit getan, der Mohr kann gehn«

Gemeint ist damit Muley Hassan, der Mohr von Tunis (»Ein konfiszierter Mohrenkopf. Die Physiognomie eine originelle Mischung von Spitzbüberei und Laune«, so Schiller bei der Vorstellung der Personen seines Stückes »Die Verschwörung des Fiesco zu Genua«), den der

Verschwörer Fiesco, von Hassan über die neuesten Intrigen informiert, beim Kommen seiner Mitverschwörer etwas barsch mit den Worten »Geh ins Vorzimmer, bis ich läute« abserviert.

Auch auf die Gefahr, als unverbesserliche Oberlehrer dazustehen: die obige viel zitierte Zeile kommt so in dem Stück nicht vor, sie heißt im Original:

Mohr *(im Abgehen)*: Der Mohr hat seine Arbeit getan, der Mohr kann gehn. *(Ab.)*

»Moin, Moin«
Das friesische »Moin, Moin« heißt auf Hochdeutsch »guten Morgen«

»Moin« ist die friesische Abkürzung für »moien Dag« (= guten Tag); man kann also in Friesland auch noch abends seinen Nachbarn mit »Moin, Moin« begrüßen.

Stichwort vorgeschlagen von Jan Sylvester.

Molotowcocktail
Der Molotowcocktail ist eine russische Erfindung

Die Russen warfen nicht als erste mit diesen Dingern, sie wurden als erste selbst damit beworfen – im russisch-finnischen Winterkrieg 1939/40. Die Finnen tauften die benzingefüllten und mit einem brennenden Stoffetzen versehenen Flaschen, die sie den russischen Eindringlingen vor die Füße warfen, nach dem damaligen sowjetischen Außenminister, den sie für die Invasion verantwortlich machten.

Lit.: Graeme Donald: Things you didn't know you didn't know, London 1992.

Mondlandung
Die erste Mondlandung war »ein kleiner Schritt für einen Menschen, aber ein großer Schritt für die Menschheit«

Das hätte laut Drehbuch Astronaut Neil Armstrong sagen sollen, als er am 20. Juli 1969 als erster Mensch der Welt den Mond betrat. Aber dann hat er sich versprochen und ein Wort ausgelassen:

»That's one small step for man, one giant leap for mankind«. »Man« und »Mankind« meinen beide »Menschheit«; es fehlt das »a« vor »man«.

Lit.: H. van Maanen: Kleine encyclopedie van misvattingen, Amsterdam 1994.

Montblanc
Der Montblanc ist der höchste Berg Europas (s.a. »Mount Everest«)

Je nachdem, wo Europa aufhört und Asien anfängt. Zählt man alle westlich des Ural gelegenen ehemaligen GUS-Staaten zu Europa, so ist dessen höchster Berg mit 5642 Metern Höhe über Meeresspiegel der Elbrus in Georgien; der Montblanc mit seinen 4808 Metern ist mehr als einen halben Kilometer kleiner.

Stichwort vorgeschlagen von H. van Maanen.

Mord und Totschlag
Unter den Primaten bringen sich nur die Menschen gegenseitig um

Dieser Mythos gehört spätestens seit den Entdeckungen der legendären Schimpansenforscherin Jane Goodall zu den Akten, die mehrfach Zeuge wurde, wie sich Menschenaffen gegenseitig massakrierten: »Das Opfer wurde von fünf Männchen angegriffen. Sie schlugen es, traten und bissen es 20 Minuten lang und ließen es dann schwer blutend liegen.« Kurz später war das Opfer tot.

Schimpansen verteidigen ihre Reviere mit Zähnen und Klauen gegen alle möglichen Eindringlinge, auch gegen andere Schimpansen; wie die Menschen schrecken sie dabei auch nicht vor Mord zurück.

Lit.: Jane Goodall: In the shadow of the mist, Glasgow 1974; »Krieg der Affen«, Der Spiegel 22/1997; Stichwort vorgeschlagen von Werner Güth.

Moses
Immer wenn Moses von Gott zurückkam, trug er Hörner

Dieser Irrtum folgt aus einem Übersetzungsfehler: Das hebräische »keren« bedeutet sowohl Horn wie Strahl. In neueren Übersetzungen der einschlägigen Bibelstelle (Exodus 34,35) ist dieser Irrtum korrigiert: »Wenn die Israeliten das Gesicht des Moses sahen und merkten, daß die Haut seines Gesichtes Licht ausstrahlte, legte er den Schleier über sein Gesicht, bis er wieder hinaufging, um mit dem Herrn zu reden.«

Lit.: Die Bibel – Einheitsübersetzung, Stuttgart 1980; Linda Massey: Michelangelo: sein Leben, sein Werk, seine Zeit, Stuttgart 1985; Stichwort vorgeschlagen von Josef Stern.

Der »Moses« von Michelangelo: Sein Schöpfer ist auf eine falsche Übersetzung hereingefallen

Motorradfahrer
Motorradfahrer sind die größten Bruchpiloten

»Motorradfahrer sind offenbar besser als ihr Ruf«, schreibt die *Süddeutsche Zeitung*. »Nach einer Studie des Büros für Kraftfahrzeug-Technik des Verbandes der Schadensversicherer (VdS) sind die Zweiradfahrer nur an rund einem Drittel aller Unfälle zwischen Motorrad und PKW schuld.« Das Vorurteil, daß Motorradfahrer unvorsichtig fahren, kommt möglicherweise durch die vergleichsweise hohe Verletzungshäufigkeit zustande: Während nur 40% der an einschlägigen Unfällen beteiligten Autofahrer körperliche Schäden erleiden, sind die in der Mehrzahl unschuldigen Motorradfahrer fast immer hinterher verletzt (die Verletzungswahrscheinlichkeit bei Unfall beträgt für Motorradfahrer 98%).

Die größte Gefahr für Motorradfahrer sind Einfahrten und Kreuzungen – die Motorradfahrer werden hier ganz einfach übersehen.

Lit.: »Mehr Rücksicht, weniger Unfälle«, Süddeutsche Zeitung, 41/1996.

Mount Everest
Der Mount Everest ist der höchste Berg der Welt (s.a. »Montblanc«)

Je nachdem. Vom Meeresspiegel aus gemessen ragt der Mount Everest 8848 Meter in die Höhe, das ist Weltrekord. Aber warum sollte man die Höhe eines Berges von einer so willkürlichen Marke wie dem Meeresspiegel messen? Denn dieser Meeresspiegel schwankt im Lauf der Jahrmillionen um Hunderte von Metern; selbst zu einem gegebenen Zeitpunkt hat er Beulen und Dellen von bis zu hundert Metern Höhe oder Tiefe (siehe auch den Stichwortartikel »Meeresspiegel« weiter oben).

Der höchste Berg der Welt – der Chimborazo

Mißt man aber die Höhe unserer Berge von einem festen Punkt, etwa von dem Mittelpunkt der Erde, dann ist der höchste Berg der Welt der südamerikanische Andengipfel Chimborazo. Da die Erde keine perfekte Kugel, sondern an den Polen abgeplattet und am Äquator ausgewulstet ist (an den Polen ist der Abstand zum Erdmittelpunkt 21 Kilometer kleiner als am Äquator), haben Berge in der Nähe des Äquators einen Vorteil. Der Chimborazo mißt zwar vom Meeresspiegel aus nur 6267 Meter, liegt aber weniger als 200 km vom Äquator entfernt und ist damit 2500 Meter weiter weg vom Mittelpunkt der Erde als der zwischen dem 29. und 30. nördlichen Breitengrad gelegene Mount Everest.

Bei nochmals anderen Kriterien sind die Ränge wiederum anders. Mißt man die Höhe eines Berges als die Differenz von Gipfel und festem Umland, so gewinnt der Mouna Loa auf Hawaii – er türmt sich mehr als 9000 Meter über den benachbarten Meeresboden. Und wenn man die Größe eines Berges nicht durch seine Höhe, sondern durch die Masse mißt, gewinnt der Kilimandscharo in Afrika – seine mehr als 10.000 Kubikkilometer Stein und Erde werden von keinem anderen Berg der Erde übertroffen.

Lit.: E. Heyn: Die Rekorde der Erde: Vom höchsten Berg zum tiefsten Graben, München 1981; Stichwort vorgeschlagen von Jürgen Kloppenburg.

Mozart
Mozart war ein Österreicher

Mozarts Vater wurde in Augsburg und Mozart selber in Salzburg geboren – beides Städte, die zu Mozarts Lebenszeiten nie zu Österreich gehörten. (Erst 1816 und damit 15 Jahre nach Mozarts Tod fiel das Erzbistum Salzburg wieder an Österreich zurück.) Zwar wird Mozart damit postum nicht zum Deutschen, denn Deutschland gab es damals nicht, aber Österreicher ist er genausowenig je gewesen.

Stichwort vorgeschlagen von Paul Gockel.

Müll
Das Sortieren von Hausmüll ist eine Errungenschaft des späten 20. Jahrhunderts

Seit dem 1. 4. 1907 wurde in Berlin-Charlottenburg der Hausmüll dreigeteilt entsorgt, »getrennt nach seinen Bestandteilen, nämlich einmal Asche und Kehricht, ferner Speisereste und Abfälle von zubereiteten und unzubereiteten Nahrungsmitteln, wie solche in Haushaltsküchen usw. anfallen, schließlich sind auch die übrigen Bestandteile wie Papier, Lumpen, Metall, Flaschen, Konservenbüchsen, Felle, Bekleidungsstücke usw. (...) ebenfalls getrennt zu sammeln.«

Lit.: C. Dörr: Hausmüll und Strassenkehricht, Leipzig 1912; F. J. Brüggemeier und M. Toyka-Seid (Hrsg.): Industrie-Natur. Lesebuch zur Geschichte der Umwelt im 19. Jahrhundert, Frankfurt a. M. 1995.

Muskelkater
Vom Bergaufsteigen bekommt man Muskelkater

Muskelkater bekommt man eher vom Abstieg als vom Aufstieg eines Berges. Wie Forscher vom Zentrum für biomedizinische Technik in Melbourne herausgefunden haben, reagieren Muskelfasern besonders dann empfindlich, nicht wenn sie harte Arbeit leisten, sondern wenn sie als Bremse dienen müssen – die Fasern können dabei reißen, und beim Ersetzen dieses nutzlosen Gewebes kommt es zu den bekannten Muskelschmerzen.

Lit.: Tim Thwaites: »Running ragged«, New Scientist, 16. 8. 1997.

Mütter
Berufstätige Mütter kümmern sich nicht um ihre Kinder

Nach einer englischen Statistik verbrachten voll berufstätige Mütter 1995 mehr Zeit mit ihren Kindern als »Nur-Hausfrauen« 1961. Die Gründe für diese Zunahme der Zuwendung zu Kindern sind: (1.) Die »offiziellen« Wochenarbeitszeiten werden kürzer; (2.) Kochen, Waschen, Putzen ist heute großteils Sache von Maschinen; (3.) man geht öfter auswärts essen, und (4.) am wichtigsten: auch die Männer, ob berufstätig oder nicht, helfen weit mehr als 1961 bei den »Hausarbeiten« mit.

Lit.: J. Gershuny: »Time for the family«, Prospect, Januar 1997, S. 56–57; »Beruf hat Priorität«, Informationsdienst des Instituts der Deutschen Wirtschaft 33/1997.

Mutter Courage
Die »Mutter Courage« von Bertolt Brecht war eine couragierte Mutter und Gegnerin des Krieges

So scheinen alle die zu denken, die in den beliebten Fragebögen unter »Lieblingsheld der Dichtung« gerne die »Mutter Courage« als eine Leitfigur des couragierten Pazifismus nennen, eine Insel von Vernunft und Menschlichkeit inmitten der Schrecken des Dreißigjährigen Krieges, eine Petra Kelly des 17. Jahrhunderts.

In Wahrheit ist Brechts »Mutter Courage« weder besonders couragiert noch pazifistisch. Sie will zwar ihre Kinder vor dem Krieg beschützen, braucht aber andererseits den Krieg zum Geldverdienen; wenn Geschäfte locken, kennt ihr Opportunismus keine Grenzen, dann überläßt sie ihre Kinder auch den schrecklichsten Gefahren (die Kinder gehen dann auch im Krieg zugrunde, während die geschäftstüchtige Mutter, ohne aus dem Desaster viel gelernt zu haben, überlebt: »Ich muß wieder in Handel kommen«, ist eine ihrer zentralen Lehren aus der Tragödie). Wie eine solche »Hyäne des Schlachtfelds« zur Lichtgestalt der deutschen Bildungsspießer werden konnte, muß wohl auf ewig ein Geheimnis bleiben (oder auch nicht, denn die meisten, die so pflichtbewußt die »Mutter Courage« als ihre Lieblingsheldin ankreuzen, haben nie das Stück gesehen).

Lit.: Harenbergs Lexikon der Weltliteratur, Band 4, Dortmund 1989; Eckhard Henscheid, Gerhard Henschel und Brigitte Kronauer: Kulturgeschichte der Mißverständnisse, Stuttgart 1997 (besonders der Abschnitt »Mutter Courage et alt. tutti frutti«).

Muttermilch
Die Muttermilch hat alles, was ein Säugling braucht

Wahr ist: Muttermilch ist in mancher Hinsicht besser als Kuhmilch an die Bedürfnisse von Säuglingen angepaßt (bessere Mischung von Fett und Kohlehydraten; Eisen aus Muttermilch wird besser als Eisen aus Kuhmilch von den Babys aufgenommen usw.). Aber die perfekte Nahrung ist Muttermilch deswegen dennoch nicht: Sie enthält z. B. kein Vitamin D, daher bekommen ausschließlich mit Muttermilch ernährte Kinder oft Rachitis.

Lit.: Carol Ann Rinzler: Feed a cold, starve a fever – A dictionary of medical folklore, New York 1991.

Muttertag
Der Muttertag wurde von den Nazis eingeführt

Der Muttertag wurde erstmals 1914 in den USA ein offizieller Feiertag; die Muttertagsbewegung wurde vor allem von Feministinnen wie der Predigerstochter Ann Jarvis (1864–1948) angetrieben, die am zweiten Maisonntag des Jahres 1907, dem zweiten Jahrestag des Todes ihrer eigenen Mutter, eine erste, noch inoffizielle Muttertagsfeier organisierte. Danach verbreitete sich diese Sitte rasch, schon 1912 wurde der Muttertag ein »offizieller« Feiertag der amerikanischen Methodisten, und durch ein eigenes »Muttertagsgesetz« von 1914 dann auch ein Feiertag für alle Amerikaner.

Nach Deutschland dagegen kam der Muttertag erst 1923, vor allem auf Betreiben des »Verbandes deutscher Blumengeschäftsinhaber«.

Natürlich wurde neben diesem kommerziellen auch das ideologische Potential des Feiertages bald erkannt, man konnte ihn, in völliger Umkehrung der Absichten von Ann Jarvis, gut als Kontrapunkt zur Frauenemanzipation verwenden, auch politisch vor ganz andere als den ursprünglich gedachten Karren spannen: Die Nazis machten 1939 aus dem Muttertag den »Tag der deutschen Mutter«, inklusive Ehrenkreuzverleihung usw., vor allem deshalb ist er nach dem Krieg so in Verruf geraten.

Lit.: Das Große Hör-Zu Buch der Erfindungen, Frankfurt a. M. 1987; Stichwort »Muttertag« in der Brockhaus Enzyklopädie, Wiesbaden 1990; »Kauft Blumen! Gebärt Kinder!« Die Welt, 9. 5. 1995.

N

»Das Falsche hat den Vorteil,
daß man immer darüber schwätzen kann.«
Goethe, Maximen und Reflexionen

Nächstenliebe
Das Neue Testament fordert unbedingte Nächstenliebe (s.a. »Freiheit«)

Das Neue Testament fordert zunächst einmal die Christen auf, sich *gegenseitig* beizustehen: Wann immer in den Evangelien und Apostelbriefen von Nächstenliebe die Rede ist, sind zunächst einmal die Brüder und Schwestern der eigenen Gemeinde angesprochen – Andersgläubige dagegen sind mehr oder weniger deutlich ausgenommen. »Helft den Heiligen [= Glaubensbrüdern; W. K.], wenn sie in Not sind; gewährt jederzeit Gastfreundschaft«, fordert Paulus (Römer 12,13); die anderen, die »Verfolger«, sind lediglich zu »segnen«, d. h. nicht zu verfluchen, aber auch nicht zu lieben oder sonstwie mit den Glaubensbrüdern gleichzusetzen. Auch Johannes, der nach Paulus einflußreichste Theologe des Neuen Testaments, läßt nur wenig Zweifel, wem die Liebe der Christen zu gelten habe: vor allem den Gemeindeschwestern und Gemeindebrüdern. »Liebt nicht die Welt und was in der Welt ist!« (1. Johannes 2,15) »Wir wissen, daß wir aus dem Tod in das Leben hinübergegangen sind, weil wir die Brüder lieben. Wer nicht liebt, bleibt im Tod. Jeder, der seinen Bruder haßt, ist ein Mörder, und ihr wißt: Kein Mörder hat ewiges Leben, das in ihm bleibt. Daran haben wir die Liebe erkannt, daß Er sein Leben für uns hingegeben. So müssen auch wir für die Brüder das Leben hingeben.« (3,14–16).

Selbst bei Jesus, dem vermeintlichen Begründer der universellen Menschenliebe, ist dieser Universalismus weit weniger ausgeprägt, als viele glauben: Wie schon sein Vorläufer Johannes der Täufer konzentriert auch Jesus sein Wirken vornehmlich auf Israel, auf das Gottesvolk des Alten Testaments; Heiden werden, falls überhaupt, nur am Rand und eher zufällig beachtet, und das in der Bergpredigt aufgestellte Gebot der Feindesliebe kann auch als Forderung zur Versöhnung innerhalb des auserwählten Volkes verstanden werden. »Liest man [die einschlägigen Texte] unter dem Augenmerk, daß der Adressat des Wirkens Jesu nur Israel war, kann schwerlich aus den Texten heraus bewiesen oder entgegengehalten werden, daß Jesus mit diesen Worten eine universelle Öffnung der Liebe wollte bis hin zum politischen oder religiösen Feind, der die Volks- und Religionsgemeinschaft Israels heimsuchte« (Miller).

Lit.: K. Barth: »Die Lehre von der Versöhnung«, Die kirchliche Dogmatik 1955; E. Käsemann: Jesu letzter Wille nach Johannes, Tübingen 1980; Hans Josef Miller: »Nächstenliebe im Neuen Testament: Gruppenegoismus oder universales Menschheitsethos«, in: T. Heck (Hrsg.): Das Prinzip Egoismus, Tübingen 1994, S. 94–100.

Napoleon
Napoleon war ein Mann von kräftiger Statur (s.a. »Attila«)

Daß Napoleon kein Riese war, ist wohlbekannt – mit 169 cm Körpergröße entsprach er dem französischen Durchschnitt seiner Jahre. Aber daß er sogar ein regelrechter Schwächling war, wird viele überraschen. Nach Ansicht seines Biographen Cronin hätte Napoleon bei keiner anderen Waffengattung als der Artillerie, die mehr technisches Können als körperliche Fitneß fordert, reüssieren können: »Er konnte beispielsweise ein Pferd nicht kräftig genug zwischen die Schenkel nehmen, saß im Sattel wie ein Sack Kartoffeln, mußte sich weit vornüber lehnen, um das Gleichgewicht zu halten, und wurde bei der Jagd oft abgeworfen« (S. 193). Wie so oft hat man auch bei Napoleon mentale Eigenschaften zu Unrecht auf den Körper übertragen.

Lit.: V. Cronin: Napoleon, Frankfurt a. M. 1975.

Nasenbluten
Bei Nasenbluten hilft es, den Kopf in den Nacken zu legen

Davon raten Ärzte heute eher ab. Bei zurückgelegtem Kopf fließt das Blut über den Rachen in den Magen, es können Übelkeit oder Erbrechen folgen. Außerdem ist die Menge des abfließenden Blutes nicht abzuschätzen, gefährliche Blutungen werden leichter übersehen (man kann an Nasenbluten sterben). Statt den Kopf in den Nacken zu legen, sollte man die Nasenflügel aneinanderpressen, den Kopf nach vorne neigen und, wenn das Bluten nach 20 Minuten nicht aufhört, einen Arzt rufen.

Richtig ist dagegen der kalt-feuchte Lappen im Nacken – er läßt die Blutgefäße schrumpfen und bremst den Fluß des Blutes in die Nase.

Lit.: »Bei Nasenbluten den Kopf nicht in den Nacken legen«, Hannoversche Allgemeine Zeitung, 20. 6. 1996.

Nassauer
Ein Nassauer kommt aus Nassau (s.a. »Apfel«, »Guter Rutsch« und »Sauregurkenzeit«)

Der Ausdruck »Nassauer« für jemand, der gerne auf Kosten anderer ißt und trinkt, hat mit dem schönen deutschen Städtchen Nassau nichts zu tun; das Wort kommt aus dem hebräischen »nasson« für geben oder schenken; es soll jemanden benennen, der lieber nimmt als gibt.

Lit.: Bernd-Lutz Lange: Dämmerschoppen, Köln 1997 (besonders das Kapitel »Sprachdenkmäler«).

Nationalhymnen 1
Es gibt eine deutsche Nationalhymne (s.a. »Deutschlandlied«)

Es gibt eine englische, französische und amerikanische Nationalhymne, aber keine deutsche. Zumindest streiten hier noch die Juristen: Nach dem Zweiten Weltkrieg hatte die alliierte Militärregierung alle nationalsozialistischen Lieder verboten, u. a. auch das (vermeintlich) nationalsozialistische Deutschlandlied; der Antrag mehrerer Abgeordneter des 1. Deutschen Bundestages, dieses Lied als nationale Hymne wieder einzuführen, wurde seinerzeit zurückgestellt.

Statt dessen gab Theodor Heuss, der erste Bundespräsident, der das Deutschlandlied nicht mochte, bei dem Dichter Rudolf Alexander Schröder und dem Komponisten Hermann Reuter eine neue Nationalhymne in Auftrag (die sog. »Hymne an Deutschland«), die aber trotz regelmäßigen Abspielens im Nordwestdeutschen Rundfunk niemanden so recht erwärmen konnte. Deshalb schrieb Konrad Adenauer den folgenden Brief an Heuss:

Bonn, 29. 4. 1952
Sehr geehrter Herr Bundespräsident!
Die Frage einer »National-Hymne« ist in den vergangenen zwei Jahren wiederholt zwischen uns besprochen worden. Ich achtete, wenn auch im Zweifel an dem Gelingen, Ihren Versuch, durch einen neuen Text und durch eine neue Melodie über die unliebsamen Zwischenfälle hinwegzukommen, die bei der Wiedergabe oder bei dem Absingen des »Deutschland-Liedes« sich ereignet haben; es sollte vermieden werden, hier einen neuen Streit in unser Volk zu tragen.
Sie haben mir selber gelegentlich zum Ausdruck gebracht, daß Sie dieses Bemühen als gescheitert betrachten müssen. Die Gründe mögen jetzt unerörtert bleiben. Als das Kabinett Sie vor Monaten durch mich bitten ließ, sich für die dritte Strophe des Deutschlandliedes zu entscheiden, gab ich zu, daß Ihre damalige Gegenargumentation eine innere Berechtigung besaß.
Inzwischen ist nun die Frage dringend geworden, und ich muß den Wunsch der Bundesregierung darum pflichtgemäß wiederholen. Sie wissen selber um die Lage, in der bei amtlichen Veranstaltungen unsere ausländischen Vertretungen sich befinden. Ich will in diesem Augenblick die innerdeutschen Gefühlsmomente, deren Gewicht von uns beiden gleich hoch gewertet wird, gar nicht in Anschlag bringen. Es ist wesentlich der außenpolitische Realismus, der uns, Ihnen wie mir, nahelegen muß, die Entscheidung nicht weiter hinauszuzögern. Ich möchte auch hoffen dürfen und glaube, dazu Grund zu haben, daß die innenpolitischen Vorbehalte, die sich auf den Mißbrauch des »Deutschland-Liedes« durch die Vernichter des alten Deutschlands beziehen, an Schärfe verloren haben – war es doch der Reichspräsident Friedrich Ebert, der das »Deutschland-Lied« durch eine staatsmännische Entscheidung zur Nationalhymne erklärte.
Daher die erneute Bitte der Bundesregierung, das Hoffmann-Haydn'sche Lied als Nationalhymne anzuerkennen. Bei staatlichen Veranstaltungen soll die dritte Strophe gesungen werden.
Mit freundlichen Grüßen Ihr gez. Adenauer

Die Antwort von Heuss begann mit den Worten »Sie haben recht«; ab da wurde bei offiziellen Anlässen das Deutschlandlied gesungen, so wie es Richard von Weizsäcker und Helmut Kohl in einem weiteren Briefwechsel 1991 nochmals bestätigt haben. Aber in keinem einzigen »offiziellen« Dokument oder Gesetz wurde je das Deutschlandlied zur Nationalhymne erkoren.

Anders die DDR: Gleich nach der Staatsgründung wurde durch einen Beschluß des Ministerrates vom November 1949 das bekannte »Auferstanden aus Ruinen« von Johannes R. Becher und Hanns Eisler zum Nationalgesang erklärt. (Da nach dem Mauerbau 1961 das häufige »Deutschland« im Text politisch nicht mehr paßte, wurde dieses Lied aber nur noch gespielt, nicht mehr gesungen.)

Wie auch immer, nach dem Ende der DDR stehen wir nun völlig ohne »offizielle« Hymne da.

Lit.: H. Trümmler: Deutschland über alles – Zur Geschichte und Problematik unserer Nationalhymne, Köln 1979; G. Spendel: »Zum Deutschland-Lied als Nationalhymne«, Juristen-Zeitung 1988, S. 744 ff.; B. Riedel: »Symbol der (Un-)Einigkeit?«, Hannoversche Allgemeine Zeitung, 11. 8. 1997.

Nationalhymnen 2
Nationalhymnen gibt es erst seit dem 19. Jahrhundert (s.a. »Marseillaise«)

Auch wenn der Brockhaus anderes behauptet: Nationalhymnen gab es schon lange vor dem 19. Jahrhundert. Etwa die Volkshymne der Niederländer, komponiert und gedichtet im Freiheitskampf gegen die Spanier 1568, Henry Carey's »God save the king« in England 1743, die »Marseillaise« von 1792 ...

Lit.: U. Ragozat: Die Nationalhymnen der Welt, Freiburg 1982.

Nationalsozialismus
Deutschland war das Zentrum des Nationalsozialismus

Die Hochburg der Nazis war die »Ostmark«, also Österreich. Österreich stellte mit weniger als einem Zehntel der Bevölkerung des Nazi-Reiches fast die Hälfte aller Nazi-Obermörder: Rund 3 Millionen der 6 Millionen von den Nazis umgebrachten Juden wurden unter dem Kommando von Österreichern getötet – neben Adolf Eichmann selber auch die Kommandanten von Treblinka, Flossenbürg, Theresienstadt, Sobibor und Belzec, genauso wie die Kommandanten des Warschauer, Rigaer und Wilnaer Ghettos, von Adolf Hitler selber und seinen engen Mitarbeitern Kaltenbrunner (Chef der Gestapo) und Seyß-Inquart (der »Arisierer« der Niederlande) und den Hunderttausenden von kleinen Kriminellen ganz zu schweigen. »Kaum ein Konzentrationslager, in dem nicht an leitender Stelle Österreicher saßen, kaum eine Sondereinsatztruppe, zu der sich nicht Österreicher freiwillig gemeldet hatten« (Haslinger).

Lit.: Erika Weinzierl: Zu wenig Gerechte: Österreicher und Judenverfolgung 1938–1945, Graz 1985; Fritz Molden: Die Österreicher, München 1987; Josef Haslinger: Politik der Gefühle: Ein Essay über Österreich, Frankfurt a. M. 1995.

Neandertaler
Wir sind alle fortentwickelte Neandertaler

Nach neueren Forschungen sind die Neandertaler (und mit ihnen die anderen Urmenschen, die bis vor 20.000 Jahren den europäischen Kontinent beherrschten) allenfalls die Vettern, aber nicht die Väter der modernen Europäer. Demnach entwickelte sich der moderne Mensch, so wie er heute sechsmilliardenfach den Globus bevölkert, erst vor rund 200.000 Jahren in einer noch zu bestimmenden Region im Osten Afrikas. Von dort verbreitete er sich zunächst über Afrika, dann weiter über die Straße von Gibraltar nach Europa, wo es ihm (und natürlich auch ihr) aufgrund überlegener Intelligenz und körperlicher Geschicklichkeit gelang, die eingesessenen, grobschlächtigen und nicht ganz so cleveren Urmenschen vom Typus des Neandertalers zu verdrängen (d. h. auszurotten).

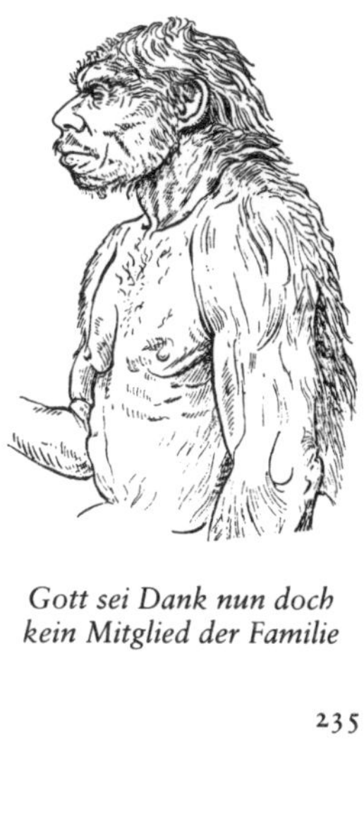

Gott sei Dank nun doch kein Mitglied der Familie

Diese These des englische Paläontologen Chris Stringer war lange umstritten; die heutigen Menschen hätten vielmehr schon vor ein bis zwei Millionen Jahren den Erdkreis überzogen, auch aus Afrika, aber schon viel früher, und aus diesem Urahn, dem »homo erectus«, seien dann quasi parallel auf allen Kontinenten die heutigen Rassen und Menschen entstanden. Jedoch steht diese Theorie im Widerspruch zur Genstruktur der Menschen, wie sie heute leben; der in seiner vergangenen Existenz durchaus unbestrittene »homo erectus« kann *nicht* der Vorfahr des modernen Menschen sein: »Alle genetischen Daten deuten darauf hin, daß 99 Prozent der gesamten Erbsubstanz des modernen Menschen von einer [einzigen] Gruppe stammen, die Afrika vor nicht langer Zeit verlassen hat, vor rund 20.000 Jahren.« Alle damals außerdem noch lebenden Menschenrassen wären damit heute ausgestorben.

Lit.: Chris Stringer und Robin McKie: Afrika – Wiege der Menschheit: Die Entstehung, Entwicklung und Ausbreitung des Homo sapiens, München 1996; »Homo sapiens kam erst vor 20000 Jahren aus Afrika«, Welt am Sonntag 26/1996; J. Blech: »Sind wir alle Afrikaner?«, Die Zeit 41/1996; R. Leakey: Die ersten Spuren. Über den Ursprung des Menschen, München 1997; Matthias Krings u. a.: »Neandertal DNA sequences and the origin of modern humans«, Cell 90, 1997, S. 19–30; Stichwort vorgeschlagen von Claudia Rexhaus.

New York
New York ist ein gefährliches Pflaster

New York ist heute eine der sichersten Städte in den USA. »Jogger im Central Park müssen nicht mehr um Leib und Leben fürchten, und aufdringliche Bettler, die manchmal drohend und erpresserisch die Touristen um eine ›freiwillige Spende‹ baten, sind aus dem Straßenbild verschwunden.«

Die amerikanischen Spitzenreiter bezüglich Mord und Totschlag sind heute New Orleans und Washington (85 bzw. 70 Morde pro 100.000 Einwohner und Jahr), verglichen mit 21 in New York, und auch bei anderen Verbrechen liegt New York heute weit zurück:

Der Platz von New York unter allen amerikanischen Großstädten	
Mord	63.
Vergewaltigung	141.
Autodiebstahl	99.
Raubüberfälle	27.
Einbrüche	162.

Lit.: Statistical Abstract of the United States 1996; »New York – aber sicher«, Stern 15/1997; http://www. geocities.com/sotto/lofts/5551/crime.htm; Stichwort vorgeschlagen von Doris Krämer.

Nilpferde
Nilpferde sind Pferde (s.a. »Präriehunde«)

Nilpferde sind Schweine, keine Pferde. Das Nilpferd (auch Flußpferd oder Hippopotamus) ist wie das Schwein ein sogenannter Paarhufer und bildet mit diesem die Unterordnung der Nichtwiederkäuer (Nonruminantia); Pferde sind Unpaarhufer und Angehörige der gleichen Ordnung wie etwa Nashörner und Tapire.

Lit.: W. Eigener: Großes Farbiges Tierlexikon, Herrsching 1992.

Nissenhütte
Die Nissenhütte hat ihren Namen von den Läuseeiern namens Nissen

Die Nissenhütte hat ihren Namen nicht von den Läusen, die angeblich in diesen Unterkünften gut gedeihen, sondern von dem kanadischen Bergbauingenieur Peter Norman Nissen (1871–1930), der nach dem Ersten Weltkrieg vorgeschlagen hatte, zur Linderung der Wohnungsknappheit stabile, halbzylinderförmige Notunterkünfte aus Wellblech herzustellen. Bei dieser Bauart bilden Dach und

So lebten viele Deutsche noch vor 50 Jahren

Wände eine Einheit; sie können Wind und Wetter besser trotzen, sie sind auch mangels Ecken oder Kanten leicht zu säubern und damit alles andere als ein Eldorado für die Läuse und die Nissen.

Lit.: Fritz C. Müller: Wer steckt dahinter, Eltville 1964.

Nobelpreise
Alfred Nobel wollte seine Preise jedes Jahr vergeben

Die von Alfred Nobel gestifteten und aus seinem Vermögen finanzierten Preise waren nach Nobels eigenen Vorstellungen weder jährlich noch ewig zu vergeben. Drei Jahre vor seinem Tod 1896 schrieb Nobel an Bertha von Suttner, daß ein von ihm gestifteter Preis alle fünf Jahre verteilt werden solle, höchstens aber sechsmal. Wenn es nach diesen 6 x 5 = 30 Jahren nicht gelänge, das »gegenwärtige System« grundlegend anders zu gestalten, dann könnten solche Preise daran auch nichts ändern.

Lit.: Brockhaus – Wie es nicht im Lexikon steht, Mannheim 1996.

Nobler Wilder 1
Der »noble Wilde« ist eine Wortschöpfung von Jean-Jacques Rousseau

Schon im Jahr 1700, zwölf Jahre vor Rousseaus Geburt, dichtete der Engländer John Dryden (1631–1700): »When wild in the woods the noble savage ran ...«

Stichwort vorgeschlagen von H. van Maanen.

Nobler Wilder 2
Naturvölker gehen mit Natur und Umwelt pfleglicher um als »zivilisierte« Menschen

Naturvölker ruinieren, wenn sie können, ihre Umwelt genauso gründlich wie so manche entwickelten Nationen. So haben etwa die vor 12.000 Jahren über die Beringstraße nach Amerika eingewanderten Vorfahren der heutigen Indianer die Großwild-Fauna Nordamerikas durch rücksichtsloses Jagen binnen weniger Jahrhunderte fast völlig ausgerottet. Wilde Kamele, Pferde, Lamas, Antilopen, Tiger, Rehe, Hirsche – Dutzende von Säugetieren, die vor der Ankunft der noblen Wilden den amerikanischen Kontinent bevölkerten, waren wenige hundert Jahre später nicht mehr da; über 75% aller großen nordamerikanischen Säugetiere sind durch die Vorfahren der heutigen Indianer ohne Rücksicht auf Verluste ausgerottet worden.

Die Prozedur war einfach: Diese Tiere waren Menschen nicht gewohnt, sie liefen nicht weg und waren mühelos mit Stöcken und mit Speeren totzuschlagen. Auf die gleiche Weise, nämlich indem sie die an menschliche Jäger nicht gewöhnten Tiere ohne Mühe fingen und verspeisten, haben auch die ersten Siedler auf den Inseln des Pazifik deren Fauna rigoros geplündert. Auf Hawaii z. B. gab es vor der Ankunft der ersten Ureinwohner um 300 n. Chr. 300 rund Arten von Vögeln, viele davon groß und flugunfähig; im Jahr 400 n. Chr. war die Hälfte davon ein für allemal verschwunden, und tausend Jahre später brachten es die Vorfahren der Maoris in Neuseeland sogar fertig, sämtliche Arten der sog. »Moas«, große, fluguntaugliche Vögel mit einem Gewicht von bis zu einer Vierteltonne, restlos zu verspeisen. Und so zieht sich eine Riesenspur von Öko-Terror durch alle Länder dieser Erde, in denen noble Wilde eine Möglichkeit besaßen, ihren Jagdtrieb auszuleben.

Und was ist mit der berühmten nachhaltigen wilden Lebensweise? Wo bleibt die so oft zitierte Rede des Indianerhäuptlings Chief Seattle aus der Mitte des 19. Jahrhunderts: »Every part of this earth is sacred to my people (...) the earth does not belong to man, man belongs to earth ...« usw.? Antwort: Die naturschonende Lebensweise mancher wilder Völker ist ein Gebot der Not und nicht der Tugend (man würde die Natur gerne ausbeuten, wenn man nur könnte), und die Rede von Chief Seattle wurde von einem amerikanischen Drehbuchautor frei erfunden.

Lit.: Matt Ridley: »Ice age politics. Why did the big mammals suddenly die out in America?«, Prospect, Juni 1996, S. 30–33.

Nordpol
Der Amerikaner Robert Peary hat als erster Mensch den Nordpol erreicht

Bekanntlich wird die Tat des amerikanischen Piloten Richard E. Byrd, der laut Lexikon im Jahr 1926 als erster Mensch den Nordpol überflogen haben soll, seit neuestem bezweifelt: Byrd soll sich beim Navigieren verrechnet haben wie die jüngst ausgewerteten Aufzeichnungen des Piloten selber zeigen, ist sein Anspruch »mit an Sicherheit grenzender Wahrscheinlichkeit« nicht durch Fakten zu begründen.

Weniger bekannt ist, daß auch Robert Peary, der erste Fußgänger am Nordpol, diesen Ehrenkranz zu Unrecht trägt. Zwar kam Peary dem Nordpol rekordverdächtig nahe, aber ganz erreicht hat er diesen Punkt des Erdballs, an dem sich alle Längengrade treffen, 90 Grad nördlicher Breite, nach Lage der Indizien vermutlich nicht. »Endlich der Pol!« notierte Peary zwar am 6. April 1909 in sein Tagebuch, aber entweder hatte sich Peary so wie Byrd verrechnet (der Nordpol liegt unter Treibeis und Peary war von seiner geplanten Route abgedriftet), oder er hatte, wohl wissend, daß er nicht den Pol getroffen hatte, seinen Zeitgenossen einen Bären aufgebunden. Für letzteres spricht Pearys z. B. ungewöhnlich exakte Ortsbestim-

THE NEW YORK HERALD.

NEW YORK, THURSDAY, SEPTEMBER 2, [illegible] TWENTY-FOUR PAGES

THE NORTH POLE IS DISCOVERED BY DR. FREDERICK A. COOK, WHO CABLES TO THE HERALD AN EXCLUSIVE ACCOUNT OF HOW HE SET THE AMERICAN FLAG ON THE WORLD'S TOP

Eine Schlagzeile vom 2. September 1908: noch ein falscher Nordpolfahrer

mung: 89 Grad, 57 Minuten und 11 Sekunden nördlicher Breite, rund 5 km vom Pol entfernt, was für alle praktischen Zwecke als Volltreffer zählt und wohl auch zur Erzeugung dieser Illusion geplant war. In Wahrheit konnte Peary seine Position unmöglich bis auf 30 Meter genau bestimmen (darauf laufen die 11 Bogensekunden hinaus). Selbst mit moderner Satellitennavigation wäre das ein Meisterstück; zu Pearys Zeiten war eine derart präzise Ortsbestimmung absolut unmöglich.

Mit diesem Trick, nämlich mittels überexakter Ortsangaben eine imaginäre Leistung vorzutäuschen, hatte ein Jahr vor Peary schon sein Landsmann Cook die Welt genarrt: Indem er fast jeden Meter seiner Reise mit erfundenen Längen- und Breitengraden garnierte, konnte er sich mehrere Monate als der erste Mensch am Nordpol feiern lassen.

Lit.: R. B. Downs: Scientific Enigmas, Littleton 1987 (besonders das Kapitel »North pole discovery«); W. Herbert: »Did Peary reach the pole?«, National Geographic, September 1988; P. Wallich: »Polar heat: an argument continues over an explorer's good name«, Scientific American, März 1990; »Zweifel am Flugrekord zum Nordpol«, Frankfurter Allgemeine Zeitung, 11. 5. 1996; Robert M. Bryce: Cook and Peary: the polar controversy, resolved, Mechanicsburg 1997.

Nostradamus
Nostradamus konnte in die Zukunft sehen (s.a. »Titanic 3«, »Bibel« sowie in Band 1 »Todesträume«)

Der französische Literat und Mediziner Michel de Nostradamus (1503–1566) war als Hobbykomiker begabter als in seinem Brotberuf als Arzt. Sein Rezept war einfach. Man verfasse tausend Kurzgedichte der Art:

> Früher oder später wird großes Unheil über ...
> (undeutlich schreiben) kommen;
> es wird regnen Hunde und Katzen,
> die (undeutlich schreiben) werden fressen ihre Kinder,
> und der große Fürst des Morgenlandes, usw.

So hat Nostradamus die Atombombe, den Zweiten Weltkrieg, das Space-Shuttle-Desaster, die Berliner Mauer, die Scheidung von Prince Charles und Lady Di und natürlich auch den Unfalltod von Lady Di vorhergesehen. Für alle diese Ereignisse und Dramen gibt es irgendwo in Nostradamus' Schriften einen Absatz, der hinreichend deutlich dazu paßt. Hier eine typische Beispielstrophe; zunächst das französische Original:

> Avant conflit le grand mur tombera,
> Le Grand à mort, mort trop subite et plainte.
> Nef imparfait la plus part nagera,
> Auprès du fleuve de sang la terre sainte.

Offensichtlich – so die Übersetzung von John Charles de Fontbrune – handelt es sich hier um den Sturm auf die Bastille und die Hinrichtung Ludwigs XVI.:

Vor dem Kriege wird die große Mauer einstürzen,
der König wird hingerichtet werden;
sein Tod wird zu plötzlich sein und beklagt werden.
Bevor er seine Herrschaft abgeschlossen hat,
werden die meisten (Wachen) im Blut schwimmen;
nahe dem Fluß (der Seine) wird der Boden von Blut befleckt sein.

In der Übersetzung von Alexander Centurio lauten die gleichen Verse dagegen so:

Vor dem Konflikt wird der Große stürzen,
Der Große kommt zu Tode und erleidet einen plötzlichen und beklagenswerten Tod:
die Flottenausrüstung ist unfertig, der größte Teil wird ertrinken,
Die Ufer am Strom sind mit Blut gefärbt.

Gemeint ist jetzt der Erste Weltkrieg und das Attentat von Sarajevo, die halbfertige deutsche Flotte und die Schlacht von Tannenberg, in deren Verlauf viele der geschlagenen Russen in den Masurischen Seen ertrunken sind. Wieder andere Interpreten sehen in den obigen Zeilen die Kubakrise und das Attentat auf Kennedy, wieder andere die chinesische Kulturrevolution, und wer will, kann hier auch den tragischen Tod seines Lieblings-Bademeisters in einem Baggersee erkennen. Hier eine weitere gern zitierte Nostradamus-Prophezeiung:

Le tiers premier pis que ne fit Neron
Vuider vaillant que sang humain repandre:
rédifier fera le forneron
Siècle d'or mort, nouveau Roy grand esclandre.

Das heißt in der Übersetzung von Alexander Centurio:

Der Dritte Stand wird zum ersten,
aber er wird schlimmere Taten vollbringen als Nero.
Seht nur, wieviel Blut von tapferen Menschen er vergießt.
Er wird die Öfen (das Tuilerienschloß) neu erbauen lassen,
das goldene Zeitalter ist tot,
eine neue Dynastie kommt, die in einem großen Skandal endet.

Nach Centurio hat Nostradamus hier die Französische Revolution und die Guillotine vorausgesehen, in der Nähe der Tuilerien, »wo einst die Ziegelöfen lagen«. Damit endet das goldene Zeitalter, es kommt die Dynastie Napoleons, die mit den allseits bekannten Skandalen endet. Schon lange vor der Französischen Revolution hatte allerdings Théophile de Garancières in diesen Versen den französischen König Charles IX. (1550–1574) wiedergefunden, während wieder andere hier die russische Oktoberrevolution und deren Folgen für die Weltgeschichte (Dimde), nochmals andere aber Hitler und die Nazis wittern (de Fontbrune):

> Der Erste des Dritten (Reiches) wird noch Schlimmeres tun als Nero.
> Er wird besonders tapfer sein, wenn es darum geht,
> Menschenblut zu vergießen.
> Er wird Öfen (Krematorien) errichten lassen.
> Das goldene Zeitalter wird ein Ende haben,
> und der neue König (Führer) wird einen großen Skandal verursachen.

Und so weiter durch Hunderte von ähnlichen Vierzeilern, die Nostradamus insgesamt der Nachwelt hinterlassen hat. Der »chemin des montagnes cavées«, der in einem der Nostradamus-Verse auftaucht, ist den einen der St.-Gotthard-Tunnel und den anderen eine »Straße der hohlen Gebirge«, also der von Wolkenkratzern (hohlen Gebirgen) gesäumte Broadway in New York. Erwähnt Nostradamus eine Rose, sehen die einen eine Anspielung auf Roosevelt, die anderen ein Sinnbild für den Sozialismus, wieder andere den Rosenkranz, und ein gewisser »chef rouge«, der in einem der Vierzeiler vorkommt, ist je nach Bedarf als Kardinal Mazarin, Kardinal Richelieu (bzw. wegen der roten Kardinalsgewänder als je-

Michel de Nostradamus, Hobbykomiker und Arzt

der andere Kardinal), aber auch als Mao Zedong oder Robespierre zu lesen, und die in den Versen des Nostradamus häufig auftretenden unspezifizierten Seuchen und Naturdesaster passen auf alles von Aids bis Kinderlähmung, von »Global Warming« bis zur letzten Überschwemmung an der deutschen Nordseeküste.

Lit.: Théophile de Garencières: The true prophecies of Michael Nostradamus, London 1672; Alexander Centurio: Nostradamus. Prophetische Weltgeschichte, München 1977; John Charles de Fontbrune: Nostradamus, Historiker und Prophet, Wien 1991; Manfred Dimde: Nostradamus total, Essen 1994; S. Capel: Die Prophezeiungen des Nostradamus, Erlangen 1995; Walter Krämer und Michael Schmidt: Das Buch der Listen, Frankfurt a. M. 1997 (besonders das 29. Kapitel »Blick nach vorne …«, woraus auch die obigen Pseudo-Nostradamus-Verse übernommen sind); Eckhard Henscheid, Gerhard Henschel und Brigitte Kronauer: Kulturgeschichte der Mißverständnisse, Stuttgart 1997 (besonders der Abschnitt »Nostradamus total verrückt«).

O

»Je populärer eine Idee, desto
weniger denkt man über sie nach,
und desto wichtiger ist es also,
ihre Grenzen zu untersuchen.«
Johann Christoph Lichtenberg

Öffentlicher Personennahverkehr
Der Öffentliche Personennahverkehr wird in den USA seit jeher kleingeschrieben

Es ist heute kaum zu glauben, aber ausgerechnet die USA, das Mekka der Individualisten und des individuellen Autos, unterhielten einstmals den am besten ausgebauten öffentlichen Nahverkehr der Welt. Um die Wende zum 20. Jahrhundert hatte kein Land der Erde mehr Straßenbahnen als die USA; die deutsche Reichshauptstadt Berlin, die damals unter allen europäischen Metropolen das längste Netz von öffentlichen Straßenbahnen hatte, wäre in den USA nicht unter die ersten 20 Städte gekommen, und im Spitzenjahr 1923 gab es in den USA mehr als 20.000 Kilometer öffentliche Straßenbahnen, die meisten in der modernen Autobahnzentrale Los Angeles.

Aber von da an ging es bergab. Aus den Straßenbahnen wurden Busse (nicht ohne tatkräftige Nachhilfe der US-Automobilkonzerne), aus den Bussen wurden Autos, und heute kommt man in einer typischen amerikanischen Großstadt ohne eigenen fahrbaren Untersatz kaum noch um die nächste Straßenecke.

Lit.: »Survey of America«, The Economist, 26. 10. 1991; B. Bryson: Made in America, London 1995; Stichwort vorgeschlagen von Dietrich Groh.

O. k.
»O. k.« kommt von »Oberkommando«

Weil ein für die Amerikaner kämpfender deutscher General im amerikanischen Unabhängigkeitskrieg seine Dokumente derart abgestempelt habe, so eine alte Überlieferung, wäre das Kürzel »OK« in das Englische gekommen.

Dieser Mythos ist nur einer von vielen falschen Ableitungen, welche diese beiden Buchstaben umgeben. Andere von Sprachforschern als falsch entlarvte Geburtsgeschichten sind: OK als telegraphisches Signal für »Open Key« (= empfangsbereit), OK als indianisches »okeh« = ja, OK als Abkürzung der Keksfabrik O. Kendall & Sons, die ihre Produkte mit diesen Initialen schmückte, oder OK als Abkürzung für den notorischen deutschen Qualitätsinspektor Oskar Kandler (Otto Kleinschmidt, Oswald Krummbein usw.), der so den von ihm für gut befundenen Waren seinen Stempel mitgegeben haben solle.

In Wahrheit ist OK vermutlich als eine Kurzform des verballhornten englischen Ausdrucks »oll correct« entstanden. Derartige Abkürzungen von bewußt falsch geschriebenen englischen Wörtern waren in den USA um 1840 große Mode: KG für »Know go« (= no go = geht nicht), KY für »Know yuse« (= no use = nutzlos) usw. Die meisten dieser Moden verschwanden genauso schnell, wie sie gekommen waren; da OK sich aber so vortrefflich für alle möglichen Anspielungen im damals gerade ablaufenden Präsidentenwahlkampf eignete (der demokratische Kandidat Martin van Buren hatte nach seinem Geburtsort Kinderhook im Staat New York den Spitznamen »Old Kinderhook«), blieb von allen diesen Scherzen nur OK am Leben.

Lit.: Christoph Drösser: »Stimmt's?«, Die Zeit, 29. 8. 1997.

Öko-Diesel
Der Öko-Diesel ist besonders umweltfreundlich

Der Öko-Diesel fährt mit Treibstoff, der auf Feldern wächst, mit Rapsölmethylester (RME) genaugenommen; außerdem setzt er deutlich weniger Schwefeloxide und Kohlenmonoxide als konventionelle Autos frei.

Aber das ist nur die eine Seite der Medaille. Bei anderen Abgasen wie etwa Stickoxiden liegt der Öko-Diesel höher, und auch das Hauptargument der Öko-Diesel-Freunde, daß nämlich durch die Verbrennung des Treibstoffs nicht mehr Kohlendioxid frei würde, als vorher durch den Rapsanbau gebunden wurde (mit anderen Worten, der Öko-Diesel ist neutral bezüglich dieses Treibhausgases), gilt inzwischen als erschüttert: Die bei der Verarbeitung des Rapsöls anfallenden Kohlendioxide und sonstigen Schadstoffe sind ja auch zu zählen, und es wird inzwischen nicht mehr ausgeschlossen, daß der Öko-Diesel bei Einrechnung aller indirekten Kosten die Umwelt netto mehr belastet als ein normales Auto von der Stange.

Lit.: »Der Öko-Diesel verdient seinen Namen nicht«, Die Welt, 15. 6. 1995.

Ökosteuern 1
Die Besteuerung von Energie ist umweltfreundlich und schafft Arbeitsplätze

Nicht im nationalen Alleingang, und nicht, wenn produktiv genutzte Energie versteuert wird. Die vieldiskutierte These des Deutschen Instituts für Wirtschaftsforschung in Berlin (DIW), daß eine ökologische Steuerreform auch im nationalen Alleingang wirtschaftsverträglich, ja sogar wirtschaftsfördernd wäre, ist nach Mehrheitsmeinung deutscher wie auch internationaler Ökonomen nicht zu halten.

Richtig und unter Ökonomen unbestritten ist: Jedes Individuum und jedes Unternehmen hat im Idealfall für die bei Konsum und Produktion verursachten Schäden selber aufzukommen; nur so ist garantiert, daß knappe Mittel effizient verwendet werden. Wer seinen Mist in Nachbars Garten schütten darf, ohne daß es direkt etwas kostet, produziert bzw. konsumiert nur scheinbar billig, die indirekten Kosten übersteigen oft den Nutzen, das Ganze ist gesamtwirtschaftlich unrentabel.

Das Problem ist nur: Wie die Verschmutzer optimal zur Kasse bitten?

Bei Haushalten ist die Sache einfach: Man verteuert den Konsum (bestes Beispiel: Pfand auf Einwegflaschen oder Steuern auf Benzin). Bei Unternehmen ist die Sache aber komplizierter, hier sind die vieldiskutierten Ökosteuern mit ihrem Schwerpunkt auf der Besteuerung des Energieverbrauchs in ihrer Wirkung sehr umstritten. Anders als Steuern auf den international immobilen und angebotsunelastischen Produktionsfaktor Arbeit können z. B. Unternehmen Steuern auf den international mobilen und angebotselastischen Produktionsfaktor Energie, sofern nur isoliert erhoben, sehr leicht unterlaufen: Sie verlagern ihre Produktion ins Ausland – Einkommen, Produktion und Arbeitsmarkt des Steuerlandes leiden, die Umwelt profitiert wenn überhaupt nur minimal, denn der Energieverbrauch nimmt ja nicht ab, er findet nur woanders statt.

Anders als viele Befürworter eines nationalen Alleingangs bei der Energiebesteuerung glauben, läßt sich dieser negative Effekt für Produktion und Arbeitsplätze auch nicht durch gleichzeitige Senkung der Lohnnebenkosten in gleicher Höhe unterbinden. Wie sich durch einen Appell an das sog. »Produktionsmöglichkeitentheorem« beweisen läßt, bleibt auch dann die Besteuerung der Arbeit effizienter, es ist grundsätzlich immer eine Besteuerung desjenigen Produktionsfaktors vorzuziehen, dessen Angebot auf die Besteuerung am wenigsten elastisch reagiert, dessen Besteuerung also die geringsten Ausweichhandlungen und damit auch die geringsten durch diese Ausweichhandlungen erzeugten Zusatzlasten produziert.

Ökosteuern auf industriell genutzte Energie sind nur im internationalen Gleichschritt sinnvoll; nationale Alleingänge provozieren Ausweichmanöver zu Lasten von Produktion und Arbeitsplätzen, ohne daß die Umwelt dadurch netto weniger belastet wird.

Lit.: K. Krebs und D. Reiche: Der mühsame Weg zu einer ökologischen Steuerreform, Frankfurt a. M. 1996; W. Richter: »Über die Ineffizienz einer nationalen Energiesteuer«, WiSt 3/1997; W. Richter und W. Wiegard: »Die Ökosteuer in der Waagschale der Ökonomie«, Frankfurter Allgemeine Zeitung, 3. 3. 1997; »Ökosteuer: Ernüchterung bei den Anhängern höherer Energieabgaben«, Der Spiegel 22/1997; Stichwort vorgeschlagen von Wolfram Richter.

Ökosteuern 2
Mit Ökosteuern kann man simultan den Staatshaushalt bestreiten und der Umwelt helfen

Man kann mit Ökosteuern nicht zugleich der Umwelt und dem Fiskus helfen, diese Ziele widersprechen sich. Entweder fallen Steuern an – das setzt aber voraus, daß vorher die Umwelt belastet wurde –, oder die Umwelt wird nicht belastet, dann kassiert der Fiskus aber auch keine Steuern. Wenn alle Menschen Umweltengel würden, fiele das Steueraufkommen gegen Null. Mit anderen Worten, der Staat wird auch in Zukunft seine Einnahmen zum größten Teil aus anderen Quellen als aus Ökosteuern schöpfen müssen.

»Es mag sein, daß Umweltabgaben umweltpolitisch vorteilhaft sind«, schreibt der Wissenschaftliche Beirat beim Bundesministerium der Finanzen. »Sie würden diesen Vorteil auch aus ökonomischer und speziell finanzwissenschaftlicher Sicht nicht einbüßen, wenn sie in wohl austarierter Weise das Steuersystem ergänzten. Vom oft geforderten dramatischen ökologischen Umbau des Steuersystems ist hingegen abzuraten. Als tragende Säule des Steuersystems sind Umweltsteuern nicht geeignet.«

Lit.: Bundesministerium der Finanzen (Hrsg.): Umweltsteuern aus finanzwissenschaftlicher Sicht – Gutachten des Wissenschaftlichen Beirats beim Bundesministerium der Finanzen, Bonn 1997.

Oktoberrevolution 1
Die Oktoberrevolution war im Oktober

Die russische Oktoberrevolution fand am 7. November 1917 statt. Aber nach dem damals in Rußland gültigen Kalender war das der 25. Oktober.

Oktoberrevolution 2
Die Oktoberrevolution war eine blutige Affäre (s.a. »Winterpalais«)

Die russische Oktoberrevolution war einer der unblutigsten Regierungswechsel der gesamten Weltgeschichte – an einem normalen Wochenende kommen in einem deutschen Bundesland mehr Menschen durch Gewalt und Unfälle ums Leben als in ganz Rußland während der Oktoberrevolution des Jahres 1917.

Zunächst einmal dauerte die Oktoberrevolution nur 24 Stunden: Am 25. Oktober (laut russischem Kalender) gegen zwei Uhr morgens besetzen bolschewistische Matrosen und Soldaten, ohne auf Widerstand zu stoßen, die Petrograder Bahnhöfe und Telegraphenämter, im weiteren Verlauf der Nacht und des frühen Morgens auch wichtige Banken, Brücken und Regierungsbauten. Den Wachmannschaften, falls vorhanden, sagte man, sie sollten nach Hause gehen. Die Bolschewiki »traten ein und nahmen Platz, während diejenigen, die dort saßen, sich erhoben und weggingen. (...) Es wurde kein Widerstand geleistet, und nirgends fiel ein Schuß«.

Am Abend wird dann noch das Winterpalais, der Sitz der provisorischen Regierung Kerenski, »gestürmt«, und nachts verkündet Trotzki: »Die Regierung ist gestürzt.« Bis dahin hatte es weniger als ein Dutzend Tote gegeben, die meisten davon im Dunkeln von ihren eigenen Genossen erschossen. Daß wir dennoch mit der Oktoberrevolution die Vorstellung eines gewaltsamen Aufbegehrens gegen großen Widerstand verbinden, liegt einmal an der geschickten Propaganda der Bolschewisten und an ihrer Medien-Lobby weiter westlich, zum anderen an den tatsächlichen Greueln, die dann folgen sollten. Die Machtergreifung selbst jedoch fand weitestgehend ohne Mord und Totschlag statt.

Lit.: Chronik des 20. Jahrhunderts, Dortmund 1988; Peter Preis: Die Russische Revolution, Berlin 1992.

Olivenöl

Olivenöl ist das gesündeste Speisefett

»Unbestritten ist, daß die Mittelmeerküche auf der Basis von Olivenöl vor Arteriosklerose und Herzinfarkt besser schützt als die Verwendung tierischer Fette«, schreibt *Bild der Wissenschaft.* »Verantwortlich dafür ist der hohe Anteil ungesättigter Fettsäuren im Olivenöl. Noch gesünder für Herz und Kreislauf sind aber Distel-, Sonnenblumen- und Sojaöl mit ihrem hohen Gehalt an mehrfach ungesättigten Fettsäuren. Außerdem sind mehrfach ungesättigte Fettsäuren wichtige Ausgangspunkte zur Stärkung des Immunsystems. Aber auch tierische Fette können hohe Anteile ungesättigter Fettsäuren enthalten: so ist das vielgeschmähte Gänseschmalz dem Olivenöl in diesem Punkt fast ebenbürtig.«

Lit.: »Fünf Vorurteile übers Essen«, Bild der Wissenschaft 1/1997, S. 68; Stichwort vorgeschlagen von Henning Thielemann.

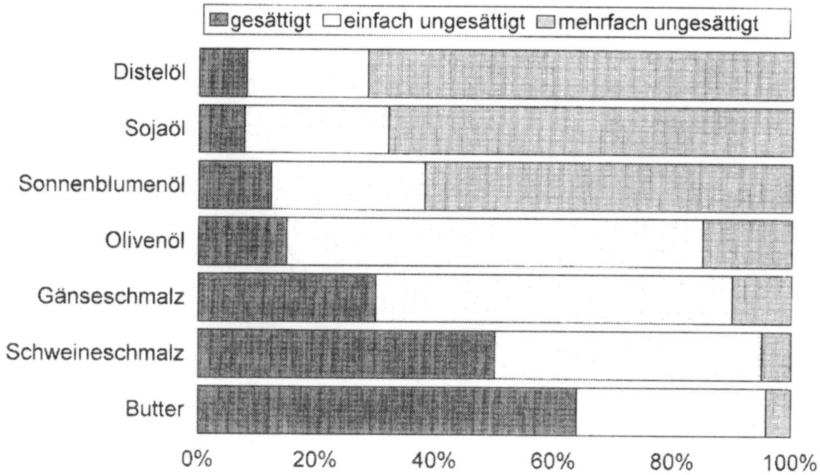

Anteile gesättigter sowie einfach und mehrfach ungesättigter Fettsäuren in ausgewählten Speisefetten: Mit Abstand am ungesündesten – in diesem Sinn - ist unsere »gute« Butter.

Olympiade
Olympiade ist ein anderes Wort für die Olympischen Spiele

Die einen wissen es, die anderen, wie Präsident Reagan, wissen es nicht: Als er 1984 die »23. Olympiade« in Los Angeles eröffnete, meinte er die 23. Olympischen Spiele, sprach aber von der Zeit danach: die Olympiade ist der Zeitraum *zwischen* zwei Olympischen Spielen.

Stichwort vorgeschlagen von Peter Hofman und Brigitte Morgenroth.

Olympische Spiele
Bei den Olympischen Spielen der Antike war die Fairneß großgeschrieben

Die antiken Olympioniken waren weder unbezahlte (siehe Band 1 »Olympische Spiele«) noch besonders faire Sportler: Beim sogenannten »Pankration« zum Beispiel, einer Mischung aus Boxen und Ringen, war außer Beißen alles erlaubt, auch Fußtritte in den Unterleib.

»Linksher zerschlug Polydeuk ihm den Mund, daß die Zähne erklirrten,
Und jetzt, heftiger dreschend, verwüstete er jenem das Antlitz, bis er umher ihm die Wange zermalmte.«

So lesen wir bei J. Zahn. »Man durfte Glieder verrenken oder brechen, Augen ausdrücken, würgen, Knie in die Kehle stoßen, auf dem – gleich wie – zu Boden gezwungenen Gegner sitzen, dem so recht Hilflosen erbarmungslos ins Gesicht schlagen, auf ihm herumtrampeln. Wer am Allkampf teilnahm, mußte damit rechnen, schwer verletzt oder zu den Göttern geschickt zu werden ...«

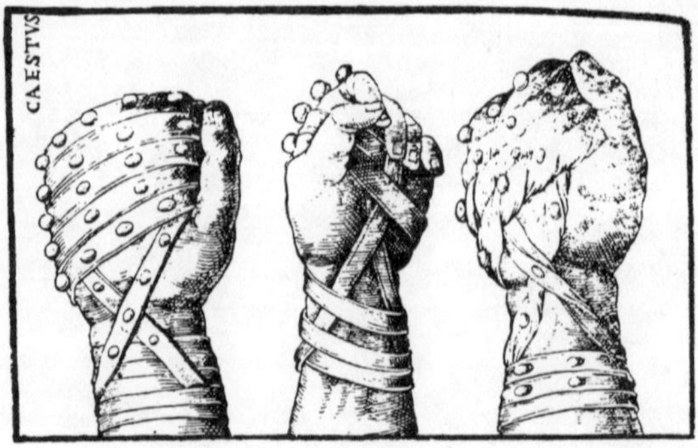

Soviel zur Fairneß ... antike Boxhandschuhe mit Metallknöpfen

Und das ist nach verbürgten Überlieferungen auch tatsächlich öfters vorgekommen. Ein Held z. B. »schlug mit ausgestreckten Fingern und langen Fingernägeln so wild auf seinen Gegner ein, daß diesem die Eingeweide herausgezogen wurden ...«

Lit.: W. Durant: Kulturgeschichte der Menschheit, Band 2, Köln 1963; J. Zahn: Nichts Neues mehr seit Babylon, Hamburg 1979; Stichwort vorgeschlagen von Sonja Hellweg.

Onkel
»Über den großen Onkel laufen« hat etwas mit Großonkel zu tun

Der »große Onkel« ist der französische »grand ongle«, von »ongle« = Nagel, Klaue, Kralle, Huf.

Lit.: Kurt Krüger-Lorenzen: Deutsche Redensarten – und was dahinter steckt, Wiesbaden 1960.

Opium
Opium kommt aus Asien

Einige der größten Opiumplantagen unseres Planeten liegen ganz in unserer Nähe, links des Rheins bei unseren Nachbarn, den Franzosen: In ausgedehnten Feldern zwischen Soulogne, Tourraine und Champagne wachsen, blühen und gedeihen vermutlich mehr Pflanzen der Gattung Papaver somniferum – der Mohn, aus dessen Blütensaft das Opium gewonnen wird – als in manch anderen Ländern dieser Erde, die gemeinhin als die Schwerpunkte des Opiumhandels gelten.

Opium ist Rohstoff für legale wie für illegale Drogen (Morphium); weltweit werden zu legalen Zwecken rund 700 Tonnen Opium pro Jahr gebraucht, ein großer Teil davon wird in Frankreich angebaut, auch wenn man die Felder in keinem Reiseführer findet (verständlicherweise hängen unsere Nachbarn dieses Agrarprodukt nicht gerne an die große Glocke). Ein anderer deutscher Nachbar, der mit Opium viel Geld verdient, ist Tschechien.

Lit.: Gustav Hegi: Illustrierte Flora von Mitteleuropa, Berlin 1986; Stichwort »Opium« in der MS Microsoft Enzyklopädie Encarta, 1994; G. Badou: »Pavot: Le ›Triangle d'or‹ français«, L'Express, 18. 5. 1997.

Opiumkrieg
Der Opiumkrieg in China 1839–1843 sollte den chinesischen Export von Opium bremsen

Der große Opiumkrieg zwischen England und China brach aus, nicht um die Chinesen an der Ausfuhr ihres eigenen Opiums zu hindern, sondern um sie zur Einfuhr von fremdem Opium zu zwingen; um sie zu zwingen, in Indien angebautes englisches Opium im Austausch gegen Seide, Tee und Porzellan zu kaufen.

Bekanntlich haben die Chinesen diesen Krieg verloren, darauf überschwemmte englisches Opium das Land, und China wurde eine Nation von Opiumrauchern: Ende des 19. Jahrhunderts rauchten die Chinesen rund 20.000 Tonnen Opium pro Jahr; in manchen Provinzen rauchten mehr als die Hälfte aller Männer regelmäßig Opium, auf tausend Einwohner kam eine Opiumhöhle …

Lit.: J. H. Lowinson u. a.: Substance abuse: a comprehensive textbook, Baltimore 1992.

Organhandel
In Südamerika werden »Ersatzteilkinder« als Organbanken gehalten

So hört und liest man immer wieder, und weil man das immer wieder hört und liest, fängt man am Ende selber an, daran zu glauben, die Autoren dieses Buches eingeschlossen: In »Wir kurieren uns zu Tode« haben wir dergleichen Horrorgeschichten mit viel zu wenig Skepsis selber nachgebetet.

Nicht, daß die moderne Medizin nichts zu verbergen hätte, sie treibt viele Kapriolen, und viele der guten Geister, die unsere Ärzte rufen oder riefen, zeigen heute immer krasser ihre Schattenseiten. Beispiel Transplantationsmedizin: Eine ebenso triviale wie von den Medizinern gern vertuschte Schattenseite dieser modernen Wundertaten ist, daß für jeden Patienten, der davon profitieren will, zuerst ein anderer Patient zu sterben hat (oder zumindest ein Organ verlieren muß). Und wenn er oder sie das nicht aus freien Stücken tut, könnte man ja auch daran denken, dem Ganzen etwas nachzuhelfen. Und weil das so sein könnte, denken manche Journalisten, daß es so sein *muß*. Und wenn dazu Beweise fehlen, dann kann man auch Beweise fälschen ...

Die bekannteste, auch in der ARD gesendete Falschmeldung (29. Oktober 1993) hat ihrer Urheberin, der französischen Journalistin Marie-Monique Robin, mehrere Auszeichnungen und Gehaltserhöhungen beschert: Ein vier Monate altes, unterernährtes Baby wird Mitte der 80er Jahre mit verschiedenen Beschwerden, darunter eine eitrige Hornhautentzündung, in die Universitätsklinik der kolumbianischen Hauptstadt Bogotá gebracht; kurz später kommt der kleine Yeison Vargas ohne Augen wieder nach Hause, die Augen hatte man ihm zwecks Transplantation herausgenommen.

So glaubte seine Mutter, und so glaubten auch die Journalisten. Bis dann 1995 drei als unabhängige Experten hinzugezogene Pariser Augenärzte einstimmig feststellen, daß der kleine Yeison zwar im frühen Kindesalter an beidseitiger Augeninfektion erblindet sei (dieses Schicksal teilt Yeison mit Tausenden anderer Kinder in Entwicklungsländern), daß aber »das von uns untersuchte Kind noch seine Augäpfel besitzt und daß diese während des gesamten Verlaufs seiner Krankheit zu keinem Zeitpunkt herausgenommen wurden«.

Das eigentlich Gruselige an diesen Medienmärchen ist, daß alles hätte so geschehen *können*: Es gibt weltweit einen riesigen Bedarf an menschlichen Organen, es gibt Menschen, die bereit sind, für eine neue Niere, für eine neue Hornhaut, für ein neues Herz fast jede Summe auszugeben, und es gibt professionelle Zwischenhändler, die bei diesen Transaktionen helfen. Aber gerade weil diese Organbeschaffer Profis sind, erscheinen die immer wieder nachgedruckten Meldungen über das Ausschlachten von Kindern reichlich unwahrscheinlich. Warum auf solche krummen Touren kommen, wenn man sich den »Nachschub« auch legal bzw. weniger riskant beschaffen kann? In Kolumbien etwa sterben jährlich 40.000 Menschen durch Gewalt und durch Verbrechen, jeder Verstorbene gilt bis zum Beweis des Gegenteils als freiwilliger Organspender, das Land ist »mit transplantierbaren Hornhäuten jeder gewünschten Art und Qualität recht gut versorgt« (Müller-Ullrich). Und auch bei Nieren, Herzen oder Lungen gibt es andere Methoden: Nieren kann man in manchen Ländern von den Spendern selber kaufen, Herzen oder Lungen werden auf Bestellung von der staatlichen Justiz geliefert (in der Volksrepublik China werden viele Todeskandidaten auf Bestellung hingerichtet). Das alles ist für sich alleine grausig genug, aber mit dem Ausschlachten von adoptierten oder entführten Kindern hat es nun wirklich nichts zu tun. Vermutlich speisen sich diese Legenden aus den gleichen Quellen, aus denen auch viele andere moderne Großstadtmythen fließen: die Voodoo-Kulte Südamerikas, die Hänsel-und-Gretel-Urfurcht vieler Menschen, als kleine Kinder aufgefressen zu werden, die Angst oder die Unfähigkeit von Kranken wie auch von Gesunden, auch die Nebenwirkungen des Fortschritts in der Medizin zu akzeptieren, und natürlich auch das verbreitete Mißtrauen gegen Geld und Eigennutz als Motive unsere Handelns – das alles gut geschüttelt und gemischt, eine aus dritter Hand gehörte Anekdote zugegeben, und schon haben Monitor und Schreinemakers etwas zu erzählen ...

Lit.: W. Krämer: Wir kurieren uns zu Tode, Berlin 1996; 12 Jahre Korruption und Mißwirtschaft, unveröff. Dokumentation, erhältlich über das Institut für Wirtschafts- und Sozialstatistik, Universität Dortmund 1998; B. Müller-Ullrich: Medienmärchen: Gesinnungstäter im Journalismus, München 1996 (besonders das Kapitel »Ersatzteilkinder – die Legende vom Organraub«); »Hornhäute für 9000 Mark – Chinesen-Mafia bot Organe von Hingerichteten an«, Bild-Zeitung, 23. 2. 1998.

Orientexpreß
Der Orientexpreß endete in Istanbul

Der berühmte Orientexpreß des Belgiers Georges Nagelmackers (derselbe, der auch den Liegewagen erfunden und die Internationale Schlafwagengesellschaft begründet hatte), endete nie in Istanbul. Er fuhr immer nur vom Pariser Gare de l'Est über Straßburg, Stuttgart, München, Wien, Budapest und Bukarest bis zum rumänischen Varna am Schwarzen Meer; von da ab ging die Reise über Wasser weiter.

Lit.: Das Große Hör-Zu Buch der Erfindungen, Frankfurt a. M. 1987; http://www.sydneytravel.com.au/Railway/orient/orientexpress.htm.

Osterinseln
Die Osterinseln sind eine Inselgruppe im Pazifik

Es gibt nur *eine* einzige Osterinsel (spanisch Isla de Pascua, englisch Easter Island). Sie ist 165 km² groß, liegt 4000 km vor Chile im Pazifik, wurde Ostern 1722 (daher der Name) von einem Holländer namens Roggeveen entdeckt und bietet heute rund 1000 Menschen eine Heimat, die dort Landwirtschaft und Fischerei betreiben.

Lit.: Stichwort »Osterinsel« in der Brockhaus Enzyklopädie, Wiesbaden 1990; Stichwort vorgeschlagen von André Zentzis.

Sie haben die Osterinsel(n) berühmt gemacht

Österreich
Es gab nie eine österreichische Marine

Natürlich wissen alle Österreicher, daß dies eine Lüge ist, aber viele Nicht-Österreicher werden überrascht sein zu erfahren, daß Österreich im 19. und frühen 20. Jahrhundert über eine beeindruckende Flotte von Kreuzern, Schlachtschiffen und U-Booten verfügte. Am 20. Juli 1866 z. B. besiegte diese Flotte bei der Adria-Insel Lissa die überlegene Flotte Italiens (Italien war als Verbündeter der Preußen im Preußisch-Österreichischen Krieg von 1866 darauf bedacht, sich durch die Besetzung der zu Österreich gehörenden Insel Lissa für die kommenden Friedensverhandlungen ein Faustpfand zu sichern; als man gerade dabei war, den Hauptort der Insel von See aus sturmreif zu schießen, kam die österreichische Flotte und vertrieb die Italiener).

Österreicher im Seegefecht: Admiral Wilhelm von Tegethoff in der Schlacht von Lissa

Die Schweiz dagegen besitzt oder besaß keine Marine, auch wenn die Schweizer Seestreitkräfte anläßlich der Eröffnung des Panamakanals 1914 von den Amerikanern eigens eingeladen wurden (nachdem das für die Feier verantwortliche US-amerikanische Außenministerium den Lapsus bemerkt hatte, wurde die Einladung zurückgezogen).

Ostpreußen
Ostpreußen war ursprünglich slawisches Gebiet

Ostpreußen ist kein urslawisches Gebiet, in das dann Germanen eingedrungen wären; die Germanen waren vielmehr *vor* den Slawen da. Schon um 1000 v. Chr. lebten Goten an der Weichselmündung, die bis Christi Geburt ganz Ost- und Westpreußen besiedelt hatten, im Posener Land saßen die germanischen Burgunder. Erst als diese Germanenstämme im Kielwasser der Völkerwanderung von dannen zogen, also im 8. Jahrhundert n. Chr., folgten die ersten Slawen nach, so daß die deutschen Ordensritter, die im späten Mittelalter diese Gegend wieder mit Germanen füllten, im wesentlichen nur ihr altes Eigentum besetzten.

Lit.: Marion Gräfin Dönhoff: Kindheit in Ostpreußen, Berlin 1988; Stichwort vorgeschlagen von Alfredo Grünberg.

Othello
Othello war ein Mohr

Die Figur des Othello in dem gleichnamigen Stück von Shakespeare ist vermutlich dem durchaus weißen, im 16. Jahrhundert auf dem Balkan tätigen venezianischen Söldnerführer Maurizio Othello nachgebildet. Dessen Vorname wurde in verschiedenen Quellen nicht ganz richtig mit »Mor« abgekürzt, daher die Gleichsetzung mit einem »Mohren«.

Ein zweiter, in Filmen und Theaterstücken ewig fortgeführter Irrtum ist die Gleichsetzung von »Mohr« und »Neger«. Ein »Mohr« war ursprünglich ein Maure, d. h. ein Araber aus Spanien oder von der Südküste des Mittelmeeres.

Lit.: Graeme Donald: Things you didn't know you didn't know, London 1992.

Ozon
Ozon ist gesund (s.a. »Sauerstoff«)

Die bekannte Werbung mit der »gesunden, ozonhaltigen Luft«, mit der früher deutsche Kurorte die Kunden anzulocken suchten, beruht auf einem Mißverständnis. Weil es im Wald und unter der Höhensonne nach Ozon riecht, und weil Waldluft wie auch Höhensonne der Gesundheit (vermeintlich) einen Dienst erweisen, glauben viele, daß dann auch Ozon für die Gesundheit nützlich wäre.

In Wahrheit ist Ozon recht giftig; es ist ein sogenanntes Reizgas, das schon in geringen Mengen Augen, Nasen, Lungen oder Rachen angreift. Außerdem bewirkt Ozon Veränderungen in den Genen und hat bei Tierversuchen auch schon Krebs erzeugt.

Ab welchen Mengen wirklich die Alarmglocken zu klingeln haben, ist zur Zeit noch offen. Die Wirkungsschwelle für die Reizeffekte liegt bei ungefähr 0,2 Milligramm pro Kubikmeter, ab wann für die Gene oder für die sonstige Gesundheit Schäden drohen, kann man nur vermuten. Sicher ist nur, daß wie fast alle anderen Stoffe auch Ozon ab einer gewissen Grenze uns weniger nützt als schadet.

Lit.: H. Kappus: »Wirkung von Ozon auf den Menschen«, BIA-Report 8/1995, S. 45–72; Stichwort vorgeschlagen von Carsten Süling.

Ozonloch
Das weltweit größte Ozonloch gibt es über der Antarktis

Das weltweit größte Ozonloch gibt es über Sibirien – 15 Millionen Quadratkilometer, wenn man der Moskauer Zeitung *Obschtschaja Gazeta* glauben darf, also mehrere Millionen Quadratkilometer mehr als das Ozonloch über der Antarktis; es wurde vor allem mangels Meßstationen erst so spät entdeckt. »Bereits ganz Sibirien ist eine Gefahrenzone, das gesamte Gebiet zwischen Ural und Fernem Osten«, warnen Klimaforscher. Aber auch über Murmansk und St. Petersburg sei die Ozonschicht schon um ein Viertel zurückgegangen, das Loch dehne sich pulsierend immer weiter aus, es bedrohe auch schon Norwegen und bald vielleicht Zentraleuropa.

Lit.: »Russen werden vor Sonnenbaden gewarnt«, Die Welt, 30. 4. 1997.

P

»Die kürzesten Irrtümer sind immer die besten.«
Molière

Pappe
»Das ist nicht von Pappe« hat etwas mit Pappe zu tun

Die Pappe in »das ist nicht von Pappe« kommt von dem »Papps« genannten weichen Kinderbrei.

Genauso ist auch »Pappenstiel« kein Stiel aus Pappe, sondern der gemeine Löwenzahn, lateinisch »pappus«, niederdeutsch auch »Papenblume«. Weil so weit verbreitet und deswegen wenig wertvoll, ist dieser »Pappenstiel« zum Sinnbild des Billigen schlechthin geworden.

Lit.: Kurt Krüger-Lorenzen: Deutsche Redensarten – und was dahinter steckt, Wiesbaden 1960.

Päpstin Johanna
Es gab einmal eine Päpstin Johanna (s.a. »Wilhelm Tell« in Band 1)

So glaubte sogar die katholische Kirche selbst: Im Jahr 855, so diese lang für wahr genommene Legende, sei ein gewisser Johannes Angelicus zum Nachfolger Papst Leos IV. gewählt worden, der bzw. die aber in Wahrheit ein wegen ihrer Gelehrsamkeit berühmtes Mädchen aus dem deutschen Mainz gewesen sei. Erst zwei Jahre später, als Johanna alias Johannes bei einer Prozession ein Kind entbunden habe, sei der Schwindel aufgeflogen.

In dieser Form ist die Legende in der »Chronik der Päpste und Kaiser« des polnischen Dominikanermönches Martin von Troppau (†1297) nachzulesen; sie wurde auch von Kirchenleuten für wahr genommen und geglaubt. Andere Quellen, wie die zwischen 1240 und 1250 erschienene »Universalchronik von Metz«, verlegen die Geschichte in das Jahr 1087: Eine begabte Frau hätte es, als Mann verkleidet, in der römischen Kurie vom Notar bis zum Kardinal gebracht und wäre dann als Nachfolger Viktors III. Papst geworden. Wie in der ersten Fassung gebar sie während einer Prozession ein Kind.

Die Herkunft dieser Sage ist bis heute ungeklärt. Vermutlich kamen eine Reihe von Umständen zusammen: die verdächtige Vermeidung einer gewissen Straße bei Papstprozessionen (die Straße war vermutlich nur zu eng), eine dort aufgefundene rätselhafte Statue, die eine Frau beim Stillen zeigt, eine ebenfalls an dieser Stelle aufgefundene Inschrift hinreichend vagen Inhalts, so daß sie auch auf die Johanna-Episode paßt, und die tatsächliche, wenn auch indirekte Beherrschung der Kirche durch verschiedene geschichts-notorische Frauen des 10. Jahrhunderts wie Theodora die Ältere, Marozia und Theodora die Jüngere.

Aber allein daraus eine Päpstin abzuleiten, erscheint doch sehr gewagt. Alle Hinweise auf Johanna finden sich erst lange nach den fraglichen Ereignissen, es gibt für keines der angeblichen Pontifikate irgendwelche Zeugen und Belege, eine Päpstin Johanna ist mit keiner der bekannten Quellen dieser Zeiten unter einen Hut zu bringen.

Lit.: J. von Döllinger: Die Papstfabeln des Mittelalters, Stuttgart 1890; A. Boureau: La papesse Jeanne, Paris 1988; J. Kelly: Reclams Lexikon der Päpste, Stuttgart 1988; Donna W. Cross: Die Päpstin, 15. Auflage, Berlin 1998.

»Pardon wird nicht gegeben«
Mit dieser Parole forderte Kaiser Wilhelm seine Soldaten auf, kein Pardon zu geben

»Pardon wird nicht gegeben, Gefangene werden nicht gemacht«, so soll Wilhelm II. im Juli 1900 das deutsche Expeditionskorps angewiesen haben, das den Engländern und Franzosen bei der Bekämpfung des sogenannten »Boxeraufstands« in China helfen sollte.

In Wahrheit hatte Wilhelm II. in seiner berühmten »Hunnenrede« folgendes erklärt: »Bewährt die alte preußische Tüchtigkeit, zeigt Euch als Christen im freudigen Ertragen von Leiden, möge Ehre und Ruhm Euren Taten, Fahnen und Waffen folgen, gebt an Manneszucht und Disziplin aller Welt ein Beispiel. Ihr wißt wohl, Ihr sollt fechten gegen einen verschlagenen, tapferen, gut bewaffneten, grausamen Feind. Kommt Ihr an ihn, so wißt, Pardon wird nicht gegeben, Gefangene werden nicht gemacht.«

Wir lesen diese Zeilen so, daß Wilhelm seine Soldaten vor den Boxern warnen wollte, und daß diese, nicht die Deutschen, als Pardon-Verweigerer betrachtet werden müssen.

Lit.: E. R. Huber: Deutsche Verfassungsgeschichte seit 1789, Stuttgart 1969 (besonders Band 4: Struktur und Krisen des Kaiserreichs); Chronik des 20. Jahrhunderts, Dortmund 1988; Stichwort vorgeschlagen von Alfredo Grünberg.

Parmesan
Parmesankäse muß aus Parma kommen (s.a. »Schafskäse«)

Der in Deutschland als »Parmesan« verkaufte Hartkäse kann auch aus dem Allgäu kommen – nach deutschem Lebensmittelrecht heißt Parmesan nichts anderes als Hartkäse; er muß weder aus Italien kommen, noch mittels der für Parma typischen Verfahren gewonnen worden sein.

Der klassische Parmesan trägt die Markennamen »Parmigiano Reggiano« oder »Grana padano«; der Parmigiano Reggiano wird ausschließlich aus der Milch von Kühen gewonnen, die nur auf Grünland weiden; die Milch wird abends in die Molkerei gebracht, wo sie über Nacht in offenen Kesseln stehenbleibt und erst am nächsten Morgen zum Käse-Rohling weiterverarbeitet wird. Und nach weiteren zwölf Monaten des Reifens kommt dann das Siegel »Parmigiano Reggiano« darauf.

Wer in einem deutschen Supermarkt eine Tüte geriebenen Hartkäse mit der Bezeichnung »Parmesan« ersteht, kann seinen Kopf verwetten, daß dieser Reibekäse *nicht* auf diese Art entstanden ist.

Lit.: »Kostprobe«, WDR Fernsehen, 2. 2. 1996 (siehe auch den Artikel »Etikettenschwindel bei Käsespezialitäten« in der zu dieser Sendung herausgegebenen Informationsbroschüre).

Pazifisches Jahrhundert
Das 21. wird das pazifische Jahrhundert

Damit meinen viele, daß in den nächsten hundert Jahren die asiatischen Länder am Westrand des Pazifiks die Weltwirtschaft und damit auch die Politik der Welt beherrschen werden.

Diese Furcht (bzw. diese Hoffnung, je nachdem von welcher Seite man die Münze ansieht) ist unbegründet. Wie schon die »Asienkrise« der Jahre 1997/98 zeigt, sind auch die Länder Südostasiens gegen Wirtschaftskrisen nicht immun, und der in den letzten Jahrzehnten erreichte Wohlstand fällt historisch keinesfalls aus irgendeinem Rahmen: Die Länder Asiens erwirtschafteten schon vor hundert Jahren ein Drittel des Welt-Sozialprodukts, genausoviel wie heute, und ihr hohes Wirtschaftswachstum seit dem Zweiten Weltkrieg ist kein Wunder, es ist von jedem Land der Erde nachzumachen, das viel spart und investiert.

Das bis vor kurzem so erstaunliche Wirtschaftswachstum Chinas und der ostasiatischen Tigerländer (Hongkong, Thailand, Taiwan, Singapur, Malaysia, Südkorea, Indonesien) ist nur auf den ersten Blick erstaunlich. Beim zweiten Hinsehen entpuppt es sich als Frucht der gleichen Kräfte, die auch den Russen vor und nach dem Zweiten Weltkrieg hohe Zuwachsraten brachten (zur Erinnerung: es galt in den 50er Jahren als ausgemacht, daß die Sowjetunion die USA über kurz oder lang ökonomisch überholen würde): Sparen, Investieren, Blut, Schweiß und Tränen statt Konsum, eine gewaltige Ausdehnung des Inputs in die Produktionsprozesse. Daß dann auch der Output zunimmt, sollte niemanden erstaunen.

Kurzfristig läßt sich in jedem Land der Welt durch mehr Input von Kapital und Arbeit auch der Output bzw. das Volkseinkommen steigern. Was aber langfristig zählt, ist der Output pro Inputeinheit; nur wenn auch dieser zunimmt, ist ein hohes Wirtschaftswachstum langfristig zu halten. Und hier gibt es keinen Grund zu glauben, daß die Länder Asiens an Kreativität und an der Fähigkeit, aus wenig mehr zu machen, die etablierten westlichen Nationen schlagen.

Beispiel Singapur: Zwischen 1966 und 1990 ist das Sozialprodukt von Singapur um mehr als 8 Prozent pro Jahr gewachsen, rund dreimal schneller als das Sozialprodukt von Deutschland oder das der USA. Aber der Grund ist der gleiche, der auch schon das Wachstum des sowjetischen Sozialprodukts unter Stalin und Chruschtschow angetrieben hat: eine massive Mobilisierung von Arbeitskräften, eine Verdoppelung des Anteils der Erwerbsbevölkerung an der Bevölkerung insgesamt, eine bessere Ausbildung und Erziehung, Investieren statt Konsumieren (Singapur verzeichnete von 1966 bis 1990 einen Anstieg der Investitionsquote von 10% auf 40% des Sozialprodukts). Aber diese Triebkräfte sind nun erschöpft: Eine nochmalige Verdoppelung der Erwerbsquote von aktuell 51% auf 102% ist ausgeschlossen, genauso wie eine Verdoppelung der Qualität der Erziehung (nachdem fast alle Einwohner von Singapur das Äquivalent der mittleren Reife besitzen, kann man nicht erwarten, daß in 20 Jahren alle ihren Doktortitel haben). Mit anderen Worten, von nun an wird auch Singapur nicht schneller wachsen als die Länder Westeuropas oder als die USA; es wird sich wie schon früher Japan und wie bald auch China dem Geleitzug der langsam dahindümpelnden entwickelten Industrienationen anschließen, binnen weniger Jahrzehnte werden die Wirtschaftswunderländer Asiens mit den gleichen, in der aktuellen Krise bereits anklingenden Stagnationsproblemen kämpfen wie wir Westler auch.

Lit.: Bill Emmott: The sun also sets – the limits of Japan's economic power, New York 1991; L. Lau und J.-I. Kim: »The sources of growth of the East Asian newly industrialized countries«, Journal of the Japanese and International Economies 1994; P. Krugman: »The myth of Asia's miracle«, Foreign Affairs 11/12 1994, S. 62–78; G. Segal: »East Asian Myths«, Prospect, Juni 1996, S. 70–73; »Der Osten sieht rot«, Der Spiegel 45/1997.

Pazifismus
Der abendländische Pazifismus ist eine Erscheinung der letzten 100 Jahre

Schon im Mittelalter gab es Pazifisten: die Gottesfriedenbewegung im Frankreich des 10. Jahrhunderts, die deutschen Reichslandfrieden im späten 11., die italienische »Alleluja-Bewegung« im 13. Jahrhundert. Wie ihre modernen Nachfolger, entstanden auch diese Friedensbewegungen relativ spontan aus einem von vielen Menschen seinerzeit geteilten Wunsch, gegen die ewige Kriegerei des Mittelalters einen Kontrapunkt zu setzen.

Lit.: K. Arnold: Mittelalterliche Volksbewegungen für den Frieden, Stuttgart 1996.

Perlen
Perlen sind perlweiß

Es gibt auch schwarze Perlen. Sie wachsen vor allem um die Pazifikinseln von Französisch-Polynesien (1996 rund eine Million Stück, für einen Gesamtpreis von 200 bis 300 Millionen Mark) und sind seltener und teurer als die weißen.

Wie die weißen Perlen entstehen auch die meisten schwarzen unter Mitarbeit des Menschen. In eine junge Auster – hier die schwarzlippige Pinctada margaritefera – wird ein kleiner Muschelkern gepflanzt, dann setzt man die Auster zurück ins Meer und wartet drei Jahre, bis sich um diesen Kern genügend Perlmutt angelagert hat (oder auch nicht).

Lit.: D. Doublitt: »Black pearls«, National Geographic, Juni 1997.

Petersdom
Der Petersdom in Rom ist die größte Kirche der Christenheit

Die größte Kirche der Christenheit ist die 1989 fertiggestellte »Basilika Notre-Dame de la Paix« in Yamoussoukro, der Hauptstadt der Elfenbeinküste; auf einer Grundfläche von 30.000 m^2 bietet sie mehr als 10.000 Menschen Platz, sie ist sowohl höher als auch länger als auch breiter als der Petersdom in Rom. (Zum Vergleich: Der Petersdom hat eine überbaute Fläche von 15.000 m^2, der Kölner Dom hat eine überbaute Fläche von 8000 m^2 und der Stefansdom in Wien hat eine überbaute Fläche von 4000 m^2.)

Alle diese Gebäude verblassen aber vor dem weltweit größten sakralen Bauwerk überhaupt, dem Angkor Wat Tempel in Kambodscha, der mit Nebengebäuden eine Fläche von mehr als einer Million Quadratmetern bedeckt.

Lit.: Das Guinness Buch der Rekorde, ohne Ort, verschiedene Jahre; »Sterbende Stadt«, Der Spiegel 14/1997.

Pflanzen
Pflanzen können nicht sprechen

Pflanzen können weder sehen noch hören, aber trotzdem können sie Signale senden, die von anderen Pflanzen weiter weg verstanden werden. Manche Pflanzen z. B. verströmen, um andere Pflanzen zu warnen, flüchtige Stoffe wie Alkohole oder Stickoxide, auf die dann die in Lee liegenden Empfänger der Botschaft chemisch reagieren. Gewisse in Afrika heimische Akazienarten etwa, die von Antilopen oder Giraffen angeknabbert werden, senden ein Signalgas aus, das, mit dem Wind getrieben, andere Akazien vor den Blätterdieben warnt. Die gewarnten Pflanzen erzeugen dann binnen weniger Minuten große Mengen von – für die Antilopen und Giraffen – hochgiftigem Tannin in ihren Blättern; sollten die Tiere dennoch an den Blättern knabbern, müssen sie nach wenigen Tagen an Leberversagen sterben.

Auch andere Pflanzen bleiben über dergleichen chemische Kanäle in Kontakt. Ein überreifer Apfel steckt andere Äpfel an; reife Tomaten sagen anderen Tomaten: »Jetzt wird's Zeit«, und wenn im Herbst in einem Laubwald alle Bäume gleichzeitig die Blätter fallen lassen, ist das auch kein Zufall: Die Bäume haben das im wahrsten Sinne miteinander abgesprochen ...

Lit.: J. M. Pelt: Les langages secrets de la nature, Paris 1996; »Sprache der Pflanzen ist chemischer Natur«, Die Welt, 27. 8. 1997.

Pflaster
Ein »teures Pflaster« hat etwas mit Straßenpflaster zu tun

Das »teure Pflaster« hat seinen Namen von den Pflastern, welche die Patienten vor den Bismarckschen Sozialreformen selbst bezahlen mußten.

Lit.: Kurt Krüger-Lorenzen: Deutsche Redensarten – und was dahinter steckt, Wiesbaden 1960.

Pharao
Es gibt einen Fluch des Pharao (s.a. »Todesträume« und »Zufall« in Band 1)

Es gibt *keinen* Fluch des Pharao. Als der Amateur-Archäologe Howard Carter am 26. November 1922 das Grab des Tut-ench-Amun findet, ist weit und breit kein Fluch zu hören und zu lesen. Die bekannten Formeln »Wer dieses geheiligte Grab betritt, den werden die Flügel des Todes treffen« (angeblich in Hieroglyphen auf der Tür des zweiten Schreins geschrieben) oder »Die Hand, die sich gegen meinen Bau erhebt, möge verdorren« (angeblich am Grabeingang auf einem Stein gefunden) wurden von den Medien frei erfunden, Howard Carter selber geht in seinen Erinnerungen mit keiner

Zeile auf dergleichen Verwünschungen ein. »Die Gerüchte um einen Fluch Tut-ench-Amuns sind verleumderische Erfindungen«, kommentierte er, direkt dazu gefragt.

Die Fluch-Legende kam zum ersten Mal beim Tod von Lord Carnarvon auf, einem Geldgeber und Mitarbeiter Carters, der als einer der ersten das Grab betreten hatte und im April des Folgejahres an einem Moskitostich verstarb; noch im gleichen Jahr begann man in Berlin, den Film »Die Rache des Pharao« zu drehen (das Projekt wurde nicht beendet, dafür entstand 1933 in England »Die Mumie« mit Boris Karloff, die sich an den Menschen, die sie stören, schrecklich rächt). Kurz darauf starb auch der älteste Sohn Carnarvons, ein Freund Carnarvons ertrank im Nil, ein amerikanischer Millionärssohn, der das Grab besichtigt hatte, überlebte gleichfalls den Besuch nicht lange, von den 20 bei der endgültigen Graböffnung im Februar 1923 anwesenden Archäologen, Regierungsbürokraten und Reportern waren nach fünf Jahren 13 tot.

Als dann auch noch eine Reihe anderer nur mittelbar Beteiligter wie ein russischer Modeschöpfer, der mit dem Pharao für seine »Isis-Kollektion« geworben, oder ein Röntgenarzt, der den toten Pharao durchleuchtet hatte, ebenfalls unter mehr oder weniger mysteriösen Umständen verstarben, fielen in den Medien alle Fesseln. »Es ist ein tiefes Geheimnis und man machte es sich zu leicht, wenn man es bezweifelt oder ablehnt«, schrieb sogar die sonst so seriöse *Times*. »Waren es Gifte, die Jahrtausende ihre Wirkung behielten, Gifte, mit denen die unsterblich scheinenden Pharaonen ihre ausgeweideten und vergoldeten Körper vor menschlicher Berührung schützen wollten? Waren es Strahlungen seltener chemischer Elemente oder Metalle, die diese Halbgötter in ihren wie Paläste ausgebauten Felsengräbern zu ihrem Schutz auslegten?« (Vandenberg) Wie immer, wenn wir etwas nicht sofort erklären können, hatten wilde Theorien große Konjunktur.

In Wahrheit braucht es zur Erklärung dieser Todesfälle keine Theorien; ein wenig Kenntnis der Wahrscheinlichkeit genügt. Dann sieht man nämlich, daß 13 Tote unter 20 Männern mittleren Alters alles andere als selten sind. Daß in einer gegebenen Runde von 20 Männern im Alter um die 50 dreizehn nach fünf Jahren nicht mehr leben, ist in der Tat sehr unwahrscheinlich. Daß aber in *irgendeiner* Runde von 20 Männern mittleren Alters nach fünf Jahren 13 nicht mehr leben, ist weit größer: Wenn wir nur hinreichend viele Kegelvereine à 20 Kegler nehmen, so sind mit wachsender Wahrscheinlichkeit in mindestens einem dieser Vereine fünf Jahre später 13 Kegler oder mehr gestorben – und zwar ganz natürlich, ohne Fluch und ohne alle Pharaonen. Aber dann erinnert sich ein überlebender Kegelbruder, wie er seinerzeit im Suff zu hören glaubte: »Wer mich umwirft, stirbt ...«

So kam vermutlich auch der Fluch des Pharao zustande.

Lit.: G. Prause: Tratschkes Lexikon für Besserwisser, München 1986; P. Vandenberg: Der Fluch der Pharaonen, Köln (ohne Jahr); David Bernet: »Der Tod aus dem Tal der Könige«, Hannoversche Allgemeine Zeitung, Wochenendbeilage, 18. 4. 1998.

Pharisäer
Pharisäer sind Pharisäer (s.a. »Zyniker«)

Die Pharisäer des Alten Testaments (vom hebräischen »ha-perûschîm« = die Abgesonderten) waren alles andere als Pharisäer (im Sinn von engstirnigen, selbstgerechten Heuchlern). Vielmehr hoben sie sich von den konkurrierenden Glaubensrichtungen der Juden wie den Sadduzäern durch ihre »lebensnahe, liberale Interpretation des jüd. Gesetzes« (Brockhaus) ab. Wegen ihrer Verehrung der alten Schriften müssen sie sich vielleicht den Vorwurf der äußerlichen Gesetzlichkeit und Selbstgerechtigkeit gefallen lassen, aber sie widersetzten sich weit weniger fanatisch als viele andere Juden zur Zeit von Jesus Christus dem Fortschritt und dem Fremden; sie versuchten, aus dem Durcheinander von römischer Besatzung, neuer griechischer Kultur und alten Traditionen ein humanes Judentum zu retten – Realpolitiker der Zeitenwende sozusagen.

Gerade wegen dieser undogmatischen und realpolitischen Einstellung hatten die Pharisäer natürlich bei Fanatikern jedweder Sorte eine schlechte Presse.

Lit.: J. Neusner: The rabbinic traditions about the pharisees before 70, Leiden 1971; M. Pelletier: Les Pharisiens. Histoire d'un parti méconnu, Paris 1990; Stichwort »Pharisäer« in der Brockhaus Enzyklopädie, Wiesbaden 1990; Stichwort vorgeschlagen von Josef Stern.

Pippin der Kleine
Pippin der Kleine war klein

Der fränkische König Pippin III., geboren 715, gestorben 786, bekannt als »der Kleine« alias »der Kurze«, war weder klein noch kurz; diese Beiworte hat er von der Nachwelt wegen eines Übersetzungsfehlers angehängt bekommen: »Pippinus Minor« heißt »Pippin der Jüngere«; so nannten ihn auch seine Zeitgenossen, um ihn von den ersten beiden Pippins abzuheben. Daß mit »minor« auch klein und kurz gemeint sein könnte, ist damals niemand in den Sinn gekommen.

Lit.: Das große Personenlexikon zur Weltgeschichte (ohne Ort und Jahr); Stichwort vorgeschlagen von Doris Krämer.

Piraten
Piraten waren grausam und verschlagen

Dieser in ungezählten Kinderbüchern fortgepflanzte Mythos hält den Erkenntnissen moderner Forschungen nicht stand. Demnach waren die Piraten des späten 17. und frühen 18. Jahrhunderts (das sog. »Goldene Zeitalter des Piratenwesens«) alles andere als rohe, ungehobelte und nur auf Raub und Mord versessene Gesellen. Sie lebten zwar am Rande der Gesellschaft, das aber kollegial und solidarisch, mit »festen sozialen und sogar ethischen Verhaltensregeln«; wer im Gefecht verwundet und berufsuntauglich wurde, durfte mit einer Abfindung rechnen (der Vorläufer der Bismarckschen Invaliditätsrente), Witwen und Waisen von gefallenen Piraten wurden von den Kameraden mitversorgt, Gefangene wurden meist human behandelt (allein schon, um sie lebendig gegen Lösegeld zu tauschen).

Anders als der Rest der damaligen Gesellschaft lebten die Piraten auch sehr demokratisch. »Die meisten wichtigen Entscheidungen wie über Kursänderungen oder Angriff wurden per Abstimmung von der gesamten Crew getroffen. Der Kapitän wurde häufig von der Mannschaft gewählt.« Die Beute wurde gleichmäßig verteilt, es gab weder Diskriminierung von Minderheiten noch Rassismus, es ist belegt, daß überwiegend weiße Piratenbanden einen Schwarzen zu ihrem Kapitän wählten, das soziale Binnenleben auf Piratenseglern hätte vor Gottes Auge vermutlich eher Gnade gefunden als das in einem damaligen Kloster.

Von diesen »echten« Piraten zu unterscheiden sind die »ehrbaren« Kaufleute, die die Unsicherheiten der damaligen internationalen Politik benutzten, um mit dem Segen der einen Partei die Schiffe der anderen zu kapern und zu plündern. Hier wurde durchaus auf die Verzinsung des eingesetzten Kapitals geachtet, und hier war die Welt der Buchhalter und Bürger noch in Ordnung.

Lit.: Frank T. Zumbach: William Kidd – Über einen Erzpiraten, amerikanische Freibeuter und korrupte Herren mit hohen Perücken, Mindelheim 1988; David Cordingly: Unter der schwarzen Flagge: Romantik und Wirklichkeit im Leben der Piraten, München 1997; »An Bord wurde demokratisch abgestimmt«, Die Welt, 24. 4. 1998.

Platzangst
Platzangst ist die Furcht vor engen Räumen

Wer in engen Aufzügen vor Angst zu schwitzen anfängt, leidet unter Klaustrophobie, »der krankhaften Angst, sich in geschlossenen Räumen aufzuhalten« (Brockhaus Enzyklopädie). Mit Platzangst bzw. Agarophobie meint die Medizin die Angst vor dem Überschreiten freier Plätze, also genau das Gegenteil.

Stichwort vorgeschlagen von Bernd Linnemann und Alexander Kupfer.

Pleitegeier
Der Pleitegeier ist ein Geier

Der »Geier« in der Pleite ist Jiddisch für »Geher«: Pleitegeier = Pleitegeher.

Lit.: Kurt Krüger-Lorenzen: Deutsche Redensarten – und was dahinter steckt, Wiesbaden 1960.

Polka
Die Polka kommt aus Polen

Die Polka hat nur indirekt mit Polen zu tun. Sie kam 1831 in Böhmen auf und erhielt ihren Namen zu Ehren der damals von den Russen unterdrückten Polen. Auch die Polonaise ist vermutlich außerhalb von Polen (in Sachsen) entstanden.

Lit.: Duden, Bd. 7, Herkunftswörterbuch, Mannheim 1989; Etymologisches Wörterbuch des Deutschen, Berlin 1989.

Pomade
Ein pomadiger Mensch ist schmierig

Ein pomadiger Mensch ist »po malu« – polnisch für »langsam, gemächlich«; in diesem Sinn ist dieses Wort in der Studentensprache des 17. Jahrhunderts erstmals aufgekommen.

Lit.: Ernst Wasserzieher: Woher? Ableitendes Wörterbuch der deutschen Sprache, Bonn 1966.

Posh
Posh steht für »Port out, starbord home« (s.a. »Snob«)

Zu Königin Viktorias Zeiten hätten reiche Engländer ihre Schiffsreisen nach Indien vorzugsweise auf der linken (Port = Backbord-)Seite des Dampfers gebucht, so sagt die Sage; dort war es kühler, diese Seite lag häufiger im Schatten. Umgekehrt auf der Rückreise: Jetzt war die rechte (Starbord = Steuerbord-)Seite angenehmer, solche Leute waren »posh«.

In Wahrheit kosteten die Kabinen auf beiden Seiten des Schiffes das gleiche; in den Unterlagen der P&O-Line, die den Hauptverkehr nach Indien besorgte, findet sich kein einziger Fall einer solchen Posh-Belegung, und ab der Mittagszeit, also in der größten Hitze, war die Seite des Schiffs, auf der sich die Kabine befand, für das Wohlergehen ohnehin kaum noch erheblich.

Das Wort »posh« gab es schon zu Shakespeares Zeiten, es meinte damals wie heute einen gutsituierten Lebemann, und die obige Erklärung wurde nachträglich hinzugedichtet.

Lit.: Graeme Donald: Things you didn't know you didn't know, London 1993.

Positives Denken
Positives Denken fördert die Mentalhygiene

So behaupten verschiedene Bestsellerautoren, die mit dieser These sehr viel Geld verdienen (der Titel »Sorge dich nicht, lebe« von Dale Carnegie wurde allein in Deutschland über 3 Millionen mal verkauft).

Dem Psychologen Günter Scheich zufolge führt zuviel positives Denken aber eher in die Krankheit hinein als aus der Krankheit heraus: So utopische Ziele wie ein vollkommen angstfreies Leben, ewige Harmonie, natürlich zufallender Reichtum oder absolute Gesundheit hätten kaum etwas mit der von vielen als eher leidvoll erfahrenen Wirklichkeit zu tun; indem aber die Positiv-Denker jedes Verfehlen dieser Ziele einem Mangel an positivem Denken und damit indirekt sich selber anlasteten, trieben sich diese Menschen nur noch tiefer in die Depression hinein. Ein Speditionsangestellter z. B. versuchte sich mit den Werken des auch in Deutschland vielgelesenen Religionswissenschaftlers Joseph Murphy von seinem Waschzwang zu kurieren. »Aus den Büchern lernte er, daß es von ihm selbst abhänge, wie er sich fühle. Immer wieder zermarterte er sich den Kopf, ob er wirklich eins sei mit dem Universum, wie es von Murphy gefordert wurde. Als Ergebnis seiner Grübeleien stellte er fest, daß er viel zu unrein für das Universum sei. Die Konsequenz: Er wusch sich häufiger denn je.«

Lit.: Chris Thurman: Noch mehr Lügen, die wir glauben, Aßlar 1997 (besonders das Kapitel »Mythos Nr. 6: Man muß positiv denken«); Günter Scheich: Positives Denken macht krank. Vom Schwindel mit gefährlichen Erfolgsversprechen, Frankfurt a. M. 1997; Jörg Zittlau: »Sorge dich ruhig, lebe trotzdem«, Hannoversche Allgemeine Zeitung, 13. 1. 1998.

Präriehunde
Präriehunde sind Hunde (s.a. »Nilpferde«)

Präriehunde (französisch »petit chien«, wissenschaftlicher Name »Cynomys ludovicianus«) sind Murmeltiere; sie leben in mehreren Arten in Nordamerika und heißen wegen ihrer bellenden Warnlaute dort auch »barking squirrels«.

Lit.: Brockhaus abc Biologie, Leipzig 1975; W. Eigener: Großes Farbiges Tierlexikon, Herrsching 1982; Stichwort vorgeschlagen von Alfredo Grünberg.

Auch wenn er bellt – es ist kein Hund

Preußen 1
»So schnell schießen die Preußen nicht …«

In den Schlachten des 18. und 19. Jahrhunderts schossen die preußischen Soldaten eher schneller als die Franzosen, Engländer und Österreicher, dafür sorgte schon der Drill (bzw. die eisernen Ladestöcke, welche die Preußen früher als die Engländer, Österreicher und Franzosen statt der alten Holzmodelle nutzten).

Das Sprichwort von den langsamen preußischen Schützen hat seinen Ursprung in der preußischen Militärgerichtsbarkeit: Anders als andere wurden preußische Soldaten, wenn sie desertierten, nicht so eilig selber totgeschossen. In den Armeen Frankreichs oder Englands war für das Desertieren die Todesstrafe obligatorisch, aber nicht in Preußen, hier wurde man im allgemeinen »nur« verprügelt.

Lit.: Sebastian Haffner: Preußen ohne Legende, 3. Auflage, Hamburg 1979; Stichwort vorgeschlagen von Alfredo Grünberg.

Preußen 2
Preußen bzw. Deutschland waren die kriegerischsten Staaten in Europa

Frankreich und nicht Preußen/Deutschland war das kriegerischste Land Europas, es war an 1136 der insgesamt 2659 Landschlachten der Neuzeit (von 1480 bis 1940, da hört die Statistik auf) aktiv und mehrheitlich als Angreifer beteiligt (es folgen Österreich mit 807, Preußen mit 616 und England mit 558).

Als Landschlacht (»battle«) zählt der amerikanische Historiker Quincey Wright, dem wir hier folgen, jedes kriegerische Treffen mit mehr als 1000 Todesopfern. Von 1480 bis 1940 gab es nur eine einzige Dekade – von 1720 bis 1729 – ohne jedes derartige Gemetzel, ansonsten befand sich immer irgendein Land Europas mit irgendeinem anderen Land im Krieg. Und am häufigsten war dabei Frankreich eingebunden. Von 1700 bis 1940 hat es an 38 »offiziellen« Kriegen teilgenommen, Preußen an 23 und Österreich bzw. das Deutsche Reich an 27; in 24 der 100 Jahre des 19. Jahrhunderts befand sich Frankreich mit mindestens einer anderen Nation im Kriegszustand, Preußen nur in 17 und Österreich nur in 7 Jahren, und auch im 18. Jahrhundert führte Frankreich die internationale Hitliste mit 26 Jahren kriegerischen Treibens an.

Lit.: G. Bodart: Militär-historisches Kriegslexikon, Leipzig 1908; Q. Wright: A study of war, Chicago 1941.

Priamos
Der Schatz des Priamos stammt aus der Zeit des Priamos (s.a. »Troja«)

Der Schatz des Priamos, im Jahr 1873 von Heinrich Schliemann in Troja ausgegraben, hat mit dem König Priamos des Trojanischen Krieges nichts zu tun – die Ruinen, aus denen Schliemann seine Kostbarkeiten ausgrub, sind rund 1000 Jahre älter (sie stammen aus der um 2300 v. Chr. entstandenen Schicht Troja 2, das Troja des Trojanischen Krieges ist das 1000 Jahre jüngere Troja 7).

Lit.: »Der Schatz des Priamos«, Stern 15/1996; Brigitte Brandau: Troja – Eine Stadt und ihr Mythos, Bergisch Gladbach 1997.

Pyramiden
Die Cheops-Pyramide wurde von mehr als 100.000 Arbeitern geschaffen

So sagte der griechische Geschichtsschreiber Herodot, und so glaubt man oft noch heute.

Moderne Archäologen halten diese Zahlen wie so viele Zahlen Herodots jedoch für übertrieben (siehe den Stichwortartikel »Perserkriege« in Band 1). Um sämtliche 2,5 Millionen Steinblöcke der Cheops-Pyramide mit ihrem Gesamtgewicht von sieben Millionen Tonnen an ihren Platz zu wuchten, braucht man Energie von rund zweieinhalb Milliarden Kilojoule. Ein Arbeiter leistet an einem Tag rund 240 Kilojoule (entsprechend 50 Zentner Kohlen in den dritten Stock zu schleppen), also waren für das reine Aufschichten der Steine rund 29.000 Mannjahre Arbeit nötig, und dafür braucht man bei den insgesamt 8400 Tagen der Regierung des Cheops pro Tag gerade einmal 1250 Mann.

Natürlich mußten die Steinquader auch herbeigeschleppt und zugehauen werden, damit steigt auch der Bedarf an Arbeitskräften. Dazu kamen noch Köche, Priester oder Putzkolonnen, aber auch nach Einrechnen aller dieser Zusatzhelfer kommt man niemals auf die Zahlen Herodots; nach Meinung moderner Historiker waren für den Bau der Cheops-Pyramide höchstens 15.000 Männer nötig (und auch das nur in der Anfangsphase).

Lit.: »Langwieriger Pyramiden-Bau«, Hannoversche Allgemeine Zeitung, 5. 9. 1996; »Und Herodot schwindelte doch«, Geo 12/1996.

Pythagoras
Der Satz des Pythagoras stammt von Pythagoras

Die berühmte Formel $a^2 + b^2 = c^2$ war bei der Geburt des Pythagoras im 6. Jahrhundert v. Chr. längst bekannt; schon die Ägypter nutzten sie zur Konstruktion der Pyramiden.

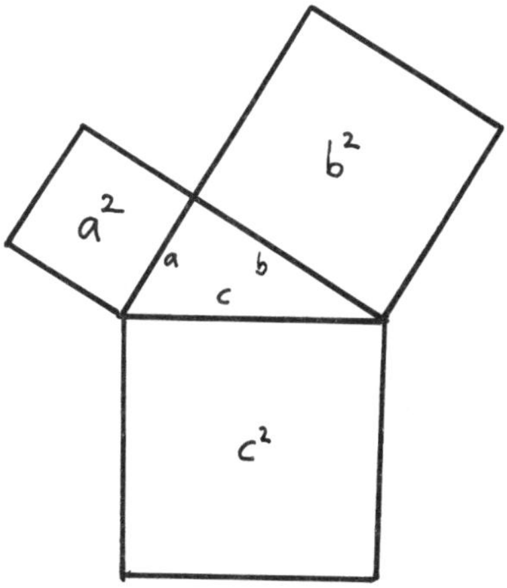

In einem rechtwinkligen Dreieck sind die Quadrate der beiden kleineren Seiten zusammen immer genauso groß wie das Quadrat der größten Seite

R

»Einen Wahn verlieren macht weiser
als eine Wahrheit finden.«
Ludwig Börne, Fragmente und Aphorismen

Random Walk
Ein »Random Walk« kennt keine Regeln

Ein sogenannter »Random Walk« ist eine Folge zufälliger Zahlen, wie sie beim Würfeln oder Münzwerfen entsteht: Zwei Spieler werfen eine Münze, bei »Kopf« gewinnt der erste, bei »Zahl« der zweite, der Gewinner erhält vom Verlierer eine Mark. Dann bilden die Gesamtgewinne eines jeden Spielers einen »Random Walk«: Bei jeder Spielrunde geht es mit Wahrscheinlichkeit ein halb um eins nach oben und mit Wahrscheinlichkeit ein halb um eins nach unten, und die hintereinanderfolgenden Auf- bzw. Abwärtsschritte sind unabhängig voneinander.

Solche »Random Walks« sind lupenreine Kinder blinden Zufalls. Dennoch verblüffen sie durch eine ganze Reihe von Regelmäßigkeiten: Zum Beispiel ist die Wahrscheinlichkeit, daß ein »Random Walk« nach z.B. genau zehn Schritten zum erstenmal wieder zum Ausgangspunkt Null zurückkehrt, exakt genauso groß wie die Wahrscheinlichkeit, daß er in zehn Schritten *niemals* zur Null zurückkehrt, und dito für zwanzig, dreißig, hundert oder tausend Schritte. Oder man kann zeigen, daß ein »Random Walk« vor der ersten Rückkehr zur Null jede beliebige Grenze im Durchschnitt genau einmal überschreitet, und andere seltsame Eigenschaften mehr, die solche »Random Walks« zu einem der faszinierendsten Objekte machen, welche die moderne Mathematik zu bieten hat.

Lit.: William Feller: An introduction to probability theory and its applications, 2 Bände, New York 1957 und 1966 (immer noch eines der weltweit besten Lehrbücher der Wahrscheinlichkeitstheorie; für mathematisch Interessierte).

Rauchen
Die Schikanen gegen öffentliche Raucher sind eine neumodische Sitte aus Amerika

Das öffentliche Rauchen wurde früher weit stärker angefeindet, als es heute zum guten Ton gehört – im 17. Jahrhundert etwa mußte man als öffentlicher Raucher vielerorten mit der Todesstrafe rechnen. Auch wenn damals nicht unsere Gesundheit, sondern die Feuergefahr im Verein mit einer verbreiteten kalvinistischen Verzichtsmoral und einem allgemeinen Mißtrauen gegen Raucher hinter den Verboten stand (wer rauchte, galt zu allem fähig): das Naserümpfen ihrer Nachbarn hatten Raucher nicht erst im 20. Jahrhundert auszuhalten.

In Preußen wurde das Recht zum Rauchen in der Öffentlichkeit erst in der 1848er Revolution erstritten. Als die Volksmassen sich anschickten, das Berliner Schloß zu stürmen, ließ ein Emissär des Königs seine Bürger wissen, alle ihre Forderungen seien angenommen. »Ooch det Roochen?« fragte ein Demonstrant. »Ja, auch das Rauchen«, antwortete der Sprecher des Königs. »Ooch im Tiergarten?« – »Ja, auch im Tiergarten darf geraucht werden, meine Herren.«

Das war einer der wenigen bleibenden Erfolge der Revolution von 1848.

Lit.: Karl Pawek: »Raucher, hört die Signale«, Die Zeit, 19. 9. 1997; Stichwort vorgeschlagen von Sabine Warschburger.

Regen 1
Regentropfen haben die Gestalt von Tränen

Regentropfen haben verschiedene Gestalten; keine davon ähnelt einer Träne.

Kleine Regentropfen mit weniger als 2 mm Durchmesser sind kugelrund; größere Regentropfen sehen eher aus wie Hamburger, der Luftdruck preßt den Tropfen in die Breite. Und bei einem Durchmesser von mehr als 8 mm erzeugt der Luftdruck sogar eine Höhle in der Mitte, der Tropfen – sofern er nicht schon vorher in viele kleine Tropfen auseinanderfällt – schwebt wie ein Fallschirm Richtung Erde.

Lit.: Hans R. Pruppacher und James D. Klett: Microphysics of clouds and precipitation, Boston 1978.

So sehen Regentropfen jedenfalls nicht aus

Regen 2
»It never rains in Southern California«

»They say it never rains in Southern California«, singt Albert Hammond; allerdings wird die Fortsetzung nicht immer richtig wahrgenommen:

»But girl, let me warn ya
it pours, man, it pours!«

Zuweilen regnet es in Südkalifornien so heftig, daß die Fluten ganze Häuser zum Pazifik schwemmen.

Anders als der Name vermuten lassen könnte (»caliente forne« = spanisch »heißer Ofen«), ist Kalifornien – vom Death Valley einmal abgesehen – auch nicht der Hitzepol der USA; man kann noch im Mai in Kalifornien frieren, auch das Baden ist im Frühjahr wegen der Nord-Süd-Strömung des Pazifiks keine reine Freude, im Mai ist es in New York wärmer als in Los Angeles.

Der sonnigste und wärmste Staat der USA ist Arizona.

Stichwort vorgeschlagen von Alfredo Grünberg.

Regen 3
Man kann auch mittags einen Regenbogen sehen

Man kann in der Mittagssonne nur Regenbögen sehen, die durch Wasserfälle oder Springbrunnen entstehen, »echte« Regenbögen aber nicht. Dazu darf die Sonne den Horizont um nicht mehr als 40° überragen, das geht nur morgens oder abends (oder im Winter, aber da gibt es aus anderen Gründen keine Regenbögen).

Stichwort vorgeschlagen von Werner Helbig.

Reichsacht
Über Martin Luther wurde die Reichsacht verhängt

So steht in vielen Biographien und Lexika zu lesen: Weil Luther sich auf dem Reichstag zu Worms geweigert hätte, auf die Kompromisse seiner Gegner einzugehen, hätte Karl V. über ihn die Acht verhängt.

In Wahrheit konnte der Kaiser über Luther nicht ohne Zustimmung des Reichstages die Acht verhängen (d. h. den Geächteten für vogelfrei erklären); seine einseitig nach Schluß des Wormser Reichstags 1521 gegen Luther erlassene sogenannte »Achtsentenz« wurde in das Protokoll des Reichstages nicht aufgenommen und war damit illegal.

Lit.: M. Lieberich: Deutsche Rechtsgeschichte, München 1981; Stichwort vorgeschlagen von Hans J. Orthmann.

Reichstagsbrand
Der Reichstag wurde von den Nazis selber angezündet

So glaubten die Autoren dieses Buches selber noch vor kurzem (siehe W. Krämer und M. Schmidt: »Das Buch der Listen«, S. 462). Und nach dem Prinzip »Cui bono?« läßt sich diese Theorie als Arbeitshypothese auch sehr gut vertreten: Der Brand des Reichstags am 27. Februar 1933 gab den frisch zur Macht gelangten Nazis einen willkommenen Anlaß, die Bürgerrechte weiter einzuschränken, unliebsame Opponenten kostengünstig kaltzustellen, sich als Bollwerk gegen Anarchie und Kommunismus aufzuspielen. Die sofort am nächsten

Tag erlassene Notverordnung »Zum Schutz von Volk und Staat« bestärkte das Nazi-Gewaltmonopol, das bald folgende Verbot der angeblich als Drahtzieher im Hintergrund agierenden KPD und die Verhaftung ihrer Funktionäre brachte die aktivsten Nazi-Gegner hinter Gitter, und mit dem »Ermächtigungsgesetz« vom 24. März 1933, kaum einen Monat später, war die Nazi-Diktatur dann vollends etabliert und eingerichtet.

Anders als fast die ganze Welt noch bis vor kurzem glaubte, lief das alles aber nicht nach Nazi-Drehbuch ab. Vielmehr hat die »Initialzündung« Reichstagsbrand die Nazis selber fast am meisten überrascht. Nach einstimmiger Meinung aller neutralen Historiker war der kurz nach dem Brand verhaftete Holländer Marinus van der Lubbe tatsächlich ein von niemandem gelenkter Einzeltäter; weder die Nazis noch die Kommunisten waren bei der Brandstiftung beteiligt, van der Lubbe hatte ohne es zu wollen dem verhaßten Hitler einen großen Dienst erwiesen.

Endgültig bewiesen: Es war ein Einzelgänger

Diese Theorie, erstmals 1962 von Fritz Tobias aufgestellt, ist heute unumstritten. »Muß ich betonen, daß es mir in persönlicher Hinsicht lieber gewesen wäre, wenn Tobias unrecht hätte?« schreibt etwa der holländische Historiker und Direktor des niederländischen Instituts für Kriegsdokumentation de Jong. »Darauf kommt es aber nicht an, sondern nur darauf, was man für ›historische Wahrheiten‹ zu halten hat, das heißt auf diejenige Darstellung des historischen Geschehens, in der das Gesamtmaterial, soweit zuverlässig, sich reibungslos und ohne innere Gegensätze einfügen läßt. Schlüsse, die Ewigkeitswert haben, kennt die Geschichtswissenschaft nicht; dennoch kann sie (...) bis auf weiteres davon ausgehen, daß der Reichstagsbrand auch die Nazis völlig überrascht hat und daß nur einer an der Brandstiftung beteiligt war: van der Lubbe.«

Die Indizien lassen keine andere Deutung zu: Van der Lubbe hat diese Tat wie auch drei weitere versuchte Brandstiftungen im Neuköllner Wohlfahrtsamt, im Roten Rathaus und im Berliner Schloß sofort eingestanden, er leugnete stets, von irgend jemandem dazu ermuntert worden zu sein (als Motiv nannte er nur den Wunsch, die deutschen Arbeiter zum Kampf für die Freiheit aufzurütteln), die Rekonstruktion seiner letzten Tage vor dem Reichstagsbrand läßt keinen Raum für eine Konspiration mit wem auch immer, ob mit Nazis oder Kommunisten.

Fast alle Zeugnisse und Dokumente, die eine Mittäterschaft der Kommunisten oder der Nazis zu beweisen scheinen, sind inzwischen als manipuliert oder gefälscht entlarvt; die berühmten »Braunbücher« von 1933 und 1934, in denen die Kommunisten die Nazis als Drahtzieher hinzustellen suchten, haben sich im Licht der nachfolgenden Forschung als reine Propaganda erwiesen, und auch die Thesen des sogenannten »Luxemburger Komitees (»Internationales Komitee zur wissenschaftlichen Erforschung der Ursachen und Folgen des Zweiten Weltkrieges«), welches ebenfalls die Nazi-Täterschaft verficht, basieren auf »Fälschungen am laufenden Band«; sie zeigen vor allem eines, nämlich wie »angesehene Historiker, Politiker und andere sich von einem gerissenen, aber auch unbeholfenen Produzenten seines eigenen Beweismaterials (...) an der Nase haben herumführen lassen.«

Lit.: F. Tobias: Der Reichstagsbrand: Legende und Wirklichkeit, Rastatt 1962; U. Backes u. a.: Reichstagsbrand – Aufklärung einer historischen Legende, München 1986; U. v. Hehl: »Die Kontroverse um den Reichstagsbrand«, Vierteljahreshefte für Zeitgeschichte 1988; Werner Bührer: »Reichstagsbrand«, in: W. Benz (Hrsg.): Legenden, Lügen, Vorurteile, München 1995.

Reispapier
Reispapier wird aus Reisstroh hergestellt

Das bekannte chinesische Reispapier, das zuweilen als Untergrund in der Aquarellmalerei, auch als Rohstoff für künstliche Blumen verwendet wird, trägt seinen Namen zweifach zu Unrecht: Erstens wird es nicht aus Reis gemacht, sondern in dünnen Scheiben aus dem Mark des Reispapierbaumes geschält, den man in Südchina und in

Taiwan eigens für diese Zwecke pflanzt, und zweitens sind diese dünnen, auf Papierstärke zusammengepreßten Scheiben kein Papier.

Lit.: Handbuch der Papier- und Pappfabrikation, Niederwalluf 1971.

Résistance
Die französische »Résistance« war eine populäre Massenbewegung

Die französische Résistance war stets nur eine Angelegenheit von Minderheiten, zur Massenbewegung wurde sie erst *nach* der Invasion der Alliierten im Sommer 1944.

Allen Denkmälern und »Musées de Résistance« zum Trotz, die man dutzendweise heute überall in Frankreich sieht: Die weitaus meisten Franzosen hatten sich mit den Besatzern bestens eingerichtet, sie bewunderten die deutsche Armee, sie waren angenehm überrascht von der Disziplin der ihnen als Barbarenhorden angekündigten deutschen Soldaten, sie waren mit den Deutschen zumindest anfangs durchaus einverstanden. In keinem von den Deutschen besetzten Land Europas floß die Hilfe für die Nazis so froh und reichlich wie bei unseren Nachbarn links des Rheines; die Wirtschaft machte prächtige Geschäfte, die Männer mußten nicht mehr kämpfen, man konnte ins Kino, ins Theater gehen, Zeitung lesen. In keinem Land der Welt erschienen zwischen 1941 und 1944 mehr Bücher als in Frankreich (über 9000 Neuerscheinungen), es entstanden über 150 Filme, die Kabaretts, Theater, Nachtlokale hatten immer Gäste, die Künste blühten; wenn die Franzosen nach England oder auf den Balkan blickten, waren sie ganz froh, daß sie selbst den Krieg nicht mehr zu führen brauchten.

Selbst die französischen Kommunisten, die sich gern als stets stramme Gegner Hitlers feiern lassen, waren länger als ein Jahr auf Hitlers Seite: Als Marionetten Stalins konnten sie aufgrund des Hitler-Stalin-Paktes von 1939 schlecht dem Freund ihres Freundes Böses wünschen.

Erst ab dem deutschen Überfall auf Rußland im Juni 1941, als man sich des Schicksals Napoleons erinnerte, und erst recht nach der deutschen Niederlage bei Stalingrad im Winter 1942/43, begannen auch Franzosen, ihre Fahnen in den neuen Wind zu hängen. Aber nie so deutlich, daß es ihren bürgerlichen Frieden hätte stören können, und nur ganz selten unter Risiko für Leib und Leben: Die Zahl der aktiven Résistance-Mitarbeiter betrug nie mehr als 50.000, ein Promille der französischen Bevölkerung, und selbst 1944, als die letztendliche Niederlage der Deutschen schon für jeden klar zu sehen war, war auf aktiven Massenwiderstand in Frankreich nicht zu hof-

Jubel der Bevölkerung bei der Parade der Miliçe française auf den Champs Elysés in Paris

fen. Als die Alliierten de Gaulle fragten, ob die Franzosen die geplante Invasion nicht durch zivilen Ungehorsam unterstützen könnten, meinte de Gaulle, dergleichen könnte man vergessen.

Mangels Masse war die französische Résistance auch militärisch immer unbedeutend; sie war nie eine Gefahr für die Besatzer, die vereinzelten Anschläge auf Eisenbahnen, Brücken und Kasernen wurden – falls überhaupt – als Mückenstiche wahrgenommen. Ein englischer Historiker hat die militärische Wirkung der Résistance einmal mit einer Hummel in der Hose des deutschen Militärs verglichen: nicht eigentlich gefährlich, eine Ablenkung, die den Kämpfer vielleicht irritiert, ihn aber auch am Kampf nicht wirklich hindert –

mit anderen Worten, die Kämpfe in Europa wären auch ohne die Résistance am 8. Mai 1945 zu Ende gewesen.

Lit.: Stichwort »Résistance« in der Brockhaus Enzyklopädie, Wiesbaden 1990, und in der Encyclopaedia Britannica, 15. Auflage, Chicago 1994; H. Noguères: Histoire de la Résistance en France, 5 Bände, Paris 1967–1981 (ein Musterbeispiel für die ex post Glorifizierung einer gar nicht glorreichen Epoche); H. Amouroux: La grande histoire des Français sous l'occupation, 5 Bände, Paris 1977 (besonders Band 2: Quarante millions de pétainistes); F. W. Seidler: Die Kollaboration, München 1995; G. Chauvy: Aubrac–Lyon 1943, Paris 1997 (hier deckt ein Franzose selber eine ex post Glorifizierung auf; gewisse Buchhändler in Frankreich weigern sich daher in alter chauvinistischer Franzosentradition, dieses Werk in ihrem Laden zu verkaufen, siehe »Un libraire fait de la résistance«, Le Figaro, 13. 4. 1997.

Robinson
Robinson Crusoe ist eine reine Romanfigur

Daniel Defoe hat seinen Robinson nicht frei erfunden, sondern nach der wahren Geschichte eines gewissen Alexander Selkirk ausgerichtet. »Lieber lebe ich auf einer einsamen Insel als mit dir auf einem Schiff«, habe er, Selkirk, einmal wütend seinem Kapitän entgegnet, erzählte er Defoe. Darauf habe dieser ihn beim Wort genommen und ihn auf einer Insel der Gruppe Juan Fernández vor der chilenischen Pazifikküste abgesetzt, dort verbrachte Selkirk dann die nächsten 15 Jahre seines Lebens.

Lit.: Stichwort »Daniel Defoe« in der Encyclopaedia Britannica, 15. Auflage, Chicago 1994; Hörspiel »Robinson«, WDR, 6. 10. 1990; Brockhaus – Wie es nicht im Lexikon steht, Mannheim 1996; Stichwort vorgeschlagen von Christian Löbbe.

Rohstoffe
Rohstoffe und Ackerland begründen den Reichtum der Nationen (s.a. »Volk ohne Raum«)

Fast das Gegenteil ist wahr: Die ärmsten Länder dieser Erde sind zugleich die rohstoffreichsten, die reichsten Länder (Schweiz, Japan, Dänemark, Luxemburg) sind zugleich die rohstoffärmsten.

Der Mythos von den fruchtbaren Böden und den Rohstoffen als den Grundlagen des Reichtums der Nationen entstand in den längst vergangenen Zeiten, als noch 95 von 100 Menschen in der Landwirtschaft beschäftigt waren, als arme Böden arme Leute hervorbrachten, und aus den Anfangsjahren der industriellen Revolution, als Kohle, Erze, weites Land und gutes Klima den Reichtum der Nationen auszumachen schienen. »Nordamerika ist im Sinne der Materialbeschaffung heute das glücklichste Land, denn es findet fast alle Rohstoffe in seinem Schoße; Deutschland ist im Verhältnis zur Ausdehnung seiner Industrie das unglücklichste«, schrieb Walter Rathenau noch 1913, aber schon damals war diese Wahrheit nur noch ansatzweise richtig. Die durch das Sozialprodukt gemessene Leistung einer Volkswirtschaft und damit über Umwege auch deren Wohlstand bemißt sich in erster Linie durch den »Mehrwert«, den diese Wirtschaft aus dem, was sie vorfindet, herzustellen in der Lage ist, und das kann mitunter auf ein paar Quadratkilometern Brachland (Hongkong, Singapur) viel effizienter geschehen als auf Milliarden Hektar fruchtbarsten, rohstoffübersättigten Ackerlandes. Denn nach diesen Kriterien müßte Rußland, ein mit Rohstoffen aller Art und fruchtbaren Böden wohl versehenes Land, eine der reichsten Regionen unseres Planeten sein.

Ist es aber nicht. Denn in einer globalen Weltwirtschaft mit ihren dichten Handelsnetzen zählt weniger das, was man hat, als das, was man *macht*; in diesem globalen Supermarkt kann der oder die Fleißige und Effiziente selbst auf einer kahlen Felseninsel glücklich und in Reichtum leben, während der oder die Faule trotz bzw. gerade wegen allen ererbten oder gefundener Reichtums immer ärmer wird. Die durch das Aztekengold so schnell reich gewordenen Spanier mußten schon wenig später den ökonomisch weit weniger verwöhnten Holländern und Engländern den wirtschaftlichen Vortritt lassen, die aufgrund ihrer fruchtbaren Böden vielleicht reichsten Länder des frühen 20. Jahrhunderts – Argentinien und Neuseeland – gehören mittlerweile längst nicht mehr zur Spitzengruppe, und wenn sich heute Länder wie Saudi-Arabien und Kuwait noch als reich bezeichnen dürfen, so nicht weil, sondern *obwohl* sie so mit Öl gesegnet sind (andere OPEC-Staaten wie Nigeria oder Venezuela gehören heute allem Öl zum Trotz schon zu den Armenhäusern dieser Erde).

Eine Studie amerikanischer Ökonomen zu Rohstoffen und Wirtschaftswachstum bei Entwicklungsländern hat ergeben, daß Rohstoffreichtum klar das Wachstum *hindert*: Unter den 18 Spitzenreitern der Jahre 1971 bis 1989 hatten nur zwei – Malaysia und Mauritius – nennenswerte natürliche Ressourcen aufzuweisen; alle anderen haben ihr Wirtschaftswunder quasi aus dem Nichts durch Schweiß und Arbeit selbst geschaffen.

Daß all dies unserer Intuition so widerspricht, liegt daran, daß unter sonst gleichen Umständen eine reichliche Ausstattung mit natürlichen Ressourcen jedem Individuum und jeder Volkswirtschaft natürlich einen Startvorteil verschafft. Dabei übersehen wir aber leicht, daß sich eben diese Umstände nicht immer gleichen, und daß *gerade* der Rohstoff- und Ressourcenreichtum selber dazu führen, daß die Rahmenbedingungen für die anfangs Reichen immer schlechter werden, daß es der Reichtum selber ist, der die Grundlagen für weiteren Reichtum unterhöhlt. Man gebe zehn Menschen zusammen zehn Millionen Mark, und die zehn Beschenkten werden sich den Rest ihres Lebens, statt über die Vermehrung nachzudenken, über die Verteilung dieses Schatzes streiten. Und genauso haben auch die von der Natur so reich beschenkten Ländern unseres Planeten den Sinn und Zweck allen Wirtschaftens, nämlich aus dem Vorgefundenen mehr zu machen, als man vorgefunden hat, im Gerangel um die Beute schnell vergessen.

Lit.: W. Rathenau: Gesammelte Schriften in fünf Bänden, Leipzig 1913; A. Gelb: Oil windfalls – blessing or curse, Oxford 1988; »The natural resources myth«, The Economist, 23. 12. 1995; J. Sachs und A. Warner: Natural resource abundance and economic growth, Cambridge 1995.

Rosen 1
Rosen haben Dornen

Rosen haben Stacheln, keine Dornen. Ein Dorn ist ein »stechend spitzes Gebilde, das durch Umwandlung eines Pflanzenorgans entsteht«. Ein Stachel ist ein »aus Rindengewebe gebildetes, leicht ablösbares Anhangsorgan der Sproßachse höherer Pflanzen«. Deshalb haben Kakteen z. B. Dornen, Rosen aber Stacheln.

Lit.: Stichworte »Dorn« und »Stachel« in der Brockhaus Enzyklopädie, Wiesbaden 1990; Stichwort vorgeschlagen von Sabine Ulrich und Heinz Pangritz.

Rosen 2
Die Bibel sagt »Es ist ein Ros' entsprungen«

Dieses Weihnachtslied entstammt einer Fehlübersetzung. Die Bibel sagt (Jesaia 11,1): »Es wird ein Reis hervorgehen aus dem Stamme Isais und ein Zweig aus seiner Wurzel wird Frucht bringen.« Wie aus diesem »Reis« eine »Rose« wurde, weiß niemand so genau, vielleicht ein Lesefehler, vielleicht ist auch nur die Phantasie des mittelalterlichen Dichters mit dem Autor durchgegangen.

Lit.: Pinchas Lapide: Ist die Bibel richtig übersetzt?, Gütersloh 1989.

Rosenkranz
Das Rosenkranzbeten ist eine typisch katholische Erfindung

Schon 500 Jahre vor Jesus Christus pflegten indische Priester ihre Gebete mit Knoten- oder Perlenschnüren abzuzählen; als der heilige Domenikus, der Begründer des Dominikanerordens, im 13. Jahrhundert das Beten des Rosenkranzes als Mittel gegen Ketzerei und Sünden aller Art empfahl, stand er in einer langen Tradition.

Nach vielen frühreligiösen Vorstellungen steigt die Wirkung von Gebeten durch das Wiederholen; da aber die meisten Menschen nicht zugleich beten und zählen konnten, waren Gedächtnisstützen aller Art seit alters her in vielen Religionen weit verbreitet.

Lit.: C. Panati: Universalgeschichte der ganz gewöhnlichen Dinge, Frankfurt a. M. 1994 (besonders das Kapitel »Rosenkranz«).

Rot
Rote Autos fallen am stärksten ins Auge

Die »sicherste« Autofarbe ist mintgrün; sie wird bei Dämmerlicht am besten wahrgenommen, da sie das Auge reizt und so die größte Reflexion erzeugt. Die beliebte Signalfarbe rot dagegen ist in der Dämmerung weit schlechter wahrzunehmen, sie sackt ins Braune ab und hebt sich kaum noch von der Umwelt ab; selbst Violett und Gelb sieht man im Dunkeln besser.

Lit.: Rudolf Cramer: »Das geht ins Auge«, Start 1/1996; Stichwort beigetragen von Marc Schuhmacher.

Rotes Fleisch
Rotes Fleisch ist rot durch Blut

Der rote Saft in einem kurz angebratenen Steak ist kein Blut, sondern sogenanntes Myoglubin, ein hellroter Proteinsaft, der zur Zwischenlagerung des per Blut den Muskeln zugeführten Sauerstoffes dient. Beim Tod des Tieres verflüchtigt sich der Sauerstoff, das Myoglubin verfärbt sich violett. Wird das angebratene Fleisch dann aber auf dem Teller aufgeschnitten, tritt wieder Sauerstoff hinzu, der Saft wird wieder rot (es sei denn, das Fleisch wird lang bei über 60 °C gebraten, dann verliert das Myoglubin seine Sauerstoffaufnahmefähigkeit, es wird leicht braun bis grau).

Wegen des im Vergleich zu Rindfleisch niedrigeren Myoglubingehalts von Schweinefleisch ist dieses nicht so rot. Noch weniger Myoglubin enthalten die Muskeln von Geflügel oder Fischen, daher ist deren Fleisch fast weiß. Mit Blut hat das alles nichts zu tun; nach dem Schlachten bleibt so oder so kein Gramm davon im Fleisch zurück.

Lit.: H. van Maanen, J. J. E. van Everdingen und H. E. Fokke: Le cœur se situe à gauche – mille et une idées reçues en matière de médecine, Amsterdam 1995; Robert L. Wolke: Woher weiß die Seife, was der Schmutz ist? Kluge Antworten auf alltägliche Fragen, München 1998.

Rotes Meer
Moses führte die Juden durch das Rote Meer

»Mose streckte seine Hand über das Meer aus, und der Herr trieb die ganze Nacht das Meer durch einen starken Ostwind fort. Er ließ das Meer austrocknen und das Wasser spaltete sich. (...) Die Ägypter setzten ihnen nach; alle Pferde des Pharao, seine Streitwagen und Reiter zogen hinter ihnen ins Meer hinein« (Exodus 14,21–23). Und dann geschah das, was wir alle aus der Schule und dem Kino kennen: Nachdem die Israeliten durchgezogen waren, versanken die sie verfolgenden Ägypter mit Mann und Maus im Meer.

Anders als in vielen Bibeln ausgewiesen, begab sich dieses nicht am Roten Meer; im Original der Bibel ist vom »Roten Meer« auch keine Rede, es heißt nur »Schilfmeer« (englisch »see of reeds«) oder einfach »Meer«. Gemeint ist damit vermutlich ein flacher See nördlich von Suez oder auch das Mittelmeer. Der in Exodus 14,2 genannte Ort Baal-Zefon (»Gegenüber von Baal-Zefon sollt ihr am Meer das Lager aufschlagen«) könnte ein Hügel mit Tempel östlich des Nildeltas, das »Meer« eine heute »Sirbonische See« genannte und schon in der Antike als gefährlich bekannte Lagune gewesen sein: »Da das Wasser nur sehr schmal ist, einem Bande ähnlich, und große Sandflächen ihn überall umgeben, so wird viel Sand hineingewirbelt, wenn anhaltende Südwinde wehen«, schreibt der Grieche Diodot. »Der macht das Wasser für das Auge unerkennbar und läßt den See unmerklich ins Festland übergehen, so daß man ihn davon gar nicht unterscheiden kann. So sind auch schon viele von denen, die die Eigentümlichkeit der Gegend nicht kannten, hier mit ganzen Heeren untergegangen.«

Und zu denen, die hier »mit ganzen Heeren untergegangen« waren, gehört vermutlich auch der die Israeliten verfolgende Pharao.

Lit.: Georg Fohrer: Geschichte Israels, Heidelberg 1977; Die Bibel – Einheitsübersetzung, Stuttgart 1980; Stichwort »Exodus« in der MS Microsoft Enzyklopädie Encarta, 1994.

S

*»Geistreich wirkende Irrtümer sind schwer zu bekämpfen,
weil ihr symbolischer Nutzen den Mangel
an faktischen Grundlagen verdeckt.«
G. K. Pullum*

Sahara
Die Sahara ist eine große Sandwüste

Die Sahara ist eine große Steinwüste; der Sand bedeckt nur rund ein Fünftel ihrer Fläche.

Salz
Man kann Eis mit Salz zum Schmelzen bringen

So haben wir jahrelang geglaubt und im Winter Salz auf Geh- und Torwege gestreut. In Wahrheit kann das Salz das Eis aber nicht schmelzen, es löst es auf, und das ist chemisch etwas völlig anderes. Beim Schmelzen wird ein Stoff erwärmt und dadurch flüssig, beim Auflösen verändert sich der Stoff, und zwar im aktuellen Fall zu Salzwasser. Dieses Salzwasser hat einen niedrigeren Gefrierpunkt als normales Wasser, deshalb entsteht aus Eis nach einer Weile eine große Pfütze.

Lit.: Robert L. Wolke: Woher weiß die Seife, was der Schmutz ist? Kluge Antworten auf alltägliche Fragen, München 1998.

Samoa
Die Eingeborenen auf Samoa leben in sexueller Freizügigkeit und Frieden miteinander

Das ist die berühmte These der berühmten Ethnologin Margaret Mead: Auf Samoa, so Mead, herrsche eitel Wonne und Sonnenschein, weil es keine sexuellen Rivalitäten gäbe, weil Mann und Frau und Kind in Eintracht, ohne Hierarchie und Feindschaft, so wie die Natur es will, zusammenlebten.

An dieser These ist nach neueren Erkenntnissen fast alles falsch: Es gibt auf Samoa wie überall auf Erden Gewalt auch in der Ehe, es gibt strikte Hierarchien, es gibt Arme und Reiche, und vor allem gibt es keinen Spaß mit sexuellen Themen. Sex ist eines der größten Tabus der ganzen Insel, er ist auf Samoa weder freizügig, noch vor der Ehe leicht zu haben, und wie in vielen anderen Kulturen ist auch auf Samoa ein Mädchen nur als Jungfrau auf dem Heiratsmarkt zu präsentieren.

Anthropologists! Anthropologists!

Verschiedene Gastgeber von Frau Mead, die nach deren Besuch Englisch gelernt hatten, glaubten ihren Augen nicht zu trauen, als sie den Text ihres Gastes zu lesen bekamen: Ihre wahre Einstellung zu Ehe und Familie, zu Geld und Freundschaft, zu Gewalt und Macht entsprach in vielen Teilen nicht den Thesen aus Frau Meads Berichten. Wie der neuseeländische Anthropologe Derek Freeman nachweist, der 15 Jahre nach Mead und sehr viel länger als diese mit den Eingeborenen zusammenlebte und anders als Mead auch deren Sprache beherrschte, haben die Eingeborenen die lästige Fragerin von jenseits des großen Wassers einfach angeschwindelt; sie wollten ihre Ruhe haben und erzählten deshalb, was Frau Mead am liebsten hören wollte. Und da diese Lügen so gut in das vorgefertigte Gedankengebäude der Fragerin hineinpaßten (Frau Mead wollte die Umwelt und die Erziehung, nicht die Erbanlagen, als wichtigste Determinanten unseres Verhaltens nachweisen), gab sich diese mit den Lügen der Befragten gern zufrieden.

Lit.: M. Mead: Coming of Age in Samoa, New York 1928; M. Mead: Mann und Weib, Hamburg 1958; D. Freeman: Margaret Mead and Samoa: The making and unmasking of an anthropological myth, Cambridge 1983; F. Sulloway: Born to rebel, London 1996 (besonders den Abschnitt »Margaret Mead and Samoa« auf S. 159 ff.); Stichwort vorgeschlagen von Dietrich Groh und Percy A. Rohde.

Sardellen
Sardellen sind kleine Sardinen

Sardellen (Engraulis encrasicholus) und Sardinen (Sardina pilchardus) sind verschiedene Fische, konkret: verschiedene Arten von Heringsfischen. Auch ausgewachsen erreichen Sardellen (15 cm) niemals die Größe von Sardinen (bis zu 25 cm).

Lit.: W. Eigener: Großes Farbiges Tierlexikon, Herrsching 1982.

Sauerstoff
Die Luft im Wald enthält mehr Sauerstoff (s. a. »Ozon«)

Der Sauerstoffgehalt der Luft ist innerhalb (bei ausreichender Belüftung) und außerhalb geschlossener Gebäude, im Wald und auf der Heide wie in der Großstadt stets der gleiche, nämlich rund 21%. Ob am Südpol oder am Strand von Rimini, ob im Intercity Frankfurt–Stuttgart oder auf dem Gipfel des Mount Everest: Immer enthält unsere Atemluft rund ein Fünftel Sauerstoff.

Daß viele Menschen dennoch im Wald, am Meer oder in der Nähe eines Wasserfalles freier atmen, liegt nicht an einem größeren Angebot an Sauerstoff an sich, sondern an einer größeren Menge negativ geladener Sauerstoffionen. Diese biologisch besonders aktive Art von Sauerstoff, wie sie auch nach Gewittern entsteht, wird von unserem Körper leichter als Sauerstoff mit positiver Ladung aufgenommen, deshalb erscheint die Luft uns frischer.

Umgekehrt bei überwiegend positiver Ladung: Diese Luft, obwohl genauso sauerstoffhaltig, macht uns schlaff und müde. Daher wird die Atemluft bei modernen Sauerstofftherapien, wie auch in U-Booten und Raumstationen, heute künstlich negativ geladen.

Lit.: A. Varga: Biologische Wirkung von Luftionen, Heidelberg 1986; B. Ullrich: Sauerstoff-Inhalationen mit negativ ionisiertem Sauerstoff, Fröndenberg 1997; Stichwort vorgeschlagen von Heiner Gerke.

Sauregurkenzeit
Die Sauregurkenzeit hat etwas mit sauer oder Gurken zu tun (s.a. »Apfel«, »Guter Rutsch« und »Nassauer«)

Man kann in der Sauregurkenzeit durchaus saure Gurken essen, aber das Wort hat seinen Ursprung anderswo: in den hebräisch-jiddischen Wörtern »zarot« für Sorgen und »jakrut« für Preisanstieg: In der Sauregurkenzeit sorgten sich die jüdischen Kaufleute über Inflation und Preise.

Lit.: Bernd-Lutz Lange: Dämmerschoppen, Köln 1997 (besonders das Kapitel »Sprachdenkmäler«).

Schadstoffe
Schadstoffe reichern sich in den Lebewesen über die Nahrungskette an

Nicht bei Fischen. Mit Ausnahme der Meeressäuger und Wasservögel nehmen alle Wassertiere durch die Haut und durch die Kiemen sowie durch das ständige Schlucken soviel Wasser auf, daß sie sich der Schadstoffkonzentration ihrer Umgebung anpassen – bei kleinen Fischen etwas schneller, bei größeren etwas langsamer (kleinere Fische lagern wegen ihrer größeren Wasser-Austauschrate schneller Schadstoffe an und schwemmen sie auch schneller wieder aus; ausgenommen natürlich Schadstoffe, die sich schwer in Wasser lösen wie etwa DDT; dieses Gift löst sich in Fetten und sammelt sich daher im Fettgewebe von allen möglichen Organismen an und kann über die Nahrungskette auch in Fischen landen).

Ob also ein Hai zum Frühstück einen bleihaltigen Tintenfisch oder eine schadstofffreie Riesengarnele verspeist, dem Fleisch des Hais ist das egal; die darin abgelagerten Schadstoffe richten sich mittelfristig allein nach der Qualität des Wassers, in dem der Hai sich fortbewegt.

Lit.: L. Hafner und E. Phillip: Materialien für die Sekundarstufe II, Hannover 1994 (in dem Band »Ökologie« findet sich auf S. 105 ff. ein Beispiel für die obige falsche Behauptung); Stichwort vorgeschlagen von Stefan Clemens.

Schafskäse
Schafskäse wird aus Schafsmilch hergestellt (s.a. »Parmesan«)

Ein großer Teil des Schafskäses, der in deutschen Restaurants verkauft wird, wird aus Kuhmilch hergestellt – rund ein Drittel, wie das chemische Untersuchungsamt in Hamm bei einer Kontrolle von 66 Restaurants und Imbißstuben herausgefunden hat.

Kuhmilch ist billiger, deshalb lohnt sich dieser Etikettenschwindel. »Für den Verbraucher ist der Betrug nicht zu erkennen«, schreibt der WDR. »Denn Molkereien können mit speziellen Labkulturen auch aus Kuhmilch einen Käse mit charakteristischem Schafsmilch-Aroma produzieren.«

Selbst bei verpacktem Käse kann man der Verpackung nicht in jedem Fall vertrauen. Zwar scheuen die Produzenten hier den direkten Betrug – der wäre chemisch nachzuweisen und für die Hersteller zu teuer –, aber man kann ja auch durch Bilder Illusionen wecken. »Wer sich nicht die Mühe macht, den kleingedruckten Text auf der Verpackung zu studieren, kann leicht durch die optische Aufmachung getäuscht werden. Denn bei einigen Produkten vermitteln naive Darstellungen von folkloristischen Schäfern zunächst den Eindruck, es handele sich um Schafskäse. Doch bei genauem Hinsehen stellt sich dann heraus, daß der Schafhirte Kühe hütet.«

Lit.: »Kostprobe«, WDR Fernsehen, 2. 2. 1996 (siehe auch den Artikel »Etikettenschwindel bei Käsespezialitäten« in der zu dieser Sendung herausgegebenen Informationsbroschüre).

Schallwellen
Schallwellen pflanzen sich in fester Materie besser fort als in der Luft

An einer Eisenbahnschiene hört man einen fernen Zug viel früher; das weiß jeder Leser von Karl May. Nur die konventionelle Erklärung für diesen guten Schalltransport ist falsch. Denn der Schall pflanzt sich in fester, flüssiger und gasförmiger Materie grundsätzlich gleich gut fort (wenn auch nicht unbedingt gleich schnell); anders als in der Luft werden aber die in einer Eisenbahnschiene reisenden Schallwellen am Rand der Schiene reflektiert, die Schiene wirkt damit wie ein langes Rohr, und deshalb, nicht weil das Eisen den Schall besser leitet, sind auch sehr ferne Geräusche mit dem Ohr an einer Schiene noch gut wahrzunehmen. Würde man aber statt der Eisenbahnschiene einen langen Gummischlauch verlegen, könnte man auch so den Zug von weitem hören.

Schaltjahr
Jedes 4. Jahr ist ein Schaltjahr (s.a. »Jahre«)

Seit Einführung des Gregorianischen Kalenders 1582 fällt bei allen vollen Hundertern das Schaltjahr aus (1900 war also kein Schaltjahr). Ausgenommen sind die Jahre, die durch 400 zu teilen sind, wie 1600, 2000, 2400 usw. – hier findet ganz normal ein Schaltjahr statt.

Lit.: K. G. Irwin: The 365 days: the story of the calendar, Crowell 1963.

Schanze
»Sein Leben in die Schanze schlagen« hat etwas mit Schanzen zu tun

Wer sein Leben in die Schanze schlägt, setzt alles auf eine Karte. »Schanze« im Zusammenhang mit »sein Leben in die Schanze schlagen« kommt von dem lateinischen »cachentia« (= Fallen des Würfels); über das altfranzösische »chéance« (= Glückswurf) ist es ab 1200 dann auch im Mittelhochdeutschen als »Schanze« nachzuweisen. Auf diese Wurzel verweist auch noch die Redewendung »jemandem etwas zuschanzen« im Sinne von »jemandem einen unverdienten Vorteil verschaffen«.

Lit.: Lutz Röhrich: Lexikon der sprichwörtlichen Redensarten, Freiburg 1973.

Schimmel
Schimmelpferde werden mit einem weißen Fell geboren

Weiß geborene Pferde sind Albinos. Schimmel werden mit einem dunklen, fast schwarzen Fell geboren; dieses wird dann bei den Milch- oder Weiß-Schimmeln peu à peu immer heller, bis es im höheren Pferdealter das bekannte Schimmel-Weiß erreicht. Daneben gibt es auch noch Mohren-Schimmel (grau), Braun-Schimmel (dunkelbraun), Grau-Schimmel (gleichmäßige Verteilung weißer und schwarzer Haare), Schwarzschimmel (vorwiegend schwarze Haare), Apfel-Schimmel (weiß mit apfelgroßen wolkigen Flecken) oder Forellen-Schimmel (weiß mit kleinen Tupfen) usw.

Lit.: Großes Universal-Lexikon für die Familie, Zug 1982; Stichwort vorgeschlagen von Günter Hager.

Schinderhannes

Der edle Räuber Schinderhannes war ein Opfer der Klassenjustiz des frühen 19. Jahrhunderts

So wurde er später gerne dargestellt: in der langen Zeit der deutsch-französischen Feindschaft 1815–1955, man feierte ihn wegen seiner angeblichen Überfälle auf französische Armeetransporte als deutschen Che Guevara feierte, auch die Nazis verehrten ihn wegen seiner vermeintlichen Judenfeindschaft (unter den Opfern des Schinderhannes befanden sich auch Juden).

In Wahrheit war der Räuber Schinderhannes genau das: ein ganz normaler, wenn auch intelligenter und am Ende seines Lebens erfolgreich auf Effekt bedachter Krimineller. Er war weder Klassenkämpfer noch Franzosenfresser, weder Witwentröster noch sozialer Umverteiler, er wollte nur mit möglichst wenig Arbeit möglichst billig überleben (ein Sozialschmarotzer sozusagen). Seine Bande bestand aus Hehlern, Hühnerdieben und Erpressern; sie arbeitete, wenn es nötig war, auch mit der Staatsgewalt zusammen – unter den Angeklagten des Mainzer Prozesses befanden sich auch bestochene Polizisten –, sie trieb Schutzgelder ein und lebte von dem Geld und Gut der kleinen Leute, so daß Robin Hood vor Scham gestorben wäre.

Der Prozeß gegen Schinderhannes und Konsorten war ein für die damalige Zeit erstaunliches Muster rechtsstaatlicher Vorgehensweise; es wurden mehrere Hundert Zeugen gehört, es wurden Protokolle geführt, es wurden die Protokolle den Angeklagten vorgelesen, um diesen Möglichkeit zum Widerspruch zu geben. Alle dem Schinderhannes zur Last gelegten Taten, darunter mehrere Raubmorde, waren einwandfrei durch Indizien, Zeugen und Geständnisse bewiesen – nach den Usancen des frühen 19. Jahrhunderts wäre keinem Richter auf der Erde eine andere Wahl geblieben, als den Schinderhannes zusammen mit seinen wichtigsten Komplizen auf die Guillotine zu beordern.

Und so ist es auch geschehen: Am 21. November 1803 wird Johann Bückler, genannt Schinderhannes, unter großer Anteilnahme der Öffentlichkeit zusammen mit 19 Mittätern enthauptet. Die Frau des Schinderhannes, sein Vater und die meisten anderen der insgesamt 68 Angeklagten erhalten mehr oder weniger lange Zuchthausstrafen, 20 Angeklagte werden freigesprochen.

Den Heiligenschein, den ihnen die Folklore später andichtete, haben Schinderhannes und Genossen mehreren Umständen zu verdanken: daß die Gegend links des Rheins und damit auch das Gericht zu Mainz, vor dem sie zur Rechenschaft gezogen wurden, seinerzeit französisch waren (ein von den Franzosen verurteilter Deutscher ist automatisch ein Märtyrer), daß Schinderhannes auf die Frauen einen guten Eindruck machte und daß er, als das Spiel verloren war, nicht die Schuld auf andere zu schieben suchte.

Lit.: H. Mathy: »Edler Räuber oder Krimineller? Legende und Wirklichkeit des Schinderhannes«, in: U. Schultz (Hrsg.): Große Prozesse – Recht und Gerechtigkeit in der Geschichte, München 1996; Erwin Schaaf: Festvortrag anläßlich der Vorstellung des Buches »Der Fluch der bösen Tat«, abgedruckt in: Der Prümer Landbote 1/1998.

Schlacht im Teutoburger Wald
Die Schlacht im Teutoburger Wald geschah im Teutoburger Wald

Die berühmte Schlacht im Teutoburger Wald hat sich mit hoher Wahrscheinlichkeit in der Kalkrieser Senke bei Bramsche nördlich Osnabrück ereignet, mehr als 100 km vom Hermannsdenkmal bei Detmold im Teutoburger Wald entfernt. Dort, am Fuß des Kalkrieser Berges, wo sich heute der Mittellandkanal und die Bundesstraße 218 drängen, hatten im Jahr 9 n. Chr. die Germanen unter Hermann dem Cherusker den Römern unter P. Quinctilius Varus einen Hinterhalt gelegt; auf einem nur 100 m breiten Wegstreifen zwischen Kalkrieser Berg und Hohem Moor gefangen, konnten die Römer ihre Legionen und Hilfstruppen nicht entfalten, ihre ansonsten überlegene Kampftaktik war hier nicht anzuwenden und der mehr als 10 km lange Heerwurm wurde in einem mehrtägigen Gemetzel von den zahlenmäßig unterlegenen Germanen völlig aufgerieben. »Während sich die Römer in einer derart verzweifelten Lage befanden, kreisten sie die Barbaren, die ja alle Schleichwege kannten und unvermutet selbst aus den dichtesten Wäldern hervorkamen, von allen Seiten zugleich ein«, berichtet der römische Historiker Cassius Dio. »Anfangs schossen sie nur von weitem, dann aber, als sich keiner wehrte und viele verwundet wurden, begannen sie den Nahkampf. Denn da die Römer nicht irgendwie geordnet, vielmehr mitten zwischen den Wagen und dem unbewaffneten Troß marschierten, sich auch nicht so leicht zusammenschließen konnten und so den immer wieder angreifenden Feinden jeweils an Zahl unterlegen waren, erlitten sie viele Verluste, ohne selbst dagegen irgend etwas auszurichten.«

Dieses Denkmal steht an der falschen Stelle

»Nichts war blutiger als dieses Gemetzel in Sümpfen und Wäldern, nichts war unerträglicher als der Hohn der Barbaren« (L. A. Florus).

Von diesen Ereignissen des Jahres 9 n. Chr. zeugen heute noch zahlreiche Knochenfunde, Münzen (alle mit Prägedatum vor 9 n. Chr.), Lanzenspitzen, Helme, Schwerter, Dolche, auch Schreibgeräte, Würfel, Waagen und Gewichte, die seit 1987 in der Kalkrieser Senke ausgegraben werden und die im »Informationszentrum Kalkriese, Archäologische Ausgrabungen« bei Bramsche besichtigt werden können (Bahnreisende können auch den als »Varus-Expreß« ausgeschilderten Bus ab Osnabrücker Hauptbahnhof benutzen).

Die Legende vom Teutoburger Wald als Tatort wurde per Ferndiagnose von römischen Historikern (Tacitus) und deutschen Dichtern in die Welt gesetzt, die das Desaster dahin verlegten, wo es ihrer

Meinung nach am besten hinpaßte: in eine Landschaft mit dichten Wäldern, hohen Bergen, tiefen Flüssen, so wie man sich eben in Rom das typische Germanien dachte:

In dem Teutoburger Walde,
Huh! Wie pfiff der Wind so kalte.
Raben flogen durch die Luft,
Und es war ein Moderduft,
Wie von Blut und Leichen,
Wie von Blut und Leichen.

dichtete J. V. Scheffel zur Enthüllung des Hermannsdenkmals 1875.

Plötzlich aus des Waldes Duster
Brachen krampfhaft die Cherusker.
Mit Gott für Fürst und Vaterland
Stürzten sie sich wutentbrannt
Auf die Legionen,
Auf die Legionen.

Und so noch über 15 Strophen.

Lit.: Wolfgang Schlüter: »Die Varus-Schlacht: Neue Erkenntnisse zur Örtlichkeit«, Spektrum der Wissenschaft 2/1992; Wolfgang Schlüter (Hrsg.): Kalkriese – Römer im Osnabrücker Land, Bramsche 1993; Stichwort »Varusschlacht« in: K. Fuchs und G. Raab (Hrsg.): dtv Wörterbuch zur Geschichte, 10. Auflage, München 1996; »Die Tatsache stimmt, der Tatort nicht«, Der Tagesspiegel, 12. 5. 1996; »Das Grab der Legionen«, Hannoversche Allgemeine Zeitung, 7. 9. 1996.

Schlaf
Der Mensch braucht pro Tag 8 Stunden Schlaf

Es gibt Menschen wie den Erfinder Edison, die mit 4 Stunden Schlaf pro Tag auskommen, andere brauchen 10 Stunden oder mehr. Dieses Schlafbedürfnis ist genetisch programmiert; wenig schlafen kann man nicht trainieren, und wer weniger schläft, als seinem »Typ« entspricht, muß dafür mit Gesundheitsschäden büßen (mehr zu schlafen ist dagegen ungefährlich).

Lit.: A. Borbély: Das Geheimnis des Schlafs, Stuttgart 1984; J. A. Hobson: Schlaf: Gehirnaktivitäten im Ruhestand, Heidelberg 1990; G. Hole und V. Faust: Der gestörte Schlaf und seine Behandlung, Ulm 1994.

Schlangen
Schlangen hypnotisieren ihre Opfer

Schlangen können sehr schlecht sehen; für mögliche Opfer ist es also eine gute Taktik, beim Nahen einer Schlange zu erstarren – sie werden leichter übersehen. Wenn also Ratten, Mäuse, Vögel oder Eidechsen vor Schlangen in Erstarrung fallen, dann nicht in einer Art Hypnose, sondern weil sie darin instinktiv ihre einzige Rettung sehen.

»In einem deutschen Zoo war ich Augenzeuge, wie fünf Klapperschlangen mit lebenden weißen Labor-Ratten gefüttert wurden«, schreibt Vitus B. Dröscher. »Diese überzüchteten, total degenerierten Nagetiere sahen in den Reptilien nicht mehr als sich bewegende Äste. Da konnten die Klapperschlangen so viel züngeln, starren und ›hypnotisieren‹, wie sie wollten, die Ratten kümmerten sich überhaupt nicht um sie und trippelten ihnen arglos über die Leiber und Köpfe. Einige begannen sogar, hinten den Klapperschwanz anzunagen. Sie starben alle, ohne sich im geringsten über die Gefahr im klaren gewesen zu sein, ohne Verrenkungen und ohne sich hypnotisieren zu lassen.«

Auf der anderen Seite, wenn sie glauben, es wäre eine Schlange, erstarren Tiere auch vor Gartenschläuchen. Vitus B. Dröscher: »Für den Amsterdamer Zoo waren im letzten Sommer drei Dutzend Frösche gefangen und in einem Terrarium ausgesetzt worden. Da nahm der Abteilungsleiter einen anderthalb Meter langen Gartenschlauch und schlängelte ihn mit einer Kohlenzange so über den Boden, daß der tote Gummi-Gegenstand wie eine Ringelnatter wirkte. Sofort erstarrten die eben noch munter umherhüpfenden Frösche zu ›Stein‹. Noch dramatischer verlief das Experiment, als der Zoologe denselben Gartenschlauch an einer Singvogel-Voliere außen emporschlängelte. Vor Schreck fielen die kleinen Vögel wie reife Äpfel vom Ast und blieben am Boden bewegungslos liegen.«

Lit.: Vitus B. Dröscher: Mit den Wölfen heulen, Düsseldorf 1978; Stichwort vorgeschlagen von Evelin Kroh.

Schlittschuhe

Man kann auf Schlittschuhen so prächtig gleiten, weil das Eis unter den Schlittschuhkufen durch den Druck unseres Körpers schmilzt (s.a. »Eis«)

So sagt eine populäre, aber falsche Theorie: Durch den Druck der Kufen käme das Eis zum Schmelzen, die Schlittschuhläufer glitten gleichsam auf einer dünnen und gleich wieder gefrierenden Wasserschicht dahin.

In Wahrheit ist die Theorie des Eislaufs etwas komplizierter. Es ist zwar richtig, daß das leichte Gleiten durch eine hauchdünne Wasserschicht ermöglicht wird, aber dieses Wasser entsteht durch Reibungswärme und durch Veränderungen in der Molekülstruktur der Eises, nicht durch Druck. Um die Schmelztemperatur um ein einziges Grad Celsius zu senken, bräuchte man einen Druck von mehr als 100 Atmosphären, und ein 75 Kilo schwerer Schlittschuhläufer mit 3 mm breiten und 20 cm langen Kufen erzeugt allenfalls einen Druck von 12 Atmosphären. Nicht einmal ein Elefant auf Schlittschuhen könnte durch den Kufendruck das Eis zum Schmelzen bringen.

Lit.: http://www.princeton.edu/lehmann/BadChemistry.html'Skating; Robert L. Wolke: Woher weiß die Seife, was der Schmutz ist? Kluge Antworten auf alltägliche Fragen, München 1998.

Schnaps

Ein Schnaps nach dem Essen fördert die Verdauung

Von diesem Irrtum leben ganze Industrien. Vermutlich kam er durch die Beobachtung zustande, daß man Fettflecken mit Alkohol entfernt; daher glauben viele, daß Alkohol auch ein fettes Essen verdünne und besser verdaulich mache. In Wahrheit aber verdünnt der Alkohol weniger das Fett im Essen als die Säuren in unserem Magen, die das Fett zerlegen; er ist also beim Verdauen keine Hilfe, sondern eher eine Bremse.

Schnee
Eskimos haben hundert Wörter für Schnee

Die Eskimos haben nur zwei Wörter für Schnee: »quanik« für Schnee, der liegt, und »aput« für Schnee, der fällt. Die übrigen Wörter sind Ableitungen dieser Stämme (so wie »Pulverschnee«, »Tiefschnee«, »Schneeregen«, »Schneewehe«, »Schneeflocke«, »Schneematsch« oder »Schneetreiben« alle vom gleichen deutschen Wortstamm »Schnee« abgeleitet sind) oder Übersetzungsfehler: Das Eskimowort »igluksak«, angeblich »Schnee zum Bauen eines Iglus«, ist eine einfache Zusammensetzung von »iglu« (= Haus) und »ksak« (= Material); es heißt also richtig »Material zum Bau eines Hauses« und kann außer Schnee auch Holz und Stein bedeuten (die meisten Eskimos leben in Holz- und Steinhäusern, nicht in Iglus, siehe auch das Stichwort »Iglu« in Band 1). Genauso heißt das Eskimowort »saumavag«, angeblich »schneebedeckt«, in Wahrheit einfach nur »bedeckt«, ob mit Sand, Kuhmist oder Schnee spielt dabei keine Rolle.

Inklusive aller Wörter, die irgendwie mit Schnee zu tun haben, kommt man in der Eskimosprache auf rund ein Dutzend unterschiedlicher Begriffe, ungefähr so viele wie im Deutschen.

Lit.: B. L. Wharf: Sprache–Denken–Wirklichkeit, Reinbek 1963; G. P. Pullum: »The great eskimo vocabulary hoax«, Natural Language and Linguistic Theory 1989 (deutsche Übersetzung in: Weltwoche, März 1996); G. A. Miller: Wörter – Streifzüge durch die Psycholinguistik, Heidelberg 1993; Stichwort vorgeschlagen von Regina Bolz und Ernst-Peter Fischer.

Schönes Wetter
Wenn man seinen Teller aufißt, gibt es morgen schönes Wetter

So hat man früher oft gehört: »Iß deinen Teller auf, dann gibt es morgen schönes Wetter«. Aber dieser Spruch entstand aus einem Mißverständnis: Wenn die Landkinder früher traurig-zögerlich die letzten Reste ihres guten Essens auf dem Teller hin- und herschoben, sagte die Mutter zuweilen: Eßt ruhig alles auf, morgen gibt es wieder etwas Schönes – morgen gibt es Schönes »wedder«. Das hat denn ein Besucher aus der Stadt ganz offensichtlich mißverstanden.

Stichwort vorgeschlagen von Kristina Brodersen und Otto F. Cords.

Schönheit

Schönheit liegt im Auge des Betrachters (s.a. »Durchschnitt« in Band 1)

Wahr ist: Was uns heute schön und schick erscheint, kommt unseren Enkeln morgen vielleicht seltsam vor. Die drei Grazien von Rubens, die Susanne im Bad von Tintoretto oder die Eva von Hans Holbein entzücken heute nur noch wenige Betrachter, und wer in São Paulo oder Singapur als schön und stattlich gilt, muß nicht notwendig auch in München oder Hamburg als Adonis oder Aphrodite Aufsehen erregen.

Wahr ist aber auch, daß jenseits von Zeitgeschmack und Mode gewisse Invarianten existieren, Eigenschaften, die einen Menschen quer durch Raum und Zeit als attraktiv erscheinen lassen. Und moderne Schönheitsforscher glauben auch zu wissen, was das ist: die Symmetrie. Symmetrische Gesichtszüge bzw. ganz allgemein ein symmetrischer Körperbau erscheinen uns attraktiv, wir halten das für schön, und zwar in allen Epochen und Kulturen unseres Planeten gleichermaßen.

Der Grund liegt aber eher in der Genetik denn in der Ästhetik. Wir finden symmetrische Körper schön, nicht weil diese Eigenschaften aus sich selbst heraus entzückten, sondern weil unsere Gene das so wollen, weil unsere Vorfahren im Urwald sich vorzugsweise solche Partner suchten, die das Überleben der Familie und der Kinder besser als andere garantieren konnten. Und weil ein symmetrischer Körperbau für einen Urwaldaffen ein guter Indikator für die Fähigkeit zum Überleben war (Symmetrie korreliert positiv mit körperlicher Geschicklichkeit), haben vorzugsweise solche Affen überlebt, die Symmetrie im Körperbau zu schätzen wußten.

Lit.: D. Perrett et al.: »Facial shape and judgements of female attractiveness«, Nature 368, 1994, S. 239–242; K. Grammer und R. Thornhill: »Human facial attractiveness and sexual selection: the roles of avergaeness and symmetry«, Journal of Comparative Psychology 108, 1994, S. 233–242; http://evolution.humb.univie.ac.at/institutes/urbanethology/beauty/beauty.html; Stichwort vorgeschlagen von Percy A. Rohde.

Schrift
Die erste Schrift entstand aus Kultsymbolen

Vor etwa 5000 Jahren begannen die Menschen, Worte und Zahlen mittels Zeichen festzuhalten – Schriften zu erfinden. Ob die Sumerer mit ihrer Keilschrift oder die Ägypter mit ihren Hieroglyphen dabei die ersten waren, ist zur Zeit noch nicht entschieden. Entschieden ist aber, daß in beiden Fällen die jeweils ersten überlieferten Schriftzeichen nicht göttlichen, sondern kommerziellen Zwecken dienten: »von Simon erhalten: sieben Sack Getreide« und so ähnlich ist auf alten Scherben eingeritzt zu lesen.

Lit.: H. Haarmann: Universalgeschichte der Schrift, Frankfurt a. M. 1990; »Ökonomie war Geburtshelfer der Schrift«, Antike Welt 5/1995, S. 484; Stichwort vorgeschlagen von Elke Sunder.

Schule
Es gibt ein republikweit homogenes deutsches Schulsystem

Das glaubt seit langem keiner mehr, aber jetzt ist es sozusagen amtlich: Die »Third International Mathematics and Science Study« (TIMSS) hat neben einem im internationalen Vergleich eher durchschnittlichen Abschneiden deutscher Schüler auch große regionale Unterschiede festgestellt. Zum Beispiel hinken Schüler der 8. Klasse in Nordrhein-Westfalen mit ihren Leistungen den gleichaltrigen Schülern aus Bayern rund anderthalb Jahre hinterher. Und wie viele Hochschullehrer aus langer Lehrerfahrung wissen, erlaubt nichts eine so gute Prognose über das Bestehen von Anfänger-Klausuren wie die Kenntnis des Bundeslandes, in dem das Abitur erworben wurde: Die Studierenden aus länger Rot-Grün-regierten Ländern fallen durch, die aus den anderen bestehen die Klausuren.

Lit.: Jürgen Baumert und Rainer Lehmann: TIMSS – Mathematisch-naturwissenschaftlicher Unterricht im internationalen Vergleich, Leverkusen 1997.

Schwaches Geschlecht
Bei den meisten Tieren sind die Weibchen schwächer als die Männchen

Bei drei Viertel aller heute bekannten Spezies – den Insekten – sind die Weibchen stärker als die Männchen; von wenigen Ausnahmen abgesehen (etwa Libellen) sind sie den Männern kräftemäßig überlegen.

Besonders ausgeprägt ist die weibliche Überlegenheit bei den Spinnen. Weibliche Spinnen sind in der Regel um die Hälfte, bei gewissen Arten sogar um das Vierfache größer als die Männchen.

Lit.: M. Gordon: »Little and large – why do most female spider dwarf their mates?«, New Scientist, 28. 6. 1997.

Schwarzarbeit
Schwarzarbeiter sind ein Schaden für Wirtschaft und Gesellschaft

Die Schattenwirtschaft – die Produktion von Waren und Dienstleistungen am Markt und am Finanzamt vorbei, sei es legal durch Heimwerkerei oder illegal durch Schwarzarbeit – schadet unserer »offiziellen« Wirtschaft weit weniger, als viele glauben; vermutlich ist sie netto gar ein Segen.

Bei der legalen Do-it-yourself-Bewegung ist das auch leicht einzusehen – sie nimmt ja nicht nur dem Handwerk Arbeitsplätze weg, sie schafft auch Arbeitsplätze (in den Baumärkten und deren Zulieferbetrieben). Daß aber selbst ein großer Teil der illegalen Schwarzarbeit rein ökonomisch eher positv zu werten ist, wie viele Ökonomen meinen, wird manche überraschen. Denn ein großer Teil dieser Schwarzarbeit tritt ja nicht anstelle, sondern *zusätzlich* zur »offiziellen« Arbeit auf den Plan - würden diese Arbeiten nicht schwarz erledigt, dann fänden sie überhaupt nicht statt. So heißt etwa die Frage für viele weniger betuchte Bauherrn nicht: »baue ich schwarz oder legal?«, sondern: »baue ich schwarz oder baue ich überhaupt nicht?« und deshalb ist der schwarze Arbeitsmarkt in Deutschland auch kein Grund zur Panik, sondern ein eher beruhigendes Zeichen dafür, daß die Marktwirtschaft zumindest hier noch funktioniert.

Lit.: C. Werner: Die Beschäftigungswirkungen der Schattenwirtschaft, Pfaffenweiler 1990; J. Merz: »Schattenwirtschaft und Arbeitsplatzschaffung«, in: D. Sadowski und K. Pull (Hrsg.): Vorschläge jenseits der Lohnpolitik, Frankfurt a. M. 1997; F. Schneider: »Stellt das starke Anwachsen der Schwarzarbeit (des Pfuschs) eine finanz- und staatspolitische Herausforderung dar? Einige Gedanken aus volkswirtschaftlicher Sicht«, Unveröff. Manuskript, Universität Linz, September 1997.

Schweinefleisch
Araber und Juden essen seit jeher ungern Schweinefleisch

Vor 5000 Jahren gab es im Nahen Osten große Schweineherden, es wurde allenthalben fleißig Schweinefleisch gegessen. Dann verschwanden rund um das Mittelmeer die großen Wälder (zum Schiffebauen abgeholzt) und damit auch die Lebensräume für die Schweine. Außerdem konkurrierten die Schweine jetzt mit Menschen um das knapp gewordene Wasser, deshalb wurde in Mesopotamien und Ägypten das Aufziehen von Schweinen kurzerhand verboten. Aber nicht, wie viele glauben, aus gesundheitlichen oder religiösen, sondern aus handfesten wirtschaftlichen Gründen.

Lit.: Brockhaus – Wie es nicht im Lexikon steht, Mannheim 1996.

Schweiß 1
Durchtrainierte Menschen schwitzen weniger als weniger trainierte

Wahr ist, daß durchtrainierte Menschen, wenn sie sich körperlich anstrengen, zunächst weniger schwitzen – der Körper ist Belastungen gewohnt, erhitzt sich daher nicht so schnell und hat deshalb auch weniger Bedarf an Schweiß zum Kühlen. Aber die allgemeine, durch die Schweißverdunstung bewirkte Hitzeregulierung unseres Körpers ist genetisch programmiert und vom Trainingszustand unabhängig. Je mehr wir uns erhitzen, desto heftiger werden wir auch im allgemeinen schwitzen, und zwar Leistungssportler wie Couchtomaten gleichermaßen.

Lit.: Werner Gehrig: Handbuch der Zoologie, Stuttgart 1990.

Schweiß 2
Schweiß riecht (s. a. »Deodorant«)

Frischer Schweiß riecht nicht. Erst Bakterien erzeugen den typischen Schweißgeruch; da sie erst bei höheren Temperaturen gedeihen, entwickelt ein Glas frischen Schweißes im Kühlschrank keinerlei Gerüche.

Lit.: Werner Gehrig: Handbuch der Zoologie, Stuttgart 1990.

Schwerter zu Pflugscharen
Die Bibel fordert zur Umwandlung von Schwertern in Pflugscharen auf

Neben dem bekannten Appell zur Umwandlung von Schwertern in Pflugscharen gibt es in der Bibel auch die umgekehrte Mahnung: »Machet aus euren Pflugscharen Schwerter und aus euren Sicheln Spieße; der Schwache spreche: ich bin stark.« (Joel 4,10).

Stichwort vorgeschlagen von H. Bandemer.

Schwestern
Die Männer haben mehr Schwestern als die Frauen

Auf die Frage »Wie viele Brüder und Schwestern haben Sie?« glauben Männer, sie hätten insgesamt mehr Schwestern, und Frauen, sie hätten insgesamt mehr Brüder. Aber wenn man dann nachzählt, haben die Männer im Durchschnitt genauso viele Schwestern wie die Frauen, und die Frauen haben im Durchschnitt genauso viele Brüder wie die Männer.

Bleiben wir bei Brüdern. Viele Menschen überlegen hier wie folgt: »Ein Mann kann nicht sein eigener Bruder sein, also können die Frauen in einer gegebenen Menge von Menschen ihre Brüder aus einer größeren Menge schöpfen als die Männer, ergo haben die Frauen mehr Brüder als die Männer.«

Das ist aber falsch. Wenn Jungen- wie Mädchengeburten gleich wahrscheinlich und unabhängig voneinander sind, ist in einer Familie mit einem Kind ein eventuelles zweites Kind mit der gleichen

Wahrscheinlichkeit ein Junge wie ein Mädchen, und zwar unabhängig vom Geschlecht des ersten Kindes. Dann sind die folgenden Typen von Zwei-Kind-Familien alle gleich wahrscheinlich und kommen daher auch mit den gleichen relativen Häufigkeiten im wahren Leben vor:

(Junge, Junge), (Junge, Mädchen), (Mädchen, Junge),
(Mädchen, Mädchen)

Und wie wir sehen, hat sowohl die Hälfte aller Jungen (nämlich alle Jungen aus Familien mit zwei Jungen) wie auch die Hälfte aller Mädchen (nämlich alle Mädchen aus gemischten Familien) genau einen Bruder, und die restlichen Jungen und Mädchen haben überhaupt keinen – bei der Zahl der Brüder gibt es also keine Unterschiede.

Das gleiche Argument gilt auch für Familien mit drei Kindern. Wenn wir ein bestimmtes Kind auswählen, kommen für die beiden übrigen Geschwister die oben aufgeführten Muster in Frage, alle mit der gleichen Wahrscheinlichkeit. Mit anderen Worten, das ausgewählte Kind, ob Junge oder Mädchen, hat mit 1/4 Wahrscheinlichkeit zwei Brüder, mit 1/2Wahrscheinlichkeit einen Bruder und mit 1/4 Wahrscheinlichkeit keinen Bruder. Auch hier ist also die Anzahl der Brüder für Jungen wie für Mädchen gleich.

Und was für Familien mit zwei oder drei Kindern gilt, gilt für größere Familien ebenso: Greifen wir ein bestimmtes Kind heraus, so sind Jungen und Mädchen unter deren Geschwistern im Durchschnitt mit der gleichen Häufigkeit vertreten.

Lit.: R. Falk: »Haben Männer mehr Schwestern als Frauen?«, Stochastik in der Schule 1/1983, S. 21–23; W. Krämer: Denkste! Trugschlüsse aus der Welt des Zufalls und der Zahlen, Frankfurt a. M. 1995.

Scotland Yard 1
»Scotland Yard« war einstmals eine Polizeiadresse

Die als »Scotland Yard« bekannte englische Polizeibehörde hatte ihre Dienstgebäude an den verschiedensten Stellen Londons, aber nie am Scotland Yard. Als die von Robert Peel gegründete »Metropolitan Police Force« im Jahr 1829 ihre Tätigkeit begann, residierte sie in Whitehall Place; im Jahr 1890 übersiedelte sie in das Victoria

Embankment, und seit 1967 ist sie als »New Scotland Yard« unter der Adresse Broadway S.W.1 zu finden.

Mit »Scotland Yard« meinte man im alten London das Grundstück neben dem Westminster Palast, das den Königen von Schottland, die den Engländern zu Tribut verpflichtet waren, während ihrer Pflichtbesuche zur freien Verfügung und Bebauung zugewiesen wurde. Als dann die Könige von England in Personalunion auch Könige von Schottland wurden und man diese Nutzung nicht mehr brauchte, fanden in den Gebäuden des »Scotland Yard« verschiedene Regierungsämter eine neue Heimat, nie jedoch die Polizei.

Lit.: http://www.open.gov.uk/police/mps/history/mishist3.htm.

Scotland Yard 2
Scotland Yard hat erstmals Verbrechen mittels Fingerabdruck aufgeklärt

Fingerabdrücke zur Überführung von Verbrechern wurden erstmals im argentinischen La Plata eingesetzt: Dort wurde 1892 ein Doppelmord mit Hilfe eines Fingerabdrucks aufgeklärt. Von Scotland Yard stammt allein die Klassifikation der Fingerabdrücke nach dem sogenannten Galton-Henry-Verfahren; damit wurde das routinemäßige Vergleichen eines gegebenen Abdrucks mit Tausenden von anderen überhaupt erst praktikabel.

Lit.: Brockhaus – Wie es nicht im Lexikon steht, Mannheim 1996.

Segeln
Man kann nicht schneller segeln als der Wind

Doch, man kann; spezielle Hochgeschwindigkeitssegler wie Katamarane oder Trimarane können schneller segeln als der Wind; Eisyachten, die den Widerstand des Wassers nicht zu überwinden haben, segeln sogar bis zu viermal schneller.

Das folgende Diagramm, nach Erik von Holst (1925), zeigt, wie das funktioniert: Wenn wir den Luft- und Reibungswiderstand einmal ignorieren, legt, wenn der Wind die Strecke a durchmißt, das Boot die Strecke b zurück:

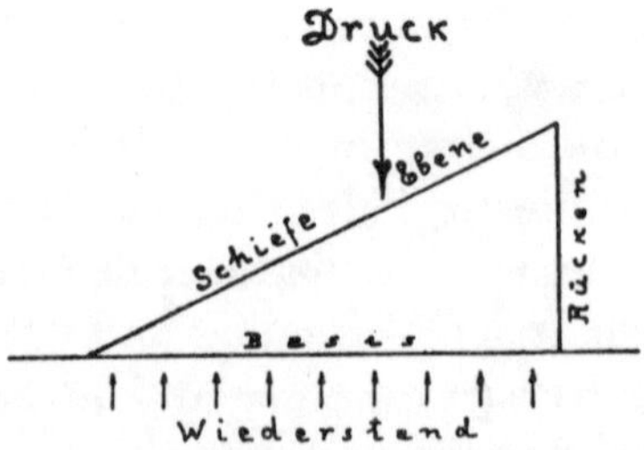

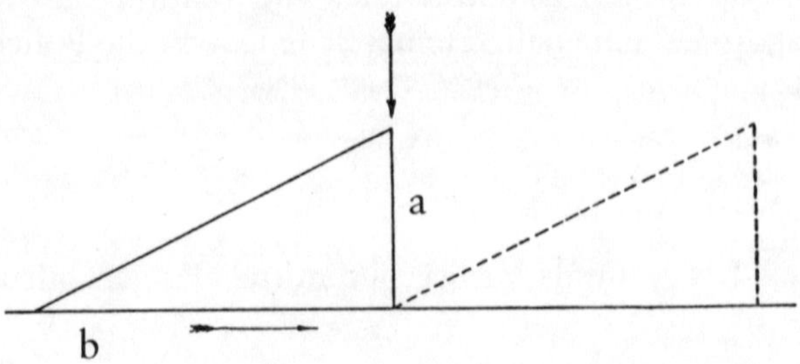

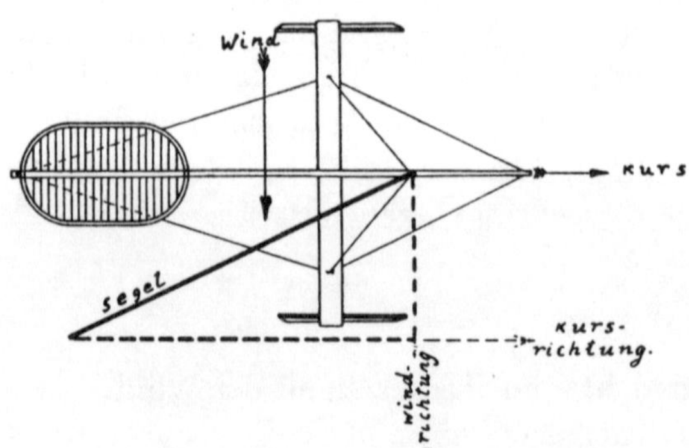

Plan Eissegler

Lit.: A. Murchall-Viebrook: Seglers Handbuch, Berlin 1889; Erik von Holst: Die Eisyacht, Berlin 1925; C. A. Marchaj: Aerodynamik und Hydrodynamik des Segelns, Bielefeld 1982; Christoph Drösser: »Stimmt's? Segelboote sind schneller als der Wind«, Die Zeit, 10. 10. 1997; Stichwort vorgeschlagen von Ulli Kuntze.

Selbstmord
Selbstmord ist bei Armen häufiger als bei Reichen

Dieses Vorurteil konnte in mehreren Studien zu Selbstmord und sozialem Status nicht bestätigt werden. Zwar variiert die Selbstmordrate sehr von Land zu Land und innerhalb von Ländern (im Norden Frankreichs etwa ist sie weitaus höher als im Süden), auch wird sie bestimmt von Variablen wie Gesundheit, Alter, Religion, Beruf, Geschlecht und Familienstand, aber bei sonst gleichen sonstigen Variablen scheint das Einkommen die Selbstmordneigung eher unberührt zu lassen.

Lit.: W. Schöny und A. Grausgruber: »Epidemiological data on suicide in upper Austria 1977–1984«, Crisis 8, 1997; H.-L. Chuang und W.-C. Huang: »Suicide rates in Taiwan«, American Journal of Economics and Sociology 55, 1996.

Sibirischer Tiger
Der Sibirische Tiger lebt in Sibirien

Abgesehen davon, daß die meisten Sibirischen Tiger heute in europäischen und amerikanischen Zoogehegen leben – auch die wenigen noch in freier Wildbahn verbliebenen Exemplare leben nicht in Sibirien und haben nie in Sibirien gelebt. Ihre Heimat ist das Flußgebiet von Amur und Ussuri in der Grenzregion zwischen Nordchina und Rußland.

Stichwort vorgeschlagen von Michael Schmidt.

Sicherheit
Sichere Autos oder Straßen machen das Autofahren sicherer (s.a. »Sicherheitsgurte« in Band 1)

Sichere Autos oder Straßen machen das Autofahren gefährlicher; in den USA z. B. hat man den ursprünglichen Bonus für PKWs mit ABS inzwischen wieder abgeschafft: ABS-bestückte Autos verursachen nicht weniger Unfälle als Autos ohne ABS, sondern mehr.

Die Ursache ist die gleiche, die auch Sicherheitsgurte oder Airbags nicht zu den uneingeschränkten Wohltaten werden läßt, als die sie ihre Erfinder zweifellos erfunden hatten: Die ureigene und nicht zu ändernde Angewohnheit fast aller Menschen, ihr Verhalten an die äußeren Gegebenheiten anzupassen, das Verhalten abzuändern, wenn die Umstände sich ändern. Genauso wie wir ein rohes Ei anders anfassen als ein hartgekochtes, fahren wir in einem Daimler Benz mit ABS und Airbag anders als in einem 2CV (und zwar auch abseits aller Pferdestärken weit riskanter); je sicherer wir uns fühlen, desto riskanter wird das Verhalten. »Sicherheit verlockt zum Risiko« (v. Cube).

Diese These wird durch zahlreiche Indizien bestätigt. In den USA z. B. hatten verschiedene Bundesstaaten Anfang der 70er Jahre die Helmpflicht für Motorradfahrer abgeschafft. Ergebnis: die Unfallzahlen nahmen ab. (siehe Adams, S. 149). Genauso bei den Autofahrern: Je größer und »sicherer« das Fahrzeug, desto häufiger wird es in Unfälle verwickelt. Nach amerikanischen Statistiken verursachen Fahrer von Luxuslimousinen (1800 kg) rund 50 Prozent mehr Unfälle als Fahrer von Kleinwagen (900 kg). In Schweden hat man festgestellt, daß Fahrzeuge mit Spikes-Reifen erheblich schneller durch riskante Kurven fahren als Autos ohne Spikes, und selbst die vielgelobten Sicherheitsgurte sind lange nicht so sicher, wie die Zwangsbeglücker in unseren Verkehrsbehörden gerne glauben. Nach Adams (1995) sind die in den 70er Jahren in vielen Ländern gesunkenen tödlichen Verkehrsunfälle vor allem eine Folge der Ölkrise und einer sparsameren Fahrweise der Automobilisten, nicht der vielerorts eingeführten Sicherheitsgurte; durch diese hätte, für sich allein gesehen, die Sicherheit sogar netto abgenommen (vor allem für die Radfahrer und Fußgänger, die seit der Einführung der Sicherheitsgurte immer häufiger zu Opfern schneller Autos werden). Wie der folgende »Letter to the Times« von 1908 beweist, galt diese Gleichung »Sicher = Unsicher« auch schon vor 90 Jahren:

> Bevor Ihre Leser vielleicht auf den Gedanken kommen, so wie vom Sekretär des Automobilklubs vorgeschlagen ihre Hecken kurzzuschneiden, sollten sie vielleicht die Erfahrungen bedenken, die ich mit dieser Sache hatte.
>
> Vor vier Jahren habe ich meine 30 Yards vor einer gefährlichen Kreuzung gelegene Hecke auf 4 Fuß heruntergeschnitten. Es gab zwei Konsequenzen: Im nächsten Sommer war mein ganzer Garten voll von durch Autos aufgewirbeltem Staub, und die Ge-

schwindigkeit der Autos nahm beträchtlich zu. Wenn die Polizei die Raser anhielt, sagten diese: Man kann hier problemlos etwas schneller fahren, die Kreuzung ist so übersichtlich. Das war mir eine Lehre. Jetzt lasse ich die Hecke wieder wachsen ...
Hochachtungsvoll, Willoughby Werner.

Lit.: W. Werner: »Letter to the times«, Times, 13. 7. 1908; K. Rumar u. a.: »Driver reaction to a technical safety measure – studded tyres«, Human Factors 18, 1976, S. 443–454; Felix von Cube: Gefährliche Sicherheit, München 1990; John Adams: Risk, London 1995.

Siebenschläfer
»Regnet es am Siebenschläfertag, es noch sieben Wochen regnen mag« (s.a. »Frühling«, »Januar« und »Martinstag«)

An dieser Bauernregel ist weniger die Regel als das Datum (27. Juni) falsch. Vor der Einführung des Gregorianischen Kalenders war der Siebenschläfertag am 5. Juli, und wie Metereologen herausgefunden haben, kann man aus dem Wetter Anfang Juli in der Tat recht gut auf das der nächsten sieben Wochen schließen.

Lit.: F. Baur: Physikalisch-statistische Regeln als Grundlage für Wetter- und Witterungsvorhersage, Frankfurt a. M. 1956; Stichwort vorgeschlagen von Heidi Caspari.

Signifikant
»Signifikant« bedeutet richtig oder wichtig

In der mathematischen Statistik heißen Beobachtungen oder Daten »signifikant«, wenn sie einer Hypothese so sehr widersprechen, daß diese Abweichung nicht mehr nur durch den Zufall zu erklären ist. Mit anderen Worten, es muß eine systematische Begründung geben.

Mit der sachlichen Bedeutung hat das aber nur sehr indirekt zu tun. Beispiel: Ein neues Medikament wird an hundert Probanden getestet, sechzig davon geht es nachher besser. In einer mit einem Placebo behandelten gleich großen Kontrollgruppe geht es nur fünfzig Personen besser. Wirkt das Medikament nun wirklich besser als der Placebo, oder ist dieser Vorsprung nur ein Zufall?

Dazu unterstellt man hypothetisch, das Medikament wirke wirklich wie ein Placebo – würde also im Durchschnitt bei der Hälfte der Kranken eine Besserung bewirken und bei der anderen Hälfte nicht.

Unter dieser Annahme berechnet man dann die Wahrscheinlichkeit, daß sechzig oder mehr von hundert Kranken nur durch Zufall eine Besserung erfahren. Und wenn diese Wahrscheinlichkeit einen bestimmten Grenzwert unterschreitet – traditionell fünf Prozent –, schließt man den Zufall als Alleinursache aus und verwirft so die Placebo-Hypothese.

Dieser Grenzwert von fünf Prozent, den diese Fehlerwahrscheinlichkeit nicht unterschreiten darf, heißt auch »Irrtumswahrscheinlichkeit« oder »Signifikanzniveau« des Tests. Er sagt: »Wenn die Ausgangshypothese zutrifft, wird sie mit einer Wahrscheinlichkeit von maximal fünf Prozent dennoch verworfen.«

Diese Prozedur ist heute Standard quer durch alle Wissenschaften und eine konstante Quelle von Irrtümern und Konfusionen. Denn selbst vielen Wissenschaftlern ist nicht klar, daß »signifikant« nur heißt, daß ein bestimmtes Ergebnis unter der Ausgangshypothese sehr unwahrscheinlich ist. Ob diese Ausgangshypothese falsch ist oder nicht, ob sie eklatant verletzt ist oder nur ein wenig, oder ob die Abweichung von der Ausgangshypothese in irgendeiner Weise praktisch von Bedeutung ist, dazu sagt eine signifikante Statistik für sich allein genommen überhaupt nichts aus. So hängt etwa die Signifikanz einer gegebenen Abweichung von der Ausgangshypothese sehr von der Datenmenge ab. In unserem Medikament-Placebo-Beispiel etwa braucht man bei zehn Patienten eine Erfolgsquote von 80%, bei hundert Patienten eine Erfolgsquote von 58%, bei tausend Patienten eine Erfolgsquote von 52,6% und bei zehntausend Patienten nur noch eine Erfolgsquote von 50,8% für ein »signifikantes« Resultat. Mit anderen Worten, bei großen Stichproben sind selbst kleinste Abweichungen von der Ausgangshypothese schon »signifikant«, bei kleinen Stichproben dagegen kann man selbst grobe Verletzungen der Ausgangshypothese noch dem Zufall in die Schuhe schieben.

Deshalb ist signifikant auch etwas anderes als wichtig. Wenn das neue Medikament den Heilerfolg von 50% auf 51% erhöht, so kann man das wohl kaum als Sensation bezeichnen. Aber in einer hinreichend großen Stichprobe wird die Verbesserung trotzdem »signifikant«, und das hat manchmal recht groteske Konsequenzen. Nehmen wir eine Firma, die angeblich Frauen (oder Männer, Ausländer, Inländer, Behinderte, Gesunde ...) diskriminiert. Die Firma wird verklagt. Jetzt nehmen vor allem amerikanische Gerichte oft die obige Signifikanzrhetorik auf und verurteilen große Firmen schon bei minimalen Abweichungen von der Norm als »signifikante« Diskriminierer, während Kleinbetriebe diskriminieren können, wie sie wollen – es ist alles nicht »signifikant«.

Lit.: Heinz Sahner: »Veröffentlichte empirische Sozialforschung: eine Kumulation von Artefakten?«, Zeitschrift für Soziologie 1979; A. K. Dewdney: 200% of nothing, New York 1993 (interessanterweise wurde in der deutschen Übersetzung der Abschnitt über Manipulation bei der »signifikanten« Gefährdung durch Atomkraftwerke weggelassen); W. Krämer: Denkste! Trugschlüsse aus der Welt des Zufalls und der Zahlen, Frankfurt a. M. 1995; W. Krämer: So lügt man mit Statistik, 7. Auflage, Frankfurt a. M. 1997.

Sintflut
Die Sintflut ist ein biblisches Gleichnis ohne reales Gegenstück

Auch wenn es die globale Sintflut, die wir aus der Bibel kennen, nie gegeben hat: ganz ohne reales Vorbild sind die Sinflutsagen (außer in der Bibel auch in vielen anderen antiken Texten) dennoch nicht gewesen. Nach neueren Forschungen könnten dabei aber nicht wie bisher meistens angenommen örtliche Überschwemmungen in Mesopotamien der Auslöser gewesen sein, sondern weit gewaltigere, tatsächlich »sintflutartige« Katastrophen weiter nördlich: Vor 7500 Jahren sind rund 100.000 Quadratkilometer fruchtbaren Ackerlandes rund um das Schwarze Meer im Meer versunken, der Wasserspiegel stieg in einem Jahr um 150 Meter. Das Schwarze Meer, bis dato ein Binnensee, hatte sich plötzlich über den Bosporus mit Wasser aus dem Mittelmeer gefüllt, eine Flut von nie gekannten Dimensionen brach über die unglücklichen Anrainer herein, Ländereien von der Größe ganzer deutscher Bundesländer standen plötzlich unter Wasser.

Die Überlebenden dieser Katastrophe verteilten sich auf andere Regionen Vorderasiens und brachten so die Geschichte von der Sintflut auch zu den Autoren unserer Bibel.

Lit.: Stichwort »Sintflut« in der Brockhaus Enzyklopädie, Wiesbaden 1990; »Geologen rekonstruieren die Sintflut«, Der Spiegel 1/1997.

Snob
Ein Snob ist ein neureicher, konformistischer Angeber

Im Englischen meint man mit »Snob« einen eher altreichen, nonkonformistischen Exzentriker, der sich wenig um die Meinung seiner Umwelt schert und deshalb auch nicht angibt, »einer, der gleichsam toujours à rebours mit weißem Seidenschal und im Abendanzug am Meeresstrand sitzt und nebeneinander Hegels ›Phänomenologie‹ und den Playboy liest« (Henscheid u. a.).

Aber auch diese Bedeutung ist historisch inkorrekt. Ursprünglich meinte »Snob« genau das Gegenteil: »a person belonging to the lower classes of society, one having no pretentions to rank or quality«. Das Wort entstand in Oxford und Cambridge, als die neu eingeschriebenen Studenten ihren Adelstitel anzugeben hatten; solche ohne Titel schrieben »sine nobilitate«, oder kurz nur »s.nob«.

Lit.: P. Horstrup: »Zur Entstehung einer etymologischen Legende«, Zeitschrift für deutsche Wortforschung 1963; Eckhard Henscheid, Gerhard Henschel und Brigitte Kronauer: Kulturgeschichte der Mißverständnisse, Stuttgart 1997.

Sonnenblumen 1
Sonnenblumen drehen ihre Blüten nach der Sonne

Sonnenblumen blicken stur nach Osten; nur solange die Knospen noch nicht aufgebrochen sind, folgen sie der Sonne. Steht die Pflanze aber voll in Blüte, machen die »tournesols« (französisch: Sonnendreher) ihrem Namen keine Ehre, ihre Blüten blicken dann konstant stets in die gleiche Richtung.

Lit.: J. F. Carter: Sunflower science and technology, Madison 1978; Stichwort vorgeschlagen von H. van Maanen.

Sonnenblumen 2
Sonnenblumen sind Blumen

Sonnenblumen sind sogenannte Korbblütler, sie haben keine »Blüten« wie die der Rosen, Tulpen, Veilchen oder Nelken, sie haben einen ganzen Kranz von Blüten, alle eigenständig, die auf dem sogenannten Blütenboden, einer Art Scheibe am Stengelende, sitzen.

Meint man also mit »Blume« eine Blüte, so sind solche Korbblütler – neben Sonnenblumen auch Margeriten, Chrysanthemen oder Astern – keine Blumen, sondern Blumensträuße.

Lit.: Stichworte »Flower« und »Composite Flowers« in der MS Microsoft Enzyklopädie Encarta, 1994.

Sonnenbrand
Im Schatten kann man keinen Sonnenbrand bekommen

Doch, man kann. An hellen Sonnentagen kann das ultraviolette Licht, das sich im Sand und auf dem Wasser spiegelt, durchaus einen Sonnenbrand auch dann erzeugen, wenn wir nie den Schatten unseres Sonnenschirms verlassen.

Lit.: Carol Ann Rinzler: Feed a cold, starve a fever – A dictionary of medical folklore, New York 1991.

Spinnen 1
Die Schwarze Witwe ist die giftigste Spinne, die es gibt

Die berüchtigte Schwarze Witwe (Latrodectus mactans) kann mit dem Nervengift aus ihren Drüsen einen Menschen töten. In »Grzimeks Tierleben« wird sie deshalb neben einer südamerikanischen Kammspinne (Gattung Phoneutria) und einer Spinne der Gattung Loxosceles zu den wenigen Spinnen gerechnet, vor denen wir Menschen uns zu fürchten hätten.

Die gefährlichste Spinne von allen, den Sidney Funnel Web (Atrax robustus), hat Grzimek aber übersehen. Ausschließlich in der Gegend von Sydney in Australien lebend, attackiert der Sidney Funnel Web anders als die Schwarze Witwe auch ohne provoziert zu werden

Menschen oder Tiere, und anders als die Schwarze Witwe, deren Biß die meisten Opfer, wenn auch unter großen Schmerzen, überleben, war ihr Biß bis zur Entwicklung eines Antiserums in den 80er Jahren für die meisten Menschen tödlich.

Lit.: Grzimeks Tierleben, Bd. 1, Stuttgart 1971; T. Maguire: »Meanest spider alive«, Reader's Digest 1991.

Spinnen 2
Spinne am Morgen bringt Kummer und Sorgen

Dieser Kinderreim hat mit Spinnentieren nichts zu tun. Gemeint ist die Tätigkeit des Spinnens: Nur die armen Leute fingen früher schon frühmorgens an zu spinnen.

Stichwort vorgeschlagen von Ingrid Leßmann.

Spinnen 3
Spinnweben sind eher zarte Konstruktionen

Spinnweben sind stärker als jede andere Naturfaser, die wir kennen; ihre Reißfestigkeit – das Verhältnis der zum Zerreißen nötigen Kraft zum Fadenquerschnitt – ist höher als bei Stahl.

Stichwort vorgeschlagen von Werner Helbig.

Squaw
»Squaw« heißt auf indianisch »Indianerfrau«

»Squaw« meint in der Indianer-Umgangssprache die weiblichen Genitalien; viele Indianer fühlen sich daher durch dieses Wort beleidigt, sie sehen darin einen Ausdruck von Rassismus. Im amerikanischen Bundesstaat Minnesota mußten deshalb schon Gemeinden ihren Namen ändern, und auch in Kalifornien, Heimat des berühmten »Squaw Valley«, kämpfen Indianer für die Umbenennung solcher Orte.

Lit.: Das Deutsche Wörterbuch, München 1985; »Gegen Squaws auf der Landkarte«, Hessisch/Niedersächsische Allgemeine, 17. 5. 1997; Stichwort vorgeschlagen von Alfredo Grünberg.

Statistik
Churchill sagte: »Ich glaube keiner Statistik, die ich nicht selbst gefälscht habe«

Dieser wohl am häufigsten zitierte Ausspruch Winston Churchills ist eine Erfindung von Joseph Goebbels. Anders als viele Menschen wegen des obigen Falsch-Zitates heute glauben, hatte Churchill immer den größten Respekt vor der Statistik; er handelte wenn immer möglich gern aufgrund von Fakten (»You must look at facts because they look at you«), er hatte stets auch Statistiker unter seinen engeren Beratern.

In verschiedenen »Anweisungen an die deutsche Presse« aus den Jahren 1940/41 legt Goebbels dem englischen Premierminister die obigen Worte mehrfach in den Mund (während in England selbst kein einziges Zeugnis dafür nachgewiesen ist). Vermutlich wollte Goebbels den Kriegsgegner damit als notorischen Lügner darstellen, dem nichts zu glauben wäre, und diese wahre Quelle des Zitates wurde später dann vergessen.

Lit.: Statistisches Landesamt Baden-Württemberg: Ich glaube nur der Statistik ... Was Winston Churchill über die Zahlen und die Statistik wirklich sagte, Stuttgart 1996.

Steaks
Durch das scharfe Anbraten bleibt ein Steak innen saftig

Auch wenn im »Larousse gastronomique« zu lesen ist, das scharfe Anbraten von Fleisch erzeuge eine dichte Kruste, die Nährstoffe und Saft beschütze, so ist diese Kruste durchaus durchlässig und verhindert keinesfalls, wie viele glauben, das Austreten von Bratensäften.

Dieser Mythos geht vermutlich auf Justus von Liebig zurück. Dieser hatte Mitte des 19. Jahrhunderts entdeckt, daß die Proteine der Fleischoberfläche bei großer Hitze gerinnen, und er glaubte, diese Kruste schlösse den Saft des Fleisches ein. Diese nie bewiesene These setzte sich rasch durch und gelangte auch nach England, Amerika und sogar in die Welt-Gourmet-Zentrale Frankreich, »wo sie noch heute die Köpfe verwirrt« (This-Benckhard).

Daß Liebig Unrecht hat und daß die Anbratkruste den Fleischsaft nicht einschließt, verrät schon das typische Zischen während des Bratens – es zeigt, daß eine Flüssigkeit verdunstet. Und nach dem Braten sieht man unter dem Steak auf der Servierplatte oft kleine Saftlachen entstehen, auch diese sind mit einer dichten Kruste wenig kompatibel.

Nach This-Benckhard bleibt das Maximum an Saft bei entweder durchgängig moderater oder durchgängig hoher, aber dafür kurzer Hitze im Fleisch; bei durchgängig moderater Hitze zieht sich das Bindegewebe im Fleisch nur leicht zusammen, es wird wenig Saft herausgepreßt, bei durchgängig hoher Hitze verkürzt sich die Garzeit, der Saft hat wenig Zeit herauszutreten. Brät man dagegen erst scharf an und läßt dann das Fleisch bei Mittelhitze schmoren, hat man am Ende eine Trockenpizza.

Lit.: H. McGee: The curious cook, North Point 1990; H. This-Benckhard: Rätsel der Kochkunst – Naturwissenschaftlich erklärt, Berlin 1996; Stichwort vorgeschlagen von Sonja Berghoff.

Sterne
Sterne haben die Gestalt von Kugeln

Man weiß schon lange, daß Planeten wie die Erde keine echten Kugeln sind. Aber gegen die Abweichung von der Kugelgestalt, wie man sie bei manchen Sternen findet, ist die Abplattung der Erde an den Polen, und sind erst recht die sonstigen Ausbuchtungen und Dellen der Erdoberfläche nur mit einer Lupe wahrzunehmen. Wie italienische Astronomen kürzlich mit dem Hubble-Teleskop herausgefunden haben, messen die 400 Lichtjahre entfernten Roten Riesen R. Leonis und W. Hydrae in einer Richtung rund 10% mehr als in der anderen; sie sehen eher aus wie Eier.

Zum Vergleich: Die Abplattung der Erde an den Polen beträgt rund 40 km, damit ist die Nord-Süd-Achse gerade 0,033% kürzer als der Durchmesser, gemessen am Äquator.

Lit.: »Sun faces an egg-shaped future«, New Scientist, 20. 7. 1996.

Studiengebühren
Studiengebühren sind unsozial (s.a. »Medicare«)

In Deutschland ist die Hochschulbildung »frei«; damit ist gemeint, daß nicht die Nutznießer selber, sondern Dritte dafür zahlen. Das hat schon Karl Marx sehr klar erkannt: »Wenn in einigen Staaten

(...) auch ›höhere‹ Unterrichtsanstalten unentgeltlich sind«, schreibt er in seiner »Kritik des Gothaer Programms« über »kostenlose« öffentliche Bildung in den USA, »so heißt das faktisch nur, den höheren Klassen ihre Erziehungskosten aus dem allgemeinen Steuersäckel [zu] bestreiten.«

Und so verhält sich das auch heute: Die »höheren Klassen« bestreiten ihre Erziehungskosten aus dem allgemeinen Steuersäckel. Im Jahr 1994 kamen über 420.000 Studenten und Studentinnen an bundesdeutschen Universitäten aus Haushalten mit einem monatlichen Nettoeinkommen über 6.000 Mark. Nur 250.000 kamen aus Haushalten mit einem monatlichen Nettoeinkommen unter 3.000 Mark; in manchen »teuren« Studiengängen wie etwa der Medizin sitzen fast nur Kinder reicher Eltern auf den Hörsaalbänken.

Bezahlen aber müssen alle, insbesondere auch die Familien, die überhaupt keine Kinder auf die Universitäten schicken. Diese sind die mit Abstand größten Opfer unserer sogenannten »freien« Hochschulbildung, die die Allgemeinheit jährlich rund 30 Milliarden DM kostet (ohne BAföG, Studentenkindergeld und öffentliche Zuschüsse zu Wohnheimen usw.), rund die Hälfte davon aus der Kasse von Haushalten, die nicht den geringsten direkten Nutzen davon haben, hatten oder haben werden.

Ungerecht ist auch die Verteilung der Nutzen und Lasten auf die verschiedenen Einkommensklassen. Denn die höheren Steuern, welche die Besserverdienenden bezahlen bzw. bezahlen sollten, gleichen den höheren Studentenanteil unter ihren Kindern nicht ganz aus. Oder anders ausgedrückt: Die Armen zahlen zwar weniger Steuern, schicken aber auch weniger, und zwar überproportional weniger Kinder auf die Universitäten, so daß sie netto die Erziehung der Söhne und Töchter der Reichen finanzieren. So zahlten etwa die Haushalte mit einem monatlichen Nettoeinkommen unter 2.000 Mark im Jahr 1994 insgesamt 670 Millionen Mark in die allgemeine Bildungskasse (das ist der Anteil der von diesen Haushalten gezahlten Einkommens-, Umsatz-, Kfz- und Branntweinsteuer usw., der in die Hochschulbildungsfinanzierung fließt), bekamen aber weniger als 600 Millionen Mark in Form von »freier« Bildung für ihre Kinder daraus zurück. Die restlichen 70 Millionen Mark flossen als Subventionen an die Besserverdienenden und deren Kinder. Für jedes Kind, das sie auf die Universität schickten, bezahlten die Haushalte mit einem Monats-

Nettoeinkommen von 2.000 Mark und weniger mehr als 12.000 Mark pro Jahr an Steuern, verglichen mit 9.100 Mark pro Kind für die Einkommensklasse von 2.000–3.000 Mark, 9.300 Mark pro Kind für die Einkommensklasse von 3.000–4.000 Mark und 11.000 Mark pro Kind und Jahr für die Einkommensklasse von 4.000–5.000 Mark. (Erst die Haushalte in der Klasse 5.000 Mark und höher zahlen als ganze mehr für einen Studienplatz als die allerärmsten.)

Davon abgesehen verdienen Akademiker über das Leben gerechnet rund 50% mehr als unstudierte Bürger, zahlen aber weniger als die Hälfte ihrer Studienkosten über höhere Steuern an die Solidargemeinschaft zurück. Wie man den Ruf nach mehr Gerechtigkeit in diesen Dingen als Sozialabbau bezeichnen kann, wird wohl auf ewig ein Geheimnis bleiben.

Lit.: W. L. Hansen und B. Weisbrod: »The distribution of costs and benefits of public higher education: the case of California«, Journal of Human Resources 4, 1969, S. 176–191; Christof Helberger: Auswirkungen öffentlicher Bildungsausgaben in der Bundesrepublik Deutschland auf die Einkommensverteilung der Ausbildungsgeneration, Stuttgart 1982; Karl-Dieter Grüske: »Verteilungseffekte der öffentlichen Hochschulfinanzierung in der Bundesrepublik Deutschland«, in: R. Lüdeke (Hrsg.): Bildung, Bildungsfinanzierung und Einkommensverteilung, Berlin 1994; H.-D. Holtzmann: Öffentliche Finanzierung der Hochschulausgaben in der Bundesrepublik Deutschland, Nürnberg 1994; »Studiengebühren: Sozialverträgliche Steuerung«, Informationsdienst der Deutschen Wirtschaft 30/1996; »Bildung braucht Markt«, Focus 36/1996; Kurt Reumann: »Nutzen ohne zu zahlen?«, Frankfurter Allgemeine Zeitung, 15. 1. 1997; Cecilia Garcia-Penalosa und Klaus Wälde: »Efficiency and equity of subsidies to higher education«, Discussion Paper 15/1997, Nuffield College, Oxford; Jens-Holger Thiel: »Statistische Erfassung ausgewählter Zahlungsströme im deutschen Bildungswesen«, Diplomarbeit, Fachbereich Statistik, Universität Dortmund, Juli 1997; Wolfram Richter und Wolfgang Wiegard: »Studiengebühren sind keine Strafe«, Frankfurter Allgemeine Zeitung, 7. 2. 1998.

Süßigkeiten
Zuviel Süßes ist für Kinder ungesund (s.a. »Süßigkeiten« in Band 1)

Nach einer Studie englischer Ernährungswissenschaftler vom Kings College in London essen Kinder, die viel Süßes zu sich nehmen, eher gesünder als andere, denen Süßes aus Furcht vor Nachteilen für die Gesundheit vorenthalten wird. Sie sind im Durchschnitt schlanker, essen abwechslungsreicher, und vor allem essen sie weniger Fett. »Damit scheinen Empfehlungen auf den Kopf gestellt zu werden, wonach süße Lebensmittel mit ›leeren Zuckerkalorien‹ Kinder dick und krankheitsanfällig werden lassen.«

Lit.: »Süßes macht Kinder gesünder«, Hannoversche Allgemeine Zeitung, 31. 10. 1995.

T

»Ein Irrtum weggeräumt,
gibt einen wahren Satz.
So durch Irrtümer selbst
wächst stets der Wahrheit Schatz.«
F. Rückert

Tag
Ein Erdentag beträgt seit jeher 24 Stunden

Früher waren die Tage kürzer: Vor 900 Millionen Jahren maßen sie nur 18 Stunden; damals stand der Mond noch näher an der Erde, diese drehte sich einmal in 18 statt in 24 Stunden um die Achse.

Taschentuch
Das Taschentuch wurde zum Hineinschneuzen erfunden

Das Taschentuch kam im 15. Jahrhundert in den besseren Kreisen Italiens als »Falzilettlein« auf und diente ursprünglich als Hilfsmittel der vornehmen Gebärdensprache; niemand hätte sich getraut, in diese Kostbarkeit hineinzuschneuzen.

Lit.: Roland Michael: Wie, was, warum?, Augsburg 1990.

Tee 1
Tee enthält kein Koffein

Tee enthält wie Kaffee Koffein; der umgangssprachliche Ausdruck »Teein« ist nur ein anderer Name für das Koffein. Es ist nur im Tee in anderer Form und in geringerer Menge gelöst als im Kaffee, deshalb können viele Menschen nach einer Tasse Tee gut schlafen, nach einer Tasse Kaffee aber nicht.

Tee 2
Heißer Tee wärmt (s.a. »Alkohol 2« in Band 1)

Heißgetränke wie Tee, Kaffee, Punsch oder Grog machen den Körper netto kälter: Sie öffnen die Hautgefäße, lassen warmes Blut die Haut durchfließen (daher der vermeintlich wärmende Effekt), und der Körper kühlt sich aus. Wer sich lange im Kalten aufhält, sollte solche Heißgetränke meiden, der Körper ist hinterher kälter als zuvor.

Tempolimit
Der Ruf nach Tempolimits entstand erst mit der immer größeren Geschwindigkeit der Autos

Anfang des Jahrhunderts war die Höchstgeschwindigkeit für Autos innerhalb und außerhalb von Ortschaften des Deutschen Reiches auf 9 km/h festgesetzt. Im Jahr 1909 wurde ein Heraufsetzen auf 20 km/h diskutiert, darüber beschwerte sich der Reichstagsabgeordnete Stolle (SPD): »Ja, meine Herren, dann können die Luxusautomobile ganz nach Belieben durch die Straßen fahren, und niemand wird danach fragen, welche Geschwindigkeit sie dabei einhalten. (...) Der Automobilklub will sogar 25 Kilometer fahren, er will rasen. Und was ist die Folge, wenn solche Luxusautomobile über die Landstraßen rennen und an keine Vorschriften gebunden sind? (...) Sonntags früh, wenn die in der Fabrik abgearbeiteten Leute einen Ausgang machen und frische Luft schöpfen wollen, dann kommt ein Auto gesaust, spritzt rechts und links den Straßenschmutz in die Höhe, so daß den Leuten, die nicht in die Wiesen und in den Wald hineindürfen, das beste Kleid ruiniert wird.«

Lit.: Stenographische Berichte über die Verhandlungen des Deutschen Reichstags, Band 215, 11. Legislaturperiode, Sitzung vom 26. 3. 1909, S. 1143–1145; F.-J. Brüggemeier und M. Toyka-Seid: Industrie-Natur: Lesebuch zur Geschichte der Umwelt im 19. Jahrhundert, Frankfurt a. M. 1995.

Tiefkühlerbsen
Tiefkühlerbsen sind gefärbt

Tiefkühlerbsen sind grüner als frische Erbsen, nicht weil man sie färbt, sondern weil durch das sogenannte Blanchieren (Abbrühen) zusammen mit dem anschließenden Luftgefrierverfahren das Chlorophyll erhalten bleibt.

Quelle: Persönliche Mitteilung der Firma Bofrost, Straelen.

Tiefkühlkost
Es ist gefährlich, einmal aufgetaute Tiefkühlwaren nochmals einzufrieren

Wegen der Bakterien, sagt der Volksmund, die sich dann verstärkt vermehren sollen. In Wahrheit hat das Wiedereinfrieren von aufgetauten Lebensmitteln die gleiche Wirkung wie das Einfrieren von frischen. Je nach Art der Nahrung, ob Spinat oder Fleischwurst, ob Erdbeeren oder Kartoffelpüree, und je nach Tempo des Einfrierens leidet vielleicht der Anblick oder der Geschmack, auch gewisse Nährstoffe und Vitamine könnten Schaden nehmen, aber am meisten leiden auf jeden Fall die Mikroorganismen, die das Essen eventuell verderben könnten: Sie sind auf jeden Fall vernichtet. Ob beim ersten oder beim zehnten Einfrieren, rein medizinisch gesehen ist das nochmalige Einfrieren einmal aufgetauter Tiefkühlwaren völlig unbedenklich (vorausgesetzt, daß die Lebensmittel nicht länger außerhalb des Kühlschranks lagern – bei Temperaturen über 10 °C können sich Bakterienkulturen bilden, um diese abzutöten, müßte man die Nahrung vor dem Einfrieren noch kochen).

Stichwort mitgeteilt von Jens Sylvester.

Titanic 1
Die Titanic sollte auf ihrer Jungfernfahrt das Blaue Band gewinnen

Das ist eines der vielen Gerüchte, die sich um die erste und zugleich letzte Fahrt dieses Luxusdampfers ranken. Um dieses Ziel nicht zu gefährden, hätte der Kapitän die Eisberg-Warnungen mißachtet, die

Opfer der schließlichen Katastrophe wären also für den Wahn der White-Star-Reederei gestorben.

In Wahrheit war die Titanic nie für schnelle Fahrt gebaut. Das »Blaue Band« für die schnellste Atlantik-Überquerung hielt seit 1907 die Mauretania der Cunard-Linie (und sie sollte es noch bis 1927 behalten); die Mauretania konnte 27 Knoten laufen, die Titanic höchstens 23. Die White-Star-Linie wollte diese Konkurrenz nicht mit Geschwindigkeit, sondern mit Komfort und Luxus übertreffen.

Lit.: Stichwort »Titanic« in der Brockhaus Enzyklopädie, Wiesbaden 1990; Stichwort vorgeschlagen von Christian Löbbe.

Kein Rennboot, sondern Luxusdampfer

Titanic 2
Die Titanic ist durch ein langes Loch im Rumpf gesunken

Über lange Jahrzehnte war man davon ausgegangen, ein Eisberg hätte den Schiffsrumpf quasi wie mit einem Messer längsseits über ein Drittel aufgeschnitten. Wie aber Sonaraufnahmen der fraglichen, mehrere Meter im Schlamm des Ozeanbodens vergrabenen Partie des Schiffes zeigen, weist der Rumpf nur sehr geringe Schäden auf, es gibt insgesamt nur sechs kaum ein Hand breite Risse von insgesamt einem Quadratmeter Durchmesser, kaum so groß wie eine Schreibtischplatte.

Daß diese Mini-Schäden dennoch eine derart katastrophale Wirkung hatten, lag an der Verteilung: Sie erstreckten sich über sechs

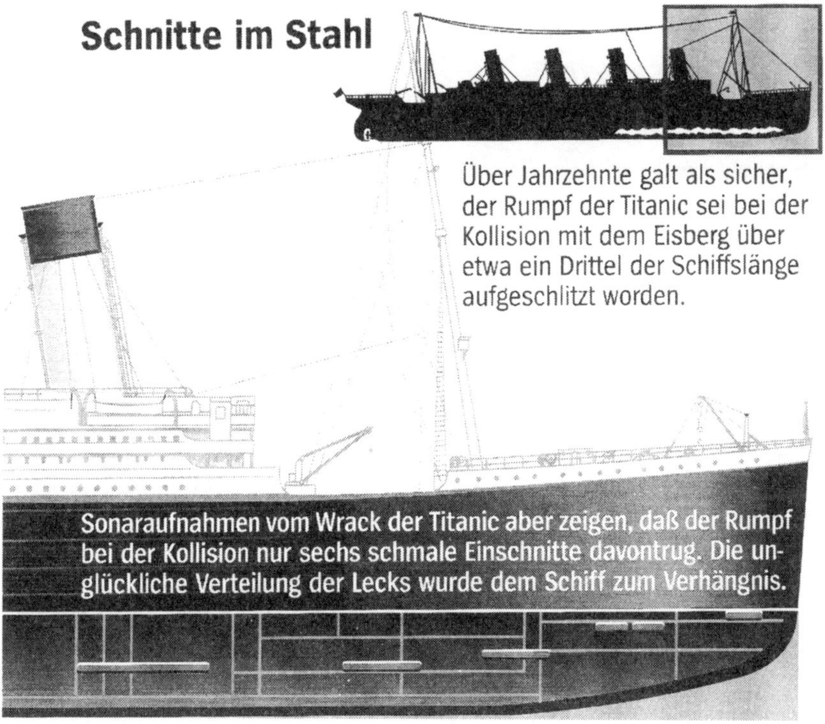

Graphik aus »Der Spiegel«

der vorderen Abteilungen des Schiffes, da nützten alle Schotten wenig; außerdem lagen sie tief unter der Wasseroberfläche, das eiskalte Wasser (–2 Grad Celsius) schoß wie aus Hochdruckleitungen in das Innere des Schiffes, binnen einer Stunde waren vier Abteilungen vollgelaufen, anderthalb Stunden nach der Kollision schwappten im vorderen Teil des Schiffes mehr als 30.000 Tonnen Wasser.

Falsch ist auch die These, daß die Zweidrittelschotten der Titanic den Untergang verursacht hätten (die Schotten, welche die insgesamt 16 Abteilungen der Titanic voneinander trennten, reichten vom Kiel bis zu zwei Drittel der Rumpfhöhe). Bei schrägliegendem Schiff, so diese Theorie, konnte so das Wasser aus den vollgelaufenen vorderen in nachfolgende hintere Abteilungen überlaufen, bis die kritische Grenze überschritten war und das Schiff unterging. Mit Voll- statt Zweidrittelschotten wäre die Titanic demnach schwimmfähig geblieben.

Aber auch diese These ist durch Sonaraufnahmen widerlegt: Die fünf durch die separaten Mini-Risse vollgelaufenen Abteilungen hätten das Vorschiff so oder so unter die Wasseroberfläche gedrückt, da hätten auch Vollschotten ihre Wirkung eingebüßt, das Wasser wäre über das Deck auch in die unbeschädigten Abteilungen gedrungen – Vollschotten hätten den Untergang nur etwas verzögert, aber nicht verhindert.

Lit.: R. D. Ballard: Die Suche nach der Titanic, Nürnberg 1988; »Das unsinkbare Wrack Titanic«, Titelgeschichte, Der Spiegel 20/1997; »Les six déchirures imparables du Titanic«, Le Figaro, 13. 4. 1997.

Titanic 3
Der Untergang der Titanic wurde von mehreren Menschen vorausgesehen (s.a. »Nostradamus« sowie in Band 1 »Todesträume«)

In einem 1898 erschienenen Roman von Morgan Robertson »The Wreck of the Titan« kollidiert ein 75.000 Tonnen großer Luxusdampfer auf seiner Jungfernfahrt mit einem Eisberg und sinkt; mehr als die Hälfte der 3000 Passagiere sterben. Anfang April 1912 steht eine Mrs. Marshall vor ihrem Haus auf der Insel Wright und sieht die Titanic Richtung Ozean vorüberziehen, sie ruft: »Das Schiff wird nie Amerika erreichen, es wird vorher untergehen.« Ein englischer Geschäftsmann, die Reise schon gebucht, sieht im Traum die Titanic kieloben im Atlantik – er annulliert und überlebt. Und so weiter. wohl kein Ereignis, ausgenommen die Ermordung Kennedys, ist von so vielen Menschen »vorhergesehen« worden wie die Katastrophe der Titanic.

Anders als viele glauben, beweist das aber nicht, daß Menschen in die Zukunft sehen können; dergleichen »Prognosen« lassen sich auch ohne Übersinnliches sehr leicht erklären. Jeden Tag z. B. träumen Dutzende von Menschen, daß der Papst, der Bundeskanzler, der Präsident der USA ermordet werden, daß der Kölner Dom zusammenstürzt oder daß in Oberbayern ein dreiköpfiges Kalb geboren wird. Wird dann tatsächlich der Papst, der Bundeskanzler oder der Präsident der USA ermordet, stürzt der Kölner Dom zusammen oder wird in Wildbad Kreuth ein dreiköpfiges Kalb geboren, erfährt davon die ganze Welt. Wird der Papst, der Bundeskanzler oder der Präsident der USA dagegen nicht ermordet, bleibt der Kölner Dom intakt und wird in Bayern kein dreiköpfiges Kalb geboren, erfährt davon kein Mensch.

Seit Adam und Eva wurde fast jedes größere Ereignis von irgendjemandem »vorhergesehen«, ob es nur eintrat oder nicht, aber nur die wenigen Fälle, in denen durch Zufall eine Übereinstimmung von Prognose und Wirklichkeit zustandekam, sind überliefert worden, die anderen hat man vergessen, so daß der Eindruck entsteht, gewisse Menschen könnten wirklich systematisch in die Zukunft sehen. So wurde auch der 1928er Wall-Street-Crash vorausgesehen, genauso wie der Reichstagsbrand (»Ich sehe Flammen, riesige Flammen (...) ein schrecklicher Brand ist ausgebrochen«, warnte Hanussen am Tag davor), das Space-Shuttle-Desaster (»Neun werden weggeschickt, ihr Schicksal bei der Abreise besiegelt« – Nostradamus) und der Tod von Lady Di. Aber alle diese scheinbaren Treffer sind einmal durch die Unbestimmtheit der Prognose zu erklären – der bekannte Trick von Nostradamus –, vor allem aber durch den Zufall, der immer mal wieder eine zunächst noch so unsinnige Prognose in Erfüllung gehen läßt.

Lit.: M. Ebon: Die Titanic wird untergehen und Kennedy getötet werden – Prophetien wurden wahr, München 1974; W. Krämer: Denkste! Trugschlüsse aus der Welt des Zufalls und der Zahlen, Frankfurt a. M. 1995.

Titanic 4
Der Untergang der Titanic war die bisher größte Schiffskatastrophe

Die in verlorenen Menschenleben gemessen bisher größte Schiffskatastrophe ist der alliierte Terrorangriff auf die Wilhelm Gustloff am 31. Januar 1945: Der mit flüchtenden Zivilisten überfüllte Kraft-durch-Freude-Dampfer zog mehr als 6.000 Menschen mit sich in die Tiefe, großteils Frauen und Kinder, viermal soviel wie die Titanic.

Lit.: Chronik des 20. Jahrhunderts, Dortmund 1988.

Toreros
Toreros töten Stiere

Ein Torero ist jeder, der sich beim Stierkampf in der Arena aufhält – der Picador, der mit seiner Lanze von einem Pferd herab dem Stier in den Nacken sticht, der Banderillero, der dem angeschlagenen Stier die kleinen, mit Widerhaken versehenen Spieße mit Fähnchen aufsetzt, und natürlich auch der Matador (von »matar« = töten), der dem armen Tier am Schluß den Gnadenstoß versetzt. Ein Matador ist also ein Torero, aber nicht jeder Torero ist ein Matador.

Lit.: Stichwort »Stierkampf« im Bertelsmann Lexikon, Band 9, Gütersloh 1974; Stichwort vorgeschlagen von Alfredo Grünberg.

Töten
Die Bibel sagt: »Du sollst nicht töten«

Die Bibel sagt nichts dergleichen; sie sagt nur, daß man nicht außerhalb des Gesetzes töten darf. »Nun steht aber in der hebräischen Bibel das Wort ›razach‹, das nicht jede beliebige Art zu töten meint, sondern ausschließlich ein Töten, das außerhalb des Gesetzes geschieht. Es kann je nach Zusammenhang ›ermorden‹, ›unabsichtlich töten‹ oder ›in Leidenschaft töten‹ bedeuten. Nie wird das Verbum gebraucht für Töten im Krieg oder für die gesetzliche Hinrichtung von Verbrechern. Es bietet daher keine Handhabe für die Abschaffung noch gegen die Ableistung des Wehrdienstes.«

Lit.: Pinchas Lapide: Ist die Bibel richtig übersetzt?, Gütersloh 1989.

Totenkopf
Piraten hatten früher einen Totenkopf auf ihrer Flagge

Die bekannte Piratenflagge mit dem Totenkopf gibt es nur im Kino; kein Pirat wäre je auf die Idee gekommen, seine Absichten der Umwelt derart deutlich mitzuteilen.

Die meisten »Piraten«, die in den ersten Jahrhunderten der transatlantischen Seefahrt die Meere verunsicherten, waren reiche Privatleute mit einem von einem europäischen König ausgestellten Kaperbrief; damit durften sie in Kriegszeiten ganz »legal« die jeweils feindlichen Seefahrer plündern (aber nur diese; wagte sich ein solcher Leih-Admiral an die falschen Schiffe, sah er sich bald unter einem Galgen wieder; siehe die traurige Geschichte vom Aufstieg und Fall des Käpt'n Kidd).

Diese »Piraten« führten in der Regel die Flagge des Ausstellers der Kaperbriefe; einer der eifrigsten Aussteller solcher Briefe war Österreich, der schwarze Habsburger Doppeladler auf der Flagge gleicht von weitem einem Totenkopf.

Lit.: Frank T. Zumbach: William Kidd – Über einen Erzpiraten, amerikanische Freibeuter und korrupte Herren mit hohen Perücken, Mindelheim 1988.

Totes Meer
Das Tote Meer ist das salzhaltigste Gewässer auf der Erde

Das salzhaltigste Gewässer auf der Erde ist der Assal-See in der afrikanischen Republik Djibouti, dem vormals französischen Territorium der Afar und Issar. Sein Salzgehalt ist mit 34,8% rund zehnmal höher als der der Ozeane und 4 Prozentpunkte höher als der des Toten Meeres.

Der Assal-See bedeckt 54 km² (rund das Doppelte des Steinhuder Meeres) und liegt 174 Meter unter Meeresspiegel; er wird hauptsächlich aus unterirdischen Quellen gespeist, die wiederum ihr Wasser aus dem nahen Indischen Ozean beziehen. Seinen hohen Salzgehalt erzielt er vor allem durch die hohe Verdunstung, der das Ozeanwasser bis zum Erreichen des Sees ausgesetzt ist. Obwohl schon vor mehr als 100 Jahren von Europäern entdeckt, ist dieses »einmalige Naturwunder« auch heute noch fast unbekannt.

Salzgehalt ausgewählter Seen (in %)

Kaspisches Meer (ohne Kara-Bogas-Bucht)	0,1 – 0,5
Aralsee	1,1 – 1,4
Großer Salzsee (USA)	25,0 – 27,0
Totes Meer	28,0 – 31,0
Kara-Bogas-Bucht (Kasp. Meer)	29,0 – 34,0
Assal-See	34,8

Lit.: E. Heyn: Die Rekorde der Erde: Vom höchsten Berg zum tiefsten Graben, München 1981; Stichwort vorgeschlagen von Jürgen Kloppenburg.

Trauungen
Kapitäne dürfen auf hoher See Trauungen durchführen

Auch Kapitäne sind Gesetzen unterworfen (die Gesetze des Landes, unter dessen Flagge sie fahren), und in allen zivilisierten Staaten dieser Erde, die eine Hochseeflotte unterhalten, sind die Befugnisse zum Überführen heiratswilliger Paare in den Stand der Ehe den eigens dafür eingesetzten Staatsvertretern vorbehalten.

In Deutschland sagt Paragraph 11 des Gesetzes über die Eheschließung klipp und klar: »Eine Ehe kommt nur zustande, wenn die Eheschließung vor einem Standesbeamten stattgefunden hat.« Ausnahmen sind nicht vorgesehen, ein Kapitän, der nebenbei auch Ehen schließt, muß zugleich auch Standesbeamter sein. Nur deshalb, weil zugleich auch anerkannter Standesbeamter, durfte etwa der Kapitän des schwedischen Kreuzfahrtschiffes *Nils Holgersson* auch Ehen schließen; auch deutsche Paare haben sich von ihm rechtsgültig trauen lassen. Aber seit 1993 fahren die Schiffe dieser Gesellschaft unter deutscher Flagge, seitdem hat es mit dem Zweitberuf des Kapitäns ein Ende.

Lit.: Christoph Drösser: »Stimmt's? Kapitäne dürfen auf hoher See Trauungen durchführen«, Die Zeit, 5. 9. 1997; Stichwort vorgeschlagen von Christian Kleiber.

Treibendes Boot
Ein auf einem Fluß treibendes Boot bewegt sich genauso schnell wie das Wasser

Ein Boot, das man flußabwärts ohne Anschub treiben läßt, bewegt sich etwas schneller als das Wasser, in dem es schwimmt. Das Flußwasser stößt durch sein Gewicht auf Widerstand an Grund und Ufer, und dieser Widerstand ist erheblich größer als der, den das Boot durch das Wasser erfährt – beide werden auf ihrer Rutschfahrt Richtung Meer gebremst, das Wasser aber stärker als das Boot.

Stichwort vorgeschlagen von Werner Helbig.

Trockenreinigung
Bei der chemischen »Trockenreinigung« werden Textilien trocken gereinigt

Bei einer sogenannten Trockenreinigung bleiben Textilien alles andere als trocken. Sie werden in einer mit Flüssigkeit gefüllten Trommel hin- und hergeschleudert wie in unserer eigenen Waschmaschine. Der einzige Unterschied ist, in unserer eigenen Waschmaschine besteht diese Flüssigkeit aus Waschpulver und Wasser, bei der »Trockenreinigung« aus anderen Lösungsmitteln wie etwa Tetrachlorethen. Aber naß wird unsere Wäsche so oder so.

Troja
Der Trojanische Krieg ist eine Erfindung von Homer
(s.a. »**Priamos**«)

Nach dem letzten Stand der archäologischen Forschung war die Stadt Troja zur Zeit des von Homer geschilderten Trojanischen Krieges, also um 1180 v. Chr., tatsächlich der Schauplatz eines von einer Brandkatastrophe gefolgten verheerenden Krieges. Falsch ist allerdings, daß auch der von Heinrich Schliemann gefundene »Schatz des Priamos« aus diesen Zeiten stammt – die Schuttschicht, aus der Schliemann diese Schätze ausgrub, ist rund 1000 Jahre älter.

Lit.: Brigitte Brandauer: Troja – Eine Stadt und ihr Mythos, Bergisch Gladbach 1997.

Truman
Der volle Name dieses amerikanischen Präsidenten ist Harry S. Truman

Trumans Eltern nannten ihren Sohn Harry nach einem Onkel gleichen Namens, konnten sich aber nicht entscheiden, welchem der beiden Großväter – Anderson Shipp Truman väterlicherseits oder Solomon Young mütterlicherseits – sie die Ehre des zweiten Vornamens erweisen sollten. Als Kompromiß wählten sie ein »S«; es steht für keinen bestimmten Namen, ist daher keine Abkürzung und bekommt daher auch keinen Punkt.

Lit.: R. E. Ferrell: Truman, New York 1984.

Tschernobyl 1
Die Reaktorkatastrophe in Tschernobyl war der bisher größte Nuklearunfall

Fast 20 Jahre vor Tschernobyl, am 20. September 1957, ist im südlichen Ural ein Tank mit 80 Tonnen radioaktiver Abfälle explodiert; dabei wurde Radioaktivität im Umfang von 20 Millionen Curie, ein Mehrfaches der Tschernobyler Menge, freigesetzt. Der größte Teil ging auf dem Gelände der Nuklearanlage selber nieder, der Rest wurde von dem gerade wehenden Südwestwind über einen 300 Kilometer langen und 70 Kilometer breiten Streifen Landes – die sogenannte »Uralspur« – ausgestreut; bis heute ist diese militärisch überwacht und abgesperrt.

Von diesem Unfall erfuhr der Rest der Welt erst 1990. Daß er solange verborgen bleiben konnte, liegt einmal an der Windrichtung – die nahegelegene Stadt Osjorsk lag in Lee des Windes, die Bürger konnten wohnen bleiben –, dann an der dünnen Besiedelung des Landes – auf den 20.000 Quadratkilometern der »Uralspur« lebten kaum 10.000 Menschen, die ohne großes Aufsehen umgesiedelt wurden – und schließlich an der notorischen Fähigkeit von Diktaturen, unangenehme Dinge geheimzuhalten. Die Nuklearanlage und die Stadt Osjorsk waren auf keiner Landkarte zu finden, noch 1990, als man das Unglück selber schon regierungsamtlich zugegeben hatte, verschwieg man immer noch den wahren Standort des Desasters.

Lit.: »Tschernobyl war nicht der größte Nuklearunfall«, Die Welt, 10. 7. 1997; »Strahlenbiologisches Archiv im Ural«, Frankfurter Allgemeine Zeitung, 6. 8. 1997; Roland H. Knauer: »Atomares Leuchtfeuer im Ural«, Hannoversche Allgemeine Zeitung, Wochenendbeilage, 7. 3. 1998.

Tschernobyl 2
Der Nuklearunfall von Tschernobyl hat die Menschen bis weit über die Ukraine gesundheitlich gefährdet (s.a. »Leukämie« sowie in Band 1 »Radioaktivität«)

Die radioaktive Belastung, die aus der Ukraine bis nach Deutschland kam, lag zu keinem Zeitpunkt nennenswert über dem, was wir nolens volens über radioaktive Mineralien in unserem Essen, über Edelgase (Radon) oder über Höhenstrahlung mitbekommen. Die mittlere Strahlendosis, die ein Mensch in Deutschland derzeit jährlich im wahrsten Sinne »von Natur aus« einfängt, liegt bei 200 Millirem pro Jahr, in manchen Mittelgebirgs- und Voralpenregionen etwas höher, an der Nord- und Ostseeküste etwas niedriger. Dazu kommen noch mehrere Dutzend Millirem pro Jahr durch Röntgenstrahlen, plus ein bis zwei Millirem pro Jahr durch Kernkraftwerke, macht in 80 Lebensjahren rund 24.000 Millirem.

Verglichen mit diesen Belastungen sind die unfallbedingten Strahlenbelastungen nach Tschernobyl für die Bewohner Deutschlands unbedeutend. Ein 1986 geborenes Baby empfängt über das ganze Leben gerechnet je nach Wohnort zwischen 1000 und 4000 zusätzliche Millirem. Wer seine Kinder vor solchen Strahlendosen schützen möchte, braucht nur auf eine Urlaubsreise mit dem Flugzeug zu verzichten (Höhenstrahlung) oder darauf, sie öfter als nötig zum Bierholen in den Keller zu schicken (Radon). Über Tschernobyl muß er oder sie sich keine Sorgen machen.

Dito war auch die nach Tschernobyl durch die Hysterie der Medien ausgelöste »größte Vernichtungsaktion von Nahrungs- und Futtermitteln in der deutschen Geschichte« inkonsequent und überflüssig. Von Ausnahmen wie gewissen Pilzen oder Wildbret abgesehen, blieb die Strahlenbelastung deutscher Lebensmittel in aller Regel weit unterhalb der Grenzen, ab der für die Gesundheit wirkliche Gefahren drohen, und als das Umweltministerium in Hessen nach Tschernobyl als zulässige Grenze für radioaktive Strahlung in der Milch den Wert von 20 Becquerel bestimmte, lag dieser bei einem Fünftel des Wertes, der durch natürlich radioaktives Kalium ohnehin in jedem Liter Milch enthalten ist.

Lit.: »Wo die Erde strahlt«, Test 4/1994; B. Müller-Ullrich: Medienmärchen – Gesinnungstäter im Journalismus, Köln 1996 (besonders das Kapitel »Tschernobyl – Der Medien Gau«); »10 Jahre nach Tschernobyl«, Berichte der Strahlenschutzkommission des Bundesministeriums für Umwelt, Naturschutz und Reaktorsicherheit, Heft 4/1996.

Tschernobyl 3
In den ersten 8 Jahren nach Tschernobyl gab es in der Ukraine 120.000 Strahlentote

So war vielerorts zum 9. Jahrestag des Unfalls zu hören und zu lesen. In Wahrheit hatte das ukrainische Gesundheitsministerium 1995 folgendes gemeldet: »Die Gesamtzahl der Todesfälle unter der am meisten vom Tschernobylunfall betroffenen Bevölkerung betrug mehr als 125.000 in den Jahren 1988 bis 1994.«

Wie Nachfragen in Kiew ergeben haben, zählen die Behörden der Ukraine zu den »am meisten betroffenen« rund 2 Millionen ihrer 50 Millionen Bürger. Bei einer Sterberate von 1% pro Jahr (das ist der deutsche Durchschnitt) sind also in sieben Jahren 7 x 20.000 = 140.000 »natürliche« Todesfälle zu erwarten, 15.000 mehr als ohnehin gemeldet – der Unfall hätte demnach die Todesraten sogar abgemildert.

Lit.: A. M. Kellerer: »10 Jahre nach Tschernobyl: Erwartete und beobachtete gesundheitliche Effekte in der GUS«, Elektrizitätswirtschaft 95, 1996, S. 1111–1117.

Tunnel
Der Kanaltunnel zwischen Frankreich und England ist der längste Eisenbahntunnel der Welt

Der längste Eisenbahntunnel der Welt ist der 1988 eingeweihte, die Inseln Honshu und Hokkaido verbindende Saikan-Tunnel in Japan; er ist 54 km lang, der Eurotunnel unter dem Ärmelkanal ist 4 km kürzer. (Zum Vergleich: Der längste Eisenbahntunnel Deutschlands, südlich Fulda auf der Neubaustrecke Hannover–Würzburg, mißt 11 km, der längste österreichische Eisenbahntunnel, der Inntaltunnel bei Innsbruck, mißt 13 km, und der längste Eisenbahntunnel der Schweiz, der Furka-Basistunnel, 15 km.)

Die längsten Straßentunnel führen durch den St. Gotthard in der Schweiz (16 km) und durch den Arlberg in Österreich (14 km). Der längste Tunnel weltweit überhaupt führt weder Autos noch Züge, sondern Wasser: der 4 m breite, von 1937 bis 1944 gebaute New-York-City und West-Delaware Wasserversorgungstunnel; er ist 169 km lang.

Lit.: H. Saitz: Tunnel der Welt – Welt der Tunnel, Berlin 1988; Das Neue Guinness Buch der Rekorde, Berlin 1996.

Türken
»Einen Türken bauen« bezieht sich auf eine Charaktereigenschaft von Türken

»Einen Türken bauen« bzw. »etwas türken« hat seine Wurzel weniger in türkischen als in deutschen Defiziten. Bei der Eröffnung des Nord-Ostsee-Kanals 1895 wurden alle anwesenden Schiffe mit der zugehörigen Nationalhymne begrüßt; als unerwartet auch ein türkisches Schiff erschien, fehlten der Musikkapelle die Noten und man spielte statt dessen »Guter Mond, du stehst so stille«. So kam die Rede von dem »Türken bauen« in die deutsche Sprache.

Parallel und unabhängig davon könnte diese Redensart auch durch einen von dem Baron Wolfgang von Kempelen (1734–1804) gebauten Schachautomaten entstanden sein. Dieser Automat, eine Art Kommode mit einer angebauten, türkisch gekleideten lebensgroßen Puppe, gewann fast alle Spiele, aber nicht durch Magie und Zauberei, sondern weil sich in der Kommode ein Schachmeister versteckt hielt, der durch Magneten im Boden der Figuren die aktuelle Spielposition erkennen konnte und über Hebel seine eigenen Figuren bewegte.

Lit.: http://www.snafu.de/~tilamn/zauber/zt_hist.html; Stichwort vorgeschlagen von Franz Kajuth.

Türkisches Bad
Das »türkische Bad« ist eine Erfindung der Türken

Das türkische Bad – große Heißwasserbecken in gekachelten Räumen inklusive »Schwitzzellen« – gab es schon im alten Griechenland. Von dort haben die Römer diese Sitte übernommen, und von diesen dann die Türken. Daß man heute nur noch von »türkischen Bädern« spricht, liegt einmal daran, daß die Türken als gläubige Moslems das Reinigen und Baden äußerst wichtig nahmen und einen regelrechten Kult darum entfalteten, zum anderen daran, daß während der großen Orient-Begeisterung, die Mitte des 19. Jahrhunderts die europäischen Intellektuellen erfaßt hatte, die türkischen Badesitten als großes Vorbild galten und man auch in Paris, Berlin und London »türkische« Bäder bauen wollte. Und als dann auch

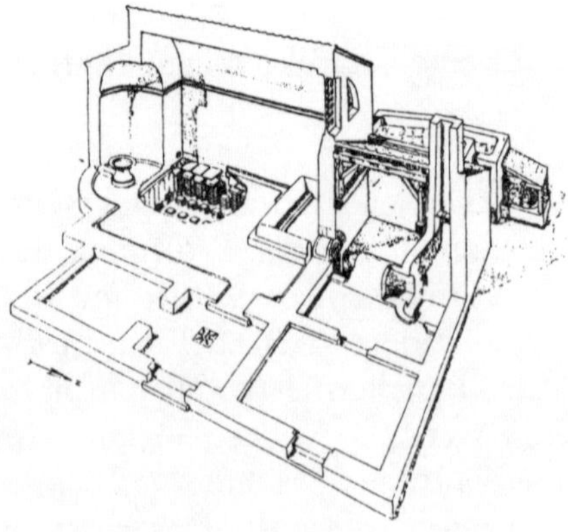

Ein »türkisches« Bad im Griechenland des 2. vorchristlichen Jahrhunderts

noch der bekannte Maler Ingres 1865 sein Hauptwerk »Das türkische Bad«, bekannt wegen seiner »unübersehbaren Menge unbekleideter Frauen«, dem schockierten Publikum enthüllte, war diese Art von Badeanstalt ein für allemal mit der Türkei verknüpft.

Lit.: E. Brödner: Die römischen Thermen und das antike Badewesen, 2. Auflage, Darmstadt 1992; http://hcgl1.eng.ohio-state.edu/~hoz/bath.html.

Tyrannosaurus Rex
Der Tyrannosaurus Rex war ein Fleischfresser und Mörder

Stimmt nur halb. Der Tyrannosaurus Rex – für viele der Inbegriff des Dinosauriers überhaupt – war zwar ein Fleischfresser, aber, wenn wir modernen Paläontologen glauben dürfen, doch kein Mörder. Er lebte vielmehr von dem Fleisch von lange vorher toten Tieren – auf gut deutsch also von Aas. Zumindest wird diese für die weitere Hollywood-Karriere des Tyrannen wenig günstige Theorie von immer mehr Paläontologen heute vorgetragen. Der Tyrannosaurus wäre für das Jagen ungünstig gebaut gewesen: kleine Arme (schlecht zum Greifen), dicke Hinterbeine (schlecht zum Laufen), kleine Augen (schlecht zum Sehen) – er hätte mit dieser Ausrüstung große Probleme gehabt, einen anderen Dinosaurier oder überhaupt ein großes Tier zu fangen.

Lit.: »Dinosaur dentist detective«, The Economist, 24. 8. 1996.

U

»Die gefährlichsten Unwahrheiten sind Wahrheiten,
mäßig entstellt.«
Georg Christoph Lichtenberg

UFOs
Es gibt noch immer viele unbekannte Flugobjekte

Die meisten UFOs sind schon lange als Heißluftballons, Discostrahler, Satelliten oder Polizeihubschrauber entlarvt. Aber dennoch hat sich bis vor kurzem ein Bodensatz von immer noch »Unidentifizierten Fliegenden Objekten« hartnäckig gehalten.

Nun sind auch diese aufgeklärt: Es sind amerikanische Spionageflugzeuge, wie der CIA enthüllt. Die legendäre U-2 z. B. mit ihrer silbern glänzenden (später schwarzen) Außenhaut, die mehr als doppelt so hoch flog wie die meisten zivilen Verkehrsflugzeuge ihrer Zeit, war für deren Passagiere und Piloten ein unerklärlicher Feuerball hoch im Himmel; mehr als die Hälfte aller in den späten 50er und frühen 60er Jahren gemeldeten UFOs waren in Wahrheit Aufklärungsflüge der U-2.

Lit.: »Außerirdische Besucher als Spionageflugzeuge enttarnt«, Frankfurter Allgemeine Zeitung, 7. 8. 1997.

Uhrwerk
Man kann mechanische Uhrwerke beim Aufziehen »überdrehen«

»Oft kommen Kunden mit mechanischen Uhren in unser Geschäft«, schreibt unsere Gewährsfrau Susanne Brühl, von Beruf Uhrmacherin, »und behaupten, die Uhr beim Aufziehen überdreht zu haben.« In Wahrheit kann man eine Uhrwerksfeder niemals überdrehen. »Die Feder liegt in einem sogenannten Federhaus und hat eine Anfangs- und Endöse. Diese Ösen sind aus gehärtetem Stahl. Um eine Feder zu überziehen, müßte man die Ösen durch das Aufziehen zum Brechen bringen, was so gut wie unmöglich ist«, schreibt Frau

Brühl. Wenn die Uhr nicht anläuft, dann wegen der Verschmutzung; wenn man das Uhrwerk reinigt, läuft die Uhr auch ohne neue Feder.

Stichwort vorgeschlagen von Susanne Brühl.

Umfragen
Meinungsumfragen geben unsere Meinung wieder

Die meisten Meinungsumfragen geben vor allem die Meinung der Fragesteller wieder. Nach einer Umfrage der IG Metall z. B. lehnen 95% aller bundesdeutschen Arbeitnehmer das Arbeiten am Samstag ab. Nach einer zeitgleichen Umfrage des Offenbacher Marplan-Instituts dagegen würden 72% aller bundesdeutschen Arbeitnehmer gern auch samstags arbeiten, wenn man sie nur ließe. In beiden Umfragen waren die Ergebnisse schon im Fragebogen eingebaut, man hätte sich die Fragerei auch sparen können.

»Votum für das freie Wochenende«, steht bei dem ersten Fragebogen obenan. »Die Gewerkschaften haben die 5-Tage-Woche von montags bis freitags in den fünfziger/sechziger Jahren durchgesetzt (...). Dadurch sind für alle zusätzliche Möglichkeiten gemeinsamer Freizeitgestaltung entstanden, an die wir uns gewöhnt haben. Was entspricht Deiner/Ihrer Meinung?« Und dann folgen diese Auswahlmöglichkeiten:

> Nach meiner Ansicht wäre die Abschaffung des freien Wochenendes ein schwerer Schlag für Familie, Freundschaften, Partnerschaften, für Geselligkeit, Vereine, den Sport und das Kulturleben (1)
>
> Ich halte den gemeinsamen Freizeitraum des Wochenendes für nicht so wichtig. Seine Abschaffung würde zur besseren Auslastung der Freizeit- und Verkehrseinrichtungen führen (2)
>
> Weiß nicht/keine Angabe (3)

Genauso ist auch zum Stichwort »Der Samstag« die Antwort gleich mit eingebaut: »Die Arbeitgeber und manche Politiker wollen vor allem den Samstag wieder zum normalen Arbeitstag machen«, heißt es hier. »Wie wäre das, wenn Du/Sie regelmäßig am Samstag arbeiten müßtest/müßten? Würde mir nichts ausmachen (1) Wäre Verlust an Lebensqualität (2)«. Die 95% aller Stimmen für Alternative 2 überraschen hier niemanden. Viel eher sollte schon bedenklich stimmen, daß trotz dieses ideologischen Trommelfeuers immerhin noch 5% aller Befragten ihr Kreuz dort markierten, wo es für einen Gewerkschafter eigentlich nicht hingehört.

Genauso suggestiv, wenn auch mit umgekehrter Absicht, fragt auch das Marplan-Institut. Auf die Frage »Inwieweit wären Sie bereit, samstags zu arbeiten, wenn es für die wirtschaftliche Situation Ihres Unternehmens gut wäre?« bietet es folgende Antworten an:

- Gelegentlich, wenn dafür an einem anderen Tag arbeitsfrei ist
- Häufiger, an mehreren Samstagen (etwa 8–12mal jährlich, wenn dafür ein Zusatzurlaub von mehreren zusammenhängenden Tagen herauskommt)
- Abwechselnd, einmal die Woche 6 Tage lang, also einschließlich Samstag, und in der nächsten Woche 4 Tage, so daß Sie in dieser Woche ein »Drei-Tage-Wochenende« haben.
- Nein, nicht bereit

Genauso wie die IG Metall nur die schlechten Seiten sieht, werden hier die Vorteile herausgestellt, als gälte es allein, aus einem Kuchen die größte Rosine herauszupicken. Außerdem wird die Ablehnung der Samstagsarbeit durch den Zusatz »wenn es für die wirtschaftliche Situation Ihres Unternehmens gut wäre« schon in die Nähe von Wirtschaftssabotage gerückt, so daß auch hier die gewünschte Antwort – 72% für Samstagsarbeit – keinen überrascht.

Lit.: W. Krämer: So lügt man mit Statistik, 7. Auflage, Frankfurt a. M. 1997.

Umweltverschmutzung 1
Umweltverschmutzung ist ein Produkt der neuzeitlichen Industrialisierung

Auf dem Boden schwedischer Seen oder tief im Eis von Grönland kann man noch heute Bleirückstände finden, die bei antiken Schmelzprozessen, wie sie etwa in Griechenland und Rom für die Herstellung von Silbermünzen üblich waren, angefallen sind. »Einen

Höhepunkt erreichte die antike Umweltverschmutzung vor etwa 2000 Jahren, als das römische Imperium seine größte Ausdehnung hatte. Insgesamt ist die aus frühen Zeiten stammende Bleiverseuchung mindestens ebenso groß wie jene, die durch das Industriezeitalter verursacht wurde.«

Lit.: Das Große Hör-Zu Buch der Erfindungen, Frankfurt a. M. 1987; »Griechen und Römer verseuchten die Umwelt mit Blei«, Welt am Sonntag 17/1994; Brockhaus – Wie es nicht im Lexikon steht, Mannheim 1996.

Umweltverschmutzung 2
Erst im 20. Jahrhundert begann man, Umweltschäden durch Gesetze zu bekämpfen

Das erste bekannte Gesetz gegen Luftverschmutzung stammt von 1382, da stellte der französische König Karl VI. die Freisetzung »übelriechender Gase« unter Strafe.

Lit.: Das Große Hör-Zu Buch der Erfindungen, Frankfurt a. M. 1987.

Unbefleckte Empfängnis
Das Dogma von der »unbefleckten Empfängnis« sagt, daß Jesus von einer Jungfrau geboren wurde

Das berühmte Dogma von der unbefleckten Empfängnis, verkündet von Papst Pius IX. am 8. Dezember 1854, hat mit der Jungfräulichkeit Mariens nur am Rand zu tun; es betont vor allem, daß Maria als die Mutter Gottes nicht mit der Erbsünde behaftet war. Hier ist der offizielle deutsche Text:

> Zur Ehre der Heiligen und ungeteilten Dreifaltigkeit, zur Zierde und Verherrlichung der jungfräulichen Gottesgebärerin, zur Erhöhung des katholischen Glaubens und zum Wachstum der christlichen Religion erklären, verkünden und bestimmen wir in Vollmacht unseres Herrn Jesus Christus, der seligen Apostel Petrus und Paulus und in Unserer eigenen:
> Die Lehre, daß die seligste Jungfrau Maria im ersten Augenblick ihrer Empfängnis durch einzigartiges Gnadengeschenk und Vor-

recht des allmächtigen Gottes, im Hinblick auf die Verdienste Jesu Christi, des Erlösers des Menschengeschlechts, von jedem Fehl der Erbsünde rein bewahrt blieb, ist von Gott geoffenbart und deshalb von allen Gläubigen fest und standhaft zu glauben.
gez. Pius, Papst

Lit.: J. Neuner und H. Roos: Der Glaube der Kirche, Regensburg 1979; Stichwort vorgeschlagen von Martin Henkel und P. Plaga.

Ungelernte Arbeitskräfte
Der internationale Handel bedroht die Arbeitsplätze ungelernter Arbeitskräfte

Wahr ist: Ungelernte Arbeitskräfte, Hilfsarbeiter, haben es auf dem modernen Arbeitsmarkt nicht leicht. Aber anders als viele glauben, liegt das nicht in erster Linie an der Konkurrenz durch ungelernte Arbeitskräfte in Entwicklungsländern, die für einen Bruchteil der europäischen Löhne Spielzeug und Textilien produzieren. Der eigentliche Motor hinter der wachsenden Arbeitslosigkeit und hinter dem relativen Lohnverfall von ungelernten Arbeitskräften ist der technische Fortschritt; er treibt vor allem die Produktivität von Spezialisten und Experten und damit auch deren Entlohnung in die Höhe; die Produktivität von Fensterputzern oder Hausmeistern dagegen läßt sich nur schwer durch Technik und Computer steigern. Und in einer Welt, in der Unternehmen ihren Arbeitnehmern langfristig nicht mehr zahlen können, als diese produzieren, haben damit ungelernte Arbeitskräfte mit oder ohne internationalen Handel immer schlechte Karten.

Lit.: »Two tales of trade«, The Economist, 19. 7. 1997; M. Slaughter und P. Swagel: »The effect of globalisation on wages in the advanced economies«, IMF working paper, April 1997.

V

»Welch eine triste Epoche, in der es leichter ist,
ein Atom zu zertrümmern, als ein Vorurteil.«
Albert Einstein

Verhütungsmittel
Nur in Irland als einzigem entwickeltem Industriestaat dieser Erde ist die Pille immer noch verboten

Jeder weiß, daß im gut katholischen Irland die Pille offiziell verboten ist. Was aber die meisten nicht wissen: Im durchaus unkatholischen Japan ist die Pille ebenfalls verboten. Die offiziellen Gründe sind: (1) die Pille ist gefährlich, (2) mit der Pille kommt auch Aids, (3) mit der Pille gibt es weniger kleine Japaner. Denn auch in Japan sind die Geburten in den letzten Jahrzehnten stark zurückgegangen, und man macht sich große Sorgen um die Renten und Pensionen.

Als wahren Grund für das Verbot der Pille in Japan vermuten viele aber das Einkommen der Ärzte: Japan hat die höchste Abtreibungsrate unter allen entwickelten Industrienationen, und die Abtreibungen sind für viele Ärzte mit die einträglichsten Operationen.

Lit.: »The pill in Japan«, The Economist, 8. 11. 1997.

Versilbern
Man kann erst seit dem 19. Jahrhundert Messer und Gabeln oder Trinkgefäße versilbern und vergolden (s. a. »Elektrischer Strom«)

Schon 2000 Jahre, bevor Werner Siemens das Galvanisieren erfand, hatte man im Nahen Osten Messer und Löffel auf die gleiche Weise versilbert und vergoldet: »Ich glaube, es war eine der größten Freuden meines Lebens«, erinnert sich Siemens, »als ein neusilberner Teelöffel, den ich mit dem Zinkpole eines Daniellschen Elementes verbunden in einen mit unterschwefligsaurer Goldlösung gefüllten Becher tauchte, während der Kupferpol mit einem Louisdor als Anode verbunden war, sich schon in wenigen Minuten in einen goldenen Löffel vom schönsten, reinsten Goldglanze verwandelte.« Aber das konnten auch schon die Sumerer; die bei archäologischen Ausgrabungen in der Nähe von Bagdad entdeckten Terrakottavasen sind nach Meinung von Altertumsforschern nichts als zum Galvanisieren benutzte primitive Batterien.

Lit.: J. Zahn: Nichts Neues mehr seit Babylon, Hamburg 1959; G. Prause: Tratschkes Lexikon für Besserwisser, München 1986.

Vögel 1
Vögel brechen sich den Hals

Auch wenn viele Vogelfreunde klagen: »Mein Sittich hat sich den Hals gebrochen« – das sieht nur so aus. Vögel haben sehr elastische, robuste, von kräftigen Muskeln gestützte Halswirbel (nicht umsonst können sie so gut den Kopf verrenken); diese Halswirbel sind kaum zu brechen. Wenn der Kopf von toten Vögeln so haltlos am Körper herabzubaumeln scheint, so wegen der fehlenden Stütze durch die Muskeln; die Wirbelknochen aber sind intakt an Ort und Stelle.

Lit.: M. Wissman und B. Parsons: »Bird fallacies«, The San Diego Bird Breeders Journal, 1994.

Vögel 2
Vögel haben Federn, um zu fliegen (s.a. »Mauser«)

Umgekehrt: Vögel fliegen, weil sie Federn haben. Nach Meinung des Münchener Zoologen Josef Reichholf ist das Fliegen eine in der Evolutionsgeschichte nicht geplante Eigenmächtigkeit dieser Tiere, die eigentlich nach Drehbuch gleich ihren reptilienhaften Vorfahren auch heute noch zu Fuß Insekten jagen sollten.

Diese erdgebundenen, reptilienhaften Vorfahren unserer Vögel hatten wegen ebendieser Insektennahrung ein großes Stoffwechselproblem: Wohin mit den schwefelhaltigen Aminosäuren, die bei der Verdauung der Insekten in großen Mengen anfallen? Antwort: den Abfall in den Schuppen zwischenlagern (die Schuppen von Reptilien bestehen wie die Federn unserer Vögel zum großen Teil aus dem schwefelhaltigen Strukturеiweiß Keratin). Diese Schuppen wurden mit den Zeiten immer elastischer und größer; irgendwann hechtete ein solches Reptil vielleicht einer dicken Hummel hinterher und kam dabei auf den »Gedanken«, den Sprung durch Spreizen dieser Schuppen zu verlängern. Und so lernten dann die Echsen eher zufällig das Fliegen.

Lit.: Josef Reichholf: »Die Feder, die Mauser und der Ursprung der Vögel«, Archaeopterix 14, 1996.

Vögel 3
Man sollte verirrten Jungvögeln zu fressen geben

Tierschützerer warnen davor, die im Frühjahr zuweilen in Parks oder Gärten herumirrenden Jungvögel zu füttern: »Fast flügge Jungtiere, die naturgemäß ihr Nest verlassen, werden von den Altvögeln weiterversorgt. (...) Die Schreie der Jungtiere werden oft als Hilferufe interpretiert, sind aber eine Standortmeldung an die Alttiere, wohin sie Futter bringen sollen.« Wenn aber Menschen diesen verirrten Jungtieren zu fressen geben, werden diese von den Eltern hinfort oft alleingelassen.

Falsch ist auch die Meinung, man sollte ausgewachsene Vögel nur im Winter füttern. Denn Vögel verbrauchen im Sommer mehr Energie und damit auch mehr Futter als im Winter. Wenn dieses im Sommer auch leichter zu finden bzw. zu erjagen ist als im Winter: nicht immer reicht der Nachschub an den Appetit heran, so daß manche Vogelarten, vor allem solche, die von Pflanzensamen leben, sogar im Sommer intensiver nach menschengespeisten Futterquellen suchen als im Winter.

Lit.: M. Wissman und B. Parsons: »Bird fallacies«, The San Diego Bird Breeders Journal, 1994; »Rufe von Jungtieren sind Standortmeldung«, Ruhr-Nachrichten, 23. 5. 1997.

Volk ohne Raum
Die Parole vom »Volk ohne Raum« wurde von den Nazis ausgegeben

Die Parole vom »Volk ohne Raum« stammt von Walter Rathenau. »Wir können nicht in einem Menschenalter hundert Millionen Deutsche mit den Produkten einer halben Million Quadratkilometer einheimischen Bodens und einer afrikanischen Parzelle ernähren und beschäftigen«, schrieb er schon 1913, lange vor den Nazis. »Wir brauchen Land dieser Erde. Wir wollen keinem Kulturstaat das seine nehmen, aber von künftigen Aufteilungen muß uns solange das Nötige zufallen, bis wir annähernd so wie unsere Nachbarn gesättigt sind, die weit weniger Hände und unendlich mehr natürliche Güter haben.«

Lit.: Walter Rathenau: Gesammelte Schriften in fünf Bänden, Berlin 1913.

Vollmond
Bei Vollmond gibt es mehr Geburten

Unser Schweizer Kollege Hans Riedwyl ist diesem Mythos einmal systematisch nachgegangen und hat alle von Anfang 1977 bis Ende 1979 in der Schweiz registrierten Geburten nach Wochentagen und nach Mondphasen geschichtet. Die insgesamt 217.460 Geburten verteilen sich durchschnittlich wie folgt:

Durchschnittliche Geburtenzahl pro Wochentag

	generell	bei Vollmond
Montag	207	212
Dienstag	216	217
Mittwoch	210	209
Donnerstag	207	209
Freitag	209	206
Samstag	186	194
Sonntag	156	158

Zuweilen sind die Geburtenzahlen bei Vollmond größer, zuweilen kleiner, ein systematischer Zusammenhang ist nicht zu sehen, alle Schwankungen bewegen sich in einem Bereich, der sehr gut auch durch Zufall zu erklären wäre.

Der einzige wirklich systematische Zusammenhang in dieser Tabelle ist der zwischen Geburtenhäufigkeit und Wochentag: Am Samstag und am Sonntag gibt es nur wenig neue Schweizer. Denn am Samstag und am Sonntag wollen auch Hebammen und Ärzte ihre Freizeit haben.

Lit.: B. Flury, H. Riedwyl und P. Wilker: »Aberglaube um den Vollmond«, Schweizer Hebamme 3, 1983; J. Lindisch: Mond-ABC – Tips und Tricks für den Alltag, München 1996 (nur als Beispiel für den Humbug, den man heute über den Mond in unseren Buchläden findet); Stichwort vorgeschlagen von Hans Riedwyl.

Vollwertkost
Vollwertkost ist gesund

Vollwertkost ist nicht gesünder als »normale« Nahrung (siehe Band 1), das ist inzwischen auch in Bioläden kaum noch ein Geheimnis. Weniger bekannt: Falls allzu konsequent und übertrieben eingenommen, ist Vollwertkost sogar aktiv gesundheitsschädlich. Denn rohe Körner, Wurzeln oder Nüsse sind für Menschen anders als für Kühe nur sehr schwer verdaulich; die unverdauten Reste werden im Darm von Bakterien zersetzt, dabei entstehen Gifte (»intestinale Autointoxikation« heißt das bei Medizinern), die Darmschleimhaut und das Immunsystem des Körpers werden angegriffen. »Die deletären Folgen zeigen sich (...) oft erst nach Jahren und Jahrzehnten: Erkrankungen der Verdauungsorgane, chronifizierte Katarrhe und Infektionszustände, Entwicklung einer arteriellen Gefäßsklerose, entzündliche und degenerative Erkrankungen des Bewegungsapparates, auch Neoplasien« (Pirlet). Viele Ärzte raten daher, die Vollwerternährung nicht zu übertreiben.

»Die Vollwerternährung, so wie sie derzeit bundeseinheitlich propagiert und praktiziert wird, schadet mehr als sie nutzt« (Pirlet). »Das heißt: Mehr Menschen tragen einen Schaden davon, als daß Menschen auf Dauer einen gesundheitlichen oder therapeutischen Nutzen hätten. Viele Gesunde kommen mit der Kost nicht zurecht. Gesunde werden krank, und Kranke werden nicht gesund. Ich halte eine Ernährungsweise, die sich monoman an der Naturbelassenheit des Nahrungsmittels orientiert (...) aus wissenschaftlicher und ärztlicher Sicht für unvernünftig.«

Lit.: K. Pirlet: »Klinische und naturheilkundliche Diätetik«, Die Heilkunst 5/1988, S. 199–214; K. Pirlet: »Zur Problematik der Vollwerternährung«, Erfahrungsheilkunde 5/1992, S. 345–356; U. Pollmer u. a.: Prost Mahlzeit! Krank durch gesunde Ernährung, Köln 1994.

VW-Käfer
Der Name »Käfer« kommt aus Deutschland

Das amerikanische »beetle« ist keine Übersetzung für den deutschen »Käfer«, sondern umgekehrt: Der deutsche »Käfer« wurde dem amerikanischen »beetle« nachempfunden. In einem Artikel der *New York Times* vom 3. Juli 1938 wurde das seltsame neue Mini-Auto aus Germany etwas abschätzig als »beetle« abgestempelt, und dieser durchaus nicht als Kompliment gedachte Name wurde dann mit »Käfer« übersetzt.

Lit.: »Eine Idee macht Geschichte – Die Volkswagen Chronik«, Broschüre der Volkswagen AG, Wolfsburg (ohne Ort und Jahr); Karen Duve und Thies Völker: Lexikon berühmter Tiere, Frankfurt a. M. 1997.

VW-Werk
Das Wolfsburger VW-Werk war ein Vorzeigeobjekt der nationalsozialistischen Wirtschaftspolitik

Das Wolfsburger VW-Werk, so wie von den Nazis konzipiert, war stümperhaft entworfen, schlampig geführt, am Markt vorbei geplant und als ziviler Produzent von Autos niemals profitabel. Einzig der Zweite Weltkrieg und das Ende der Nazis retteten das Unternehmen vor dem Schrotthaufen der deutschen Industriegeschichte.

Wahr ist: Das im Jahr 1933 vom Reichsministerium für Volksaufklärung und Propaganda als Vision in die Welt gesetzte »Automobil für Jedermann« war als Propagandamittel durchaus nützlich (und genau diese Propaganda begründete auch seinen Mythos). Wahr ist aber auch: Eine Massenproduktion war unter den damaligen Verhältnissen von Anfang an utopisch. Die Verfechter des Volkswagens, an erster Stelle Hitler selber, gingen z. B. von der Vorstellung aus, daß allein die Anschaffungskosten hinreichend zu senken seien, dann wäre das Auto für jedermann erschwinglich. An die damals für den Großteil aller Deutschen unbezahlbaren Folgekosten, vor allem für den Treibstoff, dachte niemand; das Auto wäre unter der Nazi-Herrschaft nie zu einem »Volks«wagen geworden.

Die geplanten Stückzahlen von einer Million Volkswagen pro Jahr wurden niemals auch nur in Ansätzen erreicht, bis 1945 verließen weniger als 10.000 zivile Volkswagen das Werk; es konnte sich nur durch Rüstungsaufträge (Kübelwagen, Teile der V1) bis 1945 über Wasser halten. Und nach dem Krieg war es gerade die radikale Abkehr von der nationalsozialistischen Planwirtschaft, die Öffnung der Weltmärkte und der freie Fluß von Kapital und Arbeit, die dem VW-Werk eine zweite Chance gaben und die allein es möglich machten, daß VW noch heute existiert.

Lit.: H. Mommsen: Das Volkswagenwerk und seine Arbeiter im Dritten Reich, Düsseldorf 1996; B. Budde: »Ein Mikrokosmos der Kriegswirtschaft«, Handelsblatt, 8. 11. 1996.

Zu Nazi-Zeiten kein großer Renner

W

»Je hohler ein Schlagwort ist,
desto mehr Lärm kann man damit erzeugen.«
J. B. Priestley

Wahlen 1
Eine hohe Wahlbeteiligung zeugt für demokratische Gesinnung (s.a. »Demokratie« in Band 1)

Eine hohe Wahlbeteiligung sagt über Demokratie und Freiheit nur sehr wenig aus; sie verträgt sich mit einer Diktatur genauso wie mit einer vorbildlich demokratischen Regierung. Und spiegelbildlich ist auch eine niedrige Wahlbeteiligung kein Armutszeugnis: Die höchsten Wahlbeteiligungen gab es unter Stalin, Ulbricht und Pol Pot, die geringsten in der Urheimat und Keimzelle aller demokratischen Regierungsformen, in England, in der Schweiz und in den USA. Eine Demokratie lebt nicht davon, daß alle bei allem mitreden, sondern davon, daß diejenigen, die aktuell das Sagen haben, ohne Aufhebens und Blutvergießen abgelöst werden können; wie viele Bürger sich an diesem Ablösen beteiligen, ist erst in zweiter Linie wichtig.

Lit.: Karl Popper: Auf der Suche nach einer besseren Welt, München 1984.

Wahlen 2
Alle erwachsenen Amerikaner dürfen wählen

Alle außer den Einwohnern des »District of Columbia«, zu dem auch die Bundeshauptstadt Washington gehört. Dieser »District« ist weder selbst ein Bundesstaat, noch gehört er einem an, er entsendet daher weder Abgeordnete noch Senatoren in den Kongreß, und damit gibt es auch keine Senatoren und Abgeordneten zu wählen (an den Präsidentenwahlen dürfen Washingtoner aber teilnehmen).

Währungsreserven
Hohe Währungsreserven zeugen für wirtschaftliche Stärke
(s.a. »Export 1« in Band 1)

Nicht notwendigerweise. Währungsreserven sind internationale Zahlungsmittel, die ein Land nicht selber produziert (z. B. dürfen die Deutschen keine Dollars drucken); sie lagern in den Tresoren der jeweiligen Zentralbanken und dienen dazu, Importe zu bezahlen oder – indem man damit die eigene Währung kauft – die eigene Währung abzustützen. Für sich selbst genommen sind sie aber wertlos wie Papier; jeder Yen und jeder Dollar, der über das nötige Maß von einer Zentralbank angesammelt wird, wäre besser anderswo verwendet. Die aktuellen Spitzenreiter Japan und China horten heute z. B. 100 bzw. 200 Milliarden Dollar ausländischen Geldes, von dem viele Ökonomen glauben, daß es besser produktiv verwendet würde. Die Chinesen etwa müssen für ihre Auslandsschulden mehr an Zinsen zahlen, als sie selbst an Zinsen für die in ihrem Besitz befindlichen ausländischen Gelder einnehmen; ihre stolzen Währungsreserven zeugen mehr von wirtschaftlicher Dummheit denn von wirtschaftlicher Stärke.

Lit.: »Beware of squirrels«, The Economist, 11. 1. 1997.

Waldsterben 1
Der deutsche Wald stirbt

Dem deutschen Wald ging es lange nicht so gut wie heute. Mit mehr als 300 Festmetern pro Hektar ist der deutsche Wald einer der holzreichsten in ganz Europa; 10 Millionen Hektar, fast ein Drittel der Republik, sind heute Wald, das ist ein hundertjähriger Rekord, und jedes Jahr kommen netto mehr als 10 Millionen Festmeter Holz dazu.

Und die Bäume werden nicht nur zahlreicher, sondern auch gesünder. Als »deutlich geschädigt« gelten nur noch 20% der Bestände, als »nicht geschädigt« 43% (verglichen mit 36% noch 1991), und bei einer alternativen Messung, wie sie von Forstexperten vorgeschlagen wird, sähen diese Zahlen noch weit besser aus: Bei den aktuellen amtlichen Bestandsaufnahmen z.B. gilt ein Baum schon dann als »schwer geschädigt«, wenn mehr als ein Viertel seiner Nadeln oder Blätter fehlen, obwohl z. B. eine Kiefer problemlos mehr als die Hälfte ihrer Nadeln verlieren kann, ohne an Wachstum und an langfristiger Frische einzubüßen. Würde man also, wie das Bundesforschungsministerium vorschlägt, nur solche Bäume »krank« benennen, die mehr als 45% ihrer Blätter oder Nadeln verloren haben (einen solchen Verlust halten die meisten Forstwissenschaftler für normal und ungefährlich, so wie für die meisten Menschen eine Wintergrippe normal und ungefährlich ist), so bliebe von dem berühmten Waldsterben nicht allzuviel zurück.

Viele Forstexperten bestreiten sogar, daß es ein Waldsterben, d. h. »eine von den bisher bekannten Waldkrankheiten verschiedene, durch kumulativen Streß von Luftschadstoffen und deren Ablagerungen ausgelöste ökosystemare Komplexkrankheit«, je gegeben hat. »Ein allgemeines Waldsterben über das natürliche ›Stirb und Werde‹ hinaus hat nicht stattgefunden und findet nicht statt« (Prof. Otto Kandler, ehem. Direktor des Botanischen Instituts der Universität München). »Es gibt kein globales Waldsterben. Die Absterbequote der Bäume hat sich in den letzten 100 Jahren insgesamt nicht sehr verändert« (Prof. Heinrich Spieker vom Institut für Waldwachstum der Universität Freiburg). »Unter dem Druck und der Verlockung der Öffentlichkeit haben verschiedene Waldsterbeforscher Daten verbreitet, die inzwischen durch Nachuntersuchungen widerlegt sind« *(Neue Zürcher Zeitung)*. Bäume sterben wie die Menschen, und wie die Menschen werden auch die Bäume vorher meistens krank; über 60 Jahre alte Bäume erkranken dreimal so häufig wie ihre jüngeren Artgenossen an Beschwerden aller Art, durch Umweltgifte wie durch umweltunabhängige Faktoren, und wie bei den Menschen treten diese Wehen zuweilen zeitlich und räumlich massenweise in Erscheinung. Aber daraus darf man nicht auf globale Katastrophen schließen, solche lokalen Epidemien kommen und gehen wie anderswo die Grippe.

Lit.: R. Holzberger: Das sogenannte Waldsterben – Zur Karriere eines Klischees, Bergatreute 1996 (zuvor als Dissertation mit dem Preis der Stadt Konstanz für besondere wissenschaftliche Leistungen ausgezeichnet); Deutsche Bundesregierung: Waldzustandsbericht 1996; »Die Bäume wachsen schneller«, Informationsdienst des Instituts der Deutschen Wirtschaft 51–52/1996; B. Müller-Ullrich: »Holzwege und andere Irrtümer«, Süddeutsche Zeitung 207/1996; derselbe: Medienmärchen, München 1996 (besonders das Kapitel »Das Waldsterben – ein Holzweg«); »War das Waldsterben nur ein Hirngespinst?«, Der Spiegel 46/1996.

Waldsterben 2
Das sogenannte Waldsterben ist ein Phänomen des 20. Jahrhunderts

Die ersten urkundlich belegten Beschwerden über »katastrophale Waldzustände« stammen aus der Zeit von Jesus Christus, damals erkannte der griechische Geograph Strabo einen Zusammenhang zwischen dem Absterben von Bäumen in Spanien und dem dort betriebenen Erzbergbau. Im Jahr 1341 wurde im sächsischen Zwickau das Verbrennen von Steinkohle verboten, weil die Abgase die Bäume angegriffen hätten, und schon Mitte des letzten Jahrhunderts wurde wegen der schlechten Waldgesundheit im Thüringer Wald, im Erzgebirge, im Frankenwald und im Fichtelgebirge ein erster Lehrstuhl für Pflanzenchemie eingerichtet, um diese Schäden zu erforschen.

Lit.: O. Kandler: »Vierzehn Jahre Waldschadensdiskussion«, Naturwissenschaftliche Rundschau 11/1994.

Waldsterben 3
Das sogenannte Waldsterben ist eine Folge der Industrialisierung

Abgesehen davon, daß es ein globales Waldsterben nie gegeben hat, auch die vielen heute unbestreitbar kranken Bäume sind oft aus anderen Gründen krank, als manche Medien uns glauben machen wollen: Viren, Pilze, das Wetter (bei großer Trockenheit werfen Bäume zum Wassersparen vorzeitig die Blätter ab), sogar Läuse können großflächig den Wald gefährden. In Großbritannien etwa, dem neben Tschechien am stärksten von Waldschäden betroffenen Land in ganz Europa, ist weder der saure Regen noch die Autolobby noch der Industrieabfall der Auslöser, sondern die aus der Pazifikinsel Sitka eingeschleppte Sitkalaus, die fast die gesamten neuen Forste Schottlands angefallen hat.

Auch das in Deutschland derzeit am meisten geschädigte Waldgebiet, der Nationalpark »Bayerischer Wald« an der Grenze nach Tschechien, ist kein Opfer der Chemie, sondern ein Opfer der Natur, konkret des Borkenkäfers, der auf inzwischen 3000 Hektar Fläche ungestraft – denn der Nationalpark soll sich selbst überlassen bleiben – dem Wald den Garaus machen darf. (Inzwischen verlangen die Anwohner, denen die Feriengäste ausbleiben, wieder vehement nach mehr Chemie und nach der Abkehr von dem 100%-Natur-Prinzip.)

Ein weiterer nichtindustrieller Bösewicht sind Stickoxide aus der Landwirtschaft (chemische Düngemittel, auch Gülle aus der Massentierhaltung). In verschiedenen landwirtschaftlich intensiv genutzten Regionen Niedersachsens werden manche Wälder mit 100 kg Stickstoff pro Jahr und Hektar belastet, ein Zehntel davon würde für das normale Wachstum reichen.

Lit.: K.-F. Wentzel: »Der Wald hat viele Feinde«, Die Welt, 19. 9. 1995; »Der neue Deutsche Wald«, Bild der Wissenschaft 12/1996; C. Ehrenstein: »Vielfach ist das Wetter der größte Feind des Waldes«, Die Welt, 22. 11. 1996; D. Guratzsch: »Wenn die Wälder ›wild‹ werden, zittern die Menschen – Eine neue Form des Baumsterbens beruht auf natürlichen Ursachen«, Die Welt, 4. 11. 1997.

Waldsterben 4
Die falsche Waldsterbenshysterie der 80er Jahre hat wenigstens der Umwelt nicht geschadet

So war etwa im *Spiegel* nachzulesen: Nur den Naturschützern sei es zu verdanken, daß die schlimmsten Warnungen nicht eingetroffen seien, »ohne den massiven Druck der Öffentlichkeit wären nie mit Milliardenaufwand Rauchgasfilter in die Großkraftwerke der Republik eingebaut worden. Und nur die Angst vor dem Waldsterben hat, gegen den Widerstand der Automobilindustrie, die Einführung von Katalysator und bleifreiem Benzin erzwungen.«

Das kann man auch anders sehen. So wurden z. B. durch die Verengung der Waldschadensdebatte auf gewisse Lieblingsbösewichter zahlreiche nützliche forstwirtschaftliche Neuerungen verhindert oder aufgeschoben: »Leider kam es aufgrund der einseitigen Ausrichtung der Waldschadensforschung auf die Verursachung von Waldschäden durch schadstoffbedingten Streß nicht zur notwendigen Intensivierung und Modernisierung der forstpathologischen Forschung« (Kandler). »Vertiefende Untersuchungen über die immer häufiger auch in Laubgehölzen aufgefundenen, für die Forstpathologie noch ›unkonventionellen‹ pflanzenpathogenen Viren und Mykoplasmen wurden nicht weitergeführt, neue Anregungen aus der molekularbiologischen Resistenzforschung nicht aufgegriffen.«

Lit.: »War das Waldsterben nur ein Hirngespinst?«, Der Spiegel 46/1996; O. Kandler: »Vierzehn Jahre Waldschadensdiskussion«, Naturwissenschaftliche Rundschau 11/1994.

Wale
Wale prusten beim Auftauchen Wasser in die Luft

Wale prusten beim Auftauchen nicht Wasser, sondern Luft in die Luft; sie blasen, wenn sie zum Atmen über Wasser kommen, unter großem Druck verbrauchte Luft durch ein enges Atemloch. Dabei dehnt sich diese Luft rasch aus und kühlt durch die Volumenvergrößerung so stark ab, daß der darin enthaltene Wasserdampf kondensiert und als weißer Nebel hochschießt. Dieser sogenannte »Bläst« erreicht eine Höhe von etwa vier Metern, beim Pottwal sogar acht, und dauert durchschnittlich zwei Sekunden. In dieser Zeit atmet ein Wal rund 2000 Liter Luft sowohl aus wie ein.

Lit.: Grzimeks Tierleben, Bd. 11, Stuttgart 1969.

Walnuß
Walnüsse sind Nüsse (s.a. »Erdnüsse«)

Walnüsse sind Steinobst, keine Nüsse. Die wissenschaftliche Botanik meint mit »Nüssen« Früchte, die aus einem einzigen, durch eine harte, stets geschlossene Schale geschützten Samen bestehen, und diese Schale öffnet sich nicht wie bei der Walnuß von alleine, um den Samen in die Umwelt zu entlassen.

Lit.: Stichwort »Nut« in der MS Microsoft Enzyklopädie Encarta, 1994; Stichwort vorgeschlagen von Maren Sylvester und Ralf Kehlenbeck.

Waschbär
Waschbären waschen ihr Futter, um es zu reinigen

Waschbären waschen überhaupt nichts – in der freien Natur kommt das Eintauchen von Gegenständen und Futter ins Wasser, dem der Waschbär seinen Namen verdankt, überhaupt nicht vor. Nur in Gefangenschaft »wäscht« der Waschbär, indem er seine angestaute Jagdlust auf Wasserlebewesen im »Waschen« von Gegenständen entlädt, die der potentiellen Beute aus dem Wasser ähnlich sehen.

Lit.: Grzimeks Tierleben, Bd. 12, Stuttgart 1972.

Wasser
Kaltes Wasser gefriert schneller als heißes

Wenn man bei Frost zwei Eimer mit Wasser in den Garten stellt, einen mit heißem (95 °C) und einen mit kälterem (50 °C) Wasser, so wird der Eimer mit dem heißen Wasser als erster gefrieren. Zwar muß das heiße Wasser einen größeren Temperaturunterschied überwinden, bis es bei 0 °C gefriert, aber dieser Nachteil wird durch die beim Verdampfen erzeugte Kälte mehr als ausgeglichen; außerdem bleibt so weniger Wasser übrig, das gefrieren muß, daß am Ende in dem Eimer mit dem zunächst heißeren Wasser als erstes Eis entsteht.

Lit.: G. S. Kell: »The freezing of hot and cold water«, American Journal of Physics 37, 1969, S. 564–565; Robert L. Wolke: Woher weiß die Seife, was der Schmutz ist? Kluge Antworten auf alltägliche Fragen, München 1998; Stichwort vorgeschlagen von Claudius Schmidt.

Weihnachtsbaum
Weihnachtsbäume sind seit jeher Teil des Weihnachtsfestes (s.a. »Adventskranz«

Für die meisten Mitteleuropäer gehören Weihnachten und Weihnachtsbaum zusammen; solange wir zurückdenken können, hat es an Weihnachten den Weihnachtsbaum gegeben.

Diese Tradition ist aber jünger, als die meisten glauben. Die ersten Christen kannten keine Weihnachtsbäume, auch im Mittelalter, in der Renaissance und in der frühen Neuzeit waren Weihnachtsbäume zur Feier des Weihnachtsfestes unbekannt. Der schon bei den Römern beliebte »mittelwinterliche Grünschmuck« zur Feier der Jahreswende diente eher heidnischen denn christlichen Gebräuchen, noch 1494 geißelte Sebastian Brant in seinem »Narrenschiff« das Aufstecken von Tannenzweigen als verdammenswerten Aberglauben.

Weihnachtsbäume gab es bis zum 16. Jahrhundert, falls überhaupt, auch nur außerhalb der Häuser. Und selbst das war der Obrigkeit noch lange Zeit ein Dorn im Auge: »Nachdem wir in Erfahrung kommen, sie daß umb Weihnachten in den Dörfern mit Ihren Hörnern blasen, mit dem Vorgeben, sie bliesen den Heiligen Christ herab, daß einige Bäume mit Kränzen aufgerichtet werden, so sie Lose-Bäume nennen, um welche das junge Volk ranzert und viel Unfug dabey treibet«, ließ Kurfürst Friedrich III. von Brandenburg

1693 von den Kanzeln verkünden, daß solches Treiben »bey Vermeidung fiskalischer Inquisistion« hinfort verboten sei; die lokale Obrigkeit hätte »die Verbrecher ernstlich zu bestrafen«.

Die ersten Weihnachtsbäume im modernen Sinn, geschmückte Tannen in der guten Stube, findet man bei handwerklichen Zünften. Eine Bremer Zunftchronik von 1570 etwa berichtet von einem im Zunfthaus aufgestellten »Dattelbäumchen«, einem kleinen, mit Äpfeln, Nüssen, Datteln und Papierblumen behängten Tannenbaum, den die Kinder der Zunftgenossen zu Weihnachten abschütteln durften, und aus dem Jahr 1597 weiß man von einem Umzug der Schneidergesellen von Basel, die einen großen Baum voll Äpfel und Käse umhertrugen und dann in ihrer Herberge aufstellten und plünderten. Aus diesen Zunftgebäuden und Gesellenunterkünften fand der Weihnachtsbaum dann peu à peu den Weg auch in private Häuser, wenn auch nur sehr zögerlich, und gegen den Widerstand von Obrigkeit und Kirche, und auch nur in den Städten. Vor allem hohe Beamte, reiche Bürger, und dann auch der Adel und die Fürsten schätzten diese »Erscheinung eines aufgeputzten Baumes mit Wachslichtern, Zuckerwerk und Äpfeln« (so Goethe in seinem »Werther«), zunächst in Deutschland, dann auch im übrigen Europa. 1816 brachte eine nassauische Prinzessin den ersten Weihnachtsbaum nach Wien, andere Fürstenkinder verbreiteten ihn in Rußland, Norwegen und Dänemark, 1820 finden sich die ersten Weihnachtsbäume in den Adelspalästen von Paris, und mit dem Prinzen Albert, dem Mann der Königin Viktoria, überquert der Weihnachtsbaum dann 1841 den Kanal. Aber ein echter Volksbrauch ist er nie gewesen, bis Mitte

Unter dem Weihnachtsbaum trafen sich bis Mitte des 19. Jahrhunderts vor allem die Fürsten und die Reichen

des letzten Jahrhunderts waren es weltweit vor allem die Reichen und die Fürsten, die sich unter Weihnachtsbäumen trafen.

Zum allgemeinen, alle Kreise der Gesellschaft vereinenden Festsymbol wurde der Weihnachtsbaum erst spät, und durch ein gar nicht friedliches Ereignis: den Krieg von 1870/71. Am Heiligabend des Kriegswinters ließen die überwiegend aristokratischen deutschen Heerführer in vielen Lazaretten und Quartieren Weihnachtsbäume aufstellen, um auch das Fußvolk etwas festlicher zu stimmen, und auf diese Weise, durch eine Order von oben, wurden auch die niederen Stände mit dem Weihnachtsbaum bekannt. Die bemerkenswerten Zeiten, Heimweh, Friedenssehnsucht, Stolz und deutscher Chauvinismus – »alles waberte nun im weihnachtlichen Lichterglanz« – sorgten dafür, daß die heimgekehrten Sieger diese Weihnachtsbäume hinfort nicht nur am Hof des Kaisers, sondern auch in Arbeiter- und Bauernstuben strahlen ließen.

Lit.: Ingeborg Weber-Kellermann: Das Weihnachtsfest – Eine Kultur- und Sozialgeschichte der Weihnachtszeit, Luzern 1978; Stichwort »Christmas« in der MS Microsoft Enzyklopädie Encarta, 1994.

Weimarer Republik
Die Weimarer Republik endete mit der Machtübernahme durch die Nazis 1933

Die Weimarer Republik als »Republik« war 1933 längst gestorben; schon das im März 1930 ernannte Kabinett Brüning respektierte nur noch dem Schein nach die Verfassung; es regierte »mit quasi-diktatorischen Vollmachten und mit dem heimlichen Auftrag, den Übergang zu einem konservativ-autoritären, parlamentsunabhängigen Regime zu vollziehen« (Haffner), und auch die nachfolgenden Kabinette von Papen und Schleicher regierten mit Notverordnungen und Notstandsgesetzen großenteils am Parlament vorbei. Als Reichskanzler Hindenburg daher im Januar 1933 die Republik in die Hände Hitlers legte, übergab er im wesentlichen eine Leiche.

Lit.: Sebastian Haffner: Anmerkungen zu Hitler, München 1978.

Weißwein
Weißwein wird aus weißen Trauben hergestellt

Wahr ist: Rotwein wird aus roten Trauben hergestellt. Aber Weißwein wird sowohl aus roten wie aus weißen Trauben hergestellt. Bei der Produktion von Rotwein kommen die im sogenannten Einmaischapparat zerquetschten Trauben mitsamt den Hülsen in den Gärbehälter (vor allem diese Hülsen sorgen für die rote Farbe). Bei der Produktion von Weißwein dagegen werden die Hülsen (= Trester) vor dem Gären mittels einer Traubenmühle ausgeschieden; der so erzeugte Wein wird auch bei roten Trauben weiß.

Lit.: Hugh Johnson: Der große Weinatlas, 24. Auflage, Bern 1992; Stichwort vorgeschlagen von H. van Maanen.

Werkzeug
Die Verwendung von Werkzeug unterscheidet den Menschen von den Tieren

Viele Tiere benützen »Werkzeuge«: Insekten werfen Sand auf Beutetiere, um diese an der Flucht zu hindern, Fische spucken auf Fliegen (die dann ins Wasser fallen und gefressen werden), der Oktopus nutzt Steine, um Muscheln aufzubrechen, auch Vögel verwenden Steine, um Beuteeier aufzuschlagen, Elefanten verwenden Baumzweige als Fächer oder Fliegenklatsche, Bären angeln mit Stöcken nach Früchten hoch in Bäumen usw.

Auch Tiere arbeiten mit Werkzeugen

In den meisten dieser Fälle nutzen Tiere Dinge, die sie finden oder die sie, wie der Fisch die Spucke, mit sich führen. Aber es gibt auch Tiere, die ihre Werkzeuge selber herstellen: Gewisse Krähen etwa können mit ihrem Schnabel kurze Zweige zu Haken biegen, mit denen sie dann in Baumlöchern nach Beute stochern.

Lit.: B. Beck: Animal tool behavior – The use and manufacture of tools by animals, New York 1980; C. R. Hunt: »Manufacture and use of hook-tools by New Caledonian crows«, Nature 379, 1996, S. 249–251; »Something to crow about«, The Economist, 20. 1. 1996.

Wessis
»Ossis« und »Wessis« gibt es erst seit dem Fall der Mauer

Schon lange vor dem Fall der Mauer hießen die »alten« Bundesbürger bei den DDR-Bewohnern »Wessis« – ein Ausdruck sowohl von Abwertung wie Neid: »Die Wessis kommen hierher mit ihren dicken Mercedessen und machen den dicken Molly.« Mit dem Fall der Mauer 1989 entstand dann auch als Gegenstück der Ossi.

Stichwort vorgeschlagen von Alfredo Grünberg.

Westminster Abbey
Die Westminster Abbey in London ist eine Abtei

Der letzte Abt hat die Westminster Abbey vor mehr als 400 Jahren verlassen; seit 1560 heißt die Kirche »Collegiate Church of St. Peter in Westminster«.

Wiener Walzer
Der Wiener Walzer kommt aus Wien

Der Wiener Walzer kommt aus Bayern, dort wird Mitte des 18. Jahrhunderts ein sogenannter Drehtanz im Dreivierteltakt zum ersten Mal erwähnt.

Lit.: Das Große Hör-Zu Buch der Erfindungen, Frankfurt a. M. 1987.

Wiener Würstchen
Wiener Würstchen kommen eigentlich aus Frankfurt

Ein weiterer Irrtum, dem wir selber bis vor kurzem angehangen haben. Denn in Wien selber heißen die Wiener Würstchen »Frankfurter« – aber nicht, um die wahre Herkunft dieses Fleischproduktes zu benennen (diese Würste sind tatsächlich in Wien erfunden worden), sondern zu Ehren eines Metzgers (österreichisch Fleischhauer) namens Frankfurter, der sie als erster seinen Kunden offerierte.

Stichwort vorgeschlagen von Matthias Bischoff.

Wigwam
Ein Wigwam ist ein Zelt

Hier irrt sich die Karl-May-Gemeinde. In der Sprache der Algonkin-Indianer ist ein Wigwam eine »Wohnung«, eine ortsfeste Rundhütte aus Holz und Matten. Indianer auf der Wanderschaft schlafen nachts in »Tepes«.

Lit.: W. Lindig: Die Kulturen der Eskimo und Indianer Nordamerikas, München 1972.

Windenergie
Windenergie ist eine reale Alternative zu Kohle und Atomkraft

Windenergie wird niemals in der Lage sein, die herkömmliche Stromerzeugung auch nur ansatzweise zu ersetzen. Selbst wenn sämtliche verfügbaren freien Flächen in der Bundesrepublik mit Windrädern bepflastert würden, könnte Windenergie nur 12% des aktuellen Stromverbrauchs von 480 Milliarden Kilowattstunden pro Jahr erzeugen.

In der Praxis tritt die Ausbreitung der Windturbinen aber schon viel früher auf Probleme: Welche Gemeinde will schon ihr gesamtes Umland für Turbinen opfern? Um die angestrebten 12% tatsächlich zu erreichen, wären 40mal mehr Windturbinen nötig, als schon heute republikweit ihre Flügel drehen; das wäre nur möglich, wenn der gesamte »beplanbare« Außenbereich aller deutschen Städte und Gemeinden allein für Windräder verwendet würde. Nach Schätzung von Experten wird also der Anteil der Windenergie an der deutschen Stromerzeugung auch auf lange Sicht die aktuellen drei Promille nie um große Margen übersteigen.

Lit.: Otfried Wolfrum: »Der große Schwindel – Deutschland leistet sich hohe Subventionen für einen energiepolitischen Irrweg«, Frankfurter Allgemeine Zeitung, 24. 10. 1996.

Winterpalais

Das Winterpalais in St. Petersburg wurde von den Bolschewisten erstürmt (s.a. »Oktoberrevolution 2« sowie in Band 1 »Bastille«)

Der Sturm auf das Winterpalais ist die russische Version des Sturms auf die Bastille: ein heldenhafter Angriff auf die letzte Bastion einer abgedankten, vom Fortschritt überrollten Klasse.

In Wahrheit wurde das Winterpalais genau wie die Bastille friedlich übergeben. In der Nacht vom 6. auf den 7. November 1917 moderner Zeitrechnung (nach dem alten russischen Kalender die Nacht vom 24. auf den 25. Oktober) hatten die Anhänger Lenins, ohne auf nennenswerten Widerstand zu stoßen, die Bahnhöfe, Postämter und Brücken St. Petersburgs besetzt, es fehlte nur noch der sogenannte »Winterpalast«, in dem die im Juli 1917 ernannte und von ein paar Dutzend Kadetten, einer Kosakenkompanie und einem Frauenbataillon beschützte provisorische Regierung Kerenski residierte.

Am Morgen des 7. November erklärt Lenin diese Regierung für abgesetzt; er fordert die im Winterpalast versammelten Minister Kerenskis auf, sich zu ergeben. Da keine Antwort kommt, versuchen einige Bolschewisten, das Palais zu stürmen, ziehen sich aber bei der ersten Gegenwehr zurück. Gegen Abend des 7. November schießt auch noch der Kreuzer *Aurora* eine Salve Übungsmunition auf den Palast, unterstützt von Geschützen aus der nahegelegenen Peter-und-Pauls-Festung, die aber den Palast nicht treffen (nur zwei von mehr als 30 Schüssen gehen, ohne großen Schaden anzurichten, auf dem Palastgelände nieder). Auch einige Abteilungen von Lenins Roten Garden dringen während der Feuerpausen in den Palast, ergeben sich aber sofort, als sie auf bewaffnete Kadetten stoßen.

Mittlerweile beschließen die Verteidiger, durch das Ausbleiben des Ministerpräsidenten entmutigt, der am Morgen zwecks Heranholen von Hilfe den Palast vermummt verlassen hatte, ihre Gegenwehr einzustellen; die militärischen Einheiten lösen sich auf, die Kosaken und die Kanoniere eines auf dem Palastgelände aufgestellten Geschützes verlassen das Gelände und tauchen in der Menge unter. Nur noch das Frauenbataillon und einige Kadetten bleiben, ohne Gegenwehr zu leisten, in den Mauern des Palastes.

Durch das ausbleibende Gegenfeuer ermutigt, nähern sich spätabends Rote Garden und Matrosen dem Gelände; durch offene Fenster und unverschlossene Tore tasten sie sich, ohne auf Gegenwehr zu stoßen und ohne daß es Kämpfe gibt, zu den im sogenannten Malachitsaal versammelten Ministern Kerenskis vor und nehmen diese fest. Und erst als klar ist, daß keine Gefahr mehr droht, stürmt dann auch der Mob die Räume, zertrümmert die Möbel, trinkt den Rotwein der Regierung und feiert, nicht ohne vorher einige Frauen der Wachmannschaft vergewaltigt zu haben, seine großen Heldentaten.

Lit.: Peter Preis: Die Russische Revolution, Berlin 1992; Stichwort vorgeschlagen von Alfredo Grünberg.

Winterschlaf 1
Tiere schlafen während des Winterschlafes

Nicht alle. Nach Meinung des amerikanischen Physiologen Brian Barnes verhindert die große Kälte zuweilen geradezu das Schlafen – die Tiere frieren, ohne Hirnsignale oder Atmung zu zeigen, einfach ein, aber das erstarrte Gehirn kann gerade wegen dieser Erstarrung nicht auf normale Weise schlafen. Deshalb steigert z. B. das arktische Backenhörnchen ein- bis zweimal während der Wintermonate seine Körpertemperatur, dabei mehr als 80% des gespeicherten Körperfetts verbrauchend, nur um sich einmal richtig auszuschlafen.

Lit.: DeutschlandRadio Newsletter, Wissenschaft und Forschung, 31. 8. 1996.

Winterschlaf 2
Bären halten Winterschlaf

Bären dösen im Winter vor sich hin, halten aber keinen »echten« Winterschlaf; ihre Körpertemperatur sinkt um einige Grad, aber sie reagieren weiterhin auf Umweltreize und können bei Gefahr auch fliehen. Zudem kommen ihre Jungen gewöhnlich im Winter zur Welt und werden dann natürlich auch gesäugt.

Lit.: Grzimeks Tierleben, Bd. 12, Stuttgart 1972.

Wolfsburg
Die Stadt Wolfsburg hieß schon immer Wolfsburg

Das heutige Wolfsburg wurde am 1. Juli 1938 durch Zusammenlegen mehrerer Gemeinden als »Stadt des KdF-Wagens« gegründet. Diesen Namen behielt die Stadt bis 1945, dann wurde sie auf Antrag der ersten, noch von der britischen Militärregierung eingesetzten Stadtverordnetenversammlung in »Wolfsburg« umgetauft.

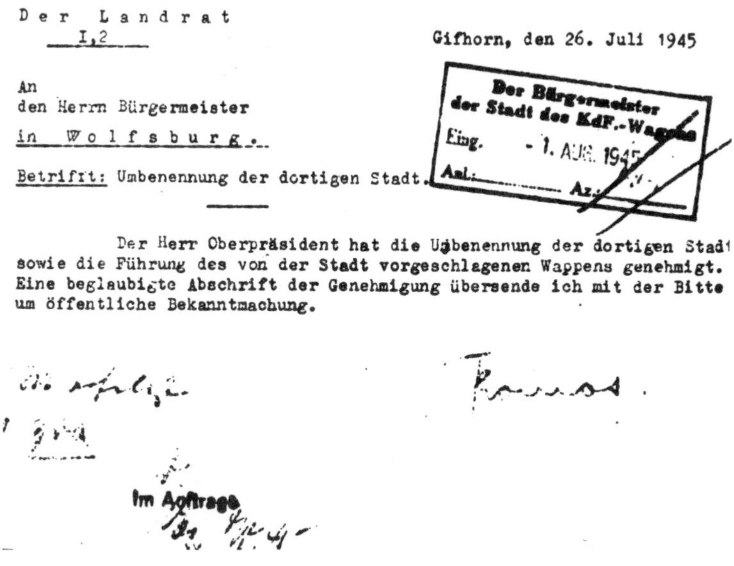

Der Landrat
I,2

Gifhorn, den 26. Juli 1945

Der Bürgermeister der Stadt des KdF.-Wagens
Eing. - 1. AUG. 1945
Anl.: Az.:

An
den Herrn Bürgermeister
in Wolfsburg.

Betrifft: Umbenennung der dortigen Stadt.

Der Herr Oberpräsident hat die Umbenennung der dortigen Stadt sowie die Führung des von der Stadt vorgeschlagenen Wappens genehmigt. Eine beglaubigte Abschrift der Genehmigung übersende ich mit der Bitte um öffentliche Bekanntmachung.

Im Auftrage

Umtaufen – einfach gemacht

Wolkenkratzer 1
Die höchsten Wolkenkratzer gibt es in den USA

Die derzeit höchsten Wolkenkratzer gibt es in Malaysia. Die Petronas Towers in Kuala Lumpur sind mit 450 Meter sieben Meter höher als der Sears Tower, der höchste amerikanische Wolkenkratzer in Chicago. (Aber während dieses Buch gedruckt wird, wächst in Chungking in China der Chungking Tower mit 457 Metern seinem Richtfest zu.)

Lit.: »Die Himmelsstürmer«, Zug 1/1997.

Wolkenkratzer 2
Bei starkem Wind schwingen Wolkenkratzer mehrere Meter hin und her

Der derzeit höchste Wolkenkratzer

Anders als viele glauben, schwingen Schornsteine, Fernsehtürme und Wolkenkratzer selbst bei starkem Wind kaum hin und her. Das neue Commerzbank-Hochhaus in Frankfurt am Main z. B. weist an der Kühlturmspitze (56. OG) eine maximale Horizontalverformung von 44 cm auf, und das auch bei Stürmen, die in Deutschland einmal alle hundert Jahre blasen.

Das innerhalb von großen Gebäuden gelegentlich beobachtete Schwingen ähnelt mehr dem Surren einer Gabelzinke: Milde Vibrationen des Gebäudes werden im Innern zu größeren Ausschlägen verstärkt. So entsteht irrtümlich der Eindruck, das gesamte Gebäude schwinge mehrere Meter hin und her.

Lit.: Wilfried Ladberg: »Commerzbank-Hochhaus Frankfurt/Main, Planung, Fertigung und Montage der Stahlkonstruktion«, Stahlbau 65, 1996, Heft 10.

Würfel
»Die Würfel sind gefallen«, sprach Cäsar am Rubikon

Diesen Satz hat Cäsar weder so gesagt noch so gemeint. Der Historiker Plutarch, dem wir diese Anekdote verdanken, berichtet diesbezüglich so: »Als Cäsar den Fluß erreichte, der das diesseits der Alpen gelegene Gallien vom übrigen Italien trennt – er heißt Rubikon –, kamen ihn Bedenken an; er stand nun unmittelbar vor der ungeheuren Tat, und ihn schwindelte vor der Größe des Wagnisses. Er ließ den Zug anhalten; lange überdachte er, in sich selbst versunken, schweigend seine Entscheidung, das für und wider abwägend, und wendete seine Entschlüsse in dieser Zeit noch viele Male hin und her. Lange erörterte er sie auch mit den Freunden in seinem Gefolge und überschlug, wieviel Unglück für die Menschheit von diesem Übergang ausgehen werde, und welches Urteil sie der Nachwelt wohl hinterlassen würden. Schließlich riß er sich mit einer leidenschaftlichen Aufwallung von den Bedenken los, dem Kommenden entgegen, und sprach die Worte all jener, die sich auf ungewisse Schicksale und Wagnisse einlassen: Anèrriptho kybos, hochgeworfen sei der Würfel!«

Dieses »Anèrriptho kybos« war ein Halbvers des von Cäsar hoch verehrten griechischen Dichters Menander; er wurde, falls überhaupt, auf griechisch ausgesprochen und später – falsch – mit »alea iacta est« im Sinne von »die Entscheidung ist gefallen« übersetzt. Zwar war eine Entscheidung in der Tat gefallen, aber das nochmals eigens zu betonen, wäre Cäsar vermutlich überflüssig vorgekommen. Dieser Spruch, sofern denn überhaupt gefallen, war eher als ein Ausdruck von Fatalismus zu verstehen: Ab jetzt ist mir die Sache aus der Hand genommen, alles weitere wird das Schicksal zeigen.

Lit.: »Hochgeworfen sei der Würfel: Cäsars Übergang über den Rubikon am 11. Januar 49 v. Chr.«, Neue Zürcher Zeitung, 10. 1. 1997; Stichwort vorgeschlagen von Hans Riedwyl.

Wüste 1
In der Wüste droht die größte Gefahr durch das Verdursten

In der Wüste droht die größte Gefahr durch das Ertrinken; in der Sahara z. B. sind bisher weit mehr Menschen ertrunken als verdurstet …

In der Wüste regnet es selten, aber heftig. Dann stürzen sich diese unverhofften Fluten durch Täler, von denen man nicht ahnte, daß hier jemals Wasser fließen könnte, auf all die ahnungslosen Menschen, die sich aus welchen Gründen auch immer gerade in diesen Tälern aufhalten, und ertränken jeden, der keine Zeit mehr hat zu fliehen. Auf diese Weise sind an einem einzigen Wochenende 1995 in der Sahara mehr als 300 Urlauber ertrunken.

Da diese Wolkenbrüche oft nur lokal begrenzt herniedergehen, hat der Tourist 10 bis 20 km weiter von dieser Wasserwelle keine Ahnung: »Es kann vorkommen, daß man am Rande eines seit Jahren ausgetrockneten Wadis steht und plötzlich ein Brausen vernimmt, das rasch zu einem gurgelnden Donner anschwillt«, lesen wir in einem Geographie-Lehrbuch für die deutschen Schulen. »Plötzlich erblickt man eine 2 m hohe Wasserwand, die aus einer Biegung des Wadis herausschießt. Schon steht man am Rande eines entfesselten Wildflusses, der alles mit sich reißt.«

Lit.: H.-G. Kranke und L. Rother (Hrsg.): Terra – Erdkunde 7, Stuttgart 1985; Geo-Spezial: Sahara, 1992; J. Wetzel (Hrsg.): Seydlitz – Geographie 3, Hannover 1995; »Hunderte Urlauber ertranken in der marokkanischen Wüste«, Badische Neueste Nachrichten, 21. 8. 1995; Stichwort vorgeschlagen von Jürgen Kloppenburg.

Wüste 2
Niemand hört den »Rufer in der Wüste«

Im Gegenteil, das ganze Volk kommt angelaufen. »Eine Stimme ruft in der Wüste: Bereitet dem Herrn den Weg! Ebnet ihm die Straßen!« verkündet der Prophet Jesaja. Und als Johannes der Täufer dann tatsächlich in die Wüste von Judäa zieht und ausruft: »Kehrt um! Denn das Himmelreich ist nahe« (Matthäus 3,2), da ist sein Rufen nicht vergeblich: »Die Leute von Jerusalem und ganz Judäa zogen zu ihm hinaus; sie bekannten ihre Sünden und ließen sich von ihm taufen.«

Lit.: Die Bibel – Einheitsübersetzung, Stuttgart 1980; Stichwort vorgeschlagen von H. van Maanen.

X

»Ich weiß, daß ich nichts weiß.«
Sokrates

Xanthippe
Xanthippe war eine Xanthippe

»Außerdem möchte ich mit der Verleumdung der Xanthippe als zänkisches Weib aufräumen«, schreibt uns Ricarda Langner-Fröhlecke. »Sokrates, der so in den Himmel gehoben wird, hat sich einen Dreck um seine Kinder gekümmert, ob sie was zum Essen und Anziehen hatten, er hat lieber diskutiert.«

Soweit noch heute festzustellen ist, hat sich Sokrates tatsächlich nicht allzuviel um Haus und Hausarbeit gekümmert. Aber anders als in vielen Anekdoten überliefert, lebte er mit seiner Xanthippe in einer durchaus harmonischen Beziehung, die Schüler des Sokrates (Plato, Xenophon), die Xanthippe kannten, haben uns von ihr nichts Negatives überliefert. Ihren schlechten Leumund hat Xanthippe wohl durch die 423 v. Chr. entstandene und das Leben des Sokrates verspottende Komödie »Die Wolken« des Aristophanes bekommen; aber schon damals waren die Wahrheit und die dichterische Freiheit nicht immer unter einen Hut zu bringen ...

Lit.: H. Erbse: »Sokrates im Schatten der aristophanischen Wolken«, Hermes 82, 1954; G. Martin: Sokrates in Selbstzeugnissen und Bilddokumenten, Reinbek 1967.

Z

»Denn indem wir die Irrtümer unserer Vorfahren einsehen lernen, so hat die Zeit schon wieder neue Irrtümer erzeugt, die uns unbemerkt umstricken.«
Goethe, Schriften zur Kunst

Zählen
Bill Gates kann sein Vermögen zählen

Nicht in Dollarscheinen, und auch nicht in 10-Dollar-Scheinen. Wenn man für das Aufsagen von Zahlen unter einer Milliarde grob eine Sekunde pro Zahl und für Zahlen über einer Milliarde vier Sekunden pro Zahl rechnet, braucht man für 28 Milliarden Dollar – das ist der aktuelle Kontostand von Bill Gates – beim Zählen ohne Unterbrechung 3433 Jahre.

Stichwort angeregt von Werner Helbig.

Zahnplomben
Manche Menschen können mit ihren Plomben Radio empfangen

So hört und liest man immer wieder. »In diesen harten Zeiten«, so schrieb die *New York Times* über einen in Brasilien lebenden Ukrainer, der sich über ständigen Radioempfang im Kopf beklagte, »in denen viele sich ein Radio wünschen, es sich aber nicht leisten können, sollte dieser Ukrainer eigentlich sehr froh sein.«
In Wahrheit ist aber der Radioempfang über Zahnplomben so unwahrscheinlich, daß dergleichen Anekdoten als Erfindungen bezeichnet werden müssen. Denn um die Radiosignale richtig zu empfangen, braucht man nicht nur eine Antenne (dazu wäre eine Plombe, wenn auch reichlich klein, gerade noch geeignet), man braucht auch einen sogenannten Demodulator, der die schnell schwingenden Radiowellen wieder in die viel langsamer schwingenden akustischen Signale rückübersetzt. Dazu müßte irgendwo im Mund erstens eine Diode zum Übersetzen und zweitens ein Laut-

sprecher zum Verstärken der Signale existieren, und das erscheint dann doch sehr unwahrscheinlich. Auch wenn durch unterschiedliche Metalle bei Zahnfüllungen mit halbleitenden Oberflächen eine Art Diode denkbar wäre – es fehlen immer noch die Töne, alle diese Berichte vom Radio im Mund sind höchstwahrscheinlich frei erfunden.

Eher ist schon denkbar, daß durch eine zufällige Zusammenstellung von Küchengeräten ein primitives Radio entsteht. So führen parapsychologische Beratungsstellen gewisse »Geisterstimmen« in der Küche auf elektrische Wechselwirkungen zwischen Töpfen und Herdplatten zurück ...

Lit.: Christoph Drösser: »Stimmt's?«, Die Zeit, 28. 11. 1997; Stichwort angeregt von Christian Kleiber.

Zecken 1
Zecken lassen sich von Bäumen aus auf Menschen fallen

Die als Verbreiter von Bakterien und Viren viel gefürchteten Zecken übertragen sowohl Virusleiden, wie die sogenannte Frühsommer-Meningo-enzephalitis (lebensgefährlich), als auch Bakterieninfektionen wie die sogenannte Wanderröte, deren Erreger sich zuweilen über das Lymph- und Blutsystem im ganzen Körper ausbreiten (Borreliose). Aber anders als viele glauben leben diese Zecken in der Nähe des Bodens, im Unterholz, auf Gräsern oder Sträuchern. Gefährlich ist also nicht das Spazieren unter Bäumen, sondern das Wandern durch die Wiese.

Lit.: IMMUNO GmbH (Hrsg.): Zecken – Schützen Sie sich und Ihre Familie, Broschüre, Heidelberg 1996; »Folgenreicher Biß eines Spinnentiers«, Die Welt, 25. 6. 1997.

Zecken 2
Zecken sollte man aus der Haut herausdrehen

Der Stachel der Zecke hat kein Gewinde, sondern Widerhaken; wer also nach einem Waldspaziergang ein solches Tier an seiner Haut entdeckt, sollte es möglichst bald, am besten mit einer Pinzette, ohne zu drehen herausziehen. Und vorher auch nicht mit Öl oder Nagellack oder ähnlichen Chemikalien betupfen, wie öfters geraten: »Dies versetzt die Parasiten in Streß. Sie stülpen ihren Darminhalt in die Wunde aus«, so gelangen die Krankheitserreger erst recht in unser Blut.

Lit.: »Impfung schützt vor den Folgen eines Zeckenstichs«, Welt am Sonntag, 25. 5. 1997.

Zeppelin
Mit Zeppelinen reiste man bis zur Lakehurst-Katastrophe besonders sicher

Zeppeline waren nie besonders sicher; die meisten endeten durch Unfälle oder andere Katastrophen.

LZ1: Der erste deutsche Zeppelin. Mußte bei seiner Jungfernfahrt am 2. Juli 1900 nach 18 Minuten notwassern. Auch die zweite Fahrt am 17. Oktober mußte nach knapp einer Stunde wegen Motorschadens abgebrochen werden (ein Mechaniker hatte destilliertes Wasser statt Benzin in einen Tank gefüllt). Nach einer dritten und einer letzten, vierten Fahrt von 23 Minuten bzw. 77 Minuten Dauer wird das Luftschiff abgewrackt.

LZ2: Wird auf seiner ersten und zugleich letzten Fahrt total zerstört. Wegen Motorschadens war der Zeppelin manövrierunfähig geworden und hatte notankern müssen; ein Gewittersturm läßt nur noch das Gerippe übrig.

LZ4: Wird auf der Fahrt von Straßburg zum Bodensee zur Notlandung gezwungen, verbrennt in einem Gewitter.

LZ5: Strandet während eines Sturms bei Weilburg an der Lahn und wird abgewrackt.

LZ6: Verbrennt in der Halle, als Maschinisten eine Gondel mit Benzin zu säubern suchen.

LZ7: Muß auf seiner zweiten Fahrt im Teutoburger Wald notlanden und ist nicht mehr zu benutzen.

LZ8: Wird beim Ausfahren aus der Halle von einer Bö erfaßt und schwer beschädigt. Danach abgewrackt.

LZ10: Rammt nach einem Jahr Betrieb die Hallenwand und verbrennt.

LZ11: Bricht beim Einfahren in die Halle auseinander und wird abgewrackt.

LZ14: Versinkt während eines Gewitters mit 14 Mann Besatzung in der Nordsee.

LZ15: Wird bei einer Notlandung total zerstört.

LZ18: Explodiert aus ungeklärten Gründen in der Luft, alle 14 Besatzungsmitglieder sterben.

LZ19: Muß während eines Gewitters notlanden, wird wegen irreparabler Schäden abgewrackt.

LZ20: Muß wegen Gasverlustes notlanden, wird von den Russen demontiert.

Von diesen ersten 20 Zeppelinen starben nur 6 im Bett, wenn dieser Ausdruck hier einmal gestattet ist: LZ3, 9, 12, 13, 16 und 17; sie wurden nach Ende ihrer Dienstzeit ausgemustert. Alle anderen ende-

Das traurige Ende eines gar nicht so sicheren Fortbewegungsmittels

ten durch Unfälle oder Katastrophen (und zwar zivile Katastrophen, denn auch die im Ersten Weltkrieg havarierten Zeppeline aus der obigen Liste wie etwa LZ20, der bei der Schlacht von Tannenberg als Aufklärer fungierte, haben ohne Feindeinwirkung ein Ende gefunden).

Auch nach dem Ersten Weltkrieg waren Zeppeline nie besonders sicher:

August 1921: Das englische Luftschiff R38 bricht während eines Testflugs auseinander; 44 Tote.

Februar 1922: Das italienische Luftschiff »Roma«, frisch von den USA gekauft, stürzt noch in seiner alten Heimat ab; 34 Tote.

Dezember 1923: Das französische Luftschiff »Dixmude« (ehem. LZ114) stürzt während eines Gewitters ins Mittelmeer; 52 Tote.

April 1930: Das amerikanische Luftschiff »Akron« stürzt bei einem Sturm ins Meer; 73 Tote.

Oktober 1930: Das englische Luftschiff R101 fährt gegen einen Berg; 44 Tote.

Und dann kam der Mai 1937, als das deutsche Luftschiff »Hindenburg« bei Lakehurst Feuer fängt und verbrennt. Obwohl es dabei weit weniger Tote gibt als bei vielen vorausgegangenen Katastrophen (»nur« 36 Menschen mußten dabei sterben), ist damit die Zeppelin-Luftfahrt erst einmal beendet (denn diesmal war die Wochenschau zugegen).

Lit.: D. Botting: Die Geschichte der Luftfahrt – Die Luftschiffe, Eltville 1993; P. Meyer: Luftschiffe – Die Geschichte der deutschen Zeppeline, Bonn 1996.

Zellen
Zellen sind winzig

Zellen sind die kleinsten Bauteile von Menschen, Pflanzen oder Tieren (die kleinsten vermehrungsfähigen Einheiten), die Atome des Lebens sozusagen. Ein erwachsener Mensch besteht aus rund 10 Billionen (= 10 Millionen Millionen Zellen) ein Einzelexemplar ist in der Tat mit bloßem Auge meistens nicht zu sehen.

Aber es gibt auch bis zu einem Meter lange Zellen, etwa lange Nervenzellen im Rückenmark von großen Säugetieren, oder runde Zellen von der Größe eines Tennisballs, wie beispielsweise das Gelbe eines Straußeneis (ganz allgemein besteht das Gelbe eines Vogeleis immer nur aus einer Zelle).

Lit.: dtv-Atlas zur Biologie, München 1971; Stichwort »Zelle« in der Brockhaus Enzyklopädie, Wiesbaden 1990.

Zeter und Mordio

Das »Zeter« in dieser Redewendung kommt nicht von »zetern« (= jammernd schimpfen), es leitet sich ab vom englischen »aid her« = helft ihr.

Lit.: Das Deutsche Wörterbuch, München 1985; Stichwort angeregt von Alfredo Grünberg.

Zigeuner
»Zigeuner« gilt unter Zigeunern als ein Schimpfwort

Zigeuner nennen sich auch selbst »Zigeuner«; anders als die politisch korrekten deutschen Medien meinen, fühlen sich diese »Angehörigen eines weitverbreiteten Wandervolkes« (Deutsches Wörterbuch) durch diesen Ausdruck nicht beleidigt. Der Ausweis, den die internationale »Zigeunerunion« in Französisch, Deutsch und Englisch ausstellt, sagt ganz deutlich: »Dieser Personalausweis ist gültig für alle Zigeuner der Welt.«

Auch von Nichtzigeunern wurde das Wort »Zigeuner« einstmals eher positiv gesehen: Es leitet sich höchstwahrscheinlich – die Herkunft ist nicht ganz geklärt – von der im Byzantinischen Reich verbreiteten Sekte der »Attiganoi«, der »Unberührbaren« ab, die diesen Namen wegen ihrer strengen körperlichen Reinheit hatten; weil man bei ihnen ähnliche rituelle Reinheitsrituale vermutete, ging dann der Name auf die heutigen »Zigeuner« über.

Lit.: Das Deutsche Wörterbuch, München 1985; Stichwort »Sinti und Roma« in der Brockhaus Enzyklopädie, Wiesbaden 1990; Stichwort angeregt von Alfredo Grünberg.

Zinsen
Ein Wertpapier mit 5% Zinsen bringt nur ein Viertel mehr Ertrag als ein Wertpapier mit 4% Zinsen

So denkt mancher Klein- und Nicht-so-klein-Anleger, und sagt: Wegen dieser kleinen Differenz das gute alte Sparbuch auflösen, statt dessen Staatsanleihen oder andere Papiere kaufen? Diese Mühe lohnt sich nicht.

Von solchen Menschen leben unsere Banken. Die folgende Tabelle zeigt, wie sich 100 Mark bei 4% und bei 5% Verzinsung im Lauf der Zeit vermehren:

Wert einer Anlage von DM 100,– bei jährlicher Reinvestition der ausgezahlten Zinsen

	bei 4% Verzinsung	bei 5% Verzinsung
nach einem Jahr	DM 104,–	DM 105,–
nach zwei Jahren	DM 108,16	DM 110,25
nach fünf Jahren	DM 121,67	DM 127,63
nach zehn Jahren	DM 148,02	DM 162,89
nach 50 Jahren	DM 710,67	DM 1.146,74
nach 100 Jahren	DM 5.050,49	DM 13.150,13

Mit anderen Worten, auf lange Sicht sind die Konditionen unserer Geldanlagen alles andere als unerheblich; der scheinbar winzige Schritt von 4 auf 5 Prozent bedeutet für unsere Erben weit mehr als eine Erhöhung der Rendite um ein kleines Viertel, er kann nach wenigen Jahrzehnten den Gesamtertrag verdoppeln.

Zitronen
Zitronen sind sauer

Ein Pfund Zitronen enthält mehr Zucker als ein Pfund Erdbeeren.

Zölibat
Das Zölibat gibt es so lange wie die katholische Kirche

Die ersten Christen kannten kein Verbot der Ehe für die Priester, und selbst heute dürfen katholische Priester auch nach Kirchenrecht legal verheiratet sein (nämlich wenn sie vor ihrer Priesterweihe schon verheiratet waren; zuweilen kommt es vor, daß Männer erst spät im Leben ihre Berufung zum Priester entdecken).

Ein Eheverbot für Priester wurde erstmals Ende des 4. Jahrhunderts von Papst Siricius erlassen (wenn auch längst nicht überall befolgt). Erst Papst Gregor VII. trug dann Ausgang des 11. Jahrhunderts Sorge, daß diese Regel flächendeckend mindestens nach außen eingehalten wurde. Neben der Keuschheit seiner Helfer ging es ihm dabei auch um durchaus irdische Kirchengüter: Wenn seine Bischöfe und Priester keine Kinder hatten, hatten sie auch keinen Anreiz, diesen Kindern Kirchenschätze zu vererben.

Lit.: Hans Heimerl: Der Zölibat, Berlin 1995.

Zombies
Zombies sind halbtote Menschen

Eigentlich meint man mit »Zombie« in den afrikanischen Voodoo-Religionen genau das Gegenteil: »eine (...) Kraft, die vielmehr Tote wieder lebendig macht, sowie wiederbelebte Tote selber«.

Lit.: Eckhard Henscheid, Gerhard Henschel und Brigitte Kronauer: Kulturgeschichte der Mißverständnisse, Stuttgart 1997.

Zucker 1
Weißer Zucker macht krank

»Der weiße Haushaltszucker (Sacharose) ist ein ebenso unverändertes Naturprodukt wie der oft als Alternative angepriesene Fruchtzucker (Fruktose)« *(Bild der Wissenschaft)*. »Daß alle Raffinade-Zucker von Begleitstoffen befreit sind, ist so lange kein Problem, wie genügend Vitamine und Mineralstoffe auf anderem Wege zugeführt werden. Richtig an der Zucker-Verteufelung ist nur, daß die meisten Menschen zuviel davon essen.«

Lit.: »Fünf Vorurteile übers Essen«, Bild der Wissenschaft 1/1997, S. 68.

Zucker 2
Zucker vor Sport hilft Leistung steigern

So dachten auf jeden Fall die Schreiber dieses Buches: Vor den 1000 Metern bei den Bundesjugendspielen noch etwas Traubenzucker essen, schon ist man zehn Sekunden schneller.

In Wahrheit können Traubenzuckerbonbons oder Schokoladenriegel sogar die Leistung reduzieren. Nach einem kurzen Energieschub sinkt der Blutzuckerspiegel unter seinen Durchschnitt ab, das Gehirn kann schlechter Energie und Willen freisetzen, man ist müder, als wenn man den Zucker nicht genommen hätte.

Zurück zur Natur

Diese Devise wird gewöhnlich Jean-Jacques Rousseau zugeschrieben: »Retour à la nature!« soll er als Antwort auf das gespreizte Gehabe seiner gebildeten Zeitgenossen im 18. Jahrhundert gefordert haben. Aber in Wahrheit sind diese Worte in keiner seiner Schriften aufzufinden.

Lit.: Wolfgang Mieder: Verkehrte Worte, Wiesbaden 1997.

Zwei-Drittel-Gesellschaft
Deutschland ist eine Zwei-Drittel-Gesellschaft (s.a. »Armut« in Band 1)

Damit ist gemeint, zwei Dritteln geht es immer gut, einem Drittel geht es immer schlecht. Nach dieser populären, aber falschen These nehmen nur zwei Drittel aller Deutschen (dito Österreicher oder Schweizer) am sozialen und wirtschaftlichen Fortschritt ihres Landes teil – ein Drittel bleibt ausgegrenzt und von den Segnungen des Fortschritts systematisch ausgeschlossen.

Diese Theorie hält einer näheren Überprüfung nicht stand. Richtig ist allein, daß bei geeigneter Wahl der Armutsgrenze immer ein gewisser Prozentsatz Armer existiert. Wählt man als Armutsgrenze das sogenannte 33%-Quantil der Einkommensverteilung (die Grenze zwischen dem untersten und dem mittleren Drittel der Einkommensverteilung), dann ist immer ein Drittel aller Menschen arm. Aber es gibt doch einen großen Unterschied – um nur die beiden Extreme anzuführen – zwischen einer »Tellerwäscher-Millionärs«-Gesellschaft, in der die meisten Menschen ihr Leben zunächst arm beginnen, dann der Armut aber mehrheitlich entrinnen, und einer Gesellschaft, in der nur wenige Menschen arm geboren werden, dann aber mehrheitlich in dieser Armut bleiben. Auch wenn die jeweiligen Armutsquoten sich bis auf die letzte Kommastelle gleichen, die Armut ist trotzdem doch sehr unterschiedlich zu bewerten; sowohl für die betroffenen Individuen wie für die Gesellschaft als Ganzem ist es von erheblicher Bedeutung, ob die Menschen unterhalb einer wie auch immer bestimmten Armutsgrenze stets die gleichen bleiben (»einmal arm – immer arm«), oder ob die Armut sozusagen »rotiert«, ein Risiko, das jeden treffen kann.

Hier zeigen verschiedene nationale und internationale Erhebungen eine überraschende und in gewisser Weise erfreuliche Mobilität. In den USA z. B. sind rund ein Viertel aller Haushalte über zehn Jahre gesehen irgendwann einmal statistisch »arm«, durchgehend arm sind aber weniger als 1%, und den gleichen großen »Turnover« der Armutspopulation beobachten wir auch für die Bundesrepublik. »Entgegen allen ursprünglichen Erwartungen zeigte sich, daß die meisten Sozialhilfeempfänger (...) nur kurze Zeit Hilfe erhalten«, stellen etwa die Autoren der sogenannten »Bremer Langzeitstudie« fest, die in einer von der Deutschen Forschungsgemeinschaft finanzierten Befragung eine repräsentative Auswahl typischer Sozialhilfekarrieren nachgezeichnet haben. »Dies ergibt sich selbst dann, wenn man berücksichtigt, daß einige nach einer oder mehreren Unterbrechungen erneut in die Sozialhilfe geraten, und man daher die Zeit der Unterbrechungen der Bezugsdauer zuschlägt.«

Die Gleichung »einmal arm – immer arm« geht in der Bundesrepublik nicht auf. Die Verweildauer in der deutschen Sozialhilfe beträgt in der Regel weniger als ein Jahr, Tendenz abnehmend, nur 23% der Empfänger brauchen sie fünf Jahre oder mehr. Den Typus des resignierten, ausgegrenzten Langzeitbeziehers findet man auf deutschen Sozialämtern eher selten, es überwiegen deutlich die sogenannten »Überbrücker«, Menschen, die auf Rentenzahlungen oder Arbeitslosenunterstützung warten, die den Sozialhilfebezug ausdrücklich als vorübergehende, befristete Phase ihres Lebenslaufs verstehen und die weder sich selbst als Ausgegrenzte sehen noch von der Gesellschaft als Ausgegrenzte behandelt werden.

Rund die Hälfte aller Menschen, die in einem gegebenen Jahr Sozialhilfe beziehen, sind ein Jahr später nicht mehr darauf angewiesen, eine personell verfestigte deutsche Unterklasse gibt es nicht. Statt dessen beobachten wir, in den Worten des großen Schumpeter, »einen Armuts-Omnibus, der zwar immer besetzt ist, aber niemals mit den gleichen Leuten«; wir sehen ein »komplexes Gebilde, bestehend aus Armutsphasen, Unterbrechungen, Wiedereinstiegen und zum Teil endgültigen Ausstiegen«, mit anderen Worten, eine Gesellschaft, in der das Schlagwort von der »Zwei-Drittel-Gesellschaft« – zwei Drittel reich, ein Drittel arm – ganz einfach zu den Fakten nicht mehr paßt.

Lit.: M. Zwick (Hrsg.): Einmal arm, immer arm? Neue Befunde zur Armut in Deutschland, Frankfurt a. M. 1994; S. Leibfried u. a.: Zeit der Armut – Lebensläufe im Sozialstaat, Frankfurt a. M. 1995; W. Krämer: Armut in der Bundesrepublik – Zur Theorie und Praxis eines überforderten Begriffs, Bonn 1998.

Zwiebel
Das Zwiebelmuster auf Meißener Porzellan hat etwas mit Zwiebeln zu tun

Das berühmte Zwiebelmuster auf Meißener Porzellangeschirr (»4 Teller flach, 4 Teller tief, 1 Sauciere, 1 Schüssel, 1 Platte oval,

Die Zwiebel ist eigentlich eine Zitrone

unverb. Preisempfehlung 1.946,– DM, solange Vorrat reicht«) hat mit Zwiebeln nichts zu tun. Die »Zwiebeln« auf dem Zwiebelmuster sind auch keine Granatäpfel, wie man zuweilen lesen kann, sondern eine Art chinesischer Zitrone – denn der Meißener Porzellanmaler, der vor 250 Jahren das Zwiebelmuster erfand, hatte sich von ostasiatischen Dekoren inspirieren lassen.

Lit.: »Auf dem echten Zwiebelmuster finden Sie keine Zwiebeln, dafür aber Schwerter«, Anzeige der Staatlichen Porzellan-Manufaktur Meißen in der Frankfurter Allgemeinen Zeitung im Oktober 1997; Stichwort angeregt von Monika Lietz und Michael Schmidt.

Zyniker
Zyniker sind zynisch (s.a. »Diogenes« und »Pharisäer«)

»Zynisch« kommt vom griechischen »kynisch«, das heißt hündisch – ein Zyniker lebte wie ein Hund. Damit war aber nicht »kriecherisch«, sondern »anspruchslos« gemeint – Zyniker wie Diogenes von Sinope waren so etwas wie antike Bettelmönche, sie hatten den Gütern dieser Erde abgeschworen, als einziges wahres Gut galt ihnen ein Leben in Enthaltsamkeit und Tugend.

Diese alles andere als zynische Einstellung zum Leben war in der vorchristlichen Antike weit verbreitet; ihren modernen negativen Beigeschmack erhielt sie vermutlich dadurch, daß ihre Anhänger den Widrigkeiten ihres Daseins sehr gelassen gegenüberstanden: Wer von dieser Welt nicht allzuviel erwartet, kann auch nicht allzuviel in ihr verlieren.

Lit.: B. Russell: Denker des Abendlandes, Stuttgart 1970.

Eine kleine Bibliographie der Irrtumsliteratur

Isaac Asimov: *Wenn die Wissenschaft irrt ...*, Bergisch Gladbach 1990.
Tatsachen und Spekulationen zu kosmischen Phänomenen.

Paul Bairoch: *Economics and world history: Myths and paradoxes*, New York 1993.
Irrtümer und Mythen aus der Wirtschaftsgeschichte, erläutert von einem der führenden Wirtschaftshistoriker unseres Planeten. Bairochs Forschungen zur europäischen Kolonialgeschichte haben wir ausführlich für den ersten Band verwendet.

Pierre Bayle: *Dictionnaire historique et critique*, Paris 1697.
Ein Klassiker und ein »Monument kritischer Durchdringung der Tradition« (K. Stierle), war Anregung und Ausgangspunkt für die Enzyklopädisten wie für den kritischen Voltaire. Ursprünglich geplant als ein »Dictionnaire des fautes«, eine Enzyklopädie der Irrtümer, dann aber zu einer Gesamtschau (aus der Warte des späten 17. Jahrhunderts) des überlieferten Wissens inklusive seiner Fehler ausgebaut.

Arnold E. Bender: *Health or hoax? The truth about health food and diets*, Goring-on-Thames 1985.
Räumt mit den Vorurteilen der modernen Müsli-Esser auf; vor allem in Band 1 haben wir oft auf diese Quelle zurückgegriffen.

Wolfgang Benz (Hrsg.): *Legenden, Lügen, Vorurteile*, München 1990 (inzwischen in einer überarbeiteten Fassung auch als Taschenbuch erschienen).
Legenden, Lügen und Vorurteile aus der Nazizeit.

Jean-François Bouvet (Hrsg.): *Du fer dans les épinards*, Paris 1997.
40 Irrtümer aus Biologie, Ernährungswissenschaft und Medizin, angefangen mit dem berühmten Klassiker vom vielen Eisen im Spinat (siehe auch Band 1 unseres eigenen Lexikons; auch die meisten anderen Irrtümer finden sich schon in unserem eigenen Band 1, einige sind hier in Band 2 zu finden).

Tom Burnam: *The dictionary of misinformation*, New York 1975.
Irrtümer aus allen Bereichen von Wissenschaft und Alltag, mit Schwerpunkt Literaturwissenschaften. Keine Belege oder Quellen, vor allem für ein amerikanisches Publikum geschrieben.

Graeme Donald: *Things you thought you thought you knew*, London 1986.
Alphabetisch sortierte, journalistisch flott erzählte Mythen aus allen Bereichen unseres Lebens, leider nur wenig durch Quellen untermauert und deshalb sehr schwer nachzuprüfen.

Graeme Donald: *Things you didn't know you didn't know,* London 1993.
Neuauflage des Buches von 1986, diesmal nach Sachgebieten geordnet (Krieg und Frieden, Seefahrt, Religion, Law and Order usw.).

Stephen Jay Gould: *Illusion Fortschritt,* Frankfurt a. M. 1998.
Räumt mit diversen Mythen betreffend Darwinismus und Fortentwicklung unserer Spezies auf.

Hanswilhelm Haefs: *Handbuch des nutzlosen Wissens,* München 1989.
Stopft neben weniger gefährlichen Wissenslücken – »Eine Stunde mit dem Kopf gegen die Wand schlagen verbraucht 150 Kalorien« – auch manches dicke Loch in unserem Weltverständnis. Inzwischen durch ein zweites und drittes »Handbuch des nutzlosen Wissens« ergänzt.

Eckhard Henscheid, Gerhard Henschel und Brigitte Kronauer: *Kulturgeschichte der Mißverständnisse,* Stuttgart 1997.
Ein Irrtumslexikon mit belletristischem Anspruch. Schwerpunkt Geisteswissenschaften.

William Lewis Hertslet: *Der Treppenwitz der Weltgeschichte,* 11. Auflage, Berlin 1965.
Ein Klassiker, und heute noch genauso frisch wie bei der Erstauflage vor über 100 Jahren; Irrtümer, Legenden, Mythen der Geschichte.

Walter Krämer: *Denkste! Trugschlüsse aus der Welt des Zufalls und der Zahlen,* Frankfurt a. M. 1995 (1998 als Taschenbuch erschienen).
Streifzug durch mentale Eigentore beim Umgang mit Zahlen und Wahrscheinlichkeiten.

Peter Kuhlemann: *Ethnologische und zoologische Irrtümer in der Archäologie,* Köln 1979.
Deckt diverse Fehlinterpretationen steinzeitlicher Höhlenmalereien auf.

Pinchas Lapide: *Ist die Bibel richtig übersetzt?,* 3. Auflage, Gütersloh 1989.
Übersetzungsfehler in der Bibel (»Kamel durch Nadelöhr«, »Nimm Dein Bett und wandle« usw.); wir selbst zitieren es an vielen Stellen.

H. van Maanen, J. J. E. van Everdingen und H. E. Fokke: *Uit het oog, uit het hart,* Amsterdam 1983 (französische Übersetzung: Le cœur se situe à gauche – mille et une idées reçues en matière de médecine, Amsterdam 1995).
Irrtümer aus der Medizin, enthält neben manchen »alten Kamellen« auch viele Dinge, die wir selbst nicht wußten ...

J. L. McCarey: *Sexual myths and fallacies,* New York 1971.
Veraltet, heute nur noch als Dokument der amerikanischen Prüderie der Voraufklärung von Interesse.

Fritz C. Müller: *Wer steckt dahinter?,* Düsseldorf 1964.
Alphabetisch geordnetes Herkunftslexikon von »Abrahams Schoß« bis »Zilletypen«. Deckt quasi nebenbei auch diverse Irrtümer zur Herkunft von Namen und Begriffen auf.

Burkhard Müller-Ulrich: *Medienmärchen – Gesinnungstäter im Journalismus,* München 1996.
Zeichnet anhand diverser Medienkampagnen der letzten Jahre die Genesis von Mythen zum Tier- und Umweltschutz, zum Waldsterben und zu anderen Hobbythemen progressiver Journalisten auf. Ein absolutes Muß für jeden, der diesen Predigern einmal auf die Schliche kommen möchte.

Sven Ortoli und Nicolas Witkowski: *Die Badewanne des Archimedes – Berühmte Legenden aus der Wissenschaft,* München 1997.
Eine Übersetzung aus dem Französischen, daher für deutsche Leser kaum genießbar (typisches französisches Gelehrtengeschwafel).

Udo Pollmer, Andrea Fock, Ulrike Gonder und Karin Haug: *Prost Mahlzeit! Krank durch gesunde Ernährung,* Köln 1994.
Räumt mit diversen Mythen unserer Gesund-Ernährer auf; ähnlich wie Bender.

Gerhard Prause: *Tratschkes Lexikon für Besserwisser,* München 1986.
Neben Hertslets »Treppenwitz« der zweite Klassiker zu Irrtümern aus der Geschichte; hat uns für Band 1 zahlreiche Hinweise gegeben.

Gerhard Prause: *Niemand hat Kolumbus ausgelacht,* Düsseldorf 1986.
Die gröbsten Irrtümer aus »Tratschkes Lexikon« ausführlich und sehr unterhaltsam nochmals ausgebreitet.

Carol Ann Rinzer: *Feed a cold, starve a fever – A dictionary of medical folklore,* New York 1991.
Hunderte von populären Vorurteilen und Mißverständnissen aus der Medizin.

Lynn Scarlett: *A consumer's guide to environmental myths and realities,* Dallas 1994.
Eine Abrechnung mit grünen Alarmaposteln und ihren falschen Umwelttheorien.

George W. Simpson: *Why do some shoes squeak?,* New York 1984.
Erklärt über 500 alltägliche und nicht so alltägliche Phänomene aus Naturwissenschaft und Alltagsleben. Deckt dabei auch den einen oder anderen Irrtum auf.

Petr Skrabanek und James McCormick: *Torheiten und Trugschlüsse in der Medizin*, 4. Auflage, Mainz 1995.
Abrechnung mit den bekannten Vorurteilen zu Placebos, Prävention und moderner Medizin im allgemeinen.

Chris Thurman: *Lügen, die wir glauben*, Aßlar 1994.
Populäre Irrtümer aus der Selbsterfahrungsszene und aus der Populärpsychologie.

Chris Thurman: *Noch mehr Lügen, die wir glauben*, Aßlar 1997.
Siehe oben.

Tad Tulleja: *Fabulous Fallacies*, New York 1982.
300 populäre Irrtümer aus allen Bereichen unseres Lebens, und wie sie entstanden sind.

Claude Vallette und Tom Burnam: *Encyclopédie des idées reçues*, Monaco 1978.
Im wesentlichen eine französische Fassung von Burnam (1975).

Philip Ward: *A dictionary of common fallacies*, 2 Bände, New York 1980.
Enthält neben »echten« Irrtümern auch viel ordinären Aberglauben. Gibt in der Regel Quellen an. Der zweite Band enthält eher Ladenhüter.

H. J. Winkler: *Legenden um Hitler*, Berlin 1963.
Der Titel ist selbsterklärend.

Robert L. Wolke: *Woher weiß die Seife, was der Schmutz ist? Kluge Antworten auf alltägliche Fragen*, München 1998.
Ein unterhaltsamer Streifzug durch Physik, Chemie und Alltagsleben; klärt nebenbei auch viele Irrtümer zu chemischen und physikalischen Gesetzen auf.

Bildnachweis

Seite 17: Bildarchiv Preussischer Kulturbesitz, Berlin
Seite 113: © Succession Picasso/VG Bild-Kunst, Bonn 1998
Seite 122: Bildarchiv Preussischer Kulturbesitz, Berlin
Seite 157: Associated Press (AP)
Seite 256: Horst Gatermann
Seite 280: Ullstein Bilderdienst
Seite 291: © 1964 FarWorks, Inc. All Rights Reserved/Dist. by Creators Syndicate
Seite 298: © G. Kaifer, 32090 Bad Salzuflen
Seite 327: Spiegel
Seite 374: Bildarchiv Süddeutscher Verlag, München